陕甘宁边区的县政与县长研究

Research on County Administration and County Governor of Shaanxi-Gansu-Ningxia Border Region

杨 东 著

中国社会科学出版社

图书在版编目（CIP）数据

陕甘宁边区的县政与县长研究／杨东著 . —北京：中国社会科学出版社，2015.11
 ISBN 978-7-5161-6029-9

Ⅰ.①陕… Ⅱ.①杨… Ⅲ.①陕甘宁边区（代军区）—县—地方政府—行政管理体制—研究②陕甘宁边区（代军区）—县—地方政府—人事制度—研究 Ⅳ.①D625.4

中国版本图书馆 CIP 数据核字（2015）第 085557 号

出 版 人	赵剑英
责任编辑	李炳青
责任校对	石春梅
责任印制	李寡寡

出　　版	中国社会科学出版社
社　　址	北京鼓楼西大街甲 158 号
邮　　编	100720
网　　址	http：//www.csspw.cn
发 行 部	010-84083685
门 市 部	010-84029450
经　　销	新华书店及其他书店
印　　刷	北京君升印刷有限公司
装　　订	廊坊市广阳区广增装订厂
版　　次	2015 年 11 月第 1 版
印　　次	2015 年 11 月第 1 次印刷

开　　本	710×1000　1/16
印　　张	22.25
插　　页	2
字　　数	405 千字
定　　价	78.00 元

凡购买中国社会科学出版社图书，如有质量问题请与本社营销中心联系调换
电话：010-84083683
版权所有　侵权必究

国家社科基金后期资助项目
出 版 说 明

　　后期资助项目是国家社科基金设立的一类重要项目，旨在鼓励广大社科研究者潜心治学，支持基础研究多出优秀成果。它是经过严格评审，从接近完成的科研成果中遴选立项的。为扩大后期资助项目的影响，更好地推动学术发展，促进成果转化，全国哲学社会科学规划办公室按照"统一设计、统一标识、统一版式、形成系列"的总体要求，组织出版国家社科基金后期资助项目成果。

全国哲学社会科学规划办公室

目 录

序 ·· 魏宏运(1)

绪论 ·· (1)
 一 研究现状与学术旨趣 ··· (1)
 二 问题思路与内容架构 ··· (4)
 三 研究方法与资料基础 ··· (6)

第一章 千年县制的近代折转 ··· (8)
 第一节 传统县制——帝制中国的行政之基 ··················· (8)
  一 传统中国的县制特点 ··· (8)
  二 作为行政之基的县官职责 ··································· (12)
  三 国家与社会节点上的县官处境 ··························· (16)
 第二节 县制转型——清末民国时期的县制变革 ············ (21)
  一 清末民初的县制变动 ··· (22)
  二 北洋政府时期的县政规制 ··································· (25)
  三 南京国民政府时期的县政与县长 ······················· (29)
 第三节 县制革命——中共成立后的县政实践 ··············· (36)
  一 作为准政权的县农会组织 ··································· (36)
  二 土地革命时期县苏维埃制度的建构 ··················· (40)
  三 县苏维埃主席的社会结构和成分要素 ··············· (43)
  四 县苏维埃的特点 ··· (48)

第二章 陕甘宁边区的县政建构与运行机制 ··················· (54)
 第一节 因时而变——边区政府的成立与建政理念 ······ (54)
  一 陕甘宁边区政府的成立 ······································· (54)
  二 建构县政体制的历史逻辑 ··································· (57)

三　中共在边区的建政理念 …………………………………… (64)
　第二节　县制变革——规制边区县政区划 …………………… (71)
　　　一　县政区划的设置 …………………………………………… (71)
　　　二　县政场域的选建 …………………………………………… (77)
　第三节　县政架构——组建边区政权枢纽 …………………… (82)
　　　一　县级党委的设置与职责 …………………………………… (82)
　　　二　县政府与政府委员会 ……………………………………… (86)
　　　三　县级职能部门的架构 ……………………………………… (90)
　　　四　县参议会的架构 …………………………………………… (93)
　第四节　县政运行——畅通边区县政机制 …………………… (97)
　　　一　决策机制 …………………………………………………… (98)
　　　二　监督机制 …………………………………………………… (101)
　　　三　培训机制 …………………………………………………… (105)
　　　四　奖惩机制 …………………………………………………… (108)

第三章　边区县长的产生与结构成分 …………………………… (113)
　第一节　县长的产生——战时条件下的选用方式 …………… (113)
　　　一　双重政权下县长的产生 …………………………………… (113)
　　　二　属县县长的产生 …………………………………………… (116)
　　　三　战后县长的产生 …………………………………………… (120)
　第二节　县长的任职——战争局势下的人事管理 …………… (124)
　　　一　边区县长的任命 …………………………………………… (124)
　　　二　县长的任职周期 …………………………………………… (127)
　　　三　县长的流动格局 …………………………………………… (133)
　第三节　县长的构成——战时体制下的结构成分 …………… (138)
　　　一　县长的身份背景 …………………………………………… (138)
　　　二　县长的社会结构 …………………………………………… (142)
　第四节　县长个案——时代演绎下的边区县长 ……………… (146)
　　　一　"白皮裹红瓤"的县长马豫章 …………………………… (146)
　　　二　第一位女县长邵清华 ……………………………………… (150)
　　　三　第一位绅士县长霍祝三 …………………………………… (154)

第四章　边区县长的政务工作 …………………………………… (158)
　第一节　县政工作——边区县长的行政事务 ………………… (158)

一　制定县级施政方针计划 …………………………（158）
　　　二　健全县政工作制度 ……………………………（162）
　　　三　汇报县政工作 …………………………………（167）
　第二节　县域调控——边区县长的治理工作 ……………（171）
　　　一　统一战线工作 …………………………………（171）
　　　二　司法审判工作 …………………………………（176）
　　　三　治匪查奸工作 …………………………………（181）
　第三节　动员战备——边区县长的经常事务 ……………（186）
　　　一　政治动员 ………………………………………（186）
　　　二　事务性动员 ……………………………………（191）
　　　三　武装保卫工作 …………………………………（196）

第五章　边区县长与乡村建设 …………………………………（201）
　第一节　建设要旨——中共视野中的乡村建设 …………（201）
　　　一　基层政权建设是前提 …………………………（201）
　　　二　民主自治是乡建基础 …………………………（205）
　　　三　互助合作是重要方式 …………………………（207）
　　　四　全方位建设是指针 ……………………………（210）
　第二节　建设乡村——边区县长的具体实践 ……………（213）
　　　一　乡村政权建设 …………………………………（214）
　　　二　乡村经济建设 …………………………………（220）
　　　三　乡村文教建设 …………………………………（229）
　　　四　乡村社会建设 …………………………………（235）
　第三节　乡建县长——典型个例举隅 ……………………（243）
　　　一　刘秉温变工促生产 ……………………………（243）
　　　二　辛兰亭实地种棉花 ……………………………（247）
　　　三　陆为公全力办教育 ……………………………（251）
　　　四　高朗亭倾心为乡民 ……………………………（255）

第六章　边区县长的工作方式与社会生活 ……………………（259）
　第一节　亲民治事——边区县长的工作方式 ……………（259）
　　　一　平民化的形象 …………………………………（259）
　　　二　民主化的作风 …………………………………（263）
　　　三　实地化的领导 …………………………………（268）

第二节 水乳交融——边区县长的社会交往 (273)
  一 与领袖的交往 (273)
  二 与直属关系的交往 (277)
  三 与党外人士的交往 (280)
第三节 谨身节用——边区县长的日常生活 (284)
  一 供给制的生活待遇 (284)
  二 物质生活的自给 (287)
  三 日常生活中的县长 (291)

第七章 边区县政与县长的多维审视 (296)
第一节 比较审视——以国共两党县长为中心 (296)
  一 国共县长的群体概观 (296)
  二 县长的定位与职责比较 (300)
  三 县长精神特质的比较 (304)
第二节 历史审视——县政与县长的时代考量 (307)
  一 边区县长的历史地位 (307)
  二 边区县政的历史局限 (315)
  三 边区县政实践的历史启示 (322)

结语 (328)

参考文献 (333)

后记 (343)

序

　　杨东同志的新著《陕甘宁边区的县政与县长研究》，可以说与其已出版的《乡村的民意：陕甘宁边区的基层参议员研究》一书是姊妹篇。陕甘宁边区，往昔记者也称为"中国的西北角"，因其历史地位的重要，中共中央一直在陕北呆了十三年，是个研究不完的课题。杨君是陕北人，对其家乡有着深厚的感情，以延安精神来研究，其视野又放在县级的层面上，探讨曾经的抗日民主政权，以丰富我国的文化宝库，这是很有意义的。

　　探究学问要有明确的问题意识。杨君以问题意识为中心形成研究思路，在具体阐述陕甘宁边区县政与县长时所要追寻的是：共产党在陕甘宁边区县政建构遵循什么样的制度理念，在县域区划方面坚持什么样的原则，县区设置具有什么样的特点；县政在边区政权结构体系中处于何种位置，县级政权又是如何运行的，有着什么样的运行机制；边区县长究竟是如何产生的。尤其是在不同的历史时期和不同的区域，县长的产生是否具有完全一致性；县参议会作为县级民意机关和权力机关，在县长的产生过程中究竟起着什么样的作用，所产生的县长具有哪些结构成分和群体特征，有着什么样的时代特点；县长的工作职责有哪些，中共对边区县长有哪些期许，边区县长在具体开展实际工作的过程中，又体现着什么样的工作方式和作风；在基层社会的变革演进中，县长主要承担哪些任务。尤其是在艰苦的战时环境中，县长的社会关系与日常生活又体现着什么的历史情景；在中共革命的历史进程中，县长起着什么样的作用，特别是如何在中共革命的历史进程中定位边区县长的独特地位；作为国共两党在抗战这一大时代背景下产生的县级地方行政首脑，两党县长存在着哪些共通的地方，有哪些显著的差异，这些差异最终会导致什么样的历史结果。

　　E. H. 卡尔在其《历史学是什么》一书中说："历史学家所研究的过去不是死气沉沉的过去，而是在一定程度上仍旧活跃于现实生活中的过去。"也即是说要将历史与现实联系起来。本书同样秉持着这一原则，体现着强烈地现实关怀。在厘清历史原委的基础上，作者对当下的县政改革也给予了充分的关注。可以说本书既是历史的镜照也是现实的启示。当现时的县政改革与县政建设已然成为时代的吁求时,当年的经验启示堪称源头活水。由此体现的时代价值和现实意义,正是本书的学术旨归。

本书形成的学术观点亦颇有创见。杨君通过仔细研读文献资料,提出了一些值得重视的学术论断:

(1) 陕甘宁边区县政制度的变革,凸显着抗日战争这一特殊而重要的历史时期一些重大的理念性变革。在县域区划方面,边区政府的区划规制既注重接近民众的原则,又注重边区自身的特色而设置一些特别县区。同时边区政府始终注重县政制度优势与服务民众相结合的规划理念,以便更好地推动县域社会的综合治理。在县政运行方面,边区政府通过制定与边区社会和战时环境相适应的决策、监督和奖惩等机制,以达到畅通边区县政通道的目的。

(2) 陕甘宁边区的县长,在不同区域不同环境下,其产生的方式也不尽相同。从总体上来看,县长是通过县参议会(后改为县人民代表会议)选举产生的。边区县长的一个鲜明特点,就是他们基本都是本地籍贯,完全是从群众当中脱颖而出的。体现在社会结构成分方面,他们当中既有为数众多的农民阶层,也有长期革命斗争中的军人身份。特别是在边区县长中也出现了女县长和地主绅士的身影。由于陕甘宁边区的实际环境和革命战争的客观形势,边区县长的身份背景和年龄结构,也凸显着战时体制下县长群体的一些时代特点。

(3) 县长作为边区干部的中坚力量,不仅要忠实执行边区政府的决议、命令和指示,领导和执行全县政务,还要创造性地领导和开展行政工作和建设任务,工作任务繁杂且艰巨。在乡村建设方面,县长更是孜孜以求深入乡村积极探索,在如火如荼的建设浪潮中积累着至为宝贵的建设经验,成为边区各行各业中争相报道和学习的典范和楷模。

(4) 边区县长的工作方式与生活方式,既是一个领导者工作面貌的具体表现,也是其精神面貌的客观标识。长期的革命斗争与乡村生活,造就的是其吃苦耐劳的工作方式和为人民服务的工作理念,底垫的是其艰苦奋斗的生活轨迹和与民众同甘共苦的生活作风。他们融洽的社会交往和艰苦的日常生活,不仅在陕甘宁边区的历史大舞台上留下了深深的印记,而且也成为中共在战争年代的一个时代标杆和革命象征。

(5) 陕甘宁边区县政的设计与县长的工作方式,承载着中共革命时代的变革基层社会的信息源。县长作为中共政策、方针、路线的执行者和宣传者,在实施政治管理的过程中,实际上就是一个象征和符号,在他们身上不仅承载着共产党的形象，而且也是形成民众理解和认识共产党路线、方针、政策，进而形成社会与政治认同的强大信息源。正是这一信息源，成为民众拥护和支持共产党并积极参与革命的重要推动力。

在考察陕甘宁边区县政与县长的基础之上，杨君提出县政改革应该是一个综合性、系统性的工程。县级政权作为基点政治，归根结底应该以服务县域民众为根本旨归。为县域民众负责应是县政作为基点政权的一个制度化理念；擢提本地干部，实现县政干部"就地为官"，应是县政改革的一个重要思路；切实将县长的工作方式制度化、经常化。归根结底，县域自治应是县政改革的根本出路。

通读本书，作者不仅拓展和深化了陕甘宁边区史的研究，从学术上构筑了陕甘宁边区县域制度与县域社会的研究基础，而且还可以在很大程度上推动和促进中国近现代县域社会的研究，有利于人们从"长时段"的视角探讨中国近现代县域历史发展的规律。就现实意义来看，本书也有着很好的资政价值。陕甘宁边区的县域制度与县域社会有着比乡村社会更为系统的组织构架，也更具有昭示现实意义的研究价值。因此，本书既是历史的镜照也是现实的启示。

陕北是一座丰富的矿山。可以预见，在学人继续叙述思考陕甘宁边区的相关问题中，本书将会产生积极影响。在此愿杨君继续深挖，祝杨君思想之树常青。

2015 年 1 月于天津镂斋

绪　　论

就历史变革的进程而言，中国县域制度的结构性变革始于20世纪，其中中共革命时代的变革又是最为剧烈的时期。中共自其成立以来的历史，就是在摧毁旧的制度、改造社会环境、倡导新的社会观念中，实现对基层社会政治权力结构彻底改造的历史。特别是以延安为中心的陕甘宁边区，可谓是中共与县域社会的结合达到最佳状态的历史时期，也是中共革命的延安方针与革命实践的延安道路实现了并行不悖、难分轩轾的历史时期。多年来，关于中共革命的发生及中共何以会取得成功的学术探究，一直是国内外学人竞相讨论的重要议题。诚然，中共革命的发生及胜利之因值得仔细探究，而如何发动和组织这场革命同样值得认真研究。本书以"陕甘宁边区县政与县长"作为论题，正是在这个思路上形成的学术取径。

一　研究现状与学术旨趣

中共所在的陕甘宁边区，历来为国内外学者所重视，可谓学术研究的一个重要领域。特别是在社会史这股强劲之风的推动下，有关陕甘宁边区史的研究更是论著迭出热闹异常。再加之近年来在西部高校中逐渐形成的"延安十三年"研究，共同形成了陕甘宁边区史蔚为大观的生动局面。不过如果从学术发展的基本理路观之，目前陕甘宁边区史研究也有一些值得进一步总结和思考的地方。比如研究视野的狭窄、理论方法的陈旧、创新意识的滞后等，似乎也在一定程度上存在着。尤其是在开拓新的研究内容和研究领域方面，似乎也并没有形成可观的研究取径和学术增长点。本书将研究视野聚焦于陕甘宁边区的县政与县长，就是在梳理已有研究成果基础上形成的一个新思路。

国外学者从20世纪80年代以来，就出现了"地方研究"和"微观研究"的趋势。他们认为："中国的共产革命就是一场地方革命。"托尼·

赛奇所编纂的论文集,就做了这样的阐释。① 另外,美国学者萧邦齐教授对一个县域社会所作的精细化描述,同样是对县域社会进行微观研究的论著。② 被誉为"美国新一代中国研究最有影响的历史学家之一"的罗威廉教授所著《红雨:一个中国县域七个世纪的暴力史》(中国人民大学出版社2014年版)一书,对麻城地方史的细致考察更是微观研究的一个典范。就陕甘宁边区而言,美国学者马克·赛尔登所著《革命中的中国:延安道路》(社会科学文献出版社2002年版)一书,因其独特的研究视角和方法,被认为是西方第二代学者颇具代表性的论著。自该书问世以来,"延安道路"已然"成为评论中共成功和中国政治的惯用语"。③ 可以说,马克·赛尔登的研究范式,无疑已成为西方学界研究中共革命史的一个新流派。赛尔登的著述,其着力点重在探究中共在延安时期的政治社会管理模式以及中共在根据地的变革创新,尽管没有对陕甘宁边区的县政制度和县长群体作更为详致的讨论和梳理,但是由赛尔登所开创的研究范式和思路,无疑是值得我们借鉴的。

国内学术界对中国县政与县长群体的关注,是近年来较为活跃的一个研究领域,也形成了一批颇具学术价值的研究成果。如王奇生《民国时期县长的群体构成与人事嬗递——以1927年至1949年长江流域省份为中心》(《历史研究》1999年第2期)、魏光奇《官治与自治:20世纪上半期的中国县治》(商务印书馆2004年版)、翁有为《国民政府县政问题探析》(《史学月刊》2011年第1期)、何友良《苏区制度、社会和民众研究》(社会科学文献出版社2012年版)、翁有为《中共建党以来对县委组织及其领导人之管理》(《史学月刊》2010年第12期)等,就是颇具影响力的学术成果。相比较而言,目前学界关于陕甘宁边区县政与县长的论著似乎并不多见,只是在部分研究内容和研究领域中有所关涉。从总体上来看,目前的研究大体存在着以下几种理路:

一是在陕甘宁边区政权与制度建设的研究中有所涉及;二是在陕甘宁边区乡村社会研究中有所关联;三是在一些地方党史人物传记中的个案介

---

① Tony Saich and Hans Vande Ven, *New Perspectives on the Chinese Communist Revolution*, Armonk, NY: M. E. Sharpe, 1995.

② R. Keith Schoppa, *Contours of Revolutionary Change in a Chinese County, 1900 – 1950*, The Journal of Asian Studies, Vol. 51, No. 4, 1992.

③ [澳]大卫·古德曼:《中国革命的太行道路:邓小平、毛泽东与变的政治》,南开大学历史系、中国现代史教研室编:《中外学者论抗日根据地:南开大学第二届中国抗日根据地史国际学术讨论会论文集》,档案出版社1993年版,第632页。

绍；四是在研究当前县政改革时的回顾性探究。这些研究尽管从不同层面对根据地县长做过一些阐述，但是鉴于内容和体例的局限，已有的研究都无法从更加广阔和深远的视野对陕甘宁边区的县政实践与县长群体展开讨论。另外，目前关于革命根据地的研究取向也呈现出"两头大，中间小"的格局，即对上层和乡村社会关注较多，而对县长及县域社会的关注较少。事实上，这与中共对县级政权的定位以及县长在民主革命时期的重要作用是不相符的。

在我们看来，尽管在中共革命的历史发展进程中，共产党已经认识到中国农村和农民是开展革命的基础和动力，但是另一方面，中共在乡村社会开展革命，则是对中国农村社会秩序和乡村生活的彻底变革与根本颠覆。从世界历史特别是革命历史发展进程来看，对农村社会既有秩序的彻底变革与颠覆是必由之路，但是就中国而言，多年来形成的根深蒂固的乡村生活和信仰原则，却绝非通过疾风暴雨式的革命运动就可立即冲刷干净的。在此情形之下，中共地方干部群体就在这一过程中发挥着极为重要的作用。特别是从他们身上体现出来的工作作风和精神面貌，可谓是变革基层社会的重要催化剂。如果我们重新寻觅中共成功的要诀，从中共地方干部群体身上，不难找到其缘由。其中以县长为代表的地方干部群体即是如此。他们深入农村、深入实际，以亲民之仆的工作形象，勤于治事的工作作风，以融洽的社会交往与艰苦的日常生活，在贯彻执行中共的一系列政治经济和社会政策的过程中，动员和组织基层社会的革命与生产实践，在中国乡村革命的大舞台上，留下了深深的印记，成为中共在战争年代的一个时代标杆和革命象征。可以肯定地说，如果没有这些脚踏实地、甘于奉献的地方干部群体，在政治社会生态都极为复杂的乡村中国开展革命与建设，中共革命是不可能最终取得胜利的。

如果再从更宽泛的学术视野来看，我们基本上可以形成这样的认识：在近代中国的历史发展进程中，县域制度的变革始终是近代中国历史变迁的重要内容，如果不从县域制度变革的视角入手，是很难真正获得既符合近代中国实际又具有历史价值的认知素材的。本书聚焦于陕甘宁边区的县域制度与县长群体，就是探讨中国近现代历史发展变迁规律的一个重要学术取径。在一定意义上可以说，陕甘宁边区的县域制度与县域社会有着比乡村社会更为系统的组织构架，也更具有昭示现实意义的研究价值。当现时的社会管理与社会建设已然成为时代的呼求，当年的经验启示堪称源头活水，由此体现的时代价值和现实意义，无疑是值得我们去认真总结和梳理的。本书的学术旨趣就在于此。

二 问题思路与内容架构

"制度变迁决定社会演进的方式,因此,它是理解历史的关键。"① 陕甘宁边区的县政制度,亦是理解中共革命历史的一个关键和重要考察点。本书就是希冀从中共在陕甘宁边区的县政制度的建构与运行中,深刻理解和解读中共革命理念在基层社会的演进轨迹。为此,我们在研究过程中,始终将问题意识摆在突出位置,以问题意识为中心形成研究思路,从研究思路设置主体内容和框架结构。详情如下。

第一,绵远流长的县政制度,在近代以来特别是20世纪初期以来,发生了急剧性的变动,那么在陕甘宁边区政府成立之前,民国北京政府、南京国民政府以及土地革命时期的苏维埃政权,是如何建构相应的县政制度的,由此产生的县级行政首脑,又体现着什么样的结构成分和群体特征,特别是土地革命时期的县苏维埃政权以及县苏主席,凸显着哪些变化和特征。相关问题无疑是需要认真思考和解读的前置议题。我们始终认为,从"长时段"的视角解读近代以来的县政变革,不仅是理解近代县政变革的关键,也是分析研究陕甘宁边区县政制度的历史与逻辑的基础。

第二,陕甘宁边区县政建构遵循什么样的制度理念。战时陕甘宁边区县政制度的变革,一方面体现为对先前制度的重新变革,另一方面也体现为运行机制的革命性转轨,同时也凸显着中共在抗日战争这一特殊而重要的历史时期一些重大的理念性变革。具体而言,在县域区划方面,中共坚持什么样的原则,县区设置有什么样的特点,县政在边区政权结构体系中处于何种位置,县级政权又是如何运行的,有着什么样的运行机制。这些问题是我们在具体研究过程中至为关注和着力解决的重要问题。

第三,研究边区县长,更为重要也是普遍关心的问题是:县长究竟是如何产生的。尤其是在不同的历史时期和不同的区域,县长的产生是否具有完全一致性。县参议会作为县级民意机关和权力机关,在县长的产生过程中究竟起着什么样的作用,所产生的县长具有哪些结构成分和群体特征,有着什么样的时代特点。诸如此类的问题,自然是本书重点关注的内容。

第四,县长的工作职责有哪些,中共对边区县长有哪些期许,边区县长在具体开展实际工作的过程中,又处于什么样的位置,体现着什么样的

---

① [美]道格拉斯·C.诺斯:《制度、制度变迁与经济绩效》,刘守英译,上海三联书店1994年版,第3页。

工作方式和作风。在基层社会的变革演进中，县长主要承担哪些任务。尤其是在艰苦的战时环境中，县长的社会关系与日常生活又体现着什么样的历史情景。相关问题也是本书认真考察和分析梳理的重要内容。

第五，在中共革命的历史进程中，县长起着什么样的作用，特别是在基层社会的变革演进中，县长的作用又是如何凸显的，如何在中共革命的历史进程中定位边区县长的独特地位，这是我们需要重点分析的。与此同时，作为国共两党在抗战这一大背景下产生的地方行政首脑，二者存在着哪些共通的地方，有哪些显著的差异，这些差异最终会导致什么样的历史结果，也是我们要考察的内容。

第六，厘清历史原委，关注当下现实，当年的县政制度与县政工作，有哪些经验是值得进一步挖掘借鉴，有哪些制度理念仍需继续发扬，这是本书认真思考和回答的问题。

基于上述问题思路，我们主要设置了以下几个章节内容：

第一，以中国县制与县长的发展演变为主线，分别就帝制时代的县官、北洋政府时期的县知事、南京国民政府时期的县长以及苏区时期的县苏维埃主席进行历时性的梳理，在对相关问题进行剖析与解读的基础上，从历史与逻辑的角度展开对陕甘宁边区县政与县长的研究。

第二，任何一种制度的选择，一般都要受到三个条件的制约：一是制度选择主体的需要；二是制度选择主体对于制度变迁发展的认识；三是客观现实的环境。陕甘宁边区县政制度的建构与运行，大体上也遵循着这样的逻辑。本部分内容就是以此为基点，分别围绕陕甘宁边区的县域区划、县政设计理念、县政组织架构和县政运行机制等逐一进行分析。

第三，梳理边区县长的产生与结构成分。作为中共领导下的模范根据地，边区县长究竟是如何产生的，县长的社会结构体现出何种特点，有着什么样的流动格局。这些都是我们关注的重要内容。在此基础上，我们还就一些颇具边区特色的县长个例进行详尽的介绍。

第四，边区县长的政务工作。处于战时状态下的陕甘宁边区，县长具体承担着哪些工作，这些工作呈现着什么样的特点，边区县长又是如何开展具体工作的。诸如此类的问题都是我们重点关注和详细分析的内容。

第五，边区县长与乡村建设。中共在陕甘宁边区进行乡村建设秉持什么样的要旨，作为中坚力量的县长，在乡村建设中又是怎样具体开展建设工作的，特别是在陕甘宁边区乡村建设的过程中，一些县长开创了独具边区特色的乡建典型案例，我们也将对县长在乡村建设中的典型案例予以重点考察。

第六，边区县长的工作方式与社会生活。曾几何时，县长以其赫赫之威严，演绎着堂皇的县官形象。而陕甘宁边区的县长，则以其吃苦耐劳的工作方式和为人民服务的工作理念，演绎着亲民之仆的工作形象和勤于治事的工作作风。我们将依据相关资料充分展现边区县长的工作方式与社会生活。

第七，边区县政与县长的时代考量。就中国历史发展的"长时段"而言，陕甘宁边区时期无疑是处于这一"长时段"中的"大时代"。如何认识处于"大时代"背景下的县政与县长群体，我们将从革命化的视野，通过比较与考察，全方位认识和剖析处于"大时代"背景下的边区县政与县长。在此基础上，我们还将对陕甘宁边区县政与县长进行实事求是的分析与梳理，为当前的县政改革提供历史经验和启示。

三 研究方法与资料基础

基于本书的研究内容和研究思路，我们首先注重社会史的学科视野与研究方法。"现代历史著述方面的一切真正进步，都是当历史学家从政治形式的外表深入到社会生活的深处时才取得的。"① 本书在研究过程中同样坚持这样的原则，充分注重社会史的研究方法，将制度变革与社会生活联系起来，体现陕甘宁边区时期的重大变革在社会生活诸领域的反映，以期说明这种变革的深度和广度。

其次，本书还将借鉴"基层政权建设理论"的方法来阐述陕甘宁边区的县域制度变革。在陕甘宁边区，中共以自身的组织体系为中轴，整合其他外围社会力量，形成了一个有着广泛社会基础的纵向控制系统以及贤能选拔系统，成为国家与社会之间的强大支柱，进而形成了一个稳固的，并有强大动员能力的政治结构。其中县长群体就是这一贤能选拔系统的核心力量，正是这一核心力量，成为基层社会变动的重要依靠，使得"中国保持了对于一个有着如此规模和如此多样的发展中国家来说确是令人惊叹的强大的行政能力"。② 本书以"基层政权建设理论"来开展研究不仅是可行的，而且也是必要的分析模式。

最后，本书也将注重采用历史叙事的形式，通过生动叙事描绘历史的方法来展开研究。与此同时，我们还将重视个案研究与整体研究相结合的

---

① 《马克思恩格斯全集》第12卷，人民出版社1962年版，第450页。
② ［美］李侃如：《治理中国：从革命到改革》，胡国成、赵梅译，中国社会科学出版社2010年版，第246页。

方法、比较研究法以及数量统计等方法，并借鉴相关学科的理论视野，力求重现陕甘宁边区县域社会有血有肉的历史场景，呈现丰富的历史面貌。

开展陕甘宁边区史研究，至为重要的就是对相关资料的搜集与整理。本书的资料主要集中在以下几个方面。

其一，是目前已经出版的大型资料集、文（选）集和延安时期的主要报刊。如《陕甘宁边区政府文件选编》、《抗日战争时期陕甘宁边区财政经济史料摘编》、《中共中央文件选集》、《陕甘宁革命根据地史料选辑》、《陕甘宁边区抗日民主根据地》、《陕西革命历史文件汇集》、《中共中央西北局文件汇集》、《中共陕甘宁边区党委文件汇集》等资料集。文（选）集主要包括延安时期主要领导人和一些重要人物的著述集。报刊如《新中华报》、《解放日报》、《解放》、《共产党人》等。

其二，是一些重要人物的日记、回忆录和其他人士在延安的见闻录，特别是一些到访过延安和陕甘宁边区的中外记者、国统区重要人物的见闻感受，都是极其重要的参考资料。这些资料不仅真实地记录了当初的历史场景，而且还针对所见所闻提出了一些自己的感想和体会，这些资料都是有着重要历史价值的。

其三，是相关地区史志办出版的地方志、文史资料和一些地方党史著述。近年来不少地方出版了相当数量的地方史志资料，特别是陇东革命根据地和宁夏盐池的资料尤其值得关注。还有的地方也曾办有不定期出版的"党史资料通讯"等刊物。这些资料都是本书重要的参考资料来源。

其四，相关地方的档案资料。我们在具体开展研究的过程中，还广泛查阅各地档案资料，依据这些资料来充实本书的相关内容。

总之，本书在研究过程中，通过充分挖掘相关资料，力求将研究建立在丰富厚实的资料基础上，以此来展现陕甘宁边区的县政制度与县长群体。

第一章 千年县制的近代折转

曾几何时，县制以其最为持久最为稳定的基层建制，承续着帝制中国的王朝之梦。旧时的王朝体制在西学东渐思潮的推动下，并在辛亥革命的隆隆炮声中轰然坍塌之后，县政的近代化步伐才开始起锚前行。之后无论是北洋政府还是南京国民政府，县官都是他们开展基层政权建设所依赖的重要行政官员。中共在土地革命基础上形成的根据地，也开始建构苏维埃模式的县级政权。自此之后，传统意义上的县官无论是称谓还是职责权限，都相应地发生了完全不同于以往的流徙迁变，现代意义上的国家政党体制和地方自治运动，成为建构县级行政制度的重要原则。

第一节 传统县制——帝制中国的行政之基

在传统中国政权结构体系中，县为最小的行政单元，也就是说，传统国家权力结构体系较为健全和正规的系统设置实际上只达到县一级。尽管也有一些学者提出县级衙门并非皇朝官僚统治的终点的结论[1]，但是无论如何，县级官员作为基层社会的地方官，可称得上是真正的行"政"之官。"地方行政全在州县官手中。没有他们，地方行政就会停滞。"[2] 正由于如此，传统县官也被称作"父母官"。

一 传统中国的县制特点

中国的县制起源于何时，学界尚在争论之中。一般而言，人们基本认

---

[1] 贺跃夫曾就此撰文指出："县级衙门并非皇朝官僚统治的终点，巡检司署等基层官署是相当一部分州县中位于县级行政衙门与村落之间的重要基层官署，它们的存在实际上使县以下析出次县级行政单位。"（参见贺跃夫《晚清县以下行政官署与乡村社会控制》，《中山大学学报》1995年第4期）

[2] 瞿同祖：《清代地方政府》，法律出版社2003年版，第29页。

为县制源于周，起于春秋，形成于战国，而全面推行于秦始皇统一天下之后。

所谓县制源于周，是由于在周官之中设有"六乡六遂"的制度，在这一制度之内即有"县"这一层级。所谓"六乡"是指在京都之内的区域，主要包括比、闾、族、党、州、乡；"六遂"是指在京都之外的区域，主要包括邻、里、酂、鄙、县、遂。"县"作为六遂的一级，据《文献通考》所指，其辖地范围是四百里，由县正执行一县的政令，行使赏罚之权。① 据此人们认为既然周官之中已有县一级的名称组织，"亦可认为是县制的起源"。②

县制起于春秋，是由于春秋时期列国即有县邑制度，"列国相灭，多以其地为县"，就清楚地说明了这一点。到战国时期，即有郡统县的情形。不过周振鹤先生经研究指出，此时的郡县之县与县邑之县至少应该有四个差别：一是郡县之县不是采邑，而完全是国君的直属地；二是其长官不世袭，可随时或定期撤换；三是其幅员或范围一般经过人为的划定，而不纯粹是天然形成的；四是县以下还有乡里等更为基层的组织。这正是战国时期县的基本特征。这些差别的形成表明了从县邑之县过渡到郡县之县过程的完成。③ 可见，县一级政府的设置在战国时已经普遍化。县的普遍推行，是最终成为中国封建社会支柱性政体结构的郡县制的萌芽，它不仅巩固了边防，也是改变方国林立、封邑逼都局面而走向中央集权制的重要一步。

战国末年，秦国贵族的宗法势力相对较弱，封邑传统又不太兴盛，所以县制在秦国发育最早，成熟最快，至商鞅变法时，秦国普行县制于秦国全境，共设了41个县。随着秦始皇逐个并吞六国，在新征服的土地上，不断设立新郡，废除封邑，在一统天下前夕，已基本实现"海内为郡县"的局面。其时，秦始皇采纳李斯建议，全面推行郡县制，取消所有封邑。通过"废封建立郡县"，使普天之下真正成为皇帝一人的直属领土。钱穆先生曾对此有过精辟的阐述。在他看来，"郡县政令受制于中央，郡县守令不世袭，视实际服务成绩为任免进退，此为郡县制与宗法封建性质绝不同之点。自此贵族特权阶级分割性之封建，渐变而为官僚统治之政府"。④ 及至此时，县的性质已经发生了变化，已由解决新兼并边远地区管理问题

---

① 参见程方《中国县政概论》，商务印书馆1939年版，第9页。
② 同上书，第10页。
③ 周振鹤：《中国文化通志·地方行政制度志》，上海人民出版社1998年版，第27页。
④ 钱穆：《国史大纲》，商务印书馆1994年版，第94页。

的变通措施,演化为常规性的行政区划编制。郡县制的推行,实际上还有着更为深远的社会意义,它在很大程度上成为秦汉以降宗法专制制度的基石。著名史学家侯外庐就曾指出,郡县制的经济意义,即首先使血缘的氏族落地成为地缘的家族,小农户成为基本生产单位,农民安土作业,束缚于小农业与家庭手工业相结合的自然经济。①

自郡县制推行以来,无论是县以下的基层组织还是县以上的行政组织,都发生了重大变化,唯独县级行政组织最为稳定。主要表现在以下两个方面。

其一,县级政区数目与县域面积相对稳定。纵观两千多年的县级建制,县级政区数目基本上集中在 1000—1600 个。具体情况如图 1—1 所示:

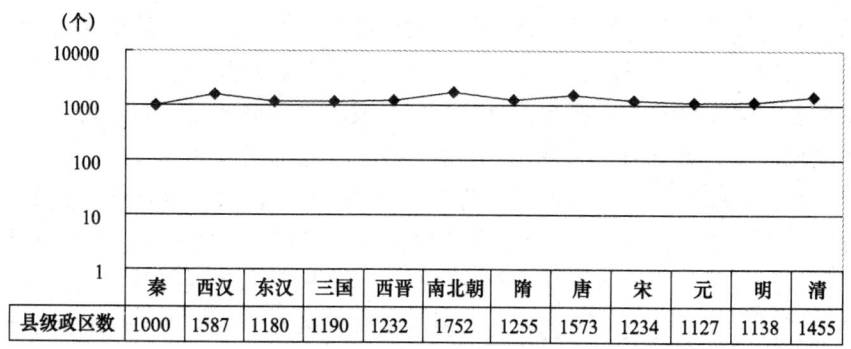

图 1—1　历代县级政区数目统计

资料来源:周振鹤:《中国文化通志·地方行政制度志》,上海人民出版社 1998 年版,第 203 页。

从秦到清两千多年的历史发展进程中,尽管中国的疆域面积已经大大扩展了,但是县级政区数目并未有较大的增加,各个时代的县域面积也相对稳定。县域面积的大小,在《汉书·百官公卿表》中,提出了这样的原则:"县大率方百里,其民稠则减,稀则旷。"也就是以百里见方的面积作为县的幅员基数,再以居民的数量作调节,人口稠密的地方,县的面积划得小些,人口稀少的地方,县的面积划得大些。这个原则也为历代所遵奉,"百里之县"成为习惯称呼。据周振鹤先生推测,这是因为作为基层政区的县,其幅员大小是以行政管理的程度来确定的。不管什么朝代,

---

① 《侯外庐史学论文选集》(上),人民出版社 1987 年版,第 227—228 页。

都要维持正常的农业生产，才能保证王朝的长治久安。而县级政府是直接"牧民"的基层组织，其劝课农桑和收租征赋的施政范围是不宜朝令夕改、频繁变动的，否则将会影响国家职能的正常发挥。这就是县级政区的数目与幅员相对比较稳定的基本原因。而且不但求县之幅员固定，也求其大小相去不远，以利管理。①

其二，县级行政机构稳定，县官的组织变动不大。帝制时期的县制建构，其设计理念是"郡以俸君、县以治民"。作为直接的亲民机构，县级政权是处于极其重要的地位。《抱朴子·百里》中提到："烦剧所钟，其唯百里，众役于是乎出，诛求之所丛赴。牧守虽贤，而令长不堪，则国事不举，万机有阙，其损败岂徒止乎一境而已哉？令长尤宜得才，乃急于台省之官也。"另"县之不稳，国之动荡，县之不贡，国无钱粮"。也就是说，如果县制变动太多，不仅会影响国家的财政收入，甚至会影响到社会稳定，故而历代统治者对县级政权尤为重视。因此，历朝历代的县级行政机构都是相对稳定的，而且其属官的设置也是较为统一，一般都设有县丞、县尉、主簿、录事和其他一些佐杂官员。

当然这里所谓的稳定，只是就整体而言，有些制度则是经历了较为复杂的变化。如关于县级等第的划分，不同时期有不同的标准。

作为基层政区的县，从秦汉时代开始便有等第之分。一般来讲，从秦汉到南北朝时期，户口是划分县级等第的重要依据，但是到隋唐之后及至宋朝时期，除了户口之外，一些政治因素也成为划分县级等第的重要依据。元朝时期又是以经济为依据来划分县等。明清时期，由于对地方政府的控制逐渐加强，县等级的划分也越来越烦琐。雍正六年三月，广西布政使上奏把政区分等的标准作了这样的定性："地当孔道者为冲，政务纷纭者为繁，赋多逋欠者为疲，民刁俗悍、命盗案多者为难。"雍正皇帝对这一奏疏称赞不已。至此以后，"冲、繁、疲、难"四字考语就正式成为府州县分等的标准。这种分等标准是以地方职官缺分的形式来表示的。冲、繁、疲、难四字俱全的缺为"最要"，或"要"缺，一字或无字的县称为"简"缺，三字（有冲繁难、冲疲难、繁疲难三种）为"要"缺，二字（有冲繁、繁难、繁疲、疲难、冲难、冲疲六种）为"要"缺或"中"缺，依照缺位的不同来对官员进行量才使用。② 从简单的大小县发展到复杂的"冲、繁、疲、难"四字考语，说明中央政府对县一级政区的管理

---

① 周振鹤：《中国文化通志·地方行政制度志》，上海人民出版社1998年版，第206页。
② 同上书，第317页。

水平越来越高，控制越来越严。

传统县官的称谓，同样经历了一个漫长的发展变化过程。据《通典》记载，春秋战国时期，有的地方称为"宰"，有的地方称为"尹"，有的地方称为"公"，有的地方则称为"大夫"。"县邑之长，曰宰，曰尹，曰公，曰大夫，其职一也。"可见，春秋战国时期县官的名称就不统一。秦统一中国后，县立为定制，县官名称统一为令、长。《汉书·百官公聊表》说："县令、长皆秦置，掌治其县，万户以上为令，秩千石至六百石，减万户为长，秩五百石至三百石。"魏晋南北朝沿秦汉之制，大县置令，小县置长。隋唐时期，不论县之大小，县官统称"县令"。不过需要指出的是，如果唐县令出缺，若无适当人选，则以资历浅者暂代县务，称为"知县"或"知印"。所以唐代县官的称谓，除县令外还有知县之称。但是知县并非正式官名，仅以资历浅者为之。宋代的县官，也有"县令"和"知县"之称，不过宋代的知县，是由皇帝直接委派京官代本官掌一县之政，因本非令而管县，故称"知某县事"，简称"知县"。可见在宋代，县令只是针对普通县县官的称谓，重要的县才称知县，所以知县地位又较县令为高。这与唐时的县官称谓恰恰相反。及至明朝，县官方正式称知县，清代继续沿袭明朝称谓。

不过对于普通民众而言，则径直将县官称为"父母官"。所谓"长洲距海湄，万家呼父母"，就是民间社会对传统县官的直接定位。父母官的称谓，由经书启其端，由民间定其位，在一定程度上反映了古代政治家、思想家以及一般民众对官民关系及官吏职权的认识，这也说明，传统县官不仅是民之父母，更是传统帝制中国绵延稳定的行政之基。

二　作为行政之基的县官职责

传统中国的县政被称作"基点政治"，也就是说："一切政令推行的责任，则皆分寄于各县政府，而实施于一般民众的里层。这是'起自下'。而'起自下'的意义即是国家政治'基础的作用'。亦即'基点政治'的性能所在。"① 中国县政的基础作用，也就决定了县官的主要职责：一是通过政治控制维护帝制中国的统治秩序；二是管理基层社会的公共事务。

据中国第一部行政法典《唐六典》对州县官职责的记载：

---

① 程方：《中国县政概论》，商务印书馆1939年版，第1页。

> 京畿及天下诸县令之职，皆掌导扬风化，抚字黎氓……所管之户，量其资产，类其强弱，定为九等，其户皆三年一定，以入籍账。若五九（原注：谓十九、四十九、五十九、七十九、八十九）、三疾（谓残疾、废疾、笃疾），及中丁多少、贫富强弱、虫霜早涝、年收耗实、过貌形状，及差科簿，皆亲自注定，务均齐焉。

明清时期知县的职责大体沿袭了此前的规制。据《明史·职官志》记载：

> 知县掌一县之政。凡赋役，岁会，实征，十年造黄册，以丁产为差。赋有金谷、布帛及诸货物之赋；役有力役、雇役、借债、不时之役。皆视天时休咎，地利丰耗，人力贫富，调剂而均节之。岁歉，则请于府若省蠲减之。凡养老，祀神，贡士，读法，表善良，恤穷乏，稽保甲，严缉捕，听狱讼，皆躬亲厥职而勤慎焉。若山海泽薮之产，足以资国用者则按籍而致贡。县丞、主簿分掌粮马巡捕之事。

由上可见，知县虽为一地方基层行政官，其级别虽不算高，然一向为朝廷牧民亲民之官，其职掌却相当繁杂与重要。归纳起来集中在以下几个方面：

第一，征税纳粮。征税纳粮是县官重要的职责之一。帝制时代的中国，国家所需要的经费大都通过县官之手取之于民，以养活大批官吏和军队。因此，"岁会实征"便成为县官的重要职责，也是县官政绩考核的主要内容。如《大明律》就明确规定：主管征收税粮的官吏，必须按时按额完成征收赋税钱粮，"若违限一年之上不足者，人户、里长，杖一百，迁徙。提调部粮官、吏典，处绞"。清朝也规定州县催征钱粮专责印官，不得滥委佐杂代替。催征时设立滚单，层层滚催，征收钱粮用三联串票。为了如期如数完成征集赋税，还规定县官必须亲临现场监督，以防吏役勒索。届时，凡赋税银两俱由纳户"自封投柜"，并发给执照以为凭证。完成钱粮征收，不但可以避免刑事处分，而且还可保官升官，这对州县官来说，是关乎他们的政治生命的大问题，自然不可掉以轻心。实际上通过征税纳粮，不仅可以为自己谋取利益，同时还可以巴结贿赂上级。因此，征税纳粮作为县官的重要职责自当在情理之中。

第二，平决狱讼。在帝制时代，行政与司法是合一的。县官既是本县的行政长官，同时也是司法长官。案件的受理、审理、判决等责任，基本上集于县官一身。《唐六典·刑部》所讲，凡国家律令，县官"务要熟读，讲明律令，剖决事务"。而民有冤屈，先赴州县衙门告状，县官要亲自受理案件，"凡官非印者，不得受民词"，不得越诉，州县衙门也不得拒绝受理，"凡有犯罪者，皆从所发州县，推而断之"。特别是对户、婚、田、土等民事案件和轻微刑事案件（习称"自理词讼"）有全权处理权。通过审理后使用责惩、训诫和调处息讼等手段来了结案件。与此同时，对命盗等刑事案件，州县要通过侦查、缉捕、查赃、勘验现场、检验尸伤、实行强制措施之后，经过审判并引用律例条款，进行定罪量刑，逐级上报作为定案的依据。而且朝廷对民刑案件的审理都定有期限。清代就规定如在期限内不能结案，县官要受到降级或罚俸处分。但"农忙则停讼"，在每年四月初一至七月三十日期间，除命盗重案外，其余户、婚、田、土等案一律不予受理。县官封印休假期间，亦不理刑名。县官为表示"为民"，还规定每月有放告日。届时，悬放告牌于公堂明显处，告状人不必击鼓，县官可在堂上直接受理案件。帝制时代，司法事务占据了县官大量的时间和精力。

第三，劝民农桑。作为以农立国的中国，农业的收成直接关系着帝国的财政收入和社会的安稳，历朝统治者都训令地方官员要以发展生产、劝课农桑作为他们的"百政之首"。同时为表示劝农，历代朝廷都规定把立春日作为劝农日，并于立春节气前一日，迎春牛至大堂前，次日举行迎春动员，以红绿彩鞭打春牛（即"鞭春"），之后县官及僚属开至先农坛祭祀之后，知县还要亲自扶犁作象征性耕作，以表示春耕开始，迎春气而兆丰年。《宋会要·职官》记载，宋徽宗时期曾诏县令以十二事劝农：敦本业、兴地利、戒游手、谨时候、戒苟简、厚积蓄、备水旱、戒宰牛、置农器、广栽植、恤苗户、无妄讼。清代康熙在《农桑论》中开头便写道："尝观王政之本，在乎农桑"，并进一步阐述其理由："盖农者，所以食也。桑者，所以衣也。农事伤，则饥之原。女红废，则寒之原。小民饥寒迫于身，而欲其称仁慕义、有无不竞、遵路会极，其势不能。"① 乾隆帝同样指出："天下亲民之官莫如州县，州县之事切莫于勘察民生，而务教养之实政，有事则在县办理，无事则巡历乡村，询民疾苦，课民农桑，宣布德化，崇本抑末。"② 倘若地方遭遇旱、涝等严重威胁农业生产的自然灾害时，县官还要亲自率众祷告众神，祈雨求晴。此时，上天是否施以恩

---

① 《清圣祖御制文一集》卷十八，第4、5页。
② 廖从云：《中国历代县制考》，台湾中华书局1969年版，第120页。

惠则往往成为百姓心目中衡量县官为官优劣的一个重要标尺。

第四，户政荒政。户政即户口编查，也叫编制黄册，其主要目的是为了控制和掌握本县区的社会政治状况，同时为征收赋税提供依据。因此帝制时代的县官都要承担户籍管理事务。如汉代规定，每年八月各县须进行"案比"（即户口登记），各户须在户籍簿中详细填写户主年龄、性别、籍贯、社会关系、社会地位、财产状况及身体特征等。明朝则每十年编造一次黄册，并规定知县必须亲自主持并监督本县黄册编造工作，对各乡里呈上的黄册，知县须详细检阅，盖印上送。清朝则实行循环册制度，县衙依循环册"每年造具各乡甲长保正及各户姓名，每户若干清册，送臬司稽核"。①

荒政即灾荒赈济。中国作为自然灾害极为频繁的国家，灾荒往往会导致社会经济的衰败，破坏人民的生存条件，甚至导致社会混乱。因此治理自然灾害也就成为县官的一项不可逃避的职责。为了保障封建统治的稳固和社会安定，历代都制订了一系列的救荒政策和措施，一类是重农、仓储、水利和林垦等积极的救荒政策；一类是赈济、调粟、除害、养恤、安辑和蠲缓等消极救荒政策。这一切救荒政策，皆由县官实施。同时为使荒年能救急，各县都设置有义仓和常平仓，前者为地方公共储粮备荒而设，后者是由官府买粮储之，歉年低价卖予灾民。当灾害发生后，县官必须迅速查清灾情，并向上级呈报，请求赈济和蠲免赋税，在特殊情况下县官可先开仓散赈，然后向上奏报，其借贷种子、安辑流民、以工代赈、设置粥厂等救荒工作都要在县官主持监督下进行，县衙户房承办具体救荒事务。

第五，教育教化。为了满足帝制中国对人才的需求，县官还担负有兴办县学和主持科举的职责。根据朝廷规制，县官要在城区或乡村设立"社学"和"义学"，给一些无法负担学费的儿童或成人提供教育机会，县官要为他们提供财政支持和行政保证。同时，县官在科举考试中也扮演着重要角色，他们不仅要督促生员专心学习经书，还要定期亲自为生员讲学。按照清代科举制度，参加考试的士子在进行县试时就是由县官主持。而且县官要为考试的公平负责，如果有作弊嫌疑，经查实将会受到降级乃至革职查办的处罚。

在开展正规教育之外，县官还担负着对百姓教化的职责。帝制时代的统治者十分重视对基层社会的教化，所谓"治国以教化为先"就是此意。

---

① 《清代吉林档案史料选编·上谕奏折》，吉林省档案馆、吉林省社会科学院历史所1981年编印，第122页。

统治者要求县官定期向民众宣读圣喻乡约，不定期到乡村做巡回督察，以便查明地方民情风俗，劝导百姓孝顺、贞洁、诚实、勤勉、节俭和守法。如清代顺治时期颁布的《顺治六谕》和康熙时期颁布的《圣谕十六条》，就是当时开展教化的蓝本。为了达到教化乡民的目的，要求每月朔（初一）望（十五）日，各地方官员召集定点宣讲，届时举行隆重的仪式，制造庄重肃穆气氛，以示统治者对教化的重视。

除此以外，帝制时代的县官还承担地方治安、邮传服务、地方福利、公共工程、祭祀仪式等其他事务。由此足见县官任务的繁杂，同时也说明县官确是帝制中国真正的行"政"之官。"造福莫如州县"，县官"兴除利弊，不特藩臬道府能说不能行，即督抚亦仅托空言，惟州县则实见诸行事"。① 县官的位置如此重要，其人选是否适当，不仅关系一地一时之利弊兴革，也关系着一代政治之兴衰。故秦汉以来，贤明君主均以延求贤良县官为意。但是处于国家与社会节点上的传统县官，法理上的堂皇之体与现实中的卑贱之躯，成为帝制时期中国县政运行的一个悖论。

三 国家与社会节点上的县官处境

作为国家权力在基层的代表，帝制时代的县官在专制体制中具有承上启下的作用。然而处于国家与社会节点上的县官，却处于一种尴尬的境地。对于皇权他们要"专在竭忠守分"，对上司也要"申明大吏而请之于朝"，以便能获得上援而顺利施政；对于地方豪强与势力乡绅，往往需要左右逢源小心应对方能摆脱"相欺相瞒甚且相排挤"的困境。② 作为地方父母，"入则日坐堂皇，理刑钱之争讼；出则巡视阡陌，察风俗之美恶"。③ 谦卑之躯与堂皇之体的对立反差，真实地反映出帝制时期县官在国家与社会节点上的尴尬处境与复杂人格。

从法理上来看，基层社会的大事小情"皆县令兼"，"牧令为亲民之官，一人之贤否，关系百姓之休戚"。④ 县官的行政事务极其繁杂，颇感劳碌不堪。一位曾莅任惠安的县令就对自己任上的工作有过这样的描述：

---

① 《平平言》卷一，转引自瞿同祖《清代地方政府》，法律出版社2003年版，第29页。
② 柏桦：《明清州县官群体》，天津人民出版社2003年版，第30页。
③ 徐炳宪：《清代知县执掌之研究》，私立东吴大学学术著作奖助委员会1974年版，第22页。
④ 戴逸、李文海主编：《清通鉴7·世宗雍正2年起—世宗雍正12年止》，山西人民出版社1999年版，第3004页。

职今犬马之齿四十有三，虽当强壮之年，在县过于劳瘁。如旧岁黄册之役，未明求衣，夜分乃退，丁粮虽至升合，审核必亲，如是者五阅月。是时人有以病规职者，职谓一年毕此可止十年之讼，一任毕此可称一生之业，古之摩顶放踵，皆其心之不能解也。故至今年病劳，血气衰，精神损，须发落，自分填于沟壑必矣。①

帝制时代县官的工作的确劳苦。县官们的行政决策和处置权也是非常有限的，凡事必须向上级请示，又时常会受到上级的干预甚至责难。特别是明中叶以来，在督抚权力和地位逐渐增强的情况下，更是随时传唤甚至会影响到县官的仕途。到晚清时期这种状况更为严重。督抚经与吏部的争夺，知县的任免权几乎全部落到了督抚的手中，至清末"预备立宪"之际，选缺州县官由吏部铨选任用的制度被彻底废除，有关上谕称，停止州县官吏部铨选，将符合参选资格的人员全部分发各省，另编为"改选班"，候补选缺。这样，州县官提调缺与选缺的界限已不复存在。凡州县官出缺，其继任者均由督抚委署提调。由此形成了州县官委署与补用漫无章程、钻营奔竞、贿赂公行的局面，结果造成了帝制时期县官非常独特的为政心态，那就是奉上小心、行事谨慎，唯恐咎获罪。② 在此情形下，他们不得不对上司勤加打点，所谓"岁时则有限，生辰则有贺"，是县官上任之后的真实写照。倘若上司要亲临本县视察，"预先责差巡捕官同各房能干吏典，带领精壮夫马伞轿等项，及门皂厨役并中火住宿处应用之物，在于该管地界迎接替换。宁可守候，勿致误事"。③ 即便是庸劣之上司，也要秉持"宁可刻民，不可取怒于上；宁可薄下，不可不厚给过往"④ 的原则。

如果说县官小心应对上级是为了迎合的需要，那么如何应对基层社会的地方士绅和巨室豪强，则直接关系着县政能否顺利开展乃至县官的去留升迁。

在中国传统基层社会里，宗族耆老和地方士绅是具有相当地位和特权

---

① 叶春及：《八洞集》，卷八，转引自何朝晖《明代县政研究》，北京大学出版社 2004 年版，第 85 页。
② 魏光奇：《晚清州县官任职制度的紊乱——透视中国传统政治的深层矛盾》，《河北学刊》2008 年第 2 期。
③ 《居官必要为政便览》卷下，吏类。
④ 《海瑞集》下，海南出版社 2003 年版，第 518 页。

的社会阶层。一些学者研究指出,在国家政权与地方宗族关系史上,政权直接介入宗族事务,与族权产生密切关系。① 地方士绅作为中国基层社会的权威,根据其来源和自身属性大体可分为四种类型:第一类为离退休官僚,这类士绅大多年长且权大声隆,上下关系通连;第二类士绅是暂居乡里的官僚,这类士绅突出的特征为暂居性和"官性十足";第三类士绅为担任乡里组织领袖者,这类士绅具有以下特点:一是有钱有势有知识,具有较强的号召力和领导力。二是这些士绅上与州县连通,下与百姓熟悉,加上了解本地本乡情况,往往能起到"中介"和"桥梁"的作用。三是这些士绅一般热心参与乡间的公共事务;第四类士绅是定居乡里的自由士绅。这些人大多不受国家限制,具有相当的自主性和自由度。他们与官僚政治和乡村有些疏离,具有某种游离色彩。当然,这并不是说此类士绅完全游离于乡村社会之外,相反,他们非常关注乡村社会的命运,只是以较为间接的方式服务乡里罢了。②

在传统中国社会中,地方士绅具有深厚的社会权力基础。"在最一般的意义上,权力是通过支配人们的环境以追逐和达到目标的能力",并在合作中"能据以增进他们对于第三方或自然界的权力"。③ 地方士绅尽管没有直接的行政组织关系,但实际上都是官僚集团的成员或候补成员。而且在中国传统社会中,文人是具有很高的社会地位的,普通老百姓对于有学问的人也是极其敬重的。因此,无论是那些科举落第之人,还是无意于功名之士,同样在其居住之地有着巨大的影响力。可以说在基层社会中,他们扮演着精神导师和领袖的角色,并以一种文化组织形态为这一权力奠定了基础和保证。由于这些文化组织网络"是地方社会中获取权威和其他利益的源泉。也正是在文化网络之中,各种政治因素相互竞争,领导体系得以形成"。④ 另外,士绅与当地百姓之间的利益关系也是休戚与共的,称得上是一个不可分割的社会共同体。在表达民众的利益和诉求方面,士绅是完全有资格代表基层民众与官吏进行谈判的社会权威。正是因为这一点,士绅能够在基层社会获得很大的荣耀与权威。

---

① 常建华:《清代宗族"保甲乡约化"的开端——雍正朝族正制出现过程新考》,《河北学刊》2008年第6期。
② 赵秀玲:《中国乡里制度》,社会科学文献出版社2002年版,第242—248页。
③ [英]迈克尔·曼:《社会权力的来源》第1卷,刘北成、李少军译,上海人民出版社2002年版,第8—9页。
④ [美]杜赞奇:《文化、权力与国家——1900—1942年的华北农村》,王福明译,江苏人民出版社2003年版,第15页。

有学者径直将中国传统社会称作"士绅社会"。① 一些西方观察家甚至明确指出:"除了士大夫阶层与商人阶层,中国社会中再也没有别的阶层可以发挥看得见的影响力了。"② 这一影响力的重要体现,就是"绅士作为一个居于领袖地位和享有各种社会特权的社会集团,承担了若干社会职责。他们视自己家乡的福利增进和利益保护为己任。在政府官员面前,他们代表了本地的利益。他们承担了诸如公益活动、排解纠纷、兴修公共工程,有时还有组织团练和征税等许多事物。他们在文化上的领袖作用包括弘扬儒学社会所有的价值观念以及这些观念的物质表现,诸如维护寺院、学校和贡院等"。并且"有时绅士受命于官宦而办事,或协助官府办事。"另外"大量地方事务的实际管理都操诸绅士手中"。绅士还"充当了政府官员和当地百姓之间的中介人"。"官吏处理地方事务,常常向绅士咨询。"同时,"绅士作为本地的代言人,常常去说服政府接受他们的看法"。③

一位清代知县在谈及任官经验时说:"官与民疏,士与民近。民之信官,不若信士。朝廷之法纪,不能尽晓于民,而士易解析。谕之于士,使转谕于民,则道易明而教易行。境有良士,所以辅官宣化也。"④ 故此,县官"宁得罪于小民,无得罪于巨室"。包笑天回忆自己早年参加县试时就出现这样一幕:

> 记得我那一次县考时,吴县知县是马海曙,他是江苏一位老州县,连任知县有好几年。是一个捐班出身。据说:他从前是一位米店老板。他对于做文章是外行,但于做官是十分老练,在一般考生的目中,因为他是捐班出身,便有些瞧不起他,常常的戏弄他,在点名的时候,都挤在他案桌左右,七张八嘴,胡说白道,甚而用一根稻草,

---

① 关于"士绅社会",加拿大学者卜正民(TimothyBrook)认为,"士绅社会"是一个由获得功名的精英主宰的社会,它处于由地方行政官代表的公共事务领域与个人及其家族的私人领域之间([加]卜正民:《为权力祈祷:佛教与晚明中国士绅社会的形成》,张华译,江苏人民出版社2005年版,第21页。)费正清也曾指出:"在过去1000年,士绅越来越多地主宰了中国人的生活,以致一些社会学家称中国为士绅之国。"([美]费正清:《美国与中国》,张理京译,世界知识出版社1999年版,第32页)
② [美]古德诺:《解析中国》,蔡向阳、李茂增译,国际文化出版公司1998年版,第83页。
③ 张仲礼:《中国绅士研究》,上海人民出版社2008年版,第48—52页。
④ 李燕光:《清代的政治制度》,载《明清史国际学术讨论会论文集》,天津人民出版社1982年版,第257页。

做了圈儿，套在他的顶珠上，以为笑谑，也是有过的。然而这位马大老爷，依然和颜悦色，笑嘻嘻的对他们说："放规矩点，不要胡闹。"

为什么呢？一则，考生有许多是未成年的孩子，不能跟他们认真；二则，苏州地方绅士太多，绅权极重。这些考生们许多都是宦家之弟，未便得罪他们；三则，自己是捐班出身，须得谦和识趣一点，万一闹出事来，上司只说他到底不是正途出身，不知道国家进贤取士，与夫科举之慎重尊贵。而且即便是有如正途两榜出身的元和知县李紫璈，也被一些童生戏称为"驴子咬"（吴语："驴"读"李"，"咬"读"璈"），他也只得"假作不闻"。①

更具吊诡意味的是，一些衙门胥吏往往也会成为县官的掣肘。胥吏，按其职差性质可分为两大类：一类是文职吏员，在各衙署内收发公文、核查档册、誊录文件、造报册簿账目、收贮档案等；一类是专供奔走驱使的胥役，负责催征赋役、查管市场、关卡，看管钱粮物库、缉捕、押解犯人，衙门内外站堂、看门、通报、传唤，上下级衙门及乡里之传送文移、联系，以及跟随长官，等等。② 作为一个相对独立的政治社会群体，胥吏从唐宋以来开始大量出现在中国历史舞台上，及至清代胥吏群体已成为一个庞大的力量，大县逾千人，小县亦多至数百名。③ 胥吏不仅要做文抄公和档案管理员，还是地方官员处理行政事务的重要依赖对象。因为地方衙门的胥吏主要是本地人，他们非常熟悉本地情况。而地方官员并非本地人，且任期又不长，他们对地方情况的了解是有限的，因此很多事情要借助胥吏。于是胥吏便利用他们自己的优势来左右地方官员。与此同时，胥吏们在基层社会还有着盘根错节的关系网络，有些有肥缺衙门，甚至成为某些有较大势力的胥吏的盘踞地，互相勾结串通作弊。

处于国家与社会节点上的县官，面对上级时小心翼翼，接见地方豪强时又不得不笑脸应对，这种左右逢源的为政方式，难免会使其感叹县官难为。难怪明代谢肇淛有"为令有八难"之经验总结：

> 勤瘁尽职，上不及知，而礼节一疏，动取罪戾，一也；百姓见德，上未必闻，而当道一怒，势难挽回，二也；醇醇闷闷，见为无

---

① 包天笑：《钏影楼回忆录》，大华出版社1971年版，第93页。
② 杜家骥：《清朝简史》，福建人民出版社1997年版，第268页。
③ 吴吉远：《试论清代吏役的作用和地位》，《清史研究》1993年第3期。

奇，而奸狙蜚语，据以为实，三也；凋剧之地，以政拙招尤，荒僻之乡，以疏迤见弃，四也；上多所喜，多见忌于朋侪，小民所天，每见仇于蠹役，五也；茧丝不前，则责成捆至，苞苴不入，则萎菲傍来，六也；宦成易怠，百里半于九十，课最易盈，衔蹶伏于康庄，七也；剔奸厘弊，难调狙侩之口，杜门绝谒，不厌巨室之心，八也。至于郡守礼貌稍殊，白黑难溷，虽百责攸萃，数令稍易，然时有漏网于吞舟，而负冤于覆瓿者，此仲翔、敬通所为仰天长叹也。①

由此看来，知县最难不在政务，而是在各种人际关系，处在"而上、而下、而旁交，而凡百垂涎于令，小不如意，辄怪言怒色，坠渊之计行焉"② 的处境之中。帝制县官的这种处境和地位，即便是一些贤官循吏也不得不花费大量精力来协调和处理各种复杂的社会关系，以顺利完成任内的各项复杂政务，不少县官因此变得心态消极、不思进取、明哲保身、但求无过。而对于那些贪墨虚伪的县官而言，剥民奉上、迎合谄媚、柔佞贪鄙、蠹政殃民，最终沦为万民所不齿之昏官。

第二节　县制转型——清末民国时期的县制变革

清末民国，变动纷呈。社会的急剧变动与各种思潮的激荡起伏，使得变革的呼声响彻云霄。其中以地方自治为基础实施变革的倡言，成为清末以来的最强音。县政体制在地方自治的制度化变革中进入了具体实施阶段。然而，清末民国时期推行的地方自治，因缺乏对基层社会权力结构的彻底改造，结果造成了绅权扩张与土劣回潮，在很大程度上成为国家基层政权建设③的腐蚀剂。在此情形之下，县政紊乱腐败丛生的弊病，效率低

---

① 谢肇淛：《五杂俎》，台湾伟文图书出版社1976年版，第354页。
② 《海瑞集》（下），海南出版社2003年版，第549页。
③ 国家政权建设理论是20世纪90年代以来国内学术界以"国家与社会"理论为基础而构建的分析方法。关于这一理论，杜赞奇曾指出，中国的国家政权建设与欧洲国家不同。在欧洲，国家政权建设不仅包括国家权力对社会生活和经济生活各个方面的控制逐渐加强，而且也是在现代化的民族国家内，公民的权利和义务的逐步扩大。但是在中国，这一过程是在"民族主义"和"现代化"的招牌下进行的。而且不论是中央还是地方，尽管政权更迭频繁，但都企图将国家权力深入到社会基层，并将这种延伸的政权机构看作是控制乡村社会的最有效手段。（杜赞奇：《文化、权力与国家：1900—1942年的华北农村》，江苏人民出版社2003年版，第2页）

下权威丧失的县长官僚，几乎成为民国时期众多县长的一个通病，所谓的县级自治也最终沦为官治的附庸。

一 清末民初的县制变动

晚清以来的千古未有之变局以及西学思潮的大量传入，不少有识之士开始专注于西方国家的政治体制与制度文明，并提出了改革传统州县制度的主张。早在鸦片战争期间，即有"变封建郡县官家之局"①的初步意识。19世纪后期变革州县制度的呼声更为强烈。

郑观应即指出，地方行政制度设置众多层级，在很大程度上会限制州县官的施政成效，结果造成"僻远之地则暇若无事，望紧之治则专以其身服事上官，如此谓之能吏。而上官则有府、有道、有按察、有布政，复有督、抚以临莅之，层累而上有六七级。其所以有事于县者，为善为恶未易达于朝廷也。故不必专心于所治，而必屈意于所事"。为消除这种积弊，必须改革地方行政体制，裁革冗官，"一县治以数人，则无繁杂难理之病；长官不过一二，则无趋承不给之虞。然后每乡、每镇皆设一议绅之局，举本地之利弊详查确论，而后达之县令，达之府道，以告于朝廷"。②郑观应对于地方行政制度的改革思路，有一个明确的主张，即设置"议绅之局"。在他看来，"延品学兼优聪明之士，游历各国、各省，博访周咨，洞悉利弊，归而备充议绅。朝廷尤须破格用人，果其议绅品学优长，为一县所钦，即授为一县之牧；为一府所钦，即升为一府之牧，必于国计民生大有裨益"。③

实际上，"兴绅权"是晚清时期不少有识之士倡行的主张。谭嗣同也说，"兴绅权"即是平地方官之权，"熟议其是非得失，晓然与众共之"。④值得一提的是，清末思想家对"兴绅权"的阐发，有着鲜明的地方自治色彩。到20世纪初期，地方自治已成为一股社会思潮。地方自治思潮的激流涌动，加上内忧外患的日益加深，清政府不得不转变观念，由此迈开了县制变革的步伐。

1907年，清政府颁布了《直省官制通则》，通则明确规定，地方行政体制为省、府、州县三级制，并规定在各州县选用本地士绅充任具有自治

---

① 《近代中国对西方及列强认识资料汇编》第1辑第2分册，中央研究院近代史研究所1972年编，第206页。
② 郑观应：《盛世危言》，华夏出版社2002年版，第184页。
③ 同上书，第32页。
④ 《谭嗣同全集》，中华书局1981年版，第439页。

性质的"佐治官员"。随后不久，清政府发布预备立宪方案，宣布用7年时间完成城镇乡和府厅州县两级地方自治，并先后颁布《城镇乡地方自治章程》和《府厅州县地方自治章程》。其中规定：在府厅州县成立议事会、参事会，就地方教育、实业、捐税征收等事务实行自治。其中州县自治机构由议事会、参事会和州县公署三部分组成。议事会是议决机关，议员选举以城镇乡为选区，将议员名额按城镇乡人口多寡分配于各选区，经直接选举产生。州县参事会为补助议决机关，其议员人数为议事会议员数额的十分之二，由议事会在议员之间选举产生，会长由州县官担任。需要指出的是，尽管州县公署为自治执行机关，但其州县官并不是由城镇选民或议事会选举产生的，而是由上级机关任免产生。州县公署的职权，一方面是掌管一切公牍文件；另一方面既要执行州县议事会议决的事项，又要向议事会、参事会提交议案。另外，州县官还有权撤销或提请复议议事会、参事会逾权或违法所做出的决议，有权在十日期限内停止议事会会议。关于州县自治的事务范围，按《府厅州县地方自治章程》规定，共分为两种形式，一是办理地方公益事务；二是经由法律或上级行政命令委任自治机关办理的国家或地方行政事务。①

从清末县制改革的方案可以看出，州县自治并非代替原有的"官治"，只是在原有州县职权基础上的一种补充。也就是说清末县制的改革实际上是一种"自治"与"官治"合二为一的体制。这种体制，也是近代中国县制改革的普遍取向。

辛亥革命之后，南京临时政府在一些地方开始变革县政制度。如江苏在辛亥革命之后不久便通过了《江苏暂行地方官制》，并规定：地方一律改称州、县，设民政长统辖，凡地方旧称为州者曰州，旧称为县者曰县，旧称为厅者改曰县。所有民事事宜，统于州、县民政长。从前的道、府、直隶厅均裁，知县、知州，均改易名称，同城州县，均裁并为一。州、县民政长，直隶于都督府，受都督之监督指挥，处理各该州、县各项民政事宜。州、县民政长，由该州、县议会公举，报请都督府核准委任。② 同时颁布《县民政长选举章程》，规定了民政长选举方法：县民政长，由各本县公民用复选举法选举之，先由公民选出初选当选人，再由初选当选人选定民政长。民政长不以本县人为限，其被选举资格为：（1）有本国国籍

---

① 徐秀丽编：《中国近代乡村自治法规选编》，中华书局2004年版，第29—41页。
② 《中国革命记》第4册，时事新报馆1911年编印，第8—10页。

者；(2) 年龄在 30 岁以上者；(3) 有政治上学识才能素膺时望者。① 但是从总体上看，此时的县级行政机构多不统一，"地方官职，均系各自为制；所定名称，难免歧异"。② 北方除山西一省自定官制之外，大都沿袭清代成规，承继牧令之制。南方各省尽管开风气较先，在革命独立后自定官制，但是其称谓异常混乱。安徽省宣布独立后，"各府各县纷谋独立，甚至有百数兵士者即为一小都督，千数兵士者即为一大都督，四分五裂，殊与独立名义未免误解"。③ 江阴的行政长官，在光复初期甚至用过"司令"等称谓。

实际上，辛亥革命后，地方民众曾对这次"改朝换代"的革命抱有很大的企盼。江苏盱眙县的情形颇能说明这个问题。辛亥革命之后盱眙县流传着这样的歌谣："孙文与黄兴呀，首先创革命，大家奋勇向前进"；"扬州城呀，新旧十二门，宣统江山坐不成"；"要得清朝灭，脚踩鲢鱼头顶鳖"。④ 一些私塾纷纷解馆，一些文人纷纷谈论清朝腐败，认为必须闹革命推翻其统治。社会上大唱歌谣，学童们除唱歌外，还搞军事演习。特别是"农民纷纷进城打听消息，想听听孙文学说对农民有什么好处"。随着局势稍趋稳定，盱眙市面恢复，人们熙往攘来，筹备欢迎，静候革命军来县接收。仅有少数的顽固派，窝着辫子躲在家里不敢出来。⑤ 还有些农民甚至认为，皇帝的江山都没有了，土地也不复为地主所有，租粮就不用缴了。但是正如一些研究者所说：江苏光复后没有采取任何改善农民境遇的措施。许多地方如昆山、常熟、无锡、南通、淮安、海州的农民，为生活所逼，都自发进行抗租抗税。"新政权的老爷们和豪绅地主串通一气，对起义农民进行镇压、拿办，和旧衙门简直毫无区别；尽心尽力地帮助地主向农民追索租粮，和前清时期也是一脉相承。"⑥ 这种情况在其他地方也随处可见。曾任民国河南省建设厅长的张钫说："辛亥革命后虽共和告

---

① 邱远猷、张希坡：《中华民国开国法制史：辛亥革命法律制度研究》，首都师范大学出版社 1997 年版，第 179 页。
② 辛亥革命武昌起义纪念馆等编：《湖北军政府文献资料汇编》，武汉大学出版社 1986 年版，第 67 页。
③ 《皖都督莅新纪事》，《申报》1911 年 12 月 12 日。
④ 清朝时人们多戴"披风帽"、"瓜壳帽"，多穿"双木梁鞋"、"鸡留头鞋"。在宣统末期，人们多穿"鲢鱼头鞋"，多戴"鳖壳帽"。歌谣就是针对这些服饰而作的。
⑤ 《盱眙县文史资料》第 1 辑，政协江苏省盱眙县文史资料研究委员会 1984 年编印，第 54 页。
⑥ 吴切：《江苏辛亥光复后的政权剖析》，《近代史研究》1996 年第 5 期。

成,但县官这一层因袭旧样,实质上没有什么改变。"①

辛亥革命尽管也在新的制度框架下具备了现代意义上的一些新的特点,但是由于革命的不彻底、不注重地方政权等诸多因素,民国初年的县官甚少有突出的新的表现,县官在民众心中依然没有摆脱传统"县太爷"的形象。

二 北洋政府时期的县政规制

1912年11月,袁世凯发布大总统令划一官吏名称:"各县及凡府、直隶厅、州之有直辖地方者,所有长官官名,一律先行改为知事,一应管辖区域,暨办事权限,悉依现制办理。"② 1913年1月,北洋政府正式颁布《划一现行各县地方行政官厅组织令》,规定划一县地方行政长官名称,统称"知事";划一地方县级行政区划名称,规定除现设各县仍称"县"外,直辖区境的府和直隶厅、直隶州,以及现在各散州、厅,名称一律改为"县"。这一规定,在中国的地方行政体制科层化的道路上前进了一大步。1914年5月公布的《县官制》进一步加以明确,规定地方行政体制实行省、道、县三级,县置知事,隶属于道,县知事"为一县行政长官,依法律命令执行一县内行政事务"。这就进一步明确了县知事属于国家行政官员而不兼地方自治行政首领。同时规定了县知事的行政权力。至此,县知事的"名义的性质更形固定"。③

北洋政府时期县知事的任用,要求注意籍贯回避,地方各级官员必须回避本籍、寄籍、祖籍、原籍距任所500里之外,在任用时要求省级行政长官转送铨叙局审核后呈请任命,以防打破地方官员回避的规定。1920年1月13日,大总统徐世昌通令要求"所有任用知事,其籍隶本省人员,应照章回避,亦经内务部呈请通行"。④ 应该说各地在县知事任用上还是较好地执行了回避制度。兹以陕北米脂县为例(见表1—1)。

表1—1　　　　　　北洋政府时期米脂县县知事任职籍贯

姓名	籍贯	学历	任职年限
张鸣	陕西朝邑		1912年秋

---

① 全国政协文史资料委员会编:《社会杂相述闻》,中国文史出版社2006年版,第66页。
② 《中华民国史事纪要》(初稿),中华民国史料研究中心1968年编印,第626页。
③ 钱实甫:《北洋政府时期的政治制度》下册,中华书局1984年版,第302页。
④ 同上书,第307—308页。

续表

姓名	籍贯	学历	任职年限
华钟毓	陕西商县	前清附生	1912年冬—1914年2月
阎廷杰	陕西神木	前清附生	1914年
张骥	四川双流	前清举人	1914年冬—1915年10月
李宝兰	山东荣城		1915年10月—1916年3月
王阐元	河北盐山	前清举人	1916年3月—1916年9月
张世舒	四川巴中		1916年9月—1917年6月
杨德暄	陕西城固		1917年6月—1917年12月
张大中	江苏丹徒		1918年
俞慰曾	江苏丹徒		1919年1月—1920年3月
张铸	陕西临潼	前清举人	1920年3月—1921年6月
王敏之	湖北		1921年6月—1921年10月
王经裕	河南巩县	前清举人	1921年10月—1922年7月
师守道	陕西富平		1922年7月—1923年2月
郭文俊	陕西大荔		1923年2月—1923年9月
王登甲	陕西礼泉	前清增生	1923年9月—1925年5月
窦敦厚	陕西蒲城		1925年5月—1925年12月
王其晟			1925年12月—1926年2月
艾光显	陕西白河	师范	1926年2月—1927年2月
余宝滋	陕西安康	前清副榜	1927年2月—1927年4月
梁海峰	陕西礼泉	前清贡生	1927年4月—1927年9月
韩兆鹗	陕西户县	师大	1927年9月—1928年5月

资料来源:《米脂县志》,陕西人民出版社1993年版,第427页。

从表1—1可以看出,县知事的籍贯回避制度基本上还是较好地执行着,但是县知事任期短、更迭频繁却是一个十分突出的现象,很少有超过两年任期的。县知事掌理一县行政,关系重大,故其资格和任用一般都有特殊的规定,不同于其他行政人员。依照北洋政府公布的《知事任用暂行条例》和《知事试验暂行条例》,以及内务部据以制定的两种《施行细则》等的规定,县知事的资格分为两种:一是经考试及格的;二是经保荐并在内务部注册的。

关于县知事的职责权限,大致可以分作以下三个方面。

第一,行政方面的职权。这是县知事本职范围内的主要部分,除办理本县行政事项以外，还兼办上级所委办的事项，以及同邻县协办的一些事项。主要职权有以下三项：（1）发布命令：知事得就县内的行政事务或上级委办的事项，在不抵触中央和省的法令、章程范围内，发布县令或县单行章程。（2）任命权：任命知事所辖各级行政工作人员，有的还包括自治委员。但关于职掌和员额等均须呈报道尹转呈巡按使核定注册，由巡按使咨陈内务部备案。（3）监督权：知事对于所辖人员的行政处分认为违背法令、妨害公益或逾越权限时，可以停止或撤其处分，自治委员若有过失时，知事也可予以处分。（4）军事权：知事因维持治安有必要时，得调用本县警备队等地方武力。若遇非常事变，得随时呈请省或道行政长官转请邻近驻军派兵处理；不及呈请时，直接向邻近驻军提出要求。

第二，立法方面的职权。清末以来的地方自治尽管在1914年2月被袁世凯叫停，但是民国初年各省大都设有县议事会，制度沿袭清末。1916年袁世凯去世后，各省的县议会有些一度恢复。1919年9月《县自治法》颁布，规定各县均设县议会和县参事会。但是民国初年实行的所谓自治制度，实际上只是对官治的一种辅助，故县知事的地位，较当时所设立的县议事会或县参事会为高。如县议事会的召集、开会、闭会、延会等都由知事决定，可命令议事会停会，每次会议所议事件，也是由知事在开会十日前通知议事会议员。县参事会的会长，更是由知事兼充。因此，知事所享有的立法职权较大，主要有下列各项：

（一）提议权，包括提案权和陈述意见权。知事可向县议事会或县参事会提出议案；提交县议事会的议案应先交县参事会审查，如县参事会的意见与知事不同时，得将不同意见附于知事的议案之后，同时提交县议事会讨论。县议事会或县参事会开会时，知事均得亲自或派员到会陈述意见，但不得参加表决。

（二）编制预算、决算权。知事每年预计明年全县的收支编成预算，附加按语，提交县议事会议决后呈报省行政长官核准，转报内务、财政两部存案，于本地公开榜示。又每年将上年的全县收支编成决算，连同收支细账，提交县议事会议决；其余手续均同。

（三）请求复议权。又可分为两种：一是对于县议事会或县参事会的议决认为违法的交予复议；二是对于不当议案的交予复议。违法议决交予复议后，县议事会或县参事会仍执前议时，知事得予撤销。不当议决（如对县收支或有碍公益等），则由知事呈请省行政长官核办。但有些省份已由省议会自订县自治制度的，则知事的请求复议权较小；违法议决交予复议而县议事会仍执前议时，知事不得撤销，只可请求省议会公断。

（四）议案撤销权。又可分为两种：一是径行撤销；二是经复议后撤销。县议事会或县参事会的议决和选举，知事若认为逾越权限或违背法令时，可将事由说明，即行撤销。或先交复议，若仍执前议时，知事再予撤销。但原议决机关若不服时，可向行政审判机关呈请处理。

（五）紧急处分权。县议事会如有不赴召集或不能成立，或遇紧急事件来不及召集，或应行议决而不能议决，或闭会已届而尚未议决等情况，知事可将应议决的事项提交县参事会代议。若县参事会也有上述情况，知事得呈请省行政长官核准施行，但须于下次县议事会或县参事会开会时分别声明。如县议事会或县参事会认为知事处理不当时，可呈请省行政长官核办。

第三，司法方面的职权。民国初年，未设法院的各县设有审检所，由知事执行检察事务，以帮审员执行审判事务。1914年以后知事兼理司法，凡未设审判厅的各县，第一审的民事、刑事诉讼属于初级厅或地方厅管辖的，都由知事审理，受高等厅的监督；知事以下虽设有承审员，不过居于助理地位。①

此外，作为县级政权的长官，县知事还须承担税收、教育福利、公共工程等职责。但是由于中国地域广阔，各地情形也很难整齐划一，所以民国初年又将全国各县按事务繁简、地形等因素划分为三等，各县的等级不同，其职责与权限也相应有所区别。

北洋政府时期县制的设置，是以"官治"的形式开展县政工作。与传统的知县相比，执掌行政、司法及办理地方公共事宜是共同点，但北洋政府时期县知事职责权限并非完全以征收赋税和刑法诉讼为主要职能，而是明显地增加了县行政的社会管理和建设职能。特别是北洋政府时期，已经出现了专门的司法机构，如县司法审判程序中的审检所制度，作为一个过渡性的制度，由审检所帮审员与县知事共同审理民、刑事案件的，按照审检所的制度设计，以帮审员行使审判权，县知事执行检察权的方式来削减县知事的司法审判权力。司法从行政中独立出来，无疑具有一定的进步作用和近代化色彩。

但是在北洋政府时期，由于兵焰熏天穷兵黩武，一些地方军阀逐渐把持政局，县知事在很大程度上成为地方军阀手中的一枚棋子。就陕北而言，北洋政府时期统治陕北的主要是井岳秀，另外还有张廷芝等小军阀。井岳秀拥有一个师的兵力，即八十六师，不足万人，却统治着陕北22个

---

① 钱实甫：《北洋政府时期的政治制度》下册，第305—307页。

县,张廷芝拥有武装4000人左右,统治着陕北三个县和陕甘边陇东五个县。可以说陕北(陕甘边)的军权、政权、财权等完全操于井、张两军阀之手。县知事几乎是由他们任免,军队由他们调用,一切法律、法令由他们制定颁布。县知事只是他们手中征收赋税、安定地方的工具。清末民初崛起的地方官绅群体,同样在削弱和吞噬着县知事的权威。清末民初的地方自治,原本旨在作为"官治"的一种补充,然而地方自治的最终结果却是"使农村名流在他们故乡的村社的习惯权力合法化"。① 其结果是在地方自治的推动下衍生而成一批诸如"团绅"、"绅董"、"宦绅"、"官绅"等新的权绅群体。曾几何时,象征社会权威的传统士绅,"毕竟与农村社会保持着某些接触。他们处于传统而多少还关心一些农民阶级的利益"。② 而在地方自治中继起的"绅士"们,"乃终朝不脱鞋袜,身披长衣,逍遥乡井,以期博得一般无知农民之推重。其在农村中之最大工作,厥为(一)挑拨是非,(二)包揽词讼,(三)为地主保镖,(四)欺凌无知农民,(五)四处敲诈"。③ 这样在近代中国基层社会权力结构中,最终形成了一个千夫所指、万人痛骂的土豪劣绅集团。随后为人们所痛恨的豪绅恶霸,主要就是指残酷掠夺村落社会的新权绅。而这些豪绅恶霸也在很大程度上牵制和吞噬着县知事的权威。

北洋政府时期的县级政权,也如陈志让先生所言,是一种军—绅政权,这种政权结构模式不仅造成中国政局的动荡,破坏和阻挠交通运输,摧残中国的教育,扰乱中国的货币制度,而且他们"把持财政,抵抗税捐,干预词讼,妨碍行政"、"非法苛捐,冒支兼薪"、"私设法庭,非刑考讯"、"私受词讼,滥用刑罚"等劣迹④,势必激起基层民众的激烈反抗,这同样也在很大程度上冲击着县知事的权威。

三 南京国民政府时期的县政与县长

民国时期的县长制是从南京国民政府时期开始的。1927年6月9日,国民政府发布训令指示各省政府,按照中央执行委员会政治会议第一百次

---

① [美]孔飞力:《中华帝国晚期的叛乱及其敌人》,谢亮生等译,中国社会科学出版社1990年版,第230、231页。
② [法]谢和耐:《中国社会史》,耿昇译,江苏人民出版社1995年版,第542页。
③ 周谷城:《农村社会之新观察》,《周谷城史学论文集》,人民出版社1983年版,第403页。
④ 中国第二历史档案馆编:《政府公报影印》,上海书店1914年版,第101—128页。

会议决议,"县行政一律用县长制并慎重县长人选"。① 此后,北洋政府时期的县知事正式改为县长。按照国民政府的基本主张,县是自治单位,这是按照孙中山《建国大纲》的思路而作出的基本安排。

县自治是孙中山地方自治思想中的第一方略。孙中山曾多次对此予以阐述。在《中国革命史》一文中,孙中山就明确指出:"据现在以策将来……非行以县为自治单位之策,不能奠民国于苞桑,愿我国人一念斯言。"② 之后又指出:"今欲推行民治,谓宜大减其好高骛远之热度,而萃全力于县自治","舍此而求民治,是犹磨砖为镜,炊沙成饭之类也,岂有得哉"!③ 随着国民政府形式上的统一,为遵循孙中山地方自治的思想,推行县级自治便成为国民党"当务之急的工作"。④ 1928年9月15日,国民政府公布《县组织法》,此后又在1929年6月、1930年7月相继进行过修正。《县组织法》的主要精神,就是在充实完善县、区、乡、镇各级组织的基础上,逐步达到孙中山主张的县自治。

县为自治单位,国民党对县长的定位是很高的,无论是蒋介石还是内政部人员,都对县长给予了高度认可。蒋介石就指出,县长"比省政府主席,国民政府主席,都重要",这是因为"惟县为自治之单位,实为内政之基础,故县长职务之重大,不言可知,而其地位,亦应积极提高也"。⑤ 国民党内政部部长杨兆泰同样指出:"古称县长为亲民之官,实即内政上之重要执行人员,县长好则一切政治均好,人民享其利;县长坏则一切政治均坏,人民受其害。"所以,慎选县长"实为省政府唯一重大事项,只要一县选得好县长,则万事皆治,一切均可放心。倘县长不得其人,则本部每日所办行于各省县之事,恐多办一分,反多扰民一分"。⑥ 与此同时,国民政府还从法律上对县政和县长的地位给予了明确说明:"县为政治之基本,故一省一国政治之修明,莫不以县为起点,纵使命令、章则规定完备,而县不能实施,仍难奏效,此县政所以关系重大也","人民之生计、治安、知识、道德、健康等事,均视县长之优劣为进退,故谋人民之幸福,当首重县政之实施","县政关系既极重大,而县长为实施县政之人,故县政之优劣,又全随县长个人为转移,一言一

---

① 《慎选县长——内政部规定办法四项》,《中央日报》1929年11月27日。
② 《孙中山全集》第7卷,中华书局1985年版,第71页。
③ 陈旭麓、郝盛潮编:《孙中山集外集》,上海人民出版社1985年版,第220页。
④ 陈立夫:《成败之鉴——陈立夫回忆录》,台北正中书局1994年版,第134页。
⑤ 焦如桥编:《县政资料汇编》上册,中央政治学校研究部1939年编印,第48页。
⑥ 《慎选县长——内政部规定办法四项》,《中央日报》1929年11月27日。

行，直接影响于人民，间接影响于党国，其责任之大，已可概见。县长一人主持全县政事，所有政务之设施、员役之督察、积弊之廓清，均丛集于一身，若非随时随地竭全副之精神认真办理，匪特成效难期，亦县转之以病民。故为县长者，宜如何竞竞黾勉、勤慎厥职，以期上报党国，下慰民望"，"兼理司法之县长，集司法、行政于一身，即全县人民生命财产，系于县长个人之后，纵使竭尽心力，犹虞陨越，若疏忽因循，玩愒荒惰，为害之巨，实不堪言"。①

在此基础上，国民政府又多次修改县长任用法规，于1933年6月3日公布《修正县长任用法》，具体规定了县长的任用资格：县长非年龄在三十岁以上，具有下列各款资格之一者，不得任用：

一、依法受县长考试及格者；二、高等考试，行政人员考试及格，并曾任荐任官一年以上者；三、在依法举行县长考试以前，各省考试取之县长，经考试院复核及格并曾任荐任官一年以上者；四、在教育部认可之国内外大学，独立学院或专门学校，研究法律政治经济社会各学科，得有毕业证书，并曾任荐任官二年以上，经甄别审查合格，成绩列甲等得有证书者；五、曾任荐任官一年以上，经甄别审查合格，成绩列甲等得有证书者；六、曾任荐任官一年以上，经甄别审查合格，成绩列甲等得有证书者；七、现任县长曾经内政部呈荐，复经铨叙部甄别合格，成绩列甲等得有证书者；八、曾任最高级委任官五年以上，经甄别审查合格，成绩列甲等得有证书者。前项各款人员任用之顺序，应先就具有第一款资格之人员任用之，第一款之人员不敷任用时，始得任用具有第二款资格之人员，余依次递推。《修正县长任用法》同时还规定，有下列各款情事之一者，不得任用为县长：一、被夺公权者；二、亏空公款者；三、曾因赃私处罚有案者；四、吸用鸦片或者代用品者。②

关于县长的职责权限，国民政府相继颁布了《县组织法》和《县各级组织纲要》，对县长的职责权限给予了规定。"县设县政府，于省政府指挥监督之下处理全县行政，监督地方自治事务。"③同时，国民政府从行政权、立法权和司法权等方面给予具体说明：（1）关于行政权。国民党县长的行政事务是最为繁杂的，举凡县内公安、财政、建设、教育各事项及县下级组织自治之监督、县自治之筹办，莫不由县长综理。县长

---

① 《中华民国法规大全》，商务印书馆1936年版，第559页。
② 《内政部法规汇编》第2册，内政部公报处1934年版，第189页。
③ 徐秀丽编：《中国近代乡村自治法规选编》，第83页。

于县内往往一身而兼数十个职务者。（2）关于立法权。县长对县参议会有提交议案之权。但提交预算案时，事先须经县政会议审议。县参议会对县长之提案如不及时讨论，县长可呈请上级机关核准办理。县长还有议案之复议权。县长认为县参议会之决议不当时，可交回复议，如经三分之二以上的多数通过维持原议，县长仍认为不当时，则呈请上级机关核定。（3）关于司法之权。国民政府规定县长的司法权有两种，一为普通司法之权，一为兼办军法事务之权。①

1939年9月19日，国民政府又公布了《县各级组织纲要》，开始了新的地方自治计划，此即国民政府时期的"新县制"。新县制的最大特点就在于它的军事动员和社会控制。相应县长的职责权限也就更为繁杂。诸如地方自治工作、编查户口、规定地价、开垦荒地、实行地方造产、整理财政、健全各级行政及自治机构、训练民众、开辟省县乡交通及电话网、设立学校、推行合作、办理警卫、推进卫生、实行救恤、厉行新生活、禁绝烟赌、改良风俗、养成良好习惯等，几乎无所不包。而在具体的职责上，规定更是巨细靡遗。国民政府将县以下基层政治托付于县长一人，所有政务之"均丛集于一身"，大大拓展了帝制时代关于县长的职责权限。国民党县长职责权限的扩大，不仅意味着国家权力在基层社会的扩张和伸展，而且也标志着国民党在实现基层社会权力结构变迁中，已经试图通过地方官员对社会生活各个领域的干预和控制，来加强对社会各种资源的垄断和汲取。县长职责的增大正是这个时期国家与社会结构变迁的反映。当国家政权不断向基层社会深入、扩张和渗透的过程中，县级政权不再是传统皇权与绅权的交接点，县长也由直接治理百姓的"治事之官"逐渐蜕变为承转公文的"治官之官"。与此同时，基层政治运作也由"无为"趋向"有为"，由消极趋于积极。②

但是需要指出的是，尽管国民党县长的职责权限大大加强，行政工作事无巨细无所不包，而其地位较之古代甚至晚清均大为下降。③ 具体体现在以下几个方面。

第一，频繁更迭的县长任期。县长任期之短、更迭之频繁是民国时期县长任用的突出现象。大多数县长任期都在1年左右，代理和署理的现象

---

① 杨鸿年、欧阳鑫：《中国政制史》，安徽教育出版社1989年版，第497—498页。
② 王奇生：《民国时期县长的群体构成与人事嬗递——以1927年至1949年长江流域省份为中心》，《历史研究》1999年第2期。
③ 翁有为：《国民政府县政问题探析》，《史学月刊》2011年第1期。

也非常普遍。以米脂县为例（见表1—2）：

表1—2　　　　　　　　国民党米脂县长任职时间

姓名	籍贯	学历	任职年限
柴振清	陕西府谷	前清拔贡	1928年5月—1929年2月
张仲蔚	陕西淳化	大学	1929年2月—1929年7月
陈钟鼎	湖南慈利	法校	1929年7月—1930年12月
李连甲	山西赵成	大学	1931年1月—1931年7月
何宝泽	山西灵石	政法学系	1931年7月—1932年5月
袁宝善	陕西府谷	前清附生	1932年5月—1932年7月
阎佩书	山西太原	大学	1932年7月—1934年6月
严建章	陕西澄城	大学	1934年6月—1934年12月
楼铿声	浙江萧山	大学	1934年12月—1937年4月
刘学海	安徽合肥	大学	1937年4月—1939年10月
肖履恭	陕西三原	大学	1939年10月—1940年11月
卫邦辅	山西解县	大学	1940年11月—1941年8月
高仲谦	陕西千阳	大学	1941年8月—1945年3月
吴宣汉	安徽桐城	大学	1945年3月—1946年10月

资料来源：《米脂县志》，陕西人民出版社1993年版，第428页。

表1—2中数据显示，为官一载几乎是国民党县长任期的普遍样态。究其原因，一个重要的因素就是县长的任用权掌握在省主席和民政厅长的手中，不少上级长官任人唯亲，导致县长随时都有被调离的可能。每当省府大员交卸之际，便是县长的离职之时。曾任甘肃西和、成县县长的马廷秀就曾回忆指出，朱绍良任省主席，前主席于学忠的势力被驱除，故而相应的"陇南原有十一个县长中，十个都被撤换了"。1940年谷正伦任甘肃省政府主席，又将"陇南11个县长全部撤掉，名义是'调省另有任用'，实际上是公开搞'一朝天子一朝臣'"。① 由此造成的后果便是真正有志之人不愿担任县长，而愿意担任县长的大多又摆脱不了腐化贪污的窠臼。正如有人所说："现在各地县府的员吏，实在不容易找到几个真正能干，而

---

① 马廷秀：《百年闻见录》，甘肃民族出版社1992年版，第19、22页。

又肯干的人。"这是因为"一般优秀份子,鉴过去县政的污浊,和从事下层工作的不易升迁,不是自鸣清高,不欲过问,即群趋于朝,籍求显达,弄到没有人肯干县政"。①

第二,地方土劣的掣肘干预。民国以来权绅的崛起和土劣回潮,突出地表现在对地方财政和基层控制的争夺上。这在西北地区表现得尤为明显。正如谢觉哉所说:"西北社会,封建势力占主要成份,从省到乡,土豪劣绅把持着一切,虽然土豪劣绅口里也可以喊出打倒土劣的口号,但一切政治与经济结构不变,内容是无从变的。因为封建是落后的、野蛮的,所以西北社会的黑暗,比东南任何地方都来得凶。"② 县长上任伊始,首先得要拜访当地的豪强大族以联络"感情",请求得到支持。这是县长推行政令的前提,"县长如不和豪劣勾结一气,必站不住,若和豪劣一同剥刮,那钱得了,官声也好"。③ 县长只能与土劣合作,否则"不免要控告县长,致使县长工作上发生阻碍"。④ 只要他们的一纸控状,往往会将县长置于非常难堪的境地。正如有县长所说:"省府常凭一纸控告,不拘案情大小,立即派人调查,使县府威信,颇受损失,推行政令,备感困难!"⑤ 由此导致的结果便是,县长纵有"满腹经纶,有意大展抱负的公仆们灰心冷气,任其流合,操守意志欠坚者,只好来一个利益均沾,机会平等,你我合流干就对了!那管老百姓的死活与什么地方建设呢"?⑥ 地方土劣的掣肘与干预,无疑使得国民党县长越来越边缘化。

第三,地方军阀的控制与干预。国民党时期浓郁的军政化色彩,同样成为县长的掣肘。优先为军队服务,似乎早已成为一个不成文的规矩。军队有何要求县长必须立即配合,否则轻则辱打,重则丢弃性命。有人甚至将县长戏称为军队的"军需兼副官"。正所谓"日住县府,宜如何从人民身上勒索,以资应付军队,为县长惟一之任务"。即使如此,"驻军多节外生枝……县长尚难保自身之不受军人侮,故一切政治设施,皆谈不及"。⑦ 1933年4月,驻合水县的38军下令合水县拨付驻军新11旅金库

---

① 黄哲真:《论县人事》,《甘肃县政旬刊》1939年第7期。
② 《谢觉哉日记》上卷,人民出版社1984年版,第185页。
③ 李化方:《甘肃农村调查》,西北新华书店1950年版,第8页。
④ 《甘肃省三十一年全省行政会议汇刊》,甘肃省政府秘书处1942年编印,第189页。
⑤ 同上书,第88页。
⑥ 《侧写永昌》,《和平日报》1948年10月28日。
⑦ 萧铮主编:《中国地政研究所丛刊——民国二十年代中国大陆土地问题资料》,台湾成文出版社有限公司1977年版,第93669—93670页。

券1200元，又派借款每月800元，但是"以一千数百两地丁，二千三百余户之蕞尔合水小邑，兼以四境灾患不已，何堪担负"。于是该县裴县长以款项逼迫，偷偷离境，不知去向，但驻军仍不罢休，"各方提款者，络绎不绝，属县会计主任黄调元以县长逃避，提款者万分威迫，无法应付，遂于二月十六日，毒服鸦片，经多方营救，奈知觉已迟，烟毒已发，竟于是日身死"。① 为逃征派县长离境，县佐服毒，如此惨状足见国民党时期县长的尴尬处境。

国民党时期县长的处境，很有点像黄仁宇先生所描绘的"潜水艇夹肉面包"，上面是一块长面包，大而无当，此乃文官集团；下面也是一块长面包，缺乏有效的组织，此乃成千上万的农民。② 国民党时期县长就是处于上级官僚体系和地方土豪劣绅夹层中的一个尴尬的群体，他们既要应付高级官僚的强权相压，又要消弭基层社会的民众反抗，同时还要左右逢源地应付地方豪强，可谓上穷下拙、左右为难。倘若对上应付不当，动辄撤职查办；对下稍有不慎，反对控告随至。一位湖南安乡县长曾满怀酸楚地说道：

> 提到"县政"二字，我的眼泪便要随笔而下了。一般高级大员，动辄说，县级以下人员无法无天，把地方弄糟了。我做了一年县长，便饱尝了许多说不出的苦味。我要替许多埋头苦干的县级以下工作同志伸冤！我写这篇文章的主要动机，就是要替他们伸冤呀！

何以会如此？这位声称要伸冤的县长曾约略地提到外在环境的压力是这个时期县长难为的一个重要因素：

> 上有撤职查办的逆鳞，下有反对控诉的威力，中有左推右拉的团体，外有旁敲侧击的分子，如此上下左右层层榨压之下，有谁能一显身手，表现工夫？于是人人存着五日京兆之心，个个抱着和尚撞钟之志，这样下去，中国政治何日得见青天？③

---

① 《甘肃合水县之惨剧，县府难筹派款，县长潜逃会计服毒》，《大公报》1933年4月27日。
② 黄仁宇：《万历十五年》，中华书局1982年版，第264页。
③ 《安乡示范县政纪实》，第190页。转引自王奇生《革命与反革命：社会文化视野下的民国政治》，社会科学文献出版社2010年版，第376页。

国民党时期县长在这种双层结构的"磨合"下，几无独立意识和自主人格可言。实际上国民党时期县长所面临的尴尬还不止如此。随着中共革命在县域社会的渐次展开，县长不仅要应付革命的冲击，甚至最终丢了性命。

第三节 县制革命——中共成立后的县政实践

中国共产党自创建之日起，就明确地宣布："本党承认苏维埃管理制度，把工农劳动者和士兵组织起来，并承认党的根本政治目的是实行社会革命。"① 可见，中共自成立以来的历史，就是在摧毁旧的制度、改造社会环境、倡导新的社会观念中，实现对基层社会政治权力结构彻底改造的历史。大革命失败后，中国共产党以武装斗争为主要形式，以土地革命为主要内容，以建立苏维埃政权为主要目标，在全国范围内掀起了一场苏维埃革命运动，由此诞生了中国历史上亘古未有的新型县官群体——县苏维埃政府主席。

一 作为准政权的县农会组织

中共成立之后，在对中国社会矛盾、中国社会性质和革命性质分析的基础上，提出了"革命的中心问题是农民问题"的基本主张，并把宣传、发动和组织农民作为一项重要任务。在此过程中，县级农会实际上成为准政权形式的一个组织。

农会作为清末出现的一个新型组织，其时主要是以研究农学、改良农业、推动农业发展为宗旨。农会作为农民自己的组织，则是在中共成立之后。1921年9月成立的浙江萧山衙前农民协会，可谓是第一个以解决农村社会矛盾为目的的新型组织。1923年1月成立的海丰县农民总会，则是第一个县级农会组织。之后，不少地方都相继成立了农民协会，以谋求农民自身的利益。特别是随着第一次国共合作的展开，各地农会得到了空前的发展，及至大革命失败之前，农会组织已遍及广东、湖南、湖北、江西、河南、四川等16个省份，农协会员达到9153093人。② 关于县级农会的组织运行，根据1926年5月通过的《广东省农民协会修正章程》的相

---

① 中央档案馆编：《中共中央文件选集》第1册，中共中央党校出版社1989年版，第3页。
② 《第一次国内革命战争时期的农民运动资料》，人民出版社1983年版，第66页。

关规定：

> 各县有三个行政区农民协会以上成立，省协会认为必要时，即派员到该县召集县代表大会，选举县执行委员，组织县农民协会。县农民协会代表大会每半年举行一次，若遇省执行委员会训令或所属各区执行委员会三分之一以上之请求时，得召集临时全县代表大会，县执行委员会认为必要，或有该县会员过半数之请求时，得召集临时全县代表大会。县代表大会之组织法、选举法及人数，由县执行委员会审定后，经省执行委员会核准施行。县代表大会接纳及采行县执行委员会及该委员会内各部之报告，决定本县会务进行方策，选举县执行委员及候补委员，并选派赴省代表会议之代表。县执行委员9人，候补委员4人，并互选常务委员3人执行会务。县执行委员会设立全县各区、分区、乡协会，并指挥其活动，组织该委员会内各部（但须经省执行委员会之核准），支配会费及财政。县执行委员会须每两星期将其活动经过情形，报告省执行委员会一次。与此同时，农民协会对于行政机关、立法机关、教育机关、合作社等，应有相当的势力，以顾全农民之利益。农民协会得派遣相当会员作代表到行政官厅及各机关，以解决农民各种问题。①

此时的农会，可谓是"农民阶级的大本营，以与压迫阶级对抗的……协会所谋的利益，只是农民阶级的利益，协会的仇敌，只是农民全体的仇敌。农民协会是代表农民的机关，是为农民利益奋斗的先锋队"。② 这也表明，中共在改造和摧毁旧的社会制度与基层权力结构的历史进程中，农会是一个重要载体和组织：

> 在中国农民运动的历史上，农民协会已经不是一种职业组织，而是以穷苦农民为主干的乡村的政治联盟，因为农民协会事实上不仅团结了一般农民（耕地的或失业的），包括了手工业者小学教师和小商人，就是一部分脱离大地主影响而对农会表同情之小地主也经联合在农民协会之内。所以农民协会在现时就是乡村中穷苦农民联合其他小资产阶级的革命的政治联盟——农会政权。这是乡村政权的一个正确的形式，要开始在各地实现起来。③

---

① 《第一次国内革命战争时期的农民运动资料》，第326—333页。
② 同上书，第273页。
③ 中央档案馆编：《中共中央文件选集》第3册，中共中央党校出版社1989年版，第218页。

县农民协会作为县域社会的准政权组织，在其成立之后随即成为基层农民斗争的革命组织。特别是伴随着国民革命的渐次展开，打倒贪官豪绅成为中共揭橥的一面旗帜。毛泽东在其著名的《湖南农民运动考察报告》中就明确指出，农民协会"主要攻击的目标是土豪劣绅，不法地主，旁及各种宗法的思想和制度，城里的贪官污吏，乡村的恶劣习惯"。① 《陕西省农民协会成立宣言》也明确提出："我们知道要真正建设民主政治，就必须根本推翻一切封建势力，尤其是农村的土豪劣绅，一定是要摧枯拉朽般的打破，然后才可以彻底完成国民革命。"② 而"农民有了组织之后，第一个行动，便是从政治上把地主阶级特别是土豪劣绅的威风打下去，即是从农村的社会地位上把地主权力打下去，把农民权力长上来"。③ 这也就意味着农民协会的成立，开始确立了农民在基层权力结构中的主体地位。"照得农民协会，主体原属农民。凡剥削地主，以及土豪劣绅，不容投机混入，破坏本会章程。以后筹备农协，总要真正农人，会内一切事件，全由农民执行。"④

在此情形之下，反抗官府成为这一时期的主要斗争形式，一些县知事不可避免地受到激烈的冲击。如绥德县，由于陕北军阀井岳秀的横征暴敛，致使绥德人民十室九空，而南区定仙墕一带的人民生活更苦。于是，他们就组织了"神兵"，开展以反对苛捐杂税为主旨的革命斗争。南区薛家峁镇的民团团总胡树梅，将"神兵"发展的情况向上级申报，榆林镇守使井岳秀令绥德县火速解散"神兵"。绥德县知事李宜春，几次派人去定仙墕说服"神兵"要求解散。他们回答说："井岳秀不取消烟亩税、官膏税、羊圈税、屠宰税、斗捐的话，'神兵'永不解散，还要打到榆林去！"⑤ 府谷县知事——井岳秀的亲信杨光谋，利用烟亩税收大量榨取民脂民膏，民众为此编写一副对联："毙老、毙小、毙中年，更毙孺妇，像你这混账有司，只管残杀邀功，哪怕他子庶伤心，万人唾骂？送钱、送旗、送牌匾，复送帐联，有那些秃年绅士，但愿逢迎竭力，只求我县长得意，千古扬名。"⑥ 还有些县知事，在民众斗争中甚至

---

① 《毛泽东选集》第 1 卷，人民出版社 1991 年版，第 14 页。
② 陕西省委党史资料征集委员会编：《大革命时期的陕西地区农民运动》，陕西人民出版社 1986 年版，第 204 页。
③ 《毛泽东选集》第 1 卷，第 23 页。
④ 《衡山县志》，岳麓书社 1994 年版，第 718 页。
⑤ 中共绥德县委史志编纂委员会编：《绥德县志》，三秦出版社 2003 年版，第 465 页。
⑥ 崔月德主编：《陕北民国史》，陕西人民出版社 2009 年版，第 206 页。

丢掉性命。民国初年的蒲城县，由于大旱，夏粮歉收，而官府依旧征收赋税，逼得成千农民进城"拥堂"，要求免征田赋。农民群众高举农具，呼声震天，包围县署。县知事秋应篪受吓得病，不久死去。① 甚至有县知事直接被杀的情形。据《神木县志》记载，高家堡民众暴动，神木县知事刘万清被杀。②

与此同时，"打倒土豪劣绅"也成为这时最为响亮的口号。大革命时期的陕西地区，就提出"组织审判土豪劣绅特别法庭决议案"和"惩办贪官污吏及土豪劣绅决议案"，要求：

> 一、凡政府各机关官吏无论吞款多少，或危及农民本身利益，一经协会查出，呈请政府立即撤职从严惩办。二、凡官吏有吞款害民事实者，政府应时时检查撤职，并宣布罪状，以免污辱政府名誉。三、呈请政府立即建设审判土豪劣绅特别审判法庭。四、对土豪恶绅，农协有自行逮捕处决之权。五、凡土豪劣绅剥削农民吞款过多者，一经查出，除如数偿还外，并酌量罚金或将其家产充公。③

除此之外，县农会组织还是"教育农民、领导经济与政治斗争的指挥部"。④ 举凡涉及农民群众所有经济文化生活的事项，也是农会的重要职责。"连两公婆吵架的小事，也要到农民协会去解决。一切事情，农会的人不到场，便不能解决。农会在乡村简直独裁一切，真是'说得出，做得到'"，可以说是"真正办到了人们所谓'一切权力归农会'"。⑤

不过此时的农会组织，尽管已成为中共联系群众，团结和教育群众开展经济政治斗争的战斗组织，但是民众所获得的权利，只是由一批共产党人利用基层社会之外的意识形态力量而赋予民众的一种体制性的权利，而不是一种社会性权利。当小农生产者还需要依靠土地进行生产和生活时，基层社会的权利种类和来源并不能简单地归结为一种体制性的

---

① 蒲城县军事志编纂委员会编：《蒲城县军事志》，三秦出版社2008年版，第152页。
② 《神木县志》，经济日报出版社1990年版，第383页。
③ 陕西省委党史资料征集委员会编：《大革命时期的陕西地区农民运动》，陕西人民出版社1986年版，第221页。
④ 中共河南省委党史研究室编：《鄂豫皖革命根据地史》，安徽人民出版社1998年版，第384页。
⑤ 《毛泽东选集》第1卷，人民出版社1991年版，第14页。

权利,因为这种外在的权利赋予,对于长期处于专制统治下的基层民众而言,似乎还不能马上从观念上彻底消除。同时,封建地主土地所有制在此时并没有得到改变,控制土地的地主在事实上仍然拥有着基层社会的经济权力。也就是说,虽然农会已在许多方面力求限制这种经济权力,但是所有权的意义并未因这些限制而消失。因此,尽管中共以暴力和意识形态力量组织起来的农会组织,彻底改变了传统乡村社会所存在的皇权(政权)、族权和绅权的权力结构,但由于"并没有触及封建土地所有制这一传统乡村社会政治结构的基础,所以,也就不能最终彻底地改变乡村社会形态"。①

二 土地革命时期县苏维埃制度的建构

大革命失败后,中共适时提出党在当前的主要任务是"在革命斗争新的高潮中成立苏维埃"。随后在疾风暴雨的革命斗争中,中国大地上开始涌现出一批苏维埃区域与苏维埃政权,县苏维埃政府主席随即应运而生。值得一提的是,县苏维制度的建构是经历了一个过程的。

在革命暴动初期,有些地区是以革命委员会的组织形态出现的。革命委员会是中共在八七会议上制定的一个基本策略。中共在此时采用革命委员会的组织形式,一个主要原因是在暴动胜利尚未巩固之时,出现因专事苏维埃选举而忽略军事斗争,以至"失掉苏维埃政权的真意"。因此在"最近期间'一切政权属于农民协会'仍完全有效"。②但是在全国范围内县苏维埃政权的建立,并非都经过了从革命委员会到苏维埃的转轨,有的地方直接就建立了县苏维埃政权。早期县苏维埃的产生尽管形式不尽相同,但是也有一些共同的特点。首先,县苏维埃政府主席的产生都是在当地党组织建立之后,由党组织抑或是红军发动当地广大贫苦农民举行革命武装暴动之后产生的。其次,早期县苏维埃主席的产生,由于选举制度并不完善,所以多数县苏维埃主席是凭借个人威望和在当地的影响,通过群众大会抑或是委派产生的。最后,县苏维埃主席的产生以及县苏维埃政权的建立,县级政权的巩固、发展都与革命武装力量的发展壮大休戚相关。哪里的武装斗争开展得较顺利,哪里的革命政权就更巩固。反之,哪里的武装斗争受挫折,哪里的革命政权就缩小甚至

---

① 于建嵘:《岳村政治:转型期中国乡村政治结构的变迁》,商务印书馆2001年版,第169页。
② 中央档案馆编:《中共中央文件选集》第3册,中共中央党校出版社1989年版,第371页。

丧失。

　　随着革命运动的进一步发展，南方各地初步形成了赣西南、闽西、湘赣、湘鄂赣、闽浙赣、鄂豫皖、湘鄂西、广西左右江等大大小小十几块数县相连的革命根据地，并相应地对县级苏维埃政权作出了制度性架构。1931年11月7日，中华苏维埃第一次全国代表大会召开，通过了《地方苏维埃政府暂行组织条例》，对省级以下地方行政制度进行了统一设置，从而形成了第一个中国地方苏维埃行政制度的统一规则。1933年12月，又颁布了《中华苏维埃共和国地方苏维埃暂行组织法（草案）》。至此，县苏维埃开始进入了其历史上的选举时期。从1931年11月中华苏维埃共和国成立到1934年初，共进行过三次选举。第一次是1931年11月中央政府成立后地方苏维埃的选举，到1932年5月基本完成。第二次是从1932年9月20日中华苏维埃共和国中央执行委员会发布《关于继续改造地方苏维埃政府问题》的训令开始，到1932年底基本结束。此次改选是以县为单位进行个别改选。第三次是为召开中华苏维埃第二次全国代表大会进行的各级改选，从1933年8月逐渐展开，直到1934年1月召开中华苏维埃第二次全国代表大会才完成，这次选举从乡苏维埃、市苏维埃一直到中央执行委员会，全部进行改选。

　　根据相关法规章程，县苏维埃代表大会选举县执行委员会，为全县苏维埃代表大会闭会期间的最高政权机关。县苏维埃主席由全县苏维埃代表大会选举产生。县苏维埃政权的组织架构，规定县执行委员会由委员35—55人，候补委员7—10人组成，全县苏维埃代表大会每六个月由县执行委员会召集一次。全县苏维埃代表大会的任务是：听取县执行委员会的工作报告并讨论之，讨论和决定全县苏维埃工作的方针，选举县执行委员会，但县执行委员会的选举，每两次全县代表大会中只举行一次。县执行委员会互推9—15人组织主席团，为县执行委员会闭会期间的全县最高政权机关。县执行委员会的主席团互推主席1人、副主席1—2人。县执行委员会可任用巡视员2—5人，出发巡视和指导主席团指定的某一项或某几项工作。县执行委员会主席团得用秘书1—2人，文书1—2人以助理文书等工作。县执行委员会的全部常驻人员由人民委员会按照各县居民多少及工作繁简以命令规定之。县执行委员会全体会议每两个月由主席团召集一次。①

　　县苏维埃主席的选举产生，是中国有史以来第一次通过民众选举产生

---

① 厦门大学法律系福建省档案馆选编：《中华苏维埃共和国法律文件选编》，江西人民出版社1984年版，第53—54页。

的县官。通过民众选举县苏维埃主席，也集中体现了苏维埃工农民主专政的国家性质。毛泽东1934年在向第二次全国苏维埃代表大会做工作报告时讲："区以上各级苏维埃政权机关完全建筑于市乡苏维埃的基础之上，由各级的工农兵代表大会与执行委员会而组成，政府工作人员，由选举而任职，不胜任的由公意而撤换，一切问题的讨论解决根据于民意，所以苏维埃政权是真正广大民众的政权。"① "工农劳苦群众对这样的权利的取得，乃是历史上的第一次。"② 实际上，县苏维埃主席的产生在很大程度上也是一种制度整合的过程，通过从制度上改变苏区社会的结构，使苏区社会发展出现了不同于政权建立前的状况。

关于县苏维埃主席的工作职责，根据《地方苏维埃的暂行组织条例》的相关章程，主要包括执行上级苏维埃政府的指令决议、制订工作计划、召集基层苏维埃代表会议、解决区域争执、开展土地革命工作、组织地方武装帮助红军作战、开展区域内医药卫生、文化宣传教育工作和社会动员等19项内容。③ 其中开展当地的经济建设、健全基层苏维埃政权、扩大红军、武装斗争、进行群众动员、开展医药卫生及文化教育、变革社会风俗习惯等，是县苏维埃主席的主要工作。文化教育与宣传工作是继经济建设之后的另一项重要工作。在中共革命的话语体系中，苏维埃革命不仅是一场政治与社会革命，而且也是一场思想文化革命。因此，加强文化教育工作也就成为县苏维埃政府的另一项重要工作。宣传动员作为中共社会革命动员的重要一环，同样是县苏维埃主席要做的重要工作。当然作为县苏维埃主席，当时面临国民党的"围剿"，还得随时投入反"围剿"的武装斗争之中。因而不少县苏维埃主席都兼任红军和游击队的政委或队长，以便更好地开展武装斗争工作。福建省苏维埃政府对此有过清楚地说明：

> 在目前各地方苏维埃政府，是领导群众斗争，指挥地方武装消灭敌人的政府机关，其主席更是这领导机关中之唯一领导者。在这发展革命战争，鄂豫皖、湘鄂西、赣东北、中央区各前方英勇红军

---

① 《中华苏维埃共和国中央政府文件选编》，《江西社会科学》编辑部1981年编印，第104页。
② 《中华苏维埃共和国中央执行委员会与人民委员会对第二次全国苏维埃代表大会的报告》，《红色中华》二苏大特刊第3期，1934年1月24日、25日。
③ 江西省档案馆、中共江西省委党校党史教研室编：《中央革命根据地史料选编》（下），江西人民出版社1982年版，第157页。

正在获得伟大胜利的时期,各地方苏维埃政府更应该特别积极、特别勇敢、特别有计划的有布置的来消灭敌人,巩固后方,领导地方武装向外发展,以期很快的争取赣湘鄂一省数省首先胜利,再进而完成中国革命的任务。如果不是这样,那末苏维埃政府,便变成了革命群众的尾巴,便变成了革命过程中的饭桶机关。凡在苏维埃负责人无论那个人,尤其是主席,便可以说对革命不忠实,对革命怠工,站在整个革命利益立场上,自应根据苏维埃革命纪律予以最严重的制裁。①

显然,作为县苏维埃主席,开展武装斗争,以巩固革命根据地和苏维埃,应是他们至为重要的职责。但是鉴于苏区的实际情况,很多工作必须集中高效地加以解决。为此,有些地方便将当前需要重点解决的事务分解为竞赛指标,以县际竞赛来推动工作。在中央苏区就曾先后组织过七个县三个月的革命竞赛、红五月运动、各县三个月革命竞赛。在湘赣苏区同样实行过革命竞赛的办法。当初把竞赛条约的内容,分解为党的组织、扩大与拥护红军工作、积极向外发展苏区、切实转变工会工作、切实建立贫民团工作、反帝运动、领导群众执行苏维埃各种法令和文化教育工作等,分解到各县并规定了具体数目。② 实际上从县苏维埃主席的工作职责也不难看出他们的工作方式。一如毛泽东所说:"我们是革命战争的领导者、组织者,我们又是群众生活的领导者、组织者。组织革命战争,改良群众生活,这是我们的两大任务。我们不但要提出任务,而且要解决完成任务的方法问题。我们的任务是过河,但是没有桥或没有船就不能过。不解决桥或船的问题,过河就是一句空话。不解决方法问题,任务也只是瞎说一顿。"③ 而县苏维埃主席正是把群众生活和革命战争联系起来,把革命的工作方法问题和革命的工作任务联系起来,将其变成了苏维埃时期地方干部的工作方式。

三 县苏维埃主席的社会结构和成分要素

县苏维埃主席的社会结构和成分要素,在不同的历史阶段有较大的不

---

① 《福建革命历史文件汇集·苏维埃政府文件》(1931—1933 年),中央档案馆、福建档案馆 1985 年编印,第 301—302 页。
② 《湘赣革命根据地》上册,中共党史资料出版社 1991 年版,第 237—242 页。
③ 中共中央党校教务部编:《毛泽东著作选编》,中共中央党校出版社 2002 年版,第 40 页。

同。加之革命暴动和国民党的封锁围剿等客观环境,又使得县苏维埃主席的军事化色彩显得尤为突出,从而形成了苏维埃时期县主席较为独特的社会结构和成分要素。

何友良先生在谈及农村革命中早期的领导群体时曾说:"在国民党大规模流血镇压的背景下,革命运动能够如此迅速的兴起,究其原因,是在中共决策层与农民群众之间,活跃着一个承上启下的中坚群体,他们迅速果敢地组织、发动了暴动。"这个中坚群体中"绝大多数是青年学生、知识分子,在外地读书期间加入了中国共产党"。由于他们"熟悉乡情,且因其知识分子、军官或党政职务等身份,在地方上具有较高社会地位和社会声望而被群众信仰,为领导群体打开局面提供了便利。因此,在外闯荡的知识分子回乡后,因其地位、见识、阅历而极具声望,在乡间'有很大的信仰'"。①

在初期的县苏维埃主席中,同样体现了这样的特点。不少县苏维埃主席都是有相当文化水准的知识分子。如右江县革命委员会主席覃道平,就是广西政法学堂毕业生。毕业后回到家乡走村串寨,宣传三民主义和社会主义,讲解民主革命的道理。此后,他受聘为小学教师,利用教师身份向学生传播革命道理,教唱革命歌曲。②镇结县苏维埃政府主席冯镜,在20世纪20年代初,曾考入南宁省立第三师范学校读书。1924年7月,冯镜毕业后回到家乡后,利用节日演讲宣传男女平等、打倒土豪劣绅贪官污吏、耕者有其田等革命道理,同时还经常和好朋友联系,到镇结县城开展革命宣传,推动镇结工农革命运动。③应该说这种现象不独桂西地区存在,其他苏区也同样有这样的特点。

在鄂西苏区,时任中共鄂西特委书记的周逸群在给中央的报告中在谈及县委组织情况时也能窥见一斑,见图1—2。

另据湘鄂西苏区的统计,苏维埃主席中出身工人的仅占5%,出身农民的占33%,而出身知识分子的占62%。④这种构成,一方面是由于在早期苏维埃革命运动中,大多数农民还没有动员起来,另一方面也是由于

---

① 何友良:《革命源起:农村革命中的早期领导群体——兼论东固革命领导群体的身份构成》,《江西社会科学》2007年第3期。
② 黄德俊主编:《桂西文史录1911—1937》第2辑,广西人民出版社1996年版,第402页。
③ 黄德俊主编:《桂西文史录1911—1937》第2辑,第411—412页。
④ 《湘鄂西苏区革命历史文件汇集》甲4,中央档案馆、湖北省档案馆、湖南省档案馆1985年内部编印,第120—122页。

不少县苏维埃主席不仅经受过国民革命和学生运动的锻炼，具有不同的专长和丰富的见识，而且在乡间"有很大的信仰"，备受农民群众崇敬和信任。"他们对真正革命的知识分子，尊之为老师，尤其对共产党员，他们如遇到革命分子或共产党员住在他们家中时，他们就自动的嘱咐孩子们不要在外边胡说，因为这是革命的老师。"① 故此在苏维埃革命初期，大多数县苏维埃主席都是有较高文化的知识分子。

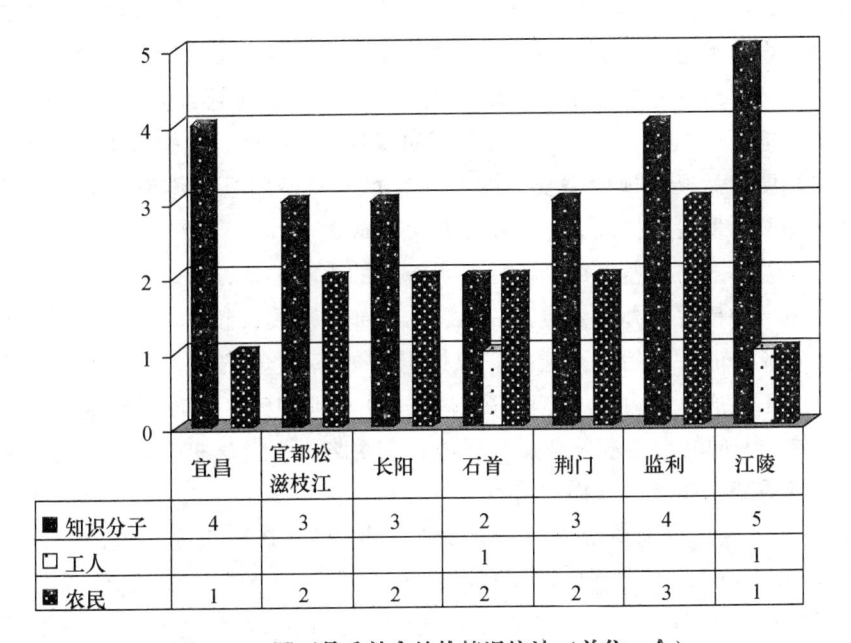

	宜昌	宜都松滋枝江	长阳	石首	荆门	监利	江陵
知识分子	4	3	3	2	3	4	5
工人				1			1
农民	1	2	2	2	2	3	1

图1—2　鄂西县委社会结构情况统计（单位：个）

资料来源：根据周逸群给中央的报告整理。参见中共铜仁市委党史研究室编《周逸群文集》，中共党史出版社2006年版，第190页。

当然，由于中国革命斗争的主要形式是武装斗争，因此以武装斗争的形式推动土地革命从而建立政权，就成为中国革命道路的鲜明特点。因而在苏维埃初期，也出现了不少军人身份的县苏维埃政府主席。

如在1929年9月，中共中央决定将黄安、麻城、黄陂、罗田、黄冈、商城、光山、罗山八县划为豫鄂边特区，改组鄂东北特委为豫鄂边特委。为巩固根据地的中心区域，奠定日后发展的稳定基础，豫鄂边特委决定派

---

① 《江西党史资料》第4辑，中共江西省委党史资料征集委员会、中共江西省党史研究室1987年编印，第110页。

出工作委员会,分赴各区开展工作。经人推荐,李先念从军队转到了地方工作,在担任高桥区苏维埃主席之后,于1931年6月担任陂安南县苏维埃政府主席。1936年担任岷县苏维埃政府主席的张明远,曾在1929年被拉壮丁参加了冯玉祥领导的国民军,在董振堂部当兵。1931年随部队在江西宁都暴动,参加红军,同年加入中国共产党。在部队历任班长、排长、连长、红一方面军保卫局侦察科科长、特派员、中央军委徒步侦察科科长、独立团团长,参加过中央苏区第四次、第五次反"围剿"。陕西宜川的阎志遵曾是陕甘宁边区红宜县红军游击队、抗日义勇军的负责人,曾先后担任过环县苏维埃政府主席,固北县、华池县苏维埃主席。很显然,由军人担任县苏维埃主席,不仅是当初客观条件使然,也是为了进一步巩固和发展革命根据地的需要。这些具有军人身份的县苏维埃主席,在巩固、建设和发展根据地方面作出了显著的成绩。

随着苏区的日益发展和苏区党员源流的不断丰富,加之中共在此时也投入相当的精力举办训练班,一批新的干部迅速成长起来。县苏维埃主席中工农成分的人开始逐渐增加。根据1933年5月的统计,在江西县级干部中,工人成分的占到46%,贫农成分的占到44%,其他所有成分的只占10%。① 同样,在湘赣革命根据地,在西路、北路及湘东南县委这一级的干部成分也体现出这样的特点。具体情况为:重工3人,占2%;手工业工人28人,占19%;苦力工人3人,占2%;店员工人2人,占2%;知识分子20人,占13.7%;雇农10人,占0.8%;贫农64人,占43.8%;中农10人,占6.8%;兵士2人,占1.5%;富农1人,占0.6%;商人2人,占2.3%。② 很显然,工人与农民在此时已成为比例最大的一个群体。根据当初工会方面给职工国际的报告,1933年间,在中央苏区,"工会供给了差不多一万个工人干部到苏维埃、红军、党、团、各种群众团体工作。各苏区在苏维埃机关的负责人,工人占了三分之一到二分之一。各级苏维埃主席多数是工人、雇农、苦力,红军长官工人占到了百分之五十以上"。③ 甚至在有些地方,为了体现工农政权的性质,在选拔县苏维埃主席时刻意去找寻工农出身的人。在陇东地区寺村塬革命委员会成立之际,就出现了这样的情形:

---

① 罗迈:《把提拔新的干部当做组织上的战斗任务》,《斗争》第25期,1933年9月5日。
② 《湘赣革命根据地》(上册),中共党史资料出版社1991年版,第111页。
③ 《中国工会历史文献》第3册,工人出版社1958年版,第626页。

当时寻主席费了大事。那时对成分提的严得很，把上下原（塬）的穷苦人都摸遍了，要找一个最穷的人。结果摸到了车加沟的张进元。这人的确穷得很，弟兄、父子常年给人拉长工，一家光棍，可怜得很。可是这人胆子大，嘴头能说，大小场合他不怵，因此就摸准了他。另一个是西城的唐桂荣，他是个中农，可他非常老实。①

无独有偶，神木县苏维埃政府主席选拔时也有着同样的情形。据担任神木县苏维埃政府副主席的王恩惠回忆："神木县苏维埃主席呼子威本来是个中农，又不识字，就因为会箍担水桶，便认为是工人，就当了县苏维埃政府主席。对上过高小、初中的同志都当做不可靠的知识分子加以排斥。"② 实际上，这种唯成分论的做法多少有郑人买履之嫌。因为地处农村的苏区几乎没有什么大工业，所谓的工人大都是手工业者或乡间手工艺人。据工会组织统计，1934年初的中央苏区共有工会会员14.5万人，包括了95%以上的工人，与整个苏区的300万人口相比，也只占约4.8%的比例。③ 可见工人在苏区所占的比例不仅很小，而且他们的生活以及思维方式和普通农民相比也并无二致。在苏维埃发展的中后期，唯成分论已然成为洗刷知识阶层的重要政策。难怪有人抱怨道：

在干部路线上大搞唯成分论，过分强调领导骨干必须是无产阶级成分，无产阶级分子，向各地区各部队派遣大批"钦差大臣"，去进行所谓"改造和充实各级领导机关"，搞乱了干部队伍。当时干部队伍绝大多数是农民出身，而他们却只提拔工人出身的人。不问其是否具备干部条件，只要是无产阶级成分的就提拔。④

这种唯成分论的盛行，致使曾经在县苏维埃主席中占据较大比例的知识分子群体，在成分和出身主导命运的干预下，所占比例已经微乎其微。而工农出身的共产党员，则成为县苏维埃主席的基本结构和成分要素。

---

① 《中国共产党领导的陕甘边区（陇东部分）》，中共庆阳地委党史资料征集办公室1986年编印，第204页。
② 中共陕西省委党史资料征集研究委员会等编：《神府革命根据地》，陕西人民出版社1990年版，第118页。
③ 《中国工会历史文献》第3册，第624页。
④ 《李志民回忆录》，解放军出版社1993年版，第221—222页。

四 县苏维埃的特点

县苏维埃政府主席，作为苏维埃时期县级政府的首脑，无论是任用程序、社会构成还是工作职责，都可谓是千年县官的革命性转折。尤其体现在他们身上的工作作风和精神风范，更是一扫民众对以往县官的既有印象。总括起来，苏区时期的县苏维埃主席体现出以下几个方面的特点。

一般而言，县苏维埃主席大都经历了从农民协会—区乡苏维埃—县革命委员会—县苏维埃主席的历史转变。而且绝大多数县苏维埃主席都是本地人，他们在初期的革命斗争中往往表现积极，能够积极配合红军或游击队的工作，并在地方武装斗争中因英勇顽强的战斗而受到军队和地方党组织的重视，成为培养对象。与此同时，相关资料也表明大多数县苏维埃主席都是20—30岁年富力强的青年人。如卢清妹在担任沙县苏维埃政府主席时为24岁，陈文珍在担任清江县苏维埃政府主席时仅23岁，即便是贫苦农民出身的廖开善、廖代勇在担任宣汉县苏维埃政府主席时也分别只有29岁、30岁。甚至出任中华苏维埃阜平县政府主席的牛清明，当时只有20岁，所以当地乡亲们亲切地称他"娃娃县长"。[①]

实际上，县苏维埃主席的年轻化在全国各地县苏维埃政权中几乎是一种普遍现象。这种现象与苏区不同年龄段的民众对中共革命的因应休戚相关。国民党福建方面就有这样的报道："思想方面，则老年人痛恨赤匪，冀得真命天子出而恢复专制，平治天下。幼稚者因受共匪愚惑，以为非阶级斗争，实行土地革命，决无其它出路。惟少数中年人稍能折中于两者之间，希望有不杀人之政府出现，使彼有安居乐业之机会，即为足矣。"[②]这一分析尽管来自国民党方面，却并非没有道理。在江口县苏维埃主席朱成太身上，就几乎印证了这一说法。当红军来到达县，一边发动群众一边翻印和书写宣传标语，朱成太了解其中之意后便说："穷人的救星来了，我们马上组织些穷兄弟去迎接红军。"于是他邀约了30多名青壮年到了红军驻地。红军接见了他们，还向到会群众宣传了"十大"政纲和穷人们起来闹革命的意义。朱成太马上站起来回答说："红军来了是为穷苦百姓打天下的，喊我们穷人都站出来闹革命，打倒土豪劣绅，赶走国民党，穷人才有饭吃有衣穿……"朱成太话音刚落，红军就又叫他上台再给群

---

① 山西社会科学院历史研究所编：《山西革命回忆录》第3辑，山西人民出版社1985年版，第29页。

② 李大奎：《崇安县教育调查报告》，《福建教育周刊》第213期，1934年11月26日。

众宣传一遍。他大胆地上前把自己理解的部分向在座的穷哥们复述了一遍。从此朱成太就参加了革命。①

县苏维埃主席原本都是一些年轻干部，按理说他们应该有更多的时间和机会为中国革命奋斗和工作。但是在战火纷飞的艰苦环境下，他们当中不少人要么是长期操劳而累倒在工作岗位上，要么就是在国民党的"围剿"下献出了他们年轻的生命，要么是在工作岗位上严重失职而被查办。如宣汉县苏维埃主席廖开善由于日夜不停地操劳，最后因重病不治，逝世在反"六路围攻"前线的通江县，年仅31岁。任清江县苏维埃政府主席的陈文珍，在红军战略转移离开清江后，国民党和地主豪绅卷土重来实行血腥反攻倒算。尽管陈文珍带领县苏维埃干部和赤卫队员，穿过重重封锁转移，不幸在中途遭到伏击，英勇牺牲，年仅25岁。②还有一部分县苏维埃主席则是在肃反运动的影响下死在自己人的手里。如担任江西安远县苏维埃政府主席的魏宗周，就是在1931年11月被错杀的。③而江口县苏维埃主席朱成太，则是在积劳成疾的情形之下因高烧不退，昏迷不醒，语言失控，迷迷糊糊地说："我不走，我要回家……这是打的什么仗，遇敌便跑……"结果招致人们的反感，认为他身为县苏维埃主席，竟出言不逊，关键时候思想动摇，对革命言行不一，貌合神离。不料，他的话一传十，十传百，又引起了个别领导人的怀疑，认为他是有意动摇军心、民心。故1934年2月被害于江口县雷破石坎下，时年30岁。④

苏区时期的县苏维埃主席，另外一个重要特点就是具有艰苦朴素的廉洁作风。这也是中国县官革命性转折的重要表征，也是苏维埃时期革命干部最突出的特点和优点。据担任曲子县苏维埃主席的李培福回忆：1936年6月曲子县解放了，城头红旗飘扬，街头贴了布告，宣告曲子县苏维埃政府成立，由我担任县苏维埃政府主席，记得当时叫曲子县苏维埃革命委员会，我住在一个旧商号里，主人王得仁不知到哪里去了。我们在那儿砌灶安锅，收拾地方，县政府就算开始办公了。当时没有别的东西，只有一个方形大印是我们新政权的象征。⑤担任清流县苏维埃政府主席的伍先

---

① 苟元海、席光辉、白明高主编：《巴山人民的怀念》，四川大学出版社1992年版，第144页。
② 中共樟树市委党史办主编：《樟树党史资料》，南海出版公司1989年版，第79页。
③ 《闽浙赣湘鄂苏区革命文化纪事人物录》，闽浙赣湘鄂省文化厅革命文化史料征集工作委员会办公室1997年编印，第367页。
④ 苟元海、席光辉、白明高主编：《巴山人民的怀念》，四川大学出版社1992年版，第145页。
⑤ 《陇东革命根据地的形成》，中共庆阳地委党史资料征集办公室1990年编印，第441页。

球，更是要在晚上提着马灯到荒郊野地开会，他们真的是在极其艰苦的条件下闹革命的。①

在苏区时期，苏区对干部的贪污浪费现象的惩处极严，形成了廉洁自律的良好作风。但是即便如此，县苏维埃主席也并非白璧无瑕，在一些县苏维埃主席当中依然出现了贪污腐败的现象。

中央苏区胜利县苏维埃政府主席钟铁青，是参加革命较早，经受过农民暴动和革命战争考验的县级党政领导干部。但是随着地位的上升和权力的增大，他的个人私欲也逐渐膨胀起来，1932年春，他伙同中共胜利县临时县委书记和江西省苏维埃政府总务处的工作人员，将缴获的鸦片烟土私自倒卖，侵吞赃款。另外钟铁青还贪污公款，作风败坏。1933年3月，江西省苏维埃政府裁判部判处钟铁青死刑。1934年初，于都县苏维埃主席熊仙壁以权谋私，挪用公款做私人生意，于都县委书记刘洪清不仅包庇熊仙壁，还带头利用职权，拉股经商谋取私利。最终他们都受到了应有的惩处。

另外还需一提的是，县苏维埃主席任期较短、频繁变动，也成为县苏维埃政权的一个突出的现象（见表1—3）。

表1—3　　　　　　福建宁化县苏维埃政府主席任职名

姓名	性别	籍贯	职务	任期	注
张志农	男	福建宁化翠江	主席	1930年6月—1930年9月	宁化县革命委员会
曹正刚	男	福建宁化曹坊	主席	1931年11月—1932年3月	宁化县苏维埃政府
张恩崇	男	福建宁化禾口	主席	1932年6月—1932年8月 1933年3月—1933年5月	宁化县苏维埃政府
张帮富	男	福建宁化禾口	主席	1932年8月—1932年12月	宁化县苏维埃政府
曹寿益	男	福建宁化曹坊	主席	1932年12月—1933年1月	宁化县苏维埃政府
黎盛根	男	福建宁化翠江	主席	1933年1月—1933年3月	宁化县苏维埃政府
徐赤胜	男	福建宁化曹坊	主席	1933年5月—1933年8月	宁化县苏维埃政府
张连友	男	福建宁化方田	主席	1933年8月—1933年10月	宁化县苏维埃政府
张恩波	男	福建宁化禾口	主席	1933年10月—1934年1月	宁化县苏维埃政府

---

① 《一盏红灯照忠魂——寻访清流县苏维埃政府主席伍先球烈士的足迹》，《三明日报》2011年6月3日。

续表

姓名	性别	籍贯	职务	任期	注
吴龙飞	男	福建宁化禾口	主席	1934年1月—1934年4月	宁化县苏维埃政府
王盛取	男	福建宁化淮土	主席	1934年4月—1934年5月	宁化县苏维埃政府
巫国湘	男	福建宁化淮土	主席	1934年5月—1934年7月	宁化县苏维埃政府
杨昌椿	男		主席	1934年7月—1934年12月	宁化县苏维埃政府
袁锡林	男		主席	1933年8月—不详	彭湃县苏维埃政府
邱洪玖	男	福建宁化湖村	主席	1934年1月—不详	彭湃县苏维埃政府
祝惟恒	男		主席	1934年—不详	彭湃县苏维埃政府
谢木生	男	福建宁化安远	主席	1934年8月—不详	彭湃县苏维埃政府
曾芹仲	男		主席	1933年8月—不详	泉上县苏维埃政府
曾佑贤	男		主席	不详	泉上县苏维埃政府

资料来源：宁化县志编纂委员会编：《宁化县志》，福建人民出版社1992年版，第530页。

表1—3中所列，从1930年6月到1933年8月的三年时间里，宁化县苏维埃主席就有19任主席。平均每年要变动6位之多，每位县苏维埃主席的任期很少能达一年以上的。如此频繁的变动无疑会对县苏维埃政权产生不利的影响。

首先，频繁的变更导致县苏维埃主席的工作能力不仅无法得到进一步拓展，而且往往会造成以党代政的现象，这种情形在湘赣苏区就有比较突出的反映。相关报告显示："目前苏维埃政权还表现有些严重现象，苏维埃负责人工作能力薄弱，不能建立自己的工作，只有做些打条子招待所的事情，一切大小事情都是由党包办。苏维埃的官僚腐化还未完全纠正过来，苏维埃在群众中的威信和工作系统还没有建立起来。"①

其次，频繁的变动往往会造成县苏维埃主席的责任感不强，从而给苏区造成重大的损失。如长汀县苏维埃政府主席蓝兴南，在面对小股团匪向苏区扰乱掠抢烧杀的情况时，不但没有很好地用宣传鼓动方法，领导地方武装和工农群众消灭小股团匪，反而每逢土匪骚扰，便在相距数十里时闻风逃避。以致"地方武装、地方群众斗争情绪日益低落，土匪狗胆日益壮大起来"，致使"我工农劳苦群众大受摧残，老少男女东奔西逃，真是

---

① 《湘赣革命根据地》（上册），中共党史资料出版社1991年版，第115页。

令人痛心"。①

最后,县苏维埃主席的频繁变动,也给一些投机钻营者制造了机会。担任神木县苏维埃副主席的王恩惠就指出,一些干部为了获得上升的机会,"平时以个人好恶评定干部,谁在领导面前献殷勤,顺着说,跟着跑,阿谀奉承,谁就是好干部"。②这样往往给一些并不称职的干部提供了机会,结果却给苏区带来了严重的不利后果。神府根据地在瓦窑渠战斗失败后,不仅在军事上受到严重挫折,战斗力大为削弱,而且还带来了各方面的严重恶果。敌人气焰更为嚣张,诬蔑红三团是"散面团"(谷子做的窝窝头),不堪一击;苏区百分之九十的村庄、十万人口落入敌手;群众徘徊观望,党团员干部情绪低落,担任神木县苏维埃主席的呼子威叛变。一时间,"黑云压城城欲摧",神府苏区的革命斗争此时处于前所未有的低潮。③

而且从总体上来看,县苏维埃主席也由于苏维埃制度本身的一些弊端而存在着结构性的局限。按照苏维埃制度的基本框架,干部的核心成员应是工农群众,这尽管从阶级结构上保证了干部的无产阶级属性,但是另一方面由于大多数工农群众文化水平很低,因此在实际工作中往往会遇到无法克服的困难和障碍。个中情形在闽浙赣革命根据地的工作总结中有着集中的反映。根据这一总结报告,工农出身的干部,在面对具体的军事问题时显得手足无措:

> 各县苏主席对于独立营、团,虽然都能经常亲往领导,表现着对战争领导的抓紧与加强,但是领导还仅仅限于行动的布置,没有极大地注意加强战斗力,没有在日常工作中,每一问题中,给你们以应有的具体领导,更没有随时随地的设法帮助他们加强对军事的了解与战略战术的运用,以及军事技术的提高;军风纪的建立,也没有在部队中极大的注意红色战士生活改善(特别是化婺德对这点还是忽视的),与在每次战役后,很好地总结战[斗]争中经验,以致各县独立营、团的战斗力还没有达到应有限[程]度的加强。④

---

① 《福建革命历史文件汇集·苏维埃政府文件》(1931—1933年),第302页。
② 中共陕西省委党史资料征集研究委员会等编:《神府革命根据地》,第118页。
③ 兰州部队党史资料征集办公室编:《戎马春秋——革命回忆录》,甘肃人民出版社1983年版,第175页。
④ 《闽浙皖赣革命根据地》上册,中共党史出版社1991年版,第675页。

特别是工农出身的县苏维埃主席，由于自身文化水平低，在面临庞杂繁多的任务时，往往缺乏"进行工作突击的精神与无计划的手工业的工作方式"，或者是表现为一种"事务主义的方式"。如余江县苏维埃主席"不去思索问题，计划工作，而专是忙于事务方面的事情"成为"事务主义最好的标本"。这样就不可避免地"防碍着苏区更猛烈的向前发展"。同样，因为文化水平低出现"不太熟悉本县执行劳动法的情形"。体现在文化教育工作方面，甚至出现了"怀玉县苏主席兼教育部长而不过问教育部的工作，简直是取消文化教育工作的倾向"的情形。①

专注于工农群众的身份，具有相当文化水平的知识分子被排除在外。根据有关资料显示，不少知识分子甚或地主阶级都原本是热衷和支持中共革命的。据赖传珠回忆："赣州参加共产党的很多同志都是小地主家庭出身的，彭学礼、李灿椿也是小地主家庭出身。我家也是小地主，但情况和他们有点不同，我家是暴发户。"② 但是在苏区的中后期，由于对知识分子的排斥，不仅没有很好地发挥知识分子的优势，反而使他们的身心受到严重摧残。据胜利县的报告，1932年8月在押犯人621人中，腐朽文人达312人，占总数的50%还多。其他包括豪绅地主90人，富农62人，流氓33人，中农33人，贫农88人，工人6人。③ 这样的结果说明：一方面知识分子与苏维埃政权之间存在着明显的距离，另一方面也容易使知识分子投奔到国民党方面去。

---

① 中共福建省委党史研究室等合编：《闽浙皖赣革命根据地》上册，第675—677页。
② 《赣县文史资料》第1辑，中国人民政治协商会议赣县文史资料研究委员会1991年编，第14页。
③ 《江西革命历史文件汇集（1932年）》（二），中央档案馆、江西省档案馆1992年编，第33页。

第二章 陕甘宁边区的县政建构与运行机制

"以延安为中心的陕甘宁边区,是中央红军长征的落脚点,又是抗日战争的出发点,党中央指挥全国革命的大本营,全国政治上最进步的区域。"① 这一论述,既是对陕甘宁边区历史地位的高度概括,也是对中共革命历史发展演变的精辟阐释。作为抗日战争的"出发点",体现在县政制度方面,一方面是对先前制度的重新变革;另一方面也是县政运行机制的再次转轨。当历史的车轮和时代的步伐成为县政建构的助推之因,蕴涵在制度变革和转轨的背后,显然也承载着中共在抗日战争这一特殊而重要历史时期的一些重大的理念性变革。这些理念性的变革,自然在县政制度的建构中有着具体的体现。

第一节 因时而变——边区政府的成立与建政理念

在中共历史的发展进程中,抗战时期是一个特殊而重要的历史时期。所谓特殊,一个重要表征就是中共的制度形态发生了重要转向,即从原来的苏维埃工农政府向抗日民主政府体制的转轨,同时,战时陕甘宁边区又是中国共产党开展新民主主义的一个试验区。由此体现的建政理念,自然具有当时条件下的一些特点。

一 陕甘宁边区政府的成立

陕甘宁边区是在原西北革命根据地的基础上成立的。国民大革命失败后,中共的工作重点逐渐转入农村进行武装斗争。其时,西北地区在刘志丹、谢子长等人的领导下,陕北与陕甘党组织经过长期艰苦的革命斗争,逐渐组建起红二十六军和红二十七军两支红军,并以此为基础创建了陕

---

① 李维汉:《回忆与研究》(下),中共党史出版社1986年版,第498页。

北、陕甘两块革命根据地。

　　1935年2月，中共西北工作委员会和西北军事委员会成立后，实现了两个苏区党的组织和两支红军的统一领导，由陕北、陕甘两块革命根据地构成的西北革命根据地开始形成。在此期间，西北革命根据地经过两次粉碎国民党的"围剿"，相继解放了靖边、安塞、安定（子长）、延长、延川、保安（志丹）等六个县城，根据地面积扩展到3万平方公里，人口近100万，建立和巩固了包括华池、庆北、新宁、永红、赤安、安塞、淳耀、赤水、甘洛等二十多个县级苏维埃政权，红军队伍扩大到5000多人，游击队发展到4000多人。1935年9月，红二十六军、红二十七军与陕南转战到达陕北的红二十五军会合，编为红十五军团。红十五军团组建后不久，先后在崂山战役和榆林桥战役中，取得歼灭国民党军两个师大部分的伟大胜利。革命根据地的力量进一步壮大，西北地区的革命形势出现了蓬勃发展的大好局面。

　　就在此时，中共中央率领红一方面军到达陕北吴起镇。"长征胜利结束了，我们新的任务开始了。我们要发扬长征精神，继续努力做好各方面的工作，开创中国革命新局面。"① 1935年11月，在毛泽东、周恩来、彭德怀的指挥下，红一方面军和红十五军团联合作战，取得直罗镇战役的重大胜利，为党中央把全国革命大本营放在西北举行了一个奠基礼。1936年2月，红军东渡黄河发起东征战役。同年6月，红军又挥戈西进，解放了甘肃、宁夏边境的部分地区，大体形成了陕甘宁边区的区域范围。在此期间，中共又重新将西北根据地划为陕北、陕甘两个省，并设立神府特区，成立了西北中央局、中华苏维埃人民共和国西北办事处，领导西北根据地党政军民开展具体工作。

　　中共中央进入陕北之后，整个局势发生了很大的变化。日本帝国主义加快了对我国的侵略步伐，华北地区处于严重危机的时刻。为了适应形势变化的要求，中共开始着手考虑制定适合新情况的政治路线和战略方针。

　　1935年12月，中共在陕北瓦窑堡召开政治局会议之时，就提出了制定抗日民族统一战线的策略，并决定将"工农共和国"改为"人民共和国"。毛泽东在党的活动分子会议的报告中指出："为什么要把工农共和国改变为人民共和国呢？"这是因为：

---

① 中共中央党史研究室等编：《红军不怕远征难——纪念红军长征胜利60周年征文集》，中共党史出版社1996年版，第307页。

我们的政府不但是代表工农的,而且是代表民族的。这个意义,是在工农民主共和国的口号里原来就包括了的,因为工人、农民占了全民族人口的百分之八十至九十。我们党的第六次全国代表大会所规定的十大政纲,不但代表了工农的利益,同时也代表了民族的利益。但是现在的情况,使得我们要把这个口号改变一下,改变为人民共和国。这是因为日本侵略的情况变动了中国的阶级关系,不但小资产阶级,而且民族资产阶级,有了参加抗日斗争的可能性。①

1936年8月25日,中共中央在《致中国国民党书》中提出与国民党共同建立全国统一的民主共和国的主张,并郑重宣布:"在全中国统一的民主共和国建立之时,苏维埃区域即可成为全中国统一的民主共和国的一个组成部分,苏区人民的代表将参加全中国的国会,并在苏区实行与全中国一样的民主制度。"②西安事变和平解决之后,为促成国共两党合作抗日,中共中央又于1937年2月10日致电国民党五届三中全会,提出五项要求和四项保证,表示只要国民党停止内战一致抗日,并在全国实行广泛的、真正的民主,则中共将取消两个政权的对立,把工农政府改名为中华民国特区政府,直接受南京中央政府之指导,在特区政府区域内,实行普选的彻底民主制度。③1937年2月24日,中共中央政治局常委决定由林伯渠负责主持西北办事处的工作,开始筹建陕甘宁边区政府。1937年9月6日,经更名改制的陕甘宁边区政府正式成立。

陕甘宁边区政府成立后,林伯渠就边区政府所辖范围呈请国民政府并经蒋介石承诺,将肤施(延安)、甘泉、鄜县、延长、延川、安塞、安定、保安(志丹)、靖边、定边、淳化、栒邑、宁县、正宁、庆阳、合水、环县、盐池、洛川、镇原、固原、海源、靖远等23县及神木、府谷两县的各一部分归边区管辖。④随着县域范畴的初步确立,1937年9月12日,陕甘宁边区政府着手重新划分边区行政区域。划分的原则是以"便利于动员人民参加抗战,使行政机构更便利于对于人民的领导,来创造民

---

① 《毛泽东选集》第1卷,人民出版社1991年版,第158页。
② 《中共中央文件选集》第11册,中共中央党校出版社1991年版,第83页。
③ 《中共中央给中国国民党三中全会电》,《新中华报》1937年2月13日。
④ 在抗战初期,蒋介石施展了贯用的两面派手法,他一面承诺上述县归边区政府管辖,一面又在这些县建立国民党政权,因而在许多县出现了双重政权的局面,甚至有些县完全被国民党占据。所以边区政府成立初期所辖县并不是23个,后来在反摩擦斗争中才逐步扩大。

主的抗日模范区，以适合目前新的抗战阶段任务的执行"为宗旨，划分的依据是"根据地理的、经济的、群众的生活习惯等条件和便利于工作上的管理与领导"。基于这些标准，陕甘宁边区政府对县域区划和县制做了重新调整：

（一）陕北东西两分区决定取消，所属各县归边区政府直接领导，关中及陕甘宁分区与神府县政府仍旧不变。

（二）县制的划分。

（1）甘泉、富州、红宜三县，依照现有的县区不变更。

（2）延安、安塞、安定、保安（即志丹县）、靖边、延川、延长照原国民党时代旧县制不变，子长、新成、延水等三县分别合并于上属各县，其原则按旧县界合并。

（3）陕甘宁之赤安县应即取消，依旧县界划归保安、环县管辖，其另一部［分］划归华池县，其余各县均不变更。①

通过重新划分边区县域行政区划，陕甘宁边区的外部环境得到了极大的改善，同时也形成了一个较为完整的政权结构，可以系统地开展新民主主义试验，具体开始新民主主义的执政实践。

二　建构县政体制的历史逻辑

任何一种制度的选择，都要受到三个条件的制约：一是制度选择主体的需要；二是制度选择主体对于制度变迁发展的认识；三是客观现实环境。边区县政体制的建构同样坚持了这样的逻辑。

从制度选择主体的需要来看，中共建构新的制度，首先来自直接的生存危机与民族危机。曾几何时，中共凭借其真诚信仰、严密的组织和强大的社会动员，创造出了苏维埃时期的鼎盛与辉煌。但是正如黄道炫先生所说："革命的张力不可能无限制地伸展，夺取政权是革命的既定目标，但当年这样的目标事实上还难以企及。"因为当年"中共的发展，更多的是利用国民党统治的内部冲突，当这种冲突趋于平稳、南京政府力量不断上升时，中共受到的压力将空前增大"。② 就军事力量而言，1935年秋至1936年冬，国民党可谓占尽先机和优势。在此期间，蒋介石及其南京国民政府正在为完全实现统一中国的梦想而努力着。而中共所领导的红军，

---

① 陕西省档案馆、陕西省社会科学院编：《陕甘宁边区政府文件选编》第1辑，档案出版社1986年版，第6—7页。

② 黄道炫：《张力与限界：中央苏区的革命（1933—1934）》，社会科学文献出版社2011年版，第477—478页。

却被赶到陕北一隅，面临生死存亡的考验。经过一年多的长途跋涉，中央红军已从出发时的 8 万余人锐减至数千人，90% 以上的部队损失殆尽。就连毛泽东也叹息道：损失比例如此严重，就是过雪山草地也未曾有过。①

即便到了陕北苏区，面临的形势依然非常严峻。当年，李富春曾如是说道：陕甘宁苏区地广人稀，乡村比较闭塞。除几个重要的城市外，大部分是广袤的农村地区，人口密度比较小。因为地广人稀，交通不便，乡村民众的文化程度较低，比较闭塞；因为地广人稀，统治力量薄弱，民团组织仍有相当发展，土匪民团也易横行。群众为应对摧残与灾荒，保家安命，不少人加入了哥老会。特别是在三边、庆环、赤安等地，群众加入哥老会的更是不少。此外，广大的蒙民、回民环绕在苏区的周围，周边的形势也较为复杂；鸦片烟流毒也非常普遍。在马鸿逵、马鸿宾的统治下，宁夏变为鸦片烟产地，而三边、陕北及内蒙古一带都成为销售宁夏鸦片的市场。男人大部分有烟瘾，甚至年轻人与女人都吸。②

另就军事实力而言，中央红军加上刚从陕南苏区转进陕北的红二十五军，与原陕北苏区的红二十六军组成的红十五军团，合起来也不过一万人左右。而国民党驻扎在陕甘一带的由张学良率领的东北军，就有十几万人，连同杨虎城的第十七路军和其他杂牌部队，以及尾随至甘肃北部的蒋系部队及毛炳文部的几个师，少说也有二三十万人。双方力量对比极为悬殊。此时中共同外界的联系又几乎全被切断，能够得到的国内外信息很少。这也就意味着中共所面对的首先是自身的生存问题，"如果不能生存，其他一切都无从谈起"。③

面对此情此景，中共适时提出："为民族生存而战"的主张。1935 年 8 月，中共发表了《为抗日救国告全体同胞书》，提出："我国家、我民族已处在千钧一发的生死关头。抗日则生，不抗日则死，抗日救国已成为每个同胞的神圣天职！"中共呼吁"有钱的出钱，有枪的出枪，有粮的出粮，有力的出力，有专门技能的贡献专门技能"，"集中一切国力"，"为祖国生命而战"！"为民族生存而战"！"为国家独立而战"！"为领土完整

---

① 《毛泽东关于目前行动方针的报告》，转引自杨奎松《西安事变新探——张学良与中共关系之谜》，江苏人民出版社 2006 年版，第 27 页。
② 中共陕西省党委党史研究室编：《西北革命根据地》，中共党史出版社 1998 年版，第 231—232 页。
③ 金冲及：《抗战前夜中共中央战略决策的形成》，《历史研究》2005 年第 4 期。

而战"！"为人权自由而战"！① 这一主张，一方面表明中共已经认识到必须改变过去那种只承认工农大众，而将其他党派和阶级都视为反革命的狭隘观念，另一方面也意味着必须从先前的"彻底革命"的苏维埃体制中走出来。

中共首先提出必须给予工农大众之外的阶级，即"所有城市小资产阶级分子以及一切真正参加抗日救国的武装斗争的人"以公民权，使"不反对苏维埃政权而反对帝国主义者及其走狗底非共产主义的党派、社会团体和群众组织，能够享有民主权利和自由"。同时应当停止剥夺富农和商人的政策，停止侵犯小土地所有者和私人工商业，以便"使我们的政策，具有明确的人民性质和深刻的民族性质"。② 很显然，中共的这些主张明显地改变了此前苏维埃体制下的内容与目标。由此一来，"渐渐地，苏维埃作为一种革命形式，只不过是共产党人用以保持与蒋介石南京政权对立的一种革命标志罢了。策略上的转变导致政策方针的根本性变化，这是人们最初所始料不及，又是不可避免的"。③ 因为结束长征，到达陕北，建立起新的根据地，对中国共产党来说，是一件非同小可的事情，它所面对的首先是自身的生存问题。这些政策的转变以及随后进行的县政制度的建构，就是基于中共所面临的生存危机和民族危机而做出的选择。

如果说中共建构新的县政制度，是为了解决迫在眉睫的生存危机而做出的制度选择，那么中共对制度变迁的认识以及对苏维埃制度的反思，则是建构陕甘宁边区县政制度的另一历史逻辑。

已有的研究表明，中国的苏维埃制度是从苏俄"移植"而来的，从一开始就受到联共（布）和共产国际的关注。④ 曾几何时，"一切权力归苏维埃"是苏维埃制度的整体设计，在政权组织形态方面是工农民主专政政权，也就是说中华苏维埃政权所建设的"是工人和农民的民主专政国家。苏维埃政权是属于工人农民，红色战士，及一切劳苦民众的，在苏维埃政权下，所有工人农民红色战士及一切劳苦民众都有权选派代表掌握政权的管理，只有军阀，官僚，地主豪绅，资本家，富农，僧侣及一切剥削人的人，和反革命的分子，是没有选举代表参加政权和政治上自由的权

---

① 《中共中央文件选集》第 10 册，中共中央党校出版社 1991 年版，第 519—524 页。
② 参见陈绍禹《中国共产党的新任务》，《布尔什维克》1935 年第 20 期。
③ 杨奎松：《中间地带的革命——国际大背景下看中共成功之道》，山西人民出版社 2010 年版，第 320 页。
④ 余伯流、何友良主编：《中国苏区史》（上），江西人民出版社 2011 年版，第 123 页。

利的"。① 这种政权组织模式，由于它的一切指导思想和基本原则原本就是苏联所实行的社会主义制度，在苏联可能是比较适用的，但是移植到中国就会出现"特别别扭和相当尴尬的现象"。据此，一些学者指出：在中国革命道路的设计中，一方面认为是资产阶级民主革命，但另一方面却只把工人、贫农作为革命力量，仅仅提出要联合中农，而实际上各地往往将中农当富农来打，更不要说联合富农这一资产阶级革命中应当联合起来的基本力量了。又如，土地国有化是苏维埃制度的核心，但是在中国苏维埃制度下经常产生难以把握的困境。一方面，把土地国有化的未来方向——社会主义，当成当下的事务，以致出现所谓的集体农庄，共同生产、共同消费之类的盲动；另一方面，即使认为必须承认农民土地私有权，但又不敢或不能坚持，以致使这种思想只是昙花一现，而分田却在无休止的进行。② 这种内在的矛盾和弊病，实际上已使得"共产党人在阶级关系上的回旋余地无疑是十分狭窄的"。③

更为严峻的是，从1933年开始，在苏维埃区域开始出现大量群众逃跑的严重事件。据李一氓回忆，因国民党的封锁及前线供应的需要，后方生活日益紧张，生存受到严重威胁，民众不得不自寻生路："四十岁以上的男人很多都陆续地跑出苏区，到国民党区投亲靠友。有时搞到一点什么东西，也偷着回来一两次接济家里。因为他在家里实在是难以生活下去。农业上那些地方都是山地，种植业不发达，有的连种子都没有，又缺少食盐，基本的生活都没有办法保证。而我们也没有办法来解决这些问题。这种逃跑现象各县都有，特别是那些偏僻的山区里面，跑起来人不知鬼不觉。"④ 与此同时，开小差现象也开始出现在从征集兵员到部队服役的各个阶段。相关资料显示，在报名和集中过程中就开始有大批开小差的。例如："会昌寻安有几个乡扩大红军成为群众的恐怖，听到工作人员下乡，就纷纷上山或躲避不见，以后要召集会议是没有群众肯到会，他们是怕又要强迫去当红军。"长汀模范团因为是被欺骗要加入工人师的，到瑞金集中时只剩三分之一，三分之二开小差走了。⑤ 即便是一些军官和老兵也加入到逃跑的行列。"江西全省动员到前方配合红军作战的赤卫军模范营、

---

① 《中共中央文件选集》第10册，中共中央党校出版社1991年版，第644—645页。
② 何友良：《苏区制度、社会和民众研究》，社会科学文献出版社2012年版，第120页。
③ 杨奎松：《中间地带的革命——国际大背景下看中共成功之道》，山西人民出版社2010年版，第309页。
④ 《李一氓回忆录》，人民出版社2001年版，第156页。
⑤ 《潘汉年诗文选》，上海人民出版社1995年版，第392页。

模范少队在几天内开小差已达全数的四分之三，剩下的不过四分之一，所逃跑的不仅是队员，尤其是主要的领导干部也同样逃跑，如胜利、博生之送去一团十二个连，而逃跑了十一个团营连长，带起少队拐公家伙食逃跑。永丰的营长政委也逃跑了，兴国的连长跑了几个，特别是那些司务长拐带公家的伙食大批的逃跑。"①

应该说上述现象与苏维埃时期的一系列政策和决策不无关系。值得一提的是，这些现象能够出现在当初的报告和决议中，一方面体现出当初中共并没有掩盖客观事实；另一方面也反映出共产党人已经开始在反思问题的症结所在。随着中央红军落脚陕北，中共便开始反思和总结苏维埃时期的政策和策略。

1935年12月6日，中共中央作出的《关于改变对富农策略的决定》，是中共中央到达陕北后为公开纠正"左"的错误政策采取的第一个重大步骤。张闻天在主持制定这个决定的中央政治局会议上所作的报告和结论中指出："在苏区，对于富农的'左'的办法要纠正。这不是假的政策。政府过'左'的行政办法要纠正。党、工会也是一样。过'左'的要求，我们都是反对的。"总之，"对于策略的转变，各方面都要坚决贯彻执行。要在党内进行广泛的教育，使我们的同志懂得，目前无论如何都要转变策略"。②

中共政策策略的转变，一个重要原因就是基于"过去的经验"，即对苏维埃时期经验教训的总结与反思，这也表明中共开始从制度上突破苏维埃的局限。1935年12月召开的瓦窑堡会议，则成为中共放弃苏维埃制度，开始探求适应新形势发展策略的重要起点。全面抗战爆发之后，中共对苏维埃制度的反思进入了自觉的认识阶段。正所谓"十年内战时期的经验，是现在抗日时期的最好的和最切近的参考"。③ 1940年，由毛泽东起草的对党内的指示信中明确指出：

> 过去十年土地革命时期的许多政策，现在不应当再简单地引用。尤其是土地革命的后期，由于不认识中国革命是半殖民地的资产阶级民主革命和革命的长期性这两个基本特点而产生的许多过"左"的政策，例如以为第五次"围剿"和反对第五次"围剿"的斗争是所

---

① 《江西革命历史文件汇集（1933—1934年）》，中央档案馆、江西省档案馆1992年编印，第107页。
② 《张闻天文集》第2卷，中共党史出版社1993年版，第36—37页。
③ 《毛泽东农村调查文集》，人民出版社1982年版，第18页。

谓革命和反革命两条道路的决战，在经济上消灭资产阶级（过"左"的劳动政策和税收政策）和富农（分坏田），在肉体上消灭地主（不分田），打击知识分子，肃反中的"左"倾，在政权工作中共产党员的完全独占，共产主义的国民教育宗旨，过左的军事政策（进攻大城市和否认游击战争），白区工作中的盲动政策，以及党内组织上的打击政策等等，不但在今天抗日时期，一概不能采用，就是在过去也是错误的。①

中共对苏维埃制度的认识与反思，并在最终的制度选择与建构中放弃苏维埃，不仅是中国共产党人对中国革命制度模式认识与选择走向深化的结果，同时也是建构新的制度和开创新局面的历史必然。一些西方学者也认为：中共放弃江西苏维埃模式，是共产主义革命重新制定革命策略和方法的开始。②

当然，中共放弃苏维埃制度模式以建构新的制度结构模式，与当时共产国际的基本主张也有着重要关联。

中共建党以来的 22 年间，作为共产国际的一个支部，中共的发展与成长与共产国际有着千丝万缕的联系。正如杨奎松先生所说："在中共的血管里流淌着的，多半是与联共（布）党一样的血液。"③ 远离中国革命的共产国际，往往习惯于从理论高度，凭借逻辑思维去思考问题。但是 1933—1934 年，国际形势和苏联地位开始发生了巨大变化，法西斯分子在德国上台，日本扩大在中国的侵略，促使共产国际开始重新审查以前领导东西方工人运动和民族解放运动的政策。与此同时，为适应苏联外交政策的需要，共产国际也开始全面改变以往的僵化政策，开始酝酿将苏维埃运动的总方针转向抗日民族统一战线的总方针。1936 年 3 月 5 日，共产国际执委会书记处通过了《关于中国的形势和中国共产党的任务》的指示草案。

这份文件的主要内容是：

第一，在日本帝国主义入侵形势下，"组织全民抗战是中国共产党面临的中心任务，所有其余的一切都应服从这一任务"。

第二，中国当前的情况，"可能导致中国的局势发生这样的转折，这

---

① 《毛泽东选集》第 2 卷，人民出版社 1991 年版，第 672 页。
② Carl E. Dorris, *Peasant Mobilization in North China and the Origins of Yenan Communism*, The China Quarterly, No. 68, 1976.
③ 杨奎松：《共产国际与中国革命关系史研究之我见》，《福建论坛》2002 年第 4 期。

种局势使斗争的形式和斗争力量的对比出现意想不到的奇特的组合"。中国共产党必须抓住"出现的千载难逢的机会","正确和彻底地利用所有直接和间接的资源,引导所有民族爱国分子投入到全民的斗争中去";"必须把所有表明意愿进行反对日本帝国主义斗争的人,吸引到人民统一战线中来,甚至包括那些暂时的、动摇的或不可靠的同盟者,而不管他的政治信仰、阶级和党派归属、宗教信仰等等"。

第三,中国共产党要对苏维埃运动政策作出适时地调整。"如果说从前苏区主要是土地革命的根据地的话,那么现在它们就应该首先是抗日斗争的可靠根据地,是人民抗日统一战线的主导力量和最牢靠支柱。"要调整土地政策、工商业政策、知识分子政策、工会运动政策,使苏维埃的"政策和一切活动都应该服从武装人民反对日本帝国主义,捍卫领土完整、国家独立和革命统一的民族革命战争的利益"。①

这是一份带有全局性指导意义的文件,它鲜明地表现出共产国际指导中国革命总的策略思想的重大转变,即从苏维埃运动策略思想向抗日民族统一战线策略思想的转变。1935年8月1日,出席共产国际第七次代表大会的中共驻共产国际代表团,起草并发表了《八一宣言》。《八一宣言》第一次比较完整地提出了抗日的各党、各派、各界、各行、各民族的大联合,把愿意抗日的地主、资产阶级、一切军队都包括在统一战线之内。在此基础上,共产国际建议:"中国共产党人发表声明,它主张成立统一的中华民主共和国,主张在普选基础上召开全国议会和成立全国国防政府这是适宜的,这是在目前条件下联合中国人民的一切民主力量,抗击日本侵略和保卫自己祖国的最好办法。中国共产党还可以表示,在成立中华民主共和国的条件下,苏区将成为统一的中华民主共和国的组成部分,将参加全国议会并在自己的区域内实行整个中国确定的民主制度。"②

1937年1月,共产国际执行委员会书记处在致中共中央的电报中进一步指出:(1)把苏维埃政府改为人民革命政府;(2)把红军改为人民革命军;(3)只在中心城市保留苏维埃,而且不作为政权机关,只作为群众组织保留;(4)放弃普遍没收土地的措施。③ 这也表明,共产国际在经过深思熟虑之后,认为苏维埃制度已不适应中国当时建立抗日民族统一

---

① 黄一兵:《中共驻共产国际代表团与中国抗日战争》,《中共党史研究》2005年第5期。
② 《共产国际、联(共)布与中国革命档案资料丛书》第15卷,中共党史出版社2007年版,第242页。
③ 中国社会科学院近代史研究所《国外中国近代史研究》编辑部编:《国外中国近代史研究》第13辑,中国社会科学出版社1989年版,第7页。

战线的形势和要求。而中共也认为，伴随着日本大举侵华的紧迫形势，抗日救亡成为中华民族各阶层的主要任务。很显然，排除那些积极参加抗战的其他社会阶层已不合时宜，只有放弃以武装斗争和暴力革命为主要内容的方针和运动，才有可能同南京国民政府达成谅解与妥协。

三 中共在边区的建政理念

任何制度变革总会暗含着一种理念变革。用一种制度安排取代另一种制度安排，并非一般意义上的制度转换，也绝非满足制度本身的需要，而是意欲通过它获取制度以外的东西。因此，所谓的制度变革乃至制度本身只是一种手段，借助这个手段所要达到或实现的理念才是制度变革的基本目的。中共在边区的建政理念，显然也蕴涵着中共在制度建构中的一些理念。

（一）抗战与民主相结合的理念

1937年5月8日，毛泽东在中国共产党全国代表会议上指出："对于抗日任务，民主也是新阶段中最本质的东西，为民主即是抗日。抗日与民主互为条件。民主是抗日的保证，抗日能给予民主运动发展以有利条件。"① 1939年9月24日，毛泽东在接见斯诺时也指出："抗日而没有民主，是不能胜利的，抗日与民主是一件事的两方面。"② 1940年2月20日，在延安各界宪政促进会成立大会上，毛泽东发表演说时再次指出，抗日和民主这两件事，"是目前中国的头等大事"。"这两件东西少了一件，中国的事情就办不好。"③ 毛泽东的这些论说，自然也是陕甘宁边区时期建立县政制度所遵循的基本原则。

"一切地方工作，以争取抗战的胜利为最基本原则，一切斗争的方法与方式，不但不应该违犯它，而且正是为了取得抗战的胜利。"在领导改善民众生活的过程中，"以采取用群众压力为后盾的民主的与合法的方式为主，在改善群众生活的过程中，应该鼓励一切同国防有关的生产事业中群众革命的热情，自觉的提高生产率"④。具体到县级政权的建立，首先要为抗战服务，要"团结边区内部各社会阶级，各抗日党派，发挥一切

---

① 中共中央文献研究室编：《毛泽东思想年编（1921—1975）》，中央文献出版社2011年版，第144页。
② 同上书，第239页。
③ 《毛泽东选集》第2卷，人民出版社1991年版，第731页。
④ 中央档案馆编：《中国共产党抗日文件选编》，中国档案出版社1995年版，第178—179页。

人力、物力、财力、智力，为保卫边区、保卫西北、保卫中国、驱逐日本帝国主义而战"；要"坚持与边区境外友党友军及全体人民的团结，反对投降分裂倒退的行为"。① 也就是说，县级政权的所有任务都要围绕抗战这个中心任务而展开，通过激发战争动员，更加密切军民关系，来支持长期的战争；通过发展边区经济，提高文化教育的质量，改善人民的生活，来巩固战争的物质基础；通过激发民众的参政热忱，监督与批评政府，健全各级民意机关，使得民众的力量通过政权表现出来，成为战胜敌人的武器。所有的这些，都是设计边区县政要遵循的基本理路。

要确保边区县政能更好地服务于抗战，还必须通过民主的方式提供保障。因此，边区县政的设计还要凸显其鲜明的民主化运动和地方自治的理念与色彩。只有通过民主化运动广泛动员社会各阶层的力量，才能实现抗日战争的最后胜利，进而才能从根本上巩固革命根据地。正所谓"一切问题的关键在政治，一切政治的关键在民众，不解决要不要民众问题，什么都无从谈起。要民众，虽危险也有出路；不要民众，一切必然是漆黑一团"。② 也正是由于如此，陕甘宁边区县级政府组织条例首先就明确指出："本条例为建设新民主主义政治，健全县政府机构，加强区乡行政领导，依据国民政府县组织法及适应边区实际而组织之。"③

如果再从更广阔的视野来看，陕甘宁边区县级制度的建构，也是顺应现代革命运动的民主诉求而作出的一种制度安排。民主化是现代社会的基本价值取向，现代革命运动无一不是以民主为基本诉求的。就近代中国而言，尽管民主宪政运动举步维艰，但是"宪政运动的方向，决不会依照顽固派所规定的路线走去，一定和他们的愿望背道而驰，它必然是依照人民所规定的路线走去的。这是一定的，因为全国人民要这样做，中国的历史发展要这样做，整个世界的趋势要我们这样做，谁能违拗这个方向呢？历史的巨轮是拖不回来的"④。任何领导中国革命的政党都必须回应现代革命的民主诉求。"宪政要成为一个运动，要实行人民所要求的宪政，不然是不行的。"⑤ 陕甘宁边区要作为民主的样板和模范的革命根据地，开展广泛地民主化运动就是一项重要内容。而"民主的第一着，就是由老百姓来选择代表他们出来议事管事的人"。"如果有人轻视选举，或者说

---

① 《中共中央文件选集》第 13 册，中共中央党校出版社 1991 版，第 89—90 页。
② 中共中央文献研究室编：《毛泽东文集》第 3 卷，人民出版社 1996 年版，第 202 页。
③ 《陕甘宁革命根据地史料选辑》第 1 辑，第 130 页。
④ 《毛泽东选集》第 2 卷，人民出版社 1991 年版，第 738—739 页。
⑤ 《林伯渠文集》，华艺出版社 1996 年版，第 155 页。

不要选举，那就是等于不要民主。不要民主，就等于不要革命。""革命的目的，是为老百姓求自由。选举是老百姓行使自由的头一桩事。我们要发展老百姓的自由，就得大量宣传、耐烦诱导；使每个老百姓都能凭着自己的意愿去进行参政，选举代表。"①

由此可见，将抗日与民主相结合，是设计边区县政的重要理念。"中国需要民主才能坚持抗战，不单需要一个民选的议会，并且需要一个民选的政府。"② 换句话说，唯有将抗日与民主相结合而建构的政权，才是符合时代与环境的政权设计理念。

（二）制度优势与服务民众相结合的理念

与过去的苏维埃政权相比，陕甘宁边区的政权性质，由工农民主改为一般的民主；在政权形式方面，也由苏维埃形式改为议会形式，在选举方面亦改为普遍的、直接的、平等的选举。在县级制度设置方面，"采用分区行政专员制度，组织比以前的省要小一些"。③ 特别是"因为边区成立过苏维埃，有更高的民主基础"。④ 此外，在边区县域社会还有自身的客观优势。如高利重租、苛捐杂税一切足以妨碍生产的封建剥削已经铲除，农民也都分得土地，生产热情增高，同时有广大未开垦的土地、足资牧畜的草原、能开浚的水利和待开发的矿产等。

如果说上述情形是陕甘宁边区制度建构的客观优势，那么以讲求效能，发挥制度优势为特点的"三三制"统一战线模式的政权，即以几个革命阶级联合起来对于汉奸反动派的民主专政，来代替任何党派的一党专政，也应该成为建构县政制度的基本范式。也就是说，在建构县政制度的过程中，政权的性质，并不决定于指导阶级及其阶级的政党，而是决定于当前的主要任务。坚持这样的理念，既是建构当时的县政制度的特点，也是县政制度的优点。因为民主实施问题，"都是顾到这又顾到那，顾到这阶级又顾到那阶级，顾到这党派又顾到那党派。有实力的党派，不只口头而且是行动上大公无私，这是三三制政治基础的一方面。另一方面，三三制是建立在各阶级联合反帝反封建，目前主要是和日本强盗拼生死的上面没有后者，不同利益的阶级不易真正联合，没有前者那联合也只是偶然，易于破裂。三三制在这样政治基础上产生，而施行三三制后，可以使政治

---

① 《陕甘宁边区政府文件选编》第3辑，档案出版社1987年版，第48—50页。
② 中共中央文献研究室编：《毛泽东思想年编（1921—1975）》，第239页。
③ 《谢觉哉文集》，人民出版社1989年版，第235页。
④ 同上书，第237页。

基础更加发扬与巩固"①。

与此同时，县政制度的建构还必须将服务民众作为核心理念。做行政工作"是替老百姓服务的。这样，就要一心一意老老实实把屁股放在老百姓这一方面，坐得端端的"。② 这也是中共在战时的一个根本出发点。正如毛泽东所指出的那样："我们的共产党和共产党所领导的八路军、新四军，是革命的队伍。我们这个队伍完全是为着解放人民的，是彻底地为人民的利益工作的。"因为我们是为人民服务的，"所以，我们如果有缺点，就不怕别人批评指出。不管是什么人，谁向我们指出都行。只要你说得对，我们就改正。你说的办法对人民有好处，我们就照你的办"。只要"对人民有好处，我们就采用了。只要我们为人民的利益坚持好的，为人民的利益改正错的，我们这个队伍就一定会兴旺起来"。③

在中共的县政制度建构中，将制度优势与为民众服务相结合的理念，既是对时代主题和前途命运的一种判断，也是讲求效能、发挥制度优势的有效路径和可靠保证。对此，边区政府主席林伯渠曾作过明确地阐释。他指出，我们所要建立的政权，是"改变了过去一切政权阶级压迫的实质，真正地成为人民自己的政权。它不是官僚机关，不是剥削人民的工具，而是人民学习政治，经过它来体验自己意志的舞台"，是"没有特殊的统治阶级，只有服从人民利益的公务人员。这些政权工作者，是由人民选举出来的，他们只知克己奉公，忠于职务，从来不计较个人的享受与地位"。这样的政权，"不是单纯的仰给于民的，还能够给予人民以实际的利益，从旧的政权中把人民解放出来。我们给他们民主权利，改善他们的生活，关心他们的文化发展"，是"依靠人民自觉的爱戴拥护，而不需要强迫服从，或是压抑统制。因为我们信任人民的力量，忠实于人民的事业，无论什么时候都和人民在一起去完成身负的任务"。④

既能高瞻远瞩地关注时代主题和前途命运，同时又能够讲求效用，能够真正地为实现理想而提供有效的制度保证，这不仅体现着制度创新和制度优越性的理念，而且也蕴涵着中共变革社会、解放人民和创建新中国的内在要求与逻辑，反映着中共制度创新和制度救国的政治诉求。

---

① 《延安民主模式研究资料》课题组编：《延安民主模式研究资料选编》，西北大学出版社2004年版，第134页。
② 《习仲勋文选》，中央文献出版社1995年版，第9页。
③ 《毛泽东选集》第3卷，人民出版社1991年版，第1004页。
④ 《林伯渠文集》，华艺出版社1996年版，第226—227页。

(三) 民众认同与政治归属相结合的理念

任何制度的设计，如果仅仅指出人们应该遵循此制度的原因，只能说明人们具有遵守或执行制度的可能，还不能说明制度就会被遵守而实现其有效性。正如诺斯所指出的，制度要具有"实施特性"① 才有效。制度实施的特性，其中一个重要节点即是制度参与者的心理认同，即从参与者个人角度看，应该包括理性思考、利害权衡和基于自我说服的心理转换等连续的心理活动，通过这些心理活动达到一种认同，进而形成政治归属感，这样的制度设计才能达到预期的目的。因此，如何从民众认同以及政治归属感的基础上体现陕甘宁边区县政制度设计，显然是中共必须要考虑的一个重要问题。

毫无疑问，陕甘宁边区在抗战前也曾经过土地革命的洗礼，及至中央红军到达陕北之后，也在红军控制的县、区、乡、村建立了民主政权，曾经有一些在土地革命中的积极分子也陆续加入了党组织，成为民主政权的主要成员，但是基层民众的社会心态和革命情感是比较复杂的，他们对中共及其所领导的革命斗争的认知也并非一开始就认同。这种现象所体现的也正是理论界一直都在思考的中国革命的"元"问题，即农民何以会支持和参加中共革命。② 相关资料已经表明，所谓的经济利益并非民众参与革命的充分条件，也就是说经济利益并不一定会使贫困的民众伴随着革命动员的钟声而群起响应，"存在着革命条件并不意味着革命会自动爆发"，因为在此时"没有迹象表明农民打算有效地组织起来或依靠自己来解决他们的问题"。③ 如果从制度层面来看，中共在县政制度的建构中基于民众认同和政治归属感的设计理念，当是其中的一个重要

---

① 道格拉斯·C. 诺斯：《制度、制度变迁与经济绩效》，上海三联书店1994年版，第84页。

② 农民何以会支持和参加中共革命，李金铮教授曾做过较为详细的学术整理。在他看来，学术界的解释与争论主要涉及四个方面：一是土地集中、家庭贫困与农民革命的关系；二是社会经济改革与农民革命的关系；三是民族主义与农民革命的关系；四是中共动员与农民革命的关系。以上说法都揭示了问题的一个主要方面，而且多是从自上而下的视角进行分析，缺乏农民自身的声音，尤其是缺乏对农民个体或群体感受的关怀。事实上，农民支持与参加革命的动机十分复杂，很难套用一条或几条理论概括。在农民支持或参加中共革命的行动中，土地分配、家庭贫困、社会经济改革以及民族主义在动员农民中究竟起了什么作用，仍需要做大量的农民个体与群体的实证研究。只有在此基础上，方可还原农民的革命动机，也才有利于中共革命胜利原因的解释。参见李金铮《农民何以支持与参加中共革命》，《近代史研究》2012年第4期。

③ [美] 小巴林顿·摩尔：《民主与专制的社会起源》，拓夫等译，华夏出版社1987年版，第176页。

的因素。

首先，按照制度学的一般理论，人们能否认同制度，关键看制度是否符合人们自身的利益，或者说，关键看制度是否为人们实现自身利益提供了可能或更多选择，是否更有利于自身利益的实现。"当制度目标与社会成员对自己的利益判断或利益实现途径的偏好吻合时，也即当制度的目标与制度所涵盖的行为人的利益或利益实现途径的偏好重叠范围越大时，行为人对利益的判断或利益实现途径偏好的判断与制度的一致性就越高，人们就越容易信任制度，进而就越倾向于遵守制度。此时，由于响应着社会成员共享的关于利益及其实现的信念，制度才具备了有效的基础。"① 这一点，正是陕甘宁边区县政制度设计的一个重要理念。毛泽东在陕甘宁边区参议会上的演说中就指出："全国人民都要有人身自由的权利，参与政治的权利和保护财产的权利。全国人民都要有说话的机会，都要有衣穿，有饭吃，有事做，有书读，总之是要各得其所。""如果这些阶级的人们没有说话的权利，要想把国事弄好是不可能的。中国共产党提出的各项政策，都是为着团结一切抗日的人民，顾及一切抗日的阶级，而特别是顾及农民、城市小资产阶级以及其他中间阶级的。共产党提出的使各界人民都有说话机会、都有事做、都有饭吃的政策。"② 这些论述，一个突出的特点就是基于民众的利益诉求，从民众的需求和利益出发来建构陕甘宁边区的制度结构。

其次，人们能否认同制度，还要看制度是否提供了人们对未来稳定的发展预期，使利益受损的可能性降低，或为利益受损设置了底线。任何人都不希望自己的利益受损，而是希望自己的利益在未来有稳定的实现和增进可能。"这是一种面对不确定性或风险的一种抵御性需求，这种需求使得人们就彼此之间利益的得失进行博弈。对于统治精英或规则制定者来说，使制定出来的制度得到遵守，是政治合法性的根本要求。"③ 实际上，边区民众一度对政治参与的冷漠，很大程度上与此有关。因为旧秩序的阴影在边区民众中都还有力地纠缠着，以至于成为阻止他们独立地采取行动，或者干脆打消采取这种行动的念头。"农民运动首先是一个危险。"④ 即便是农村中的旧秩序已在风雨飘摇之中，但这种观念也不会自

---

① 褚松燕：《论制度的有效性——人们何以遵守规则》，《天津社会科学》2010 年第 4 期。
② 《毛泽东选集》第 3 卷，人民出版社 1991 年版，第 808 页。
③ 褚松燕：《论制度的有效性——人们何以遵守规则》，《天津社会科学》2010 年第 4 期。
④ ［美］小巴林顿·摩尔：《民主与专制的社会起源》，拓夫等译，华夏出版社 1987 年版，第 205 页。

行消失。这就要求中共不仅能够破坏旧社会的锁链，而且还需要锻冶出新的团结和忠诚。"除非为了家庭和宗族，中国的农民并不习惯于一致行动。力图创造新社会的革命中，使农民联合起来成为一项极其艰苦的工作。"①

显然，中共对此现实有着明确的认识。"只有民众积极起来，保护其本身利益的时候，民众才会或才能以同样的积极性来保卫国家民族。未有对于本身利益尚不知或不敢起来保护的民众，而能起来积极保护国家民族利益的。"② 因此，中共在建构县政制度时，首先理顺了政府与参议会之间的关系，指出为保证政府真正能代表大多数人民的利益，就需要各级议会，都由选民直接选举；同时确立参议会为最高权力机关，参议员有选举罢免政府人员及决定一切重要问题的权力。这样，基层干部就是民众自己所认可的干部。由于这些干部是"从人民中来，和以前站在人民上或人民外的人完全不一样"。即便是旧有知识分子也深入到人民中去，向人民学习，"把原有脱离人民实际事业的知识变为替人民服务的实际事业的知识，使知识分子和人民大众结合起来"。这样的制度原则，在"陕甘宁边区做得很好"。③

可见，陕甘宁边区县政制度的设计，一个核心的理念就是以参议会为组织形式，通过参议员的参政权力来监督和促进政府的各项工作。这些制度设计，不仅大大促进了民众的认同感，而且也增强了民众强烈的政治归属感。所以，每当参议会召开之时，一些参议员"身后跟着大群男人、女人和孩子，许是他的朋友或羡慕他的人。他们敲锣打鼓，高声谈笑着，用这种乡间淳朴简单的方式，欢送出席陕甘宁边区参议会的代表"。④ 更有一些农民甚至主动登台发表演说。在陕甘宁边区二届二次参议会上，一位79岁的老农民登上讲台激动地说："我活了这么大岁数，还是第一次见到，第一次参加这样的民主参议会会议。共产党一心为国家为人民……我很高兴……过去我常听人们说，农民做出了很大牺牲（纳税和其他形式）。这次我才知道政府和其他机关工作人员做出的牺牲更大，受苦更多，生活更艰苦……为了抗日，我们必须做出更大牺牲。这些我们要向农

---

① [美] 小巴林顿·摩尔：《民主与专制的社会起源》，拓夫等译，华夏出版社1987年版，第170页。
② 刘少奇：《盐城农救工作经验——给苏中区党委的信》，《江苏党史资料》1988年第3期。
③ 《谢觉哉文集》，人民出版社1989年版，第624页。
④ [印度] 比·库·巴苏：《巴苏日记》，顾子欣等译，商务印书馆1989年版，第293页。

大教育中心之一。"① 很显然，陕甘宁边区将延安作为直属市，无疑是起到了首席根据地的重要作用。

革命特色区：陕甘宁边区区的设置，还有另外一种情形，就是体现边区自身的革命特色。特别是体现在名称的设置上。如志丹（保安—赤安—志丹）、赤川（宜川县北，赤化宜川之意）、红泉（红色甘泉）、子长（安定—仲远—子长）、子洲（西川—绥西—子洲）、永红（甘肃正宁永和镇）、赤淳（赤色淳化）、赤水等县就明显地体现出这一点。子长县原为安定县，鉴于谢子长作为陕甘宁边区创建人之一，是中华民族解放的先锋，为了表示对谢子长永久的纪念与尊崇，经边区政府第十二次政务会议研究通过，将安定县改为子长县，并决定在安定县建立子长墓，"以彰忠烈而励来兹〔者〕的设置"。② 同样，1944年1月，为纪念革命先烈李子洲，边区政府正式将绥西办事处命名为子洲县。

实际上志丹县、子长县只是原安定县和保安县的重新命名，子洲县则完全是革命时代的产物，也就是说子洲县原本并无历史传承，而是在革命时代新设置的县份。据《子洲县志》记载，即便至清代，县境也只是"分属绥德州、清涧县、米脂县、怀远县管辖"，及至民国年间依然没有县域建制。③ 因长期没有县份建制，致使此地成为"各县边界插花地区，在行政领导各事业建设上多为不便……在政治上形成三不管的严重现象……人民生命财产无法得到保障，土匪四处抢劫，老百姓不能安居乐业……"④ 1940年2月29日，国民党绥德专员公署专员何绍南，率几个官员连夜逃跑。1940年3月7日，八路军某部攻打马家沟岔（今属子洲县）阳寨子，何绍南部一部分投降，一部分逃奔横山郑家寨子，县境部分地区始告解放，归陕甘宁边区政府管辖。为进一步建设西川（即绥德县西之大理河川），改善群众的生活，也为了保卫陕甘宁边区的北大门，绥德警备区从绥德、米脂、清涧各县所辖之边界划出部分区域，于1941年8月成立了绥、米、清办事处，拟在此地筹建一个新县。1943年12月25日，陕甘宁边区政府发布战字第799号文件，指出："为纪念革命先烈李子洲同志，命名该县为子洲县。"⑤ 子洲县的成立，具有鲜明的边区特色，它不仅具有防御陕甘宁边北大门的军事功能，同时也彰显着中共革

---

① 裘克安：《斯诺在中国》，生活·读书·新知三联书店1982年版，第106—107页。
② 《陕甘宁边区政府文件选编》第5辑，档案出版社1988年版，第290页。
③ 子洲县志编纂委员会编：《子洲县志》，陕西人民教育出版社1993年版，第57页。
④ 参见《子洲文史资料》第1辑，政协子洲县文史资料委员会1999年编印，第7页。
⑤ 《陕甘宁边区政府文件选编》第7辑，档案出版社1988年版，第416页。

命的自身特色。

统一战线区：在陕甘宁边区的县域设置中，还存在着一种独特的双重政权格局。如抗战初期的绥德、米脂、葭县、清涧、吴堡等县份即如此。1938年春，国民政府为了加强河防，在绥德、米脂、葭县、吴堡、清涧五县建立了绥德警备区，并调来边区的八路军留守部队进入绥德警备区驻防，以加强河防。八路军留守部队进入绥德警备区以后，广泛发动群众开展抗日运动，组织抗日救国会，并在绥德警备区成立了一个"抗敌后援会绥德分会"的统一战线组织。为了争取和团结国民党军政人员抗日，绥德警备区专员兼绥德县长何绍南任"抗敌后援会绥德分会"主任，中共绥德警备区司令员担任副主任。这样，绥、米、葭、吴、清五县就成为统一战线区。在边区的管辖范围内，存在着两类性质不同的地区：一是经过改制和民主选举成立的抗日民主政府，一是国民党的地方政权。这样便形成交叉存在的双重政权局面。基于这种双重政权的局面，边区政府一方面通过建立统一战线的模范政权，以获得当地民众的支持，另一方面则通过"有理、有利、有节"的政治斗争、军事斗争，以及县域民众的革命斗争来最终结束这种双重政权的局面。鄜县也是如此。抗战初期，鄜县双重政权呈以下格局（见图2—1）：

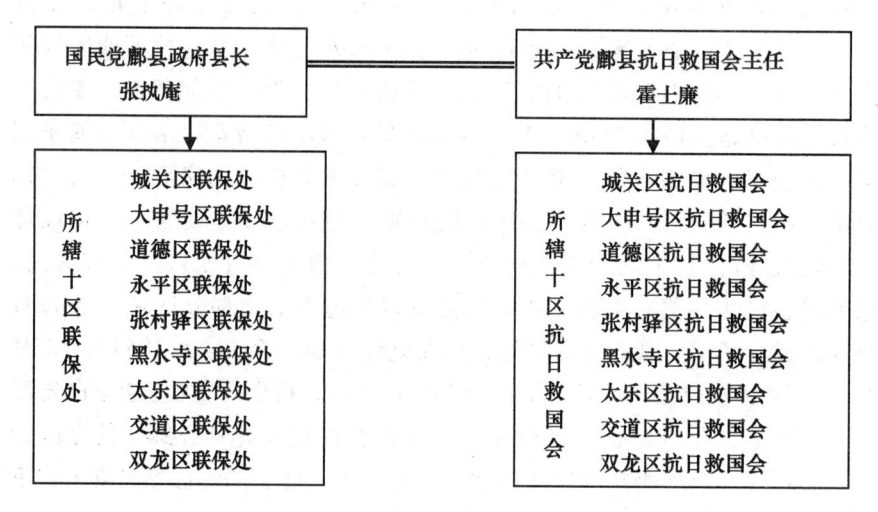

国民党鄜县政府县长 张执庵	共产党鄜县抗日救国会主任 霍士廉
所辖十区联保处： 城关区联保处 大申号区联保处 道德区联保处 永平区联保处 张村驿区联保处 黑水寺区联保处 太乐区联保处 交道区联保处 双龙区联保处	所辖十区抗日救国会： 城关区抗日救国会 大申号区抗日救国会 道德区抗日救国会 永平区抗日救国会 张村驿区抗日救国会 黑水寺区抗日救国会 太乐区抗日救国会 交道区抗日救国会 双龙区抗日救国会

图2—1　1937年3月—1940年1月鄜县双重政权示意

资料来源：富县地方志编纂委员会编：《富县志》，陕西人民出版社1994年版，第359页。

鄜县的双重政权格局，持续了三年多的时间。及至1940年2月13

日，八路军驻防部队奉命武装护送国民党县长蒋隆延离开鄜县境地，并强烈要求国民党当局明令承认陕甘宁边区政府，取消边区境内的双县长制。① 之后经民众推选，陕甘宁边区政府正式任命鄜县抗敌后援会主任罗成德为鄜县县长。1940 年 2 月 18 日，罗成德签署《陕甘宁边区鄜县县政府布告》，宣告鄜县正式隶属中共领导的陕甘宁边区行政建置。②

军事防御区：在陕甘宁边区，很多县份都呈现着与国民党统辖县域相互交错的局面，由此设置的县份都不是自然和历史传承的既有县份，而是由众多区域合并之后重新设定的。这种情况在关中分区和陇东分区分布较多。如新宁县是由甘肃宁县和正宁县的一部分组合而成，新正县是由甘肃正宁一个区和陕西栒邑的 4 个区合并而成，淳耀县是由陕西淳化三个区和耀县两个区组合而成，赤水县是陕西栒邑与淳化的一部分。由于这些区域多数是与国民党所属区域毗邻，因此其军事防御和斗争的色彩尤为明显。以新正县为例，该县和国民党统辖的正宁县犬牙交错。国民党军队在新正县边界地区挖战壕、筑碉堡、设关卡，进行军事威胁，与中共毗邻地区形成拉锯状态。③ 在军事斗争区，中共主张通过有理、有利、有节的斗争策略，一方面获得社会舆论支持，团结一切抗日力量，促成联合抗日的局面；另一方面也是为了赢得暂时的和平，为加强所属区域的各级政权建设创造有利条件。

当然，更能体现边区县份设置的军事防御特点，当属三边分区所辖的定边县和靖边县。定边县至少在明朝就是"边界军事要地，设军政合一的卫所"。④《定边县乡土志》也指出："在有明及国初皆为卫所，总十城堡"，因在此驻扎"定边军，此定边所由名也"。可见定边作为军事要地古已有之。陕甘宁边区成立之后，三边分区依然是重要的军事要塞。1937 年 10 月，日本侵略军进攻绥远省（今内蒙古西部），与绥东相毗邻的三边地区，其军事战略意义十分重要，于是便设置三边分区，下辖定边、盐池、靖边三个县。特别是鉴于靖边的军事战略地位，1938 年 3 月，边区政府又将靖边划归为边区直辖县。1942 年 8 月，随着革命形势的好转，增设吴旗县之后又将靖边还归于三边分区。

特殊区域：在陕甘宁边区还有一些较为特殊的县份设置。如南泥湾垦

---

① 《鄜县的大暗杀案》，《新中华报》1940 年 2 月 17 日。
② 富县地方志编纂委员会编：《富县志》，陕西人民出版社 1994 年版，第 359 页。
③ 参见《正宁县志》（上），正宁县志编纂委员会 1986 年内部编印，第 373—374 页。
④ 《定边文史资料》第 1 辑，中国人民政治协商会议定边县文史资料研究委员会 1986 年编印，第 5 页。

田区就是边区政府借鉴历史上军队屯田的经验，将南泥湾、金盆湾、南蟠龙和清泉镇一带，从延安县和甘泉县划出所组成的属于县级建制的特殊区域。主力部队是120师的359旅，垦区采取军队管理方式，初期由地方政府协助，开展大生产运动。1946年5月，边区政府决定撤销原垦区区级建制，将延安县的金盆区和固临县的临镇区划入南泥湾垦区，成立相当于县一级的政府。1948年7月，陕甘宁边区政府决定将南泥湾垦区和固临县合并为临镇县，成为一般县级地方政府。

除此之外，陕甘宁边区还设置了安置移民的移民垦区。抗战爆发后，随着沦陷区和交战区的不断扩大，大批难民源源不断地涌向边区。据不完全统计，八年间，"涌入陕甘宁边区难民人数约26万人"。① 当时边区所属的五个分区中，除绥德分区外，其他四分区的人口密度远远低于全国②。根据这一实际情况，边区政府在荒地较多的地区设立移民区，划定延安、甘泉、华池、志丹、靖边、富县、曲子等县为垦区，在绥德、陇东、关中三个分区的专员公署和安定、靖边、富县等县政府内设移民站，并在移民、难民集中的地方建立移民乡、移民村。移民开垦区成立后，主要任务是宣传边区的移民政策，安置住所，分配土地，发放农贷，提供农具，组织难民开荒种田，开展生产自救，解决吃饭问题。移民区政府发动老户调剂熟地、窑洞、粮食、种子和耕具，帮助难民。

综观陕甘宁边县域区划的设置，尤其注重一般要求和特殊要求这一基本原则。所谓一般要求就是履行县级政府的一般行政职能，而特殊要求则是除了满足一般的治理要求外，还具有满足特定需要的功能。陕甘宁边区县域区划和行政区域的设置，其最重要的特色恰恰体现在"特殊要求"方面。陕甘宁边区地处极端分散的农村，这种独特的环境必然需要特殊的县域行政区划的设置。特别是在管理经验不足和信息手段简单的条件下，针对复杂或专门重大的问题建立特殊的县域行政区划进行处理，不仅是必要的，而且也是有益的。这种特殊设置在职能上往往能起到与一般政府相互补充的作用。实际上设置一般性地方政府和特殊性地方政府的做法，也具有一定的普遍意义。托克维尔在其名著《论美国的民主》中，对联邦

---

① 陕西省地方志编纂委员会编：《陕西省志·人口志》，三秦出版社1986年版，第113页。
② 1941年，边区五个分区人口密度为：延属分区16人/每平方公里、绥德分区49.5人/每平方公里、关中分区16人/每平方公里、三边分区2.6人/每平方公里、陇东分区8人/每平方公里，全国人口平均密度为39.54。（参见《陕西省志·人口志》，三秦出版社1986年版，第110—111页）

制体制下的一般政府和特殊政府提出过如下见解:"美国有两个截然分开和几乎各自独立的政府:一个是一般的政府,负责处理社会的日常需要;另一个是特殊的专门政府,只管辖全国性的一些重大问题。"他还明确指出:"联邦政府是特殊的政府,各州的政府才是一般的政府。"① 尽管托克维尔所论的一般性政府与特殊性政府与陕甘宁边区有明显区别,但是其本质却是异曲同工、殊途同归的。

二　县政场域的选建

陕甘宁边区县政场域的选建,大抵可分为两种情形:第一种情形就是以原有县城为基础而选建的县政场域;第二种情形则是另选地址而建立的县政场域。前者要么是在土地革命时期即占据的县份,要么是通过谈判或反摩擦斗争,驱逐国民党县长后形成的县政场域,而第二种情形则多半是军事斗争区或是统一战线的复杂区域,因此其县政场域的选建也就较为复杂,一般都是另找适合之地选建。

就中央直属县,一般都是选在土地革命较早、群众革命意识较高的地方。以志丹县(即原保安县)为例,中央红军到达陕北之后不久,为了便于中共中央机关生活方面的供给,杨尚昆带一个工作先遣队来到志丹城,商洽"志丹县由党中央直接领导,是中央的一个直属县"的事宜。但是当初的志丹县是一个偏僻荒凉的小县城。据康克清回忆:"保安县是个穷地方。在红军来到前,县城破破烂烂,只有七八十户人家。当地有个民谣:保安穷山窝,破庙比房多,菩萨比人多。这里的庙有财神庙、老爷庙、文阁庙、药王庙、城隍庙……真是不少。我到保安时,几乎所有的庙都被红军占用。"② 只有七八十户人家的保安县,即便是直属县政机关,也只能选建在破庙或破窑洞中。当年参与"红大"建设的莫文骅也回忆说,从城廓上看,保安县城的规模还不算小。但由于历年来不断发生战争,特别是回、汉民族之间的战争,加之国民党反动派对苏区的烧杀,保安城只剩下几间破庙、几栋土屋、几座破烂的石窑洞,人口不足 400 人。

城外的山坡上稀稀拉拉长着几丛酸枣树。石壁上露出几十个黑黢黢的石洞口,远远望去,好似蜂窝似的。这些石洞,是哪个朝代开凿的,已无从考证,据说是供奉"元始天尊"的。大的高宽都在 1 丈

---

① [法] 托克维尔:《论美国的民主》,董果良译,商务印书馆 1988 年版,第 65 页。
② 《康克清回忆录》,解放军出版社 1993 年版,第 207 页。

左右，深约 1 丈 4 尺；小的高宽 6 尺左右，深约 5 尺。长期没有人居住，有的做过羊圈，有的是兔窟狼窝，里面野草丛生，乱石纵横，狼藉不堪，不时从里面飞出一群蝙蝠或野鸽子。①

但是即便如此，志丹县成为红军到达陕北之后的第一个赤都后，其意义是极其重大的。当时的《红色中华》对此作了阐释：

> 现在苏维埃中央政府西北办事处已经定都志丹城（原保安县城），志丹已成为我们赤色的京都了。中央政府为什么要定都志丹呢？它有下列的意义：
> （一）志丹是陕甘宁苏区比较适中的地方，定都志丹为的是迅速巩固与扩大陕甘宁苏区，使它成为领导全国红军和抗日救国运动的中心。
> （二）志丹接近陕北，更便利于指挥与领导陕北的游击战争，保卫老苏区。
> （三）便利于争取东线、南线的军队，成为抗日友军。
> （四）更清楚的指出，我们退出瓦窑堡，绝对不是放弃陕北苏区，绝对不是逃跑，而是依靠这个苏区的中心，造成西北抗日联合的大局面。

由此，这个不为人知的荒僻小城成为苏维埃中央政府继江西瑞金之后的第二个红色首都。"志丹县成为赤色首都了，因之志丹县的工作非常重要，我们一定要志丹县成为模范的苏区，抗日的根据地，做全国抗日的模范。要使达到这一个伟大的任务，必须首先完成党中央提出志丹县面前的三大任务：（一）进行游击战争，消灭团匪。（二）争取群众。（三）加强党的组织，使志丹成为巩固的抗日的中心。"②

抗战初期，大多数县政场所都是在一些破旧的窑洞或是一些地主士绅的大户住宅。固临县在成立之初，其县政场域就选在了今延长县的赵家河，县政府只有三孔土窑，各宽 2.7 米，进深 6 米。当初固临县政府与固临县委并不在一起办公。中共固临县委是在赵家河乡古洲村，为坐北朝南的一所院落，正房为 3 间平房，东厢为 3 间平房，西厢为 3 孔石窑，大门前有瓦顶砖照壁。③

---

① 《莫文骅回忆录》，解放军出版社 1996 年版，第 316 页。
② 《定都志丹有什么意义？》，《红色中华》1936 年 7 月 9 日。
③ 《延安文史资料》第 7 辑，政协延安市委员会文史资料委员会 2004 年编印，第 246—247 页。

随着国共合作的全面展开以及根据地的不断巩固，陕甘宁边区直属县政场域的选择也开始发生了变化。以延安县为例，中共中央于1937年1月进驻延安后，为加强对城区的领导，设立了延安市，直属于陕甘宁边区政府。而延安县则由县城迁到城东二十里的川口村，亦为边区政府直属。之所以将延安县政府选建在川口村，一方面是由于延安市政府在城区的成立，另一方面则是便于县政府更好地领导群众。实际上，这也是中共革命时期选建县政场域的基本原则。早在土地革命战争时期，毛泽东就指出：

> 苏维埃的民主精神还见之于其行政区域的划分。苏维埃取消了旧的官僚主义的大而无当的行政区域，把从省至乡各级苏维埃的管辖境界都改小了。这是什么意义？这是使苏维埃密切接近于民众，使苏维埃因管辖地方不大得以周知民众的要求，使民众的意见迅速反映到苏维埃来，迅速得到讨论与解决，使动员民众为了战争为了苏维埃建设成为十分的便利。国民党军阀利用封建时代的大省大县大区乡制度，这仅仅便利于隔绝民众，苏维埃政府是用不着的。这里应该指出：关于村的划分是重要的一节。因为乡苏维埃之下，执行苏维埃工作的最便利的方法，是以村为单位去动员民众。依靠了村的适当的划分，村的民众组织的建立，村的代表与代表主任对于全村的有力的领导，乡苏的工作才能收到最大的成效。①

到抗战时期，陕甘宁边区依然延续了这一将县制划小便于领导的做法。吴旗县从定边县划出就是其中的例证。据陕甘宁边区民政厅意见：

> 定边县现辖九个区，而县府距边界区路程达三天之遥，领导颇感困难，影响工作甚大，同时靖边、华池、志丹等县，亦因区域辽远，领导亦感困难，因此，各县曾再三提议，在定边、靖边、华池、志丹四县之间，另划一新县。该提议经民厅审查，认为确有另划一县之必要，故提出区划与政府组织人选办法。②

根据上述意见，吴旗县将县府设在吴旗镇，成为"领导便利之县

---

① 《中央革命根据地史料选编》（下），江西人民出版社1983年版，第310页。
② 《定边县志》编纂委员会编：《定边县志》，方志出版社2003年版，第1177页。

城"。① 事实上不仅仅是吴旗县，抗战时期不少县政场域的选建，基本上都是坚持接近群众和便利领导这一原则的。这也是中共革命根据地时期县政选建的一个重要特点和优点。

如果说陕甘宁边区部分县政场域的选建，是以原有的县城基地为基础，那么对于另外一些县份，则是由于国共两党的军事摩擦、经济发展、交通便利等诸多因素的影响，它们的县政场域的选建却另择他处，形成了陕甘宁边区县政场域选建的另一种模式。其中靖边县的县政场域选建就颇具代表性。

靖边县自雍正八年设置以来，就属"边方郡县"。其县政治所一直在镇靖堡，及至民国时期也一直在镇靖堡设县。靖边县抗日民主政府成立，则将其县政场域选建在张家畔。选建张家畔，据陕甘宁边区政府的文件资料显示，首先是基于经济与交通的考虑：

> 张家畔靠近蒙界，几年来因为盐业的发展，市面逐渐繁荣起来。附近居民，每于农暇时，以自由贩运食盐作为正常之副业者很多。但自十月间政府颁布食盐统销令后，该地私人盐店相继竭〔歇〕业，市面颇形萧条，居民自由运盐者日见（渐）减少。因为一方面，公设盐店要贩运户每驴驮出押金八十元，骡驮出押金一百四十元，骆驼驮出押金二百元，而贩运户有则因家境贫寒拿不出现款，有则因出押金后不能自由销售，颇感不便，均望而兴叹。另方面张家畔非比于其他市镇，除盐业而外，别少利润可图，现在正届冬临农暇期，无论商民、农民均纷纷呼叫，相反友方宁条梁及蒙地商人乃借机在该管辖区域内大事（肆）筹设盐店。依据上项理由政府应以张家畔为特殊情形，准予私人盐店继续营业，贩盐户不投押金，实为公私两得其便。②

另外张家畔较为平坦的交通环境也为食盐运输提供了条件。运盐需由交通道路来连接产地和销地，当初边区政府组织了三条运盐主干线：定边至延安、定边至庆阳和靖边至清涧。当时对道路实施加宽，减小坡度，增修或加固桥梁、涵洞，以保通行顺利和安全；并在沿途重要集散地建立食

---

① 《吴旗县志》编纂委员会编：《吴旗县志》，三秦出版社2003年版，第946页。
② 陕西省档案馆、陕西省社会科学院编：《陕甘宁边区政府文件选编》第6辑，档案出版社1988年版，第416页。

盐转运站和骡马站等。① 可见从交通便捷的角度来看，张家畔的确比镇靖堡优越。镇靖堡建于芦河支流交汇处，出入该城均需过河，即所谓"两渡"，且地处边内横山北缘，若选走该城，无形中增添若干"翻山越岭"之烦。张家畔则不然，其地虽仅在镇靖堡以北 10 公里处，但已位于边外风沙滩地区，"镇靖城……治北蒙地，多平沙，俗呼曰滩，由张家畔东驰石渡口塘，出怀远境，西驰沙头、红柳、宁条梁塘，出定边境，路通榆陇"。② 因此，正是为了"交通方便，县城移置张家畔"。③ 更为重要的是，靖边县的经济贸易还关乎整个边区的食盐供应。特别是 1940 年边区遭盐荒后，严重影响了内外食盐的供给。同时，因受到国民党政府的经济封锁，食盐成为边区争取对外贸易平衡的主要物资。谢觉哉就指出："盐是边区最大出产，也是除公粮外，政府最大收入。"④ 西北局也明确指出，食盐产销"成为发展边区经济最重要的一部分"，"甚至于关系到边区的生死存亡"。⑤ 可见，正是由于张家畔优越的自然、交通条件，才使其成为靖边县选择县政场域的基点。

除此之外，靖边作为与蒙民交界的重要区域一向为边区政府所重视，而张家畔则更是蒙汉交易的重要场所。出于更好地团结少数民族的考虑，将县政治所迁往张家畔就更有必要了。靖边县政迁往张家畔之后，"境外蒙民与边区的交往很频繁，每年定边、靖边、盐池等地的骡马大会都会有伊克昭盟等地的蒙民和宁夏的回民赶着骡、马、牛、羊来进行交易"。⑥ 边区政府文件也证明蒙民在粮食等物资方面时常仰仗边区的供给。⑦ 张家畔恰好处于蒙汉之间互通有无的重要位置上，自然也就占据着连通周边交通的制高点。

靖边县迁往张家畔，不仅在地理上实现了由南部梁峁山区向北部平坦的长城外风沙高原区的过渡，芦河流经张家畔，相对充足的水源亦为城镇的继续发展提供了保证，而且张家畔更接近靖边县全境的几何中心位置，

---

① 陕西省档案馆、陕西省社会科学院编：《陕甘宁边区政府文件选编》第 4 辑，档案出版社 1988 年版，第 41 页。
② 光绪《靖边县志稿》卷一。
③ 靖边县地方志编纂委员会编：《靖边县志》，陕西人民出版社 1993 年版，第 238 页。
④ 《谢觉哉日记》（上），人民出版社 1984 年版，第 329 页。
⑤ 《陕甘宁边区抗日民主根据地》（文献卷·下），中共党史资料出版社 1990 年版，第 346、347 页。
⑥ 贾瑞梅、郭林主编：《陕甘宁边区民族宗教史料选编》，陕西人民出版社 1991 年版，第 8 页。
⑦ 同上书，第 95 页。

"这不仅有利于对县内各地进行高效的行政管理，而且有利于交通线路向中心的会聚和从中心向外开辟新的交通线路，张家畔在县域内实际上是踞（具）有集区域重心和几何中心位置于一体的复合空间地理位置。"① 县域政治中心趋近于县域重心和几何中心的现象，也就成为靖边县域内城镇空间分布发展一般规律的某种特殊表现。由此而选建的靖边县政场域，不仅使得张家畔成为靖边县的新的行政中心，同时又是全县的交通中心与重要的贸易中心，成为一个多种功能并举的新兴县城。

第三节 县政架构——组建边区政权枢纽

按照陕甘宁边区对各级政府职权和义务的总体构架，边区政府是边区政权的首脑部门，"县政府是边区各级政权的枢纽"。② 由于县政权在整个抗日民主政权体系中处于中间环节，起着联结边区政权与基层政权的纽带作用，因此对县政府机构的架构，从根据地开始建立之时就比较重视，因而其制度设置应该是比较科学、明确、具体、详细的。

一 县级党委的设置与职责

边区政权实行党的领导，是中共在战时陕甘宁边区建构县级政权的内在要求。早在1937年5月，张闻天就指出，抗日战争"只有存在着坚强的党的领导时，才能完成。巩固我们的党，现在成为一切工作的核心"。③ 毛泽东也指出："我们党的组织要向全国发展，要自觉地造就成万数的干部，要有几百个最好的群众领袖。"④ 以此为指导，边区各地相继成立各级党组织。及至1939年底，所有机关、团体、企业、事业单位和乡镇中，都建立起党的组织。党的各级组织按照中央的规定，建立起工作制度，加强了组织纪律性，党的生活也逐步纳入正轨。到1941年春，边区各县都成立了县委。具体情况如下（见表2—1）：

---

① 李大海：《明清民国时期靖边县域城镇体系发展演变与县治迁徙》，载陕西师范大学西北历史环境与经济社会发展研究中心编：《历史环境文明演进：2004年历史地理国际学术研讨会论文集》，商务印书馆2005年版，第272—273页。
② 《陕甘宁边区重要政策法令汇编》，陕甘宁边区政府秘书处1949年编印，第5页。
③ 《张闻天文集》第2卷，中共党史出版社1993年版，第266页。
④ 西北五省区编纂领导小组、中央档案馆编：《陕甘宁边区抗日民主根据地·回忆录卷》，中共党史资料出版社1990年版，第109页。

表 2—1　　　　1941 年陕甘宁边区组建县委情况统计

直属县（市）委	延安县委　延长县委　延川县委　固临县委　甘泉县委　富县县委 安塞县委　保安县委　安定县委　靖边县委　延安市委
关中分委	赤水县委　淳耀县委　新正县委　新宁县委
三边分委	定边县委　盐池县委
陇东分委	庆阳县委　镇原县委　合水县委　环县县委　华池县委　曲子县委 固原工委
绥德分委	绥德县委　米脂县委　吴堡县委　佳县县委　清涧县委　（1942 年后增设子洲县委）

资料来源：西北五省区编纂领导小组、中央档案馆编：《陕甘宁边区抗日民主根据地·回忆录卷》，中共党史资料出版社 1990 年版，第 106 页。

关于县委的组织结构，根据中共中央 1938 年 11 月颁布各级党委暂行组织结构的相关规定，县委领导下的组织以不超过 8 个单位为适宜，主要包括以下几个分部。

（1）组织部——管理组织的发展，党员登记、干部的考察、征调和分配及征收党费等。

（2）宣传部——管理对外宣传、对内教育及党所指导的报纸、学校、训练班等。

（3）战事动员部——动员武装人民及武装部队参加抗战等。

（4）民运部——管理工人、农民、青年、妇女、儿童各种民众运动及民众团体中党员的工作，在民运部内部组织工人、农民、青年、妇女等委员会。

（5）统一战线部——管理对友党联络及各机关中之党员的工作。

（6）秘书处——管理文书、庶务、会计等事。

在秘书处及各部之下，得视事务之繁简，分为各科办事，设科长科员若干人。①

按照陕甘宁边区党委相关条例的规定，各级党委会要按照选举条例自下而上实行选举。县委每九月改选一次。在选举代表之前，县级委员会要先提出候选名单，经大会选举。党代表大会召开之前，县级委员会必须准备工作报告，向党大会或代表大会报告。县委书记"应选择能掌握党政

---

① 中共中央文献研究室等编：《建党以来重要文献选编》第 15 册，中央文献出版社 2011 年版，第 775 页。

军民各方面工作的同志担任之",同时"不仅须懂得党务,还必须懂得战争和政权工作"。① 依据这些条例章程,陕甘宁边区各县相继成立了县委组织机构。1940年7月,陕甘宁边区党委发出关于县委编制的通知。通知指出:"为了使组织形式进一步的适合目前抗战形势与统一战线环境的需要,使组织形式更加合理化,使各级领导机关生动灵活,能与广大群众取得密切的联系,须要抽一部分强的干部到下层去,把下层组织充实。"基于此,陕甘宁边区党委对县委组织进行了重新编制。具体情况如下(见表2—2):

表2—2　　　　　　　　陕甘宁边区县委组织编制

职别 单位	书记	组织部	宣传部	统战部	秘书	巡视员	通讯员	勤事员	炊事员	马夫	工人干事	青年干事	合计
宁县县委	1	1	1	6	1			1	1				12
盐池县委	1	1	1		1	2	1	1	1				9
横山县委	1	1	1		1	1		1	1				7
绥德县委	1	2	1		1		1	1	1				8
吴堡县委	1	2	1		1			1	1				7
清涧县委	1	2	1		1		1	1	1				8
镇原县委	1	1	1		1	1	1	1	1	1	1	1	11
葭县县委	1	2	1		1		1	1	1				8
米脂县委	1	2	1		1		1	1	1				8
靖边县委	1	2	1	1	1	2	1	1	1				11
鄜县县委	1	1	1		1	1	1	1	1				8
志丹县委	1	2	1		1	2	1	1	1				10
安塞县委	1	2	1		1	2	1	1	1				10

资料来源:《中共陕甘宁边区党委文件汇集》(1937—1939年),第142页。

对战时县级党委的工作,边区政府明确提出了总任务、基本工作和具体任务。所谓总任务,即"争取抗战的胜利"。在这个总任务下面的基本任务,是使边区"成为全国抗战动员的模范地区,推动全国积极抗战,争取抗战的胜利"。在这个抗战动员的任务下面,"继续发扬民主,改善

---

① 中共中央文献研究室等编:《建党以来重要文献选编》第19册,中央文献出版社2011年版,第424页。

群众生活，提高人民政治文化水平，才能保证特区全体人民总动员参加到抗日战线上去。全特区的武装总动员，坚决消灭汉奸、土匪的破坏捣乱，并准备随时开赴抗日前线去，拿我们抗战动员的模范榜样，推动特区周围的友军、友区群众、蒙回民族以及全国范围内的广大群众积极参加抗战，争取抗战的胜利"。

具体工作是：（1）在党内群众与武装部队中，继续推动抗战动员工作，以"造成热烈的抗战热潮"。（2）边区西北面紧靠蒙回民族，在日寇不断向西侵略的情形下，联合蒙回民族一致抗日。（3）要迅速切实地组织抗日统一战线，经过上层和下层的关系，抓住全国性抗战爆发和他们抗战情绪高涨的时机，发动组织他们到救亡运动中来，并与争取民主权利、改善人民生活等要求密切的联系起来。（4）在抗战动员过程中，重新整理与编制保安队和自卫军的组织，加强其政治军事教育，使保安队真正成为模范的抗日武装力量，自卫军真正成为半军事性质的群众抗日候补军；使保安队、自卫军能够真正担负起保卫特区的任务。（5）提高革命的警觉性，反对汉奸、土匪、托洛斯基派等的阴谋、暗杀、侦察、破坏、捣乱行为。（6）继续进行民主政府的选举，在充分发动民主选举的基础上，激发群众的抗战热情。（7）大力推广抗日教育，提高边区人民的政治文化水平，使边区人民都识字，会看报读书，提高特区民众的民族觉悟程度，"有利于我们打击日本"。（8）继续推动经济建设工作，增加边区生产，增加抗日财政的收入，同时也是为改善抗日群众生活，"使群众身体更加健强起来去打日本"。（9）加强党的组织，使我们党在抗战过程中真正胜任先锋军和领导者的责任，争取抗战的领导权。（10）开展两条战线的斗争，反对抗战过程中可能或已经发生的一切"左"的、"右"的思想在党内的反映。坚决反对民族失败主义，"保证党内抗战的一致，坚决领导抗战，争取抗战的胜利"。[①]

需要指出的是，县级党委的实际工作任务并不仅仅体现在上述各方面，"应当是照顾各方面，讨论与检查党政军民各方面的工作，而不应仅仅局限于地方工作"。也就是说，"党委不应当仅仅是领导地方工作的党委，而应当是该地区的党政军民的统一的领导机关"。按照中国共产党的基本逻辑，"党是无产阶级的先锋队和无产阶级组织的最高形式，他应该领导一切其他组织，如军队、政府与民众团体。根据地领导的统一与一元

---

① 《中共陕甘宁边区党委文件汇集》（1937—1939年），（内部资料）中央档案馆1994年编印，第428—431页。

化，应当表现在每个根据地有一个统一的领导一切的党的委员会"。县委作为县一级最高领导机关，"应当是该地区的党政军民的统一领导机关"①。这也表明，战时陕甘宁边区县委实行"一元化"的领导体制。但是"一元化"的领导并不是党政不分，党包办一些。"党对政权系统的领导，应该是原则的、政策的、大政方针的领导，而不是事事干涉，代替包办"。党对参议会及政府工作的领导，只能经过自己的党员和党团，党委及党的机关无权直接命令参议会及政府机关。"党的机关及党员应该成为执行参议会及政府法令的模范。"②

依据这些原则，陕甘宁边区在制定党团规则时就明确指出，党工作的重心"应当放在对政府工作的统一领导与掌握政策上"。党团没有超越政权组织直接下命令、下指示解决问题，它的一切决议，"只有经过自己党员的努力在政府会议或参议会中，说服非党人士得到通过，才能发生效力"。在党团万一没有说服参议会及政府的大多数，党团意见未被参议会及政府通过时，"必须少数服从多数，不得违反民主集中制的原则"。政权机关中党员，必须与党外人士实行民主合作，倾听党外人士的意见，和他们一起共同商量与解决问题，共同遵守少数服从多数、局部服从全体、下级服从上级的民主集中制。"并须使党外人士有职有权，敢于说话，敢于负责。反对一切不遵［尊］重别人职权，不倾听别人意见，不与别人商量问题，一意孤行把持包办的现象。"③

总之，陕甘宁边区县级党委对政权实行"一元化"的领导体制，这一领导体制的重要特点是政治和路线上的领导，县级政府也必须遵循和接受党的政治路线，在县委的领导下具体开展县域社会的各项工作。

二 县政府与政府委员会

县级政府是陕甘宁边区省、县、乡三级政权机构的中间行政机构，"县政府受边区政府之领导，县参议会之监督，综理全县行政事宜"。④县长是县级政权的首脑，边区各县政府由县参议会选举县长一人，必要时加

---

① 中共中央文献研究室等编：《建党以来重要文献选编》第19册，中央文献出版社2011年版，第423页。
② 同上书，第426页。
③ 西北五省区编纂领导小组、中央档案馆编：《陕甘宁边区抗日民主根据地·文献卷·下》，中共党史资料出版社1990年版，第533页。
④ 甘肃省社会科学院历史研究室编：《陕甘宁革命根据地史料选辑》第1辑，甘肃人民出版社1981年版，第130页。

选副县长一人。①

县政府的组织架构，一般与其上级行政机关工作部门的设置是一致的。县政府设置秘书、科长、审计员、司法处长各 1 人，必要时可设立助理秘书及副科长，但是须得报告各主管机关提请边区政府任免，或由各主管机关提请边区政府任免。县政府秘书室设文书、收发 1—3 人，各科设科员 1—5 人，司法处设审计员兼检查员 1 人，书记员 1 人或 2 人，看守所长一人，均由县政府决定，呈报民厅及主管厅处备案。关于县政府的职权，在 1943 年 4 月 25 日颁布的《修正陕甘宁边区县政府组织条例》中作了如下规定：

一、掌握并贯彻边区政府之政策法令、县参议会之决议及上级政府之指示与政令。

二、发扬民主政治，加强乡（市）政权工作。

三、组织人民经济生活，发展公私生产，改善人民生活，保证抗战供给。

四、推行财政、粮政，建立地方财政。

五、推行各项抗战动员，加强拥军工作与优抗工作。

六、建设民兵，加强保卫工作，巩固地方治安，维护社会秩序。

七、管理该县各级政府干部之登记、审查、任免、调动、考绩、奖惩等事项。

八、进行干部教育，改进国民教育。

九、调解人民纠纷，公平处理民刑诉讼。

十、监督上级政府驻在该县的附设机关。②

与此同时，县政府在不抵触边区政府法规的情况下，可以颁发单行条例，但须呈请边区政府核准。另外，县政府得召集区乡长联席会议，讨论本县行政事宜。县政府按月向边区政府及各厅处做报告一次，每半年向财政厅做行政经费开支及财政收支报告各一次。③

在陕甘宁边区的一些县份特别是处于双重政权局面的县份，还有一种

---

① 据相关档案资料显示，抗战时期大多数县都没有设置副县长一职，只有淳耀县在 1941 年由杨安仁担任该县副县长，房文礼在 1944 年担任淳耀县副县长，其余各县均是在 1945 年之后才有了副县长的设置。

② 韩延龙、常兆儒编：《中国新民主主义革命时期根据地法制文献选编》第 2 卷，第 226—227 页。

③ 甘肃省社会科学院历史研究室编：《陕甘宁革命根据地史料选辑》第 1 辑，甘肃人民出版社 1981 年版，第 133 页。

县政委员会①的组织形式,这种组织形式在抗战初期实际上起着县级政权的作用。如绥德分区在与国民党绥德县的斗争中,就"恢复了绥、吴、清三县的政权,米、葭虽还有国民党政权,但我们的民众团体及以后成立的县政委员会实际上起了政权的作用"。② 随着双重政权局面的结束,县政务委员会开始被县抗日民主政府取代。1942 年 5 月,陕甘宁边区政府在给民政厅和绥德专署的命令中就指出:"米脂佳县两县各成立县政委员会,即以各该县去年参议会选出之委员九人组织之,该委员会为各该县的行政领导机关,县政委员会组织章程由民厅拟出经政务会核准发下,各科干部配备除本府任命者外,或就地取材,或由民厅调用,须即从速办理。"③

从陕甘宁边区县级政府的组织结构来看,县政府所实行的实际是委员制的形式,即由县长和 6—10 人组成县政府委员会来决定和处理相关事宜。根据陕甘宁边区县政府组织条例,县政府委员会为县级政府的权力机关,县长县政府委员任期 2 年,连选得连任,在未届期满而升调或失职者,由县参议会改选之。在县参议会休会期间,由边区政府委人代理。县政府委员会每 2 周开会 1 次,必要时可开临时会议,县政府委员会开会,以县长为主席。作为县级政府的权力机关,县政府委员会对上级政府及县议会负责,其中下列事项,须经县政府委员会决议:

一、边区政府及专员公署令行重要事项。

二、县参议会之重要决议事项。

三、县政府各部门的工作计划。

四、县财政收支及县政经费预算决算等事项。

五、政府科长、区长及主要干部任免之建议事项。

六、县单行条例颁发事项。

七、全县应兴应革之重要事项。

八、其他县政委员会认为应讨论事项。④

需要指出的是,县政府委员会一般都是在参议会成立之后经参议会选

---

① 根据当初与边区政府的往来函件显示,有"县政务委员会"、"县政委员会"、"县务委员会"等不同名称。

② 中共延安地委统战部、中共中央统战部研究所编:《抗日战争时期陕甘宁边区统一战线和三三制》,陕西人民出版社 1989 年版,第 554 页。

③ 陕西省档案馆等编:《陕甘宁边区政府文件选编》第 6 辑,档案出版社 1988 年版,第 241 页。

④ 韩延龙、常兆儒编:《中国新民主主义革命时期根据地法制文献选编》第 2 卷,第 227 页。

举成立的县政府权力机关。"凡边区所辖之县未经县参议会（或临时县参议会）正式选举县政府委员会者，均设立县务委员会，以综理县境一切行政事宜"。县务委员会由县参议会（或临时县参议会）选举主任委员一人，委员6—10人组织之，并呈请边区政府加以委任。县务委员会主任委员及委员在未正式选举前，由边区政府委任代理。县务委员会贯以该县县名（如米脂县县务委员会）就辖境适中地点设立，受边区政府之领导，分区专员公署之督察，及县参议会（或临时参议会）之监督。① 县务委员会的职权主要有：

（一）县务委员会各部门工作计划。

（二）上级政府令行事项。

（三）县参议会决议事项。

（四）地方财政收支事项。

（五）其他地方应兴应革事项。②

同样，县务委员会也受边区政府之领导，分区专员公署之督察及县参议会（或临时参议会）之监督。县务委员会主任委员及委员任期2年，得连选连任，未届期满而去职者，由县参议会（或临时参议会）补选。在参议会休会期间，由边区政府委人代理，俟参议会开会时再行补选之。县务委员会的组织架构，与县政府委员会相同，设秘书室、民政股、财政股、教育股、建设股、保安股、裁判员及保安大队等，分管各项行政及司法事项。

除县政府委员会和县务委员会外，1938年2月23日，边区政府举行的第二十二次主席团会议上，讨论并确定在县级政府成立县审计委员会、县军政委员会、县裁判委员会等组织机构。其中"县审计委员会由县政府、县委、保安科、群众团体等各抽1人共同组成"。审计委员会的任务是审查粮食、财政开支及负责节约、反贪污工作。县军政委员会"由县委书记、县长、保安科长、保安大队长、抗敌后援会主任共同组成"。县裁判委员会"由县长、县委书记、保安科长、裁判员共同组成"。③ 与此同时，县政府"因工作之需要，得设各种委员会，依其任务和性质，得

---

① 陕西省档案馆等编：《陕甘宁边区政府文件选编》第6辑，档案出版社1988年版，第172页。

② 同上书，第242页。

③ 陕西省档案馆编：《陕甘宁边区政府大事记》，档案出版社1991年版，第13页。

请当地党、政、军、民机关团体派员及聘请士绅参加之。"① 依据这一原则，县级政府还要根据实际需要成立战时动员委员会、卫生委员会、防疫委员会等组织。这些组织成为县级政府开展工作的重要支持力量。

三 县级职能部门的架构

为了执行县政府委员会的决议及其他任务，按照县政府组织条例，相应地在县政府下设各种机构和职能部门。

在边区政府成立之初，县政府委员会下设秘书1人，掌理核拟文稿、典守印信、辅助县长处理不属各科局事项，另外设文书1人，负责缮写、印发文件等工作。

同时在县政府委员会下还设三科一局：

第一科：设科长1人，科员2人，负责全县行政区划、地方自治、户籍调查、婚姻登记、卫生消防、救灾治荒、优待官兵家属、群众团体和本府财政收支及不属其他科之行政事宜。

第二科：设科长1人，科员1人，掌理全县农林土产之调查改良、道路桥梁之修造、合作社之整理与扩大、水利之疏通、矿产之开采、家庭副业之提倡以及一切建设事宜。

第三科：设科长1人，科员1人，负责全县教育行政、教育经费之支配及计划学校社会各种教育事宜。

保卫局（后改为保安科）：设科长1人，科员2人，掌理全县警戒、盘查及肃清盗匪工作。另外，还设保安大队，队长1人，副队长1人，保安员若干人。在县长和保安司令部指挥下，掌理绥靖地方及自卫军、少先队之编制领导事项。

根据形势发展的需要，边区第二届参议会制定的县政府组织条例，对县政府的职能和机构又做了进一步调整，对其职责的规定也做了更加详细和具体的规定。其中将秘书与文书工作合二为一，建立秘书室，负责拟缮文件、印信、档案、会计、庶务、收发等各种事项。将第一科扩大为两科，第一科负责民政工作，掌理选举、抗战动员、干部管理、土地行政、劳资租佃、卫生行政、儿童保育、户籍、区划、优抗、救济、破除迷信、改革陋习等。第二科负责财政工作，管理财政收支、地方税收、公产及其他事项。增设了粮食科和审计员。粮食科，负责粮食之收支、仓库管理、

---

① 陕西省档案馆等编：《陕甘宁边区政府文件选编》第6辑，档案出版社1988年版，第241页。

调济民食等事项。审计员专司审核县、区征粮及仓库收支、公产收入及县经费预算决算等工作。同时，鉴于"边区经济建设事业，日益发达，各县政府工科兼管财粮、经建工作，事务繁重，难以兼顾"的实际情形，边区政府第八十八次政务会议决定：各县政府二科分为二、四两科，二科掌管财政、粮食及机关生产工作；四科掌管经济建设工作，并规定二、四科组织大县各三人，小县各二人。①同时秘书室的人员也有增加，设秘书4人，助理秘书1人，文书、收发1至3人。各科设科长1人，科员1至5人、审计员1人。这样便形成了新的职能机构，这些职能部门分别是秘书室、一、二、三、四、五及保安等六科以及保安大队、裁判科等职能机构。

当然，上述机构的设置在各地区也各有不同。以绥德县为例，在1940—1945年，县政府各科室的变化是比较大的。1940年3月，绥德县在接管了国民党绥德政权之后，保持了旧政权所设的一科、二科、兵役科、禁烟科、教育局的建制，仅新设了秘书室，增派一科、兵役科科长各一名，旧公务人员大多依照"三三制"模式留用。1942年8月6日，绥德县政府从专署分出，又设置了"五科、一院、一室"。即：一科（民政科）、二科（财政科）、三科（教育科）、四科（经建科）、五科（粮食科）、地方法院和秘书室。1943年又增设保安科。1943年3月，因开展精兵简政，绥德县原设的一、三科合并为一科（管理民政教育事宜），二、四、五科合并为二科（管理财政、经建、粮食等事宜），地方法院改为司法处，处长由县长兼任。取消秘书室，改设政务、事务秘书。1944年6月，绥德县政府遵照陕甘宁边区政府命令，将第二科分设为二科（主管财政、粮食等）、三科（主管经济建设等）。同年8月，又将第一科分设为一科、三科（主管文化教育等），将原来的三科改为四科。

县政府保安科和保安大队，在警戒盘查、肃清盗匪以及维护地方秩序方面起了重要作用。如延安县保安科在"保护群众利益，各县保安科对于警戒盘查及肃清盗匪工作，皆能经常注意，领导群众积极进行，特别是延安市公安局平时的努力与敌机轰炸时的英勇果敢，对于维持地方秩序保护市民财务方面，表现了显著的成绩，取得了广大群众的拥护"。②随着革命形势的变化，抗战时期的保安科和保安大队在解放战

---

① 陕西省档案馆等编：《陕甘宁边区政府文件选编》第9辑，档案出版社1990年版，第6页。
② 西北五省区编纂领导小组、中央档案馆编：《陕甘宁边区抗日民主根据地·历史文献卷·下》，中共党史资料出版社1990年版，第24页。

争时期大都被编入各县游击队。如甘泉县保安队，在抗战时期其主要任务是保卫县委、县政府和县城安全，看守在押犯人。1943年2月，保安大队精简人员，下设三个警卫班，五个区卫营，乡设自卫军连，有干部战士57名。1945年9月，甘泉县保安大队改称为甘泉县警卫队，下设四个班，有干部战士57人，隶属县政府保安科领导。1947年1月开始并入甘泉县游击大队。① 鄜县保安大队也在解放战争后期，被编入了鄜县游击队。②

关于县司法处，抗战初期各县均先设县裁判员，作为临时性的司法机关。及至1940年，边区23个县（市）的裁判员才基本配齐，各县市的司法组织初步建立起来。为了加强对审判工作的领导，各县成立了裁判委员会，由中共县委书记、县长和裁判员等人组成，讨论与确定比较重要的案件。1942年2月，依据陕甘宁边区整编司法机关的要求和《陕甘宁边区县政府组织暂行条例》的规定，各县政府下设司法处，属县长领导，司法处设裁判员1人，书记员1人。1943年，不少县开始设立地方法院，边区政府明令地方法院"所有院长一职，应从各县裁判员当中选择资深而办事有能力的人委派"。③ 1943年3月30日，边区政府颁布的《陕甘宁边区县司法处组织条例草案》规定，边区所辖区各县，除延安设地方法院之外，各县均设立司法处，受理辖区内第一审民刑诉讼件。县司法处设处长1人，审判员1人，书记员1人，法警2人（由县警卫队拨用）。县司法处处长由县长兼任，审判员协助处长办理审判业务，司法文件以处长名义行之，裁判书由审判员制作，盖用县印。1945年12月，陕甘宁边区推事审判员联席会议规定，县司法处对民刑案件之处理，不必经过县政府政务会议讨论。如认为有商讨之必要时，由县司法处召集各有关方面研究，但决定权属于县司法处。县司法处的发展轨迹，表明陕甘宁边区司法并非处于独立状态，县政府依然充当了司法工作的执行部门。

在陕甘宁边区县级政权中还存有一派出机构——区公署，以"增强县政机构"。依据《陕甘宁边区各县区公署组织暂行条例》的有关规定："各县视县境形势及需要，得划分为若干区，各区应就区内适中或交通便利之地点为区公署所在地。各区所辖面积至多不得超过纵横百里，辖乡至

---

① 《甘泉县军事志》编纂委员会：《甘泉县军事志》，三秦出版社2009年版，第160页。
② 富县军事志编纂委员会编：《富县军事志》，三秦出版社2008年版，第169页。
③ 陕西省档案馆等编：《陕甘宁边区政府文件选编》第5辑，档案出版社1988年版，第286页。

少二乡、至多五乡。"① 区公署实际上是县政府和乡政府之间的代理机构。从其职责定位上来看，区公署设区长一人，区长由县长遴选，经县政府委员会通过，呈请民政厅核准任命之。区长承县长、一、二、三、四、五、保安科、保安大队长之命办理下列事项：

（一）传达上级指示、命令、法令项及反映政情等事项。

（二）计划督导所辖各乡民政、财政、经济建设、文化教育及应兴应革事项。

（三）组织训练自卫军，进行全区锄奸保安事项。

（四）承区长之命，分办该区行政及教育、保安、经济建设等事宜。

除上述职责外，区长要经常巡视各乡（市）行政工作，同时要召开该区乡（市）联席会议，讨论全区工作。"区公署应建立本身经常工作，并按月向县政府作工作报告。"② 区公署实际上是县级政府组织的一部分，通过区公署的辅助作用，来补充增强县政府的工作。

四　县参议会的架构

陕甘宁边区政府成立之初，便颁布了《陕甘宁边区议会及行政组织纲要》，提出陕甘宁边区在全国范围内，"首先实行最适合于抗战的彻底的民主制度"。③ 而"发扬民主的具体办法，就是健全各级参议会"。④ 之后，边区政府又于1939年1月颁布了《陕甘宁边区议会及行政组织纲要》、《陕甘宁边区选举条例》，开启了边区参议会制度的实施和运行阶段。1941年11月，边区第二届参议会又修正通过了《陕甘宁边区各级参议会组织条例》和《陕甘宁边区各级参议会选举条例》，随后在1944年12月陕甘宁边区第二届二次参议会上，又修正通过了《陕甘宁边区各级参议会选举条例》。

根据上述条例规程，县参议员皆由选民直接选举，县参议会参议员的选举单位，1937年和1939年的选举条例都规定"以区为选举单位"。但是从1942年开始，县参议会参议员选举单位变小，实行"县"（或相当于县的市）参议员的选举单位为乡的规定。其目的是使每个乡都有产生

---

① 韩延龙、常兆儒编：《中国新民主主义革命时期根据地法制文献选编》第2卷，第229—230页。
② 同上书，第231页。
③ 西北五省区编纂领导小组、中央档案馆编：《陕甘宁边区抗日民主根据地·文献卷·上》，中共党史资料出版社1990年版，第189页。
④ 《林伯渠文集》，华艺出版社1996年版，第201页。

议员机会,这样人民与议会的联系更广泛更密切了。而且投票时,在一处也行,在几处也行。随着乡村民众民主政治觉悟的不断提升,在陕甘宁边区的基层民主实践中,越来越多的"好人"需要充实到基层参议员的队伍之中,同时现有的参议员队伍中,也不可避免地会出现一些工作不积极的怠工分子,再加上一些参议员因离职、死亡等原因,基层参议会产生空缺。因此,对于基层参议员的候补改选,也就成为基层参议员选举中的另一重要内容。

表2—3　　　　　陕甘宁边区县参议员改选时间

参议会选举条例	县参议会	参议会选举条例	县参议会
1937年选举条例	2年	1942年选举条例	3年
1939年选举条例	1年	1944年选举条例	3年
1941年选举条例	2年	1948年选举条例	3年

资料来源:据陕甘宁边区时期所制定的各级参议会选举条例的相关规定而制。

根据陕甘宁边区在1941年制定的各级参议会选举条例的相关规定,县参议会每400—800人选举1名参议员,即人口在1.5万以下的县,选举参议员的居民比例不得少于400人,1.5万人口以上的县,选举参议员的居民比例不得多于800人。根据这一规定,每届参议会所选举的县级参议员至少都在1000人以上。

表2—4　　　陕甘宁边区1941—1942年县级参议员人数统计①

县别	议长姓名	副议长姓名	议员人数			总计
			正式议员	候补议员	聘请议员	
延安县	姚安吉	周长安	25	6		31
安塞县	白宜彩	张爱民	62	14	1	77
靖边县	惠中权	白文焕	58	9		67
安定县	高朗亭	薛云昌	77	14	3	94
甘泉县	贾怀济	宗炳祥	21	4	3	28
延川县	高明卿	高敦泉	97	21	2	120
延长县	谭生晟	百荣亭	43	8	7	58

① 表中原有数据核算有误,本书制表时做了订正。

续表

县别	议长姓名	副议长姓名	正式议员	候补议员	聘请议员	总计
清涧县	王金璋	康光年	125	22	5	152
吴堡县	裴仰山	高锦花	48	11		59
米脂县	李鼎铭	贺秉章	172	36		208
绥德县	安文钦	惠碧海	164	61		225
佳县	赵锦峰	苗乐山	139	28	13	180
鄌县	张自修	李荫文	58	8		66
固林（临）	冯成森	郝显德	27	5	1	
志丹县	任志新	王海清	57	13	5	75
曲子县	苏耀亮	王世武				90
华池县	刘维舟	史九宫				61
环县	白耀卿	杨志贤				90
庆阳县	孙君一	田玉亭				76
合水县	李子川	杨正甲				54
镇原县	陈智忠					49
合计			1173	260	40	1893

资料来源：《中共中央西北局文件汇集》(1942年)，中央档案馆、陕西省档案馆1994年编，第65—85页。

根据陕甘宁边区各级参议会组织条例的规定，县长由县参议员选举。同时县参议会还有批准预算、创制或批准各项建设计划、决定征收各项地方性的捐税及发行地方公债、议决边区内的单行法律、召回所选出之行政长官等权力。① 县级政府必须执行参议会的决定，并定期向其报告工作。详情如下。

（一）选举县（市）长（必）要时得加选副县（市）长、县（市）政府委员及地方法院院长。

（二）罢免县（市）长及副县（市）长、县（市）政府委员及地方法院院长。

（三）监察及弹劾县（市）政府司法机关之公务人员。

（四）决定本县（市）地方经费收支事项。

---

① 《陕甘宁边区议会及行政组织纲要》，《新中华报》1937年5月23日。

（五）创制与复决本县（市）单行法规。

（六）批准关于县（市）政府之民政、财政、粮食、建设、教育及地方军事等各项计划。

（七）议决县（市）长、县（市）政府委员会交议事项。

（八）议决本县（市）人民及群众团体提请审议事项。

（九）督促及检查县（市）政府执行参议会决议之事项。

（十）决定本县（市）应兴应革之重要事项。

（十一）追认参议会闭会期间常驻会及县（市）长、县（市）政府委员，关于紧急措置事项。

从县参议会的职权可看出，县参议会不仅是代表人民意志的民意机关，还同时拥有立法权和作为最高权力机关的政权形态存在。

县参议会一般是公开召开，但是如有必要时可由主席宣布召开秘密会议。会议召开或闭幕由主席宣布。在会议召开期间，县级行政首长以及司法首长均得列席县参议会，不过只有发言权而没有表决权。而县参议员可以自由发表言论，不受任何限制。但是参议员全体有共同维护会场秩序之责任。如若参议员在会议中有违背本规程或妨害会场秩序者，主席得警告或制止之，其情节重大者，得依主席团之决定，或会议之议决惩戒之，惩戒之方式分为下列几种：（1）谴责。（2）责令道歉。（3）停止一定时日之出席。① 在会议召开期间，参议员的主要任务就是提问质询、提案议案审查，这也是召开参议会的重中之重。另外，边区政府还规定在县一级设置县参议会常驻委员会。

鉴于战时的客观情况和基层社会的具体情形，决定了县参议会不可能常开，在此期间就需要有个机关代表县参议会执行任务，故此边区政府在县级参议会中设置了常驻委员会。县参议会常驻委员会并非直接对全体人民负责，而是对参议会大会负责。也就是说，县参议会驻委员会是参议会闭会期间的唯一民意机关，县参议会闭幕之后所形成的大会决议案以及具体实施，就是通过常驻委员会来监督实行，以免发生决而不行的情况。其具体职权是：监督县级政府对参议会决议之执行、听取县级政府之按期工作报告、向县级政府提出建议和询问、派代表出席县级政府委员会会议等。② 依据这个规定，县参议会驻委员会的工作应该是处理会内日常事务

---

① 甘肃省社会科学院历史研究室编：《陕甘宁革命根据地史料选辑》第 1 辑，甘肃人民出版社 1981 年版，第 191 页。

② 同上书，第 175 页。

及大会未竟的工作、大会授权给常驻会完成的事件、经常与非常驻议员的联系，也就是说常驻会要经常把政治情况及会内工作告诉各参议员，各参议员要把自己的活动及所看到、听到有关政治的事情告诉常驻会，以便通过常驻会建议政府。另外，县参议会常驻委员会有"追认闭会期间常驻会及政府关于紧急措置之事项"的规定。也就是说县参议会允许常驻会在来不及开大会时有权决定应该经过大会决定的事。比如关于政府送请复议的事、关于政府送请审核某种条例草案的事、关于战时某种非常措置的事等。同时常驻委员会如有某种重大事件必须召开大会时，有权决定召开临时大会。

与此同时，针对有些政府机关不执行参议会议案的情况，谢觉哉强调："参议会议案一经决定，就得执行，我们的议会，不是'请客'，不是'议而不决，决而不行'，一切对议案怠工及不依法定手续变更议案或另颁新案的习惯，应根本扫除。"① 同时，边区政府在相继制定和颁布了《陕甘宁边区各级参议选举条例》、《陕甘宁边区各级参议会组织条例》、《陕甘宁边区乡市政府组织条例》等制度法规的基础上，于1946年又通过了《陕甘宁边区宪法原则》，以根本大法的形式把边区的政权组织（包括基层政权组织）以及人民权利确定下来。这样就不仅从法律上保证了基层参议会的地位，而且对参议员的权利和义务也作了明确的规定，从而有力地保证了参议员的政治参与的积极性和参政议政热情。

第四节　县政运行——畅通边区县政机制

"制度是一个社会的游戏规则，更规范地说，它是为决定人们的相互关系而人为设定的一些制约。制度构成了人们在政治、社会或经济方面发生交换的激励结构。"② 陕甘宁边区县政制度的运行机制，大体坚持了这一原则。县政制度的组织原则，其主要目的是为了加强区乡行政领导。为达到这一目的，只有通过一定的规则与机制，才能保证边区县政的顺利运行，进而才能达到畅通边区县政通道的宗旨。

---

① 《谢觉哉文集》，人民出版社1989年版，第362页。
② ［美］道格拉斯·C.诺斯：《制度、制度变迁与经济绩效》，刘守英译，上海三联书店1994年版，第3页。

一　决策机制

前已述及，在陕甘宁边区县政的组织架构中，实行的是委员会制的组织形式，是包括县长在内的委员6—10人组成委员会来共同决议县政府的重大事项。因此，边区县政的运行是以民主集中制作为决策机制的。

民主集中制是马克思主义所倡导的基本组织原则。列宁在谈到俄国苏维埃国家机关领导原则时就曾经强调指出："我们既需要委员会来讨论一些基本问题，也需要个人负责制和个人领导制来避免拖拉现象和推卸责任的现象。"① 因此"任何时候，在任何情况下，实行集体领导都要最明确的规定每个人对一定事情所负的责任"。② 在中共革命的历史进程中，毛泽东也多次在不同场合谈到这一原则。1938年10月，毛泽东在《中国共产党在民族战争中的地位》一文中就强调指出：民主集中制就是民主和集中的统一，自由和纪律的统一：

> 必须在党内施行有关民主生活的教育，使党员懂得什么是民主生活，什么是民主制和集中制的关系，并如何实行民主集中制。这样才能做到：一方面，确实扩大党内的民主生活，又一方面，不至于走到极端民主化，走到破坏纪律的自由放任主义。③

中共所强调的民主集中制，不仅仅局限在党的组织建设上，在政权组织方面同样坚持这样的原则。1940年6月，中共中央在《抗日根据地的政权问题》中就指出其"组织形式，应是民主集中制"。④ 1943年，边区政府通过的《陕甘宁边区简政实施纲要》（以下简称《纲要》）又对此作了进一步阐述。《纲要》指出："新民主义政权，是民主集中制。""这个民主集中制的原则，首先在政权机关中要切实贯彻，给人民做出榜样来。"特别是在当前政府工作的实际生活中，"还存在有政策不统一，政令不统一，制度不统一，以致下级无所适从的现象；还存在有县长无权统一领导各科的现象；还存在有本位主义不顾大局的现象……因此，集中全力，统一领导，就成了今天政权机关中的一个重要问题"。⑤ 这也就是说，

---

① 《列宁全集》第30卷，人民出版社1984年版，第213页。
② 《列宁全集》第29卷，人民出版社1984年版，第398页。
③ 《毛泽东选集》第2卷，人民出版社1991年版，第529页。
④ 同上书，第743页。
⑤ 《陕甘宁边区重要政策法令汇编》，陕甘宁边区政府秘书处1949年编印，第9页。

在县级政权中，必须把集体领导与个人分工负责有机地结合起来，实行民主集中制的决策原则，才能保证县政的顺利运行。陕甘宁边区县级政府的民主集中制，主要体现在以下几个方面：

第一，在县级政府的决策运行中，任何党派、团体、阶级、个人，只要不卖国、不反共，都可按照自己的意志自由地行使自己的民主权利，自由推荐选举县级政权机构的成员。除选举之外，在县级政权机构工作中所拥有的发言权也是平等的，都可以自由地毫无保留地发表意见、提出建议、批评和询问。也就是说"大家的事，大家来议，大家来做。在大家公认的条件之下（少数服从多数，个人服从全体……等），谁都能发表意见，好的意见一定能被采纳；谁都有出来做事管事的义务与权利"①。与此同时，县级政府的各项政策法律，也必须通过会议的形式来确定。所谓"施行民主，就得开会，除定期的参议会会议、各团体代表会议外，还须有很多会。会是民主制的具体实施"。②县政府委员会更是如此，这也是保证县政机构顺利运行的重要保证。

第二，在讨论决定具体问题的过程中，实行少数服从多数的原则，由多数人的意志起决定作用，这是县级政权机构执行的法定原则，也是平时特别是在意见分歧、看法难以统一时处理和决定问题的准绳。如在县参议会开会时，"有参议员过半数之出席，始得开议，有出席参议员过半数之赞成，始得决议"。关于提案之说明、质疑、答复及讨论，超过规定之时间者，主席得终止之。"但经大会多数同意者，得延长之"。在选举县长、政府委员、参议员时，坚持得票最多数者当选，在罢免这些人员时，"须有出席参议员二十人以上之连署，始得提议，经大会出席议员三分之二以上之赞成，始得为最后决定"③。同时，对于县政府委员会，县长有权召集和主持政府委员会，但无权改变集体作出的决议。如有不同意见，可以在下一次会议提出，或者向上级政府反映，但在本级政府委员会或上级政府没有新的决定之前，必须执行原决议，不得有所违反。④

第三，县级政府在布置重要任务时，也要成立委员会，集体决定相关事宜。如吴堡县征粮委员会，在开展征粮时，"全体区乡干部以及工作大队分别出发集中到每区的一个乡，开了乡政参议会，成立了评议会，又分

---

① 《延安民主模式研究》课题组编：《延安民主模式研究资料选编》，西北大学出版社2004年版，第41页。
② 谢觉哉：《民主政治的实际》，《新中华报》1940年6月18日。
③ 《延安市人民代表大会志》，陕西人民出版社2002年版，第298、299页。
④ 《陕甘宁边区政纪总则草案》，《解放日报》1943年5月16日。

发到各村召开群众大会进行宣传，并选举了评议会小组，然后着手调查"。① 安塞县征粮委员会未完成征收救国公粮的任务，通过党、政、群众团体召开两次会议，产生了征粮委员会，委员七人，由县长、县委书记任正副主任。之后共召开征粮会议八次，确定分工和拟定扩大干部会议之议事日程，研究征粮条例在乡间之运用的情形及随时发生问题之解答。同时召开区级联席会，报告征粮、征草意义及如何保证任务之完成。②

第四，县级政府作为沟通上下的中间政权，对于上级政权是被领导关系，对于区乡政权则是领导关系。边区政府有权向县级政府发布命令、指示，并有权撤销县级政府不适当的决定、决议或指示，县级政府须无条件服从，不得有违抗。同时，县级政府也必须执行上级参议会制定的法律、法令和决议、决定。上级参议会认为县级政府的决议、决定不当时，有要求其停止执行的权力。同时，在组织上加强"一元化"领导。所谓"一元化"领导，一方面表现为各厅、处、院、局在具体业务上可与县级相应业务机构直接联系，重大任务的部署则一律通过各专署、县政府负责人进行。在人事任免方面，统一于民政机构，以改正过去各自为政、自由任免的现象。另一方面，要"下级服从上级，全党服从中央"。"在政权系统工作的党员和干部，必须服从党委与党团的决议、决定与纪律，不得利用自己的地位自由行动。""假如党团同志因为自己的意见与同级党委有分歧而不坚决执行党委的决定，这是党团同志违反党纪的行为，应当受到指斥与处分。"党的基层组织、地方组织"对上级及中央之决议、决定、命令、指示"，必须"坚决执行"，不得"阳奉阴违，或在解决新的原则问题及按其性质不应独断的问题时，不向上级和中央请示"。③

第五，在决策机制中要体现统一、精简、效能的原则。随着形势的发展，县政府以及县长的集中权力也存在着一些问题。"县政府的权力，在过去，是不集中的（如各科多各自直接秉承上级办事），今后必须使县长和县政府委员会有统一领导本县民、财、建、教、保、法的权力，在不抵触边区政府一般政策和一般法令的条件下，有处理地方上应兴应革事宜的

---

① 陕西省档案馆等编：《陕甘宁边区政府文件选编》第 4 辑，档案出版社 1988 年版，第 412—413 页。
② 同上书，第 359—360 页。
③ 中央档案馆编：《中共中央文件选集》第 13 册，中共中央党校出版社 1991 年版，第 431—434 页。

权力，并对驻在该县的边府附属机关有监督之权。"①

1941年12月4日，陕甘宁边区政府为实行精兵简政给各专员县长、市长的指示信中指出：

（1）凡是有相当文化程度，有能力、能工作的干部，应该尽量往下移，以加强县、区、乡的机构（县级干部亦应有一部分移到区乡级去）；（2）凡是须继续培养、加以深造的干部，应该经过一定的系统，送来延安的学校学习；（3）凡是身体确有疾病，实在不可能工作或学习的干部，应该由原机关负责设法给予休养，使其恢复健康后，能够胜任并愉快地为革命继续工作；（4）凡是身体强壮的杂务人员，应该送入建设厅所属各工厂，去参加生产事业，以发展边区生产；（5）凡是太落后的分子，以及太老弱的杂务人员，他们需要回家去务农的，应该帮助他们回去。②

由于精简了机构和人员，加强充实了县级行政能力，工作效率有了很大提高。尤其一些行政和企业机构，工作有明确指标，效率的提高更为显著。"如文书科三个人做了过去十三个人的工作。边区通讯站一至四月每日平均投递一万六千六百六十一件，五至十一月激增至每日平均投递三万零七十八件，提高效率百分之八十以上。在政府经营的工业中，效能提高更为惊人。"③ 政治上，政策、法令、命令、指示已基本统一，"政出多门"的现象少了，这样一来，不仅县级政府的权力得到了加强，同时也使得政府的权限更为集中，从而大大促进了县政府及县长的决策能力与决策机制。

二 监督机制

"任何好的政府，如果没有人民的监督，它是可能松懈的；同样的，任何好的政府人员，离开了人民的支持，他们的力量是微不足道的。"④ 为确保边区政府的政策和目标能够有效实现，还需要依据法定的程序和手段对县级政府的运行和决策进行监督，以约束县级政权机关及政策执行者的行为，防止政策执行中的偏差与失误。根据边区政府的组织构架，对县级政权的监督主要集中在以下几个方面。

---

① 西北五省区编纂领导小组、中央档案馆编：《陕甘宁边区抗日民主根据地·文献卷·下》，中共党史资料出版社1990年版，第119页。
② 同上书，第102页。
③ 西北五省区编纂领导小组、中央档案馆编：《陕甘宁边区抗日民主根据地·回忆录卷》，中共党史资料出版社1990年版，第9页。
④ 《庆祝边区参议会开幕》，《解放日报》1941年11月11日。

(一) 县参议会监督

参议会作为县级政权的最高权力机关，对县级政权实行全方位的监督。在县级民主选举的过程中，要在选举时认真讨论、听取、检讨县级政府的工作报告。在县参议会的日常工作中，更要监督县级政府对参议会决议案之执行情况，派代表出席县政府委员会并提出建议或询问。由于在战争环境下，县参议会不可能经常召开，因此政府要在一定时期向常驻委员会报告工作，接受常驻委员会的监督。"政府有什么事，在事前既要尊重参议会的'议决''创制'权利，事中也要受参议会的'督促'与'检查'，事后还要经过参议会的'追认'，工作做得不对，可能被'弹劾'，甚至受'罢免'的处分。"[①] 与此同时，为真实了解各级参议会执行实施法规法令的情况，县参议会还会派议员直接下去检查。参议员下到基层，接触群众，建立联系，用倾听民众的意见来体察政情。在参议会开会期间，参议员就能够把地方工作中的民情和政情带到会议上，通过有针对性地发言、讨论、质问、批评，最终提出可行的议案，并有效地监督政府司法机关和公务人员。同时参议员也要将掌握的民情、政情，反馈给参议会常驻委员会。

县参议会对县级政府的监督，正如谢觉哉所比喻的那样："议会是人民直接选的，是主人，政府是议会选的，是佣人。主人对佣人有监督指挥的权利，佣人应接受主人的监督和指挥。"[②] 为了更好地实行监督，边区政府还从法律上对检举政府作了规定。1939年第一届参议会通过的《陕甘宁边区政府组织条例》和《陕甘宁边区抗战时期施政纲领》就规定："陕甘宁边区政府受陕甘宁边区参议会之监督，保障人民有检举与告发任何工作人员的罪行之自由。"

(二) 行政监督

对县级政府的行政监督，首先是上级政府的行政监督。上级政府的监督主要是通过工作报告制度和工作检查制度来展开。县级政府要作工作总结报告、具体任务的专题报告和临时性的报告。除此之外，上级政府还通过建立工作检查制度，"以增进工作的效能"。[③] 上级政府通过对县级政府的监督检查，可以了解和把握县级政府在执行具体路线、方针、政策时所

---

① 陕西省档案馆等编：《陕甘宁边区政府文件选编》第6辑，档案出版社1988年版，第439页。
② 《谢觉哉文集》，人民出版社1989年版，第236页。
③ 陕西省档案馆等编：《陕甘宁边区政府文件选编》第1辑，档案出版社1986年版，第210页。

遇到的各种问题和出现的偏差以及错误倾向，并及时予以纠正，从而对县级政府及其工作人员的工作起到了很好的监督作用。

为了更好地开展行政监督，边区政府还专门设立了行政督察专员公署，督察和监督县级政府的工作。按照《陕甘宁边区行政督察专员公署组织暂行条例》的规定，行政督察专员公署的功能定位是为发扬民主政治提高行政效率，以"督察及指导该分区各县行政事宜"。① 因此，举凡监督和指导驻在该行政分区的边府各种附属机关、监督所属各县财政经费之收支情况、关于所属各县之间的争议及有关事项之处理等，是行政专员公署的重要职责。同时，专员公署为了实行有效的监督及指导，可"临时召集各该附属机关之负责人检查工作，并须将检查结果，随时呈报边府备查"。同时，"专员应亲自定期巡视各县，并将巡视结果，呈报边区政府备查。前项巡视，专员如因故不能实行时，得由副专员或政务秘书与科、处长代行之"。②

（三）职能部门监督

在陕甘宁边区的县政运行机制中，一些职能部门同样起着监督县级政府的作用。如审计监督就是重要的监督机构。1938年2月23日，在边区政府举行的主席团会议上就讨论确定了县审计委员会的任务是审查粮食、财政开支及负责节约，反贪污工作。1939年4月4日公布的《陕甘宁边区政府组织条例》，对审计委员会的监督职责做了这样的规定：第一，审核全边区行政机关之预算决算事项；第二，审查全边区行政机关之公有物事项；第三，审核全边区征税、征粮及其他有关机关之收支证据事项；第四，审核金库收支事项；第五，审核公产估价变卖事项；第六，审核公营事业之收支事项；第七，审核由政府补助民营事业之收支事项；第八，贪污、舞弊及浪费事件之检举事项。

对县级政府的审计，鉴于当时大部分县距离边区审计处较远，送审程序极不方便，边区政府在1941年颁布的《各分区县市审计工作暂行规程》中规定，各分区县市要设审计员一人，必要时再设文书一人。1942年1月，边区公布的《陕甘宁边区县政府组织暂行条例》作了进一步规定："审计员专司审核县区征粮及金库收支，公产收入及县经费预算决算等事项。"具体办法是运用报送详审的方式，即被审核机关须在一定时间

---

① 韩延龙、常兆儒编：《中国新民主主义革命时期根据地法制文献选编》第2卷，中国社会科学出版社1981年版，第212页。

② 同上书，第217页。

内将相关原始凭证、各种簿籍以及其它附属表格,一并送审。同时审计机关还在重点单位派驻审计人员。派驻审计人员的机关,应将各项日报、月报按期送审,审计人员对各项簿籍进行随时检查,并把凭证及财物等进行核对。未派驻审计人员的机关,应定期将簿籍、凭证及案卷送到审计机关进行审核或抽查。

(四) 群众监督

充分开展群众监督,"放手发动群众,检查政府工作和人员"以"发现问题,给以适当的解决,并求得经验,使工作能更好地向前推进"①,从而达到"十分廉洁、不用私人、多做工作、少取报酬的模范"②,这是边区政府开展群众监督的基本要求。"只有发挥民权,实行民主,才能改变人心,扶植民气,提高民众抗日热情,发挥民众抗日的力量。"③ 因为"边区民主政权是自下而上真正建立在人民大众上的。是人民有权且有效地行使的;他的政策来自人民大众中的意见与愿望,又到人民大众中去考验的;他的工作人员是来自人民大众及人民大众化的。因此脱离群众的一切传统的官僚作风,在边区没有他的地位。而为人民服务的事业,如抗战运动,生产运动,卫生文化运动,检讨工作运动……人民与工作人员一起干,不仅常常成绩超过预计,且常常创造出许多新的方法与技术,这是其它政权所不能有的,这叫人民的大团结与大统一"。④

群众对县级政府的监督方式,县参议会是代表民众间接监督的方式,同时民众可以通过批评和建议乃至控诉的形式,直接监督政府工作和工作人员。1941年第二届参议会第一次会议通过的《陕甘宁边区施政纲领》中明确规定,人民"有用无论任何方式,控告任何公务人员非法行为之权利"。这就从法规角度上保证了人民对政府及工作人员的监督权力。⑤ 1946年4月,中共通过的《陕甘宁边区宪法原则》更明确指出:"人民对各级政权有检查、告发及随时建议之权,每届选举时则为大检查。"县级政府须通过各种方式和渠道广泛接受群众的建议,以改进政府的工作。如

---

① 甘肃省社会科学院历史研究室编:《陕甘宁革命根据地史料选辑》第1辑,甘肃人民出版社1981年版,第296页。
② 《毛泽东选集》第2卷,人民出版社1991年版,第522页。
③ 韩延龙、常兆儒编:《中国新民主主义革命时期根据地法制文献选编》第1卷,中国社会科学出版社1981年版,第254页。
④ 延安民主模式研究资料课题组编:《延安民主模式研究资料选编》,西北大学出版社2004年版,第34页。
⑤ 中央档案馆编:《中共中央文件选集》第13册,中共中央党校出版社1991年版,第91页。

延安市参议会就通过设立意见箱，来反映人民群众的意愿和要求，接受广大人民群众对政府及其工作人员的监督。通过这种方式，广大群众踊跃投信，参议会收到不下数十件便笺和长信。当时民众不仅能够踊跃投信，而且投递意见者大多留下真实姓名，有商人、学生、公务员、战士、妇女，等等。有的还写下了具体身份和详细通信地址。

通过群众监督，不仅最大限度地发挥了群众积极参与监督的作用，而且也使得政府工作更加廉洁高效。当年在延安生活过的赵超构就说："除了一般的管理外，对于失职的干部，民众'有用任何方式向政府控告之权'，同时，'凡因干部犯错误而致某一方面受到损失时，应将此干部之惩戒通知该方面之负责人或群众，必要时并应请其参加惩戒之决定，及使犯错误者向其道歉或赔偿损失'。我们不知道这两条规定确实做到了什么程度，不过从条文上我们可以想到延安的行政干部，是没有什么特殊的威风可以向民众摆架子的，延安人的群众主义，不容许行政人员有激起群众反感的态度与行为，一个干部，要想升官，也必得在群众工作中建筑地位，这颇有一点公仆的精神，也是我们应当公平承认的。"① 赵超构通过他者的眼光观察，清晰地说明了群众监督的重要意义。

三　培训机制

1939年7月12日，毛泽东在陕甘宁边区县级干部、区长联席会议讲话中曾指出，边区的县级干部、区长、乡长，各级政府的工作人员，都要提高文化程度、政治水平和办事能力。我们的口号是：工作！学习！生产！一面工作，一面学习，一面又要生产。② 毛泽东的这番讲话，一方面深刻地指出了边区县级干部的重要作用；另一方面也说明县级干部的文化程度与政治水平亟待提高。

面对这种实际情况，1938年12月《新中华报》发出了"一刻也不要放松了学习"的号召并指出：

> 我们所处的环境，比任何时候要来得复杂；我们的任务，也特别来得繁重与艰难。我们的民族，正与敌人进行着决死的搏斗，要在这个空前的历史战斗中，求得自己的生存，因之必须我们要努力的学习。领导工作的干部，要学习高深的革命理论，以便指导革命运动，

---

① 赵超构：《延安一月》，上海书店1992年版，第227页。
② 《毛泽东年谱》（中），中央文献出版社1993年版，第130页。

在各种具体的环境下，能决定自己的工作方针，正确的观察问题解决问题。①

与此同时，边区政府也专门为此致信各地专员县长，指出："要工作做得好，就要每个工作者提高自己的政治理论与文化水平。因此，决定各级政府在职人员必须建立与健全学习制度。上下级文件来往，除报告与指示工作外，还须有学习上的检讨与研究。"② 那么县级干部要学些什么呢？对此中央曾做过一些基本的规定。③ 应该说中央所规定的干部教育课程体系，他们自然要学，但是作为具体执行党的路线方针政策的一线人员，尤其要注重从历史经验中学，从实际斗争中学。因此这就要求边区的县级干部"一方面要带有研究性的来研究马克思、列宁、斯大林的理论，中国的历史，与革命运动，另一方面要在实际工作中，去学习实际工作的经验教训"。因为在当时的复杂环境下，"我们所需要的是能够把握与指导革命运动的领导者，而不是关着书房门讲空话的'理论家'"。④ 也就是说，理论只是我们的工具，是帮助我们认识中国的历史实际和革命实际的工具，我们的任务是从理论上来思考中国的实际，进而创造性地开展工作。

县级干部学习活动的开展，首先是专门接受干部学校的训练与教育。陕甘宁边区的干部教育内容一般分为业务教育、政治教育、文化教育、理论教育四个部分。其中业务教育是所有在职干部必须接受的教育，要求真正做到做什么学什么。政治教育也是所有在职干部必须接受的教育，其目的在于使干部除精通专门业务和局部情况及局部政策外，还能通晓一般情况与一般政策，以扩大干部眼界，避免狭隘、不懂大局的弊病。文化教育主要是文化程度不高的干部所必须接受的教育。对于有相当文化理论水准的老干部应学习联共党史、马列主义、政治经济学、哲学，文化理论水准较低的老干部应先学习文化课与中国问题，之后转入更高一级的课程，但文化课须提高到能够自由阅读普通报纸的水平。有相当文化水准的新干部

---

① 《一刻也不要放松了学习》，《新中华报》1938年12月25日。
② 陕西省档案馆等编：《陕甘宁边区政府文件选编》第2辑，档案出版社1987年版，第509页。
③ 如在《中央关于干部学习的指示》中，涉及的相关课程有中国近代革命史、中国革命与中国共产党、游击战争、联共党史、马列主义等课程。之后在《中央关于在职干部教育的指示》中也提出设立中国革命、党建、中国问题等相关课程。参见《中共中央文件选集》第12册，中共中央党校出版社1991年版，第227—228、333—334页。
④ 甘肃省社会科学院历史研究室编：《陕甘宁革命根据地史料选辑》第4辑，甘肃人民出版社1985年版，第106页。

应先学习中国革命与中国共产党即党建问题和中国问题,然后转入更高一级的课程。工农出身的新干部应使文化课与党的建设理论学习并进,文化课应达到能阅读普通书报的水平,之后再学习中国问题。同时,一切在职干部须研究时事,军事干部须研究军事,地方干部须学习必要的军事知识。①

接受统一的干部教育学习课程,是必要的学习方式。自主学习则是县级干部学习的一种常态。边区民政厅在1942年3月作了具体的部署,指出:"提高干部的文化水准与理论水准是今年干部工作的中心任务。为此,在职干部教育必须每天抽出两小时学习。"同时提出:"在文化程度比较高的绥德分区等地,着重理论方面的学习,在文化程度比较低的三边分区、志丹、甘泉等地,着重文化方面的学习。"同时要"坚决反对不顾学习和借口工作中不能学习的倾向"。②

随着"两小时学习制"、"小组讨论"、"轮训班"等制度的制定与出台,干部们的学习习惯开始逐渐形成。一位甘泉县级干部这样说道:"凡甘泉县级干部一律要参加一定的干部学习组织","保证每天二小时的学习时间,各单位必须统一执行"。其次,还有四条重要的规定:"凡参加听课者一律要预备笔记本,不得乱用或不记";"除病假外,原则上一律不准请事假,除特殊事故,要有负责同志的证明信";"定期的检查与总结,努力学习,成绩优良者,予以名誉和物质的奖励,违犯纪律者,除随时纠正外并按情形轻重予以适当批评,当众批评,书面批评";"因公下乡者,必须携带书籍或笔记,以便自修,并向区乡干部传达重要的指示和号召"。另外他们按照各单位工作性质的不同,划分为若干小组,每组选出正副组长各一人,并设正副指导员各一人,负责督促检查、教课、解答问题等事宜。③

除此之外,县级干部还注重对实际问题的调查,注重在实践中学习。"书本上的道理,不就是县里某些具体工作。民众的情绪,环境的状况,千差万别;各地各事的历史发展,民众的经验,很不一样。如果不知道现况,累积并分析过去的经验,徒然读过些书本子和文件,那临事仍是茫然,不知所措,若自以为是地做去,必然要被钉子碰回。所以经验的知识

---

① 中共中央组织部等编:《中国共产党组织史资料》第8卷,文献选编(上),中共党史出版社2000年版,第525页。
② 《陕甘宁边区民政工作资料选编》,陕西人民出版社1992年版,第316页。
③ 海稜:《他们是怎样学习的——介绍甘泉县级干部教育》,《解放日报》1942年4月2日。

和理论的知识，一样重要。"① 要在实践中学，在干中学，"革命战争是民众的事，常常不是先学好了再干，而是干起来再学习，干就是学习"②。与此同时，他们还秉持着向群众学习的态度与理念。对于县级干部而言，向群众学习，不仅可以深入了解基层社会的实际情况，而且这里所谓的"学习"，还包括多方面的意思，"不仅要接近群众，和群众生活在一起，学得群众语言与行动，并且要熟悉群众的思想感情，从群众中吸取经验，使群众认你为自己人"③。

实际上，对于县级干部这一群体，深入乡村社会，密切联系群众，才是他们接受的最好的也是最直接的教育。那里，既是他们开展工作的基地，又是他们汲取养料的源泉，更是他们施展才华的舞台。县级干部在整个行政体系中，是名副其实的亲民治事之"官"，是陕甘宁边区政府一切政策执行的起点。特别是随着精兵简政这一政策的实施，县长的决策与执行权力更加有力，在基层社会开展具体工作，更让他们有如鱼得水之感。因此从这个意义上来讲，如果说县级干部所接受的在职教育是一般的干部教育，那么真正的干部教育应该在群众之中。中国共产党正是认识到了这一点，提出了"向民间去"、"向群众学习"的口号，从而使真正的优秀干部走向了基层。

四　奖惩机制

陕甘宁边区的县级干部，大多都是经过长期革命斗争的考验，有艰苦奋斗的传统和较丰富的实际经验，他们构成了边区干部队伍的中坚力量。但是"不容讳言的，这里还存在有不少的缺点，比如一般工作人员还不习惯于正规的工作制度，工作进行还不够紧张，生活习惯还不尽适应于今天的环境等"。④ 如何通过奖惩机制，鼓励先进惩罚落后，确保县级政府工作的顺利开展，就成为一项重要任务。

对于县级干部，业务能力和思想品德应该是基本标准。也就是说"能拥护并忠实于边区施政纲领，德才资望与其所负职务相称，关心群众利益，积极负责，廉洁奉公"。对于有汉奸行为者；反对边区施政纲领或破坏抗日政府、抗日军队、抗日人民与抗日政党之行为者；破坏政府法

---

① 谢觉哉：《一得书》，人民出版社1994年版，第92页。
② 《毛泽东选集》第1卷，人民出版社1991年版，第181页。
③ 赵超构：《延安一月》，上海书店1992年版，第96页。
④ 延安市人民代表大会志编纂委员会编：《延安市人民代表大会志》，陕西人民出版社2002年版，第287页。

令,危害群众利益以及贪污、腐化、营私、舞弊、处罪有案,未能改过自新者;褫夺公权尚未恢复者及患神经病者",则不得任用为政府干部。①这是考核和任用县级干部的基本要求。但是鉴于边区面临的具体环境,干部的标准显然并不止于此。因为:

> 我们所要求的政府不仅是人民的忠仆,而且它又须是人民的领导者;它的一方面须要深刻了解人民的切身要求,它同时须要把握抗战建国的需要;它须要看清现在,同时又须要照顾将来;因此,我们所要求的政府人员不是唯唯诺诺、奉行公式的所谓混官饭的人,也不是粗枝大叶、操切从事的莽汉,而不能不是既能了解边区内外的情况,而又能把握政治方针;既能打好主意,而又能善用人才的政治家。②

故此,通过建立奖惩机制,"奖励模范,不使先进分子沉没于一般群众之中",以发扬干部的积极性与模范作用,鼓励进步,反对落后,确保县级政府机关工作任务之完成,同样是"提高全部工作和全体人员的最好办法"。③ 为此,边区政府专门颁布陕甘宁边区各级政府干部奖惩条例,对取得成绩和作出贡献的干部给予奖励。④ 奖励的形式有名誉奖(又称精神奖励),包括书面奖励(传令嘉奖、通令嘉奖、登报嘉奖、颁发奖章奖状)和口头奖励(当众宣扬)、物质奖励(发给一些日常生活用品和一定数量的奖金)、记功(包括记大功)、晋级擢升等。在这种奖励机制的推动下,不少县政机关和行政干部获得了边区政府的嘉奖。

如安塞县大生产运动从1938年开始,按照上级的指示,提出了"耕三余一"、"耕二余一"、"耕一余一"(即生产耕种三年,剩余一年的粮食;耕种二年,剩余一年的粮食;耕种一年,剩余一年的粮食)的粮食生产口号。以变工队、互助组等生产组织形式,解决有劳力无工具、有工具无劳力的困难。同时通过开展表彰劳动模范、改造二流子等群众活动,以促进生产的发展。从1938年起,安塞县所缴公粮逐年增加。1942年上缴公粮"又快又好",多次受到边区政府的表彰。这一时期,安塞县成为

---

① 《陕甘宁边区各级政府干部任免暂行条例》,《解放日报》1943年5月16日。
② 《选贤任能》,《解放日报》1941年11月18日。
③ 《毛泽东和李质同志谈话》,转引自杨永华《陕甘宁边区法制史稿(宪法、政权组织法篇)》,陕西人民出版社1992年版,第439页。
④ 详见《陕甘宁边区各级政府干部奖惩暂行条例草案》,《解放日报》1943年5月16日。

陕甘宁边区的主要产粮县之一，被评为边区模范县。① 解放战争时期，陕甘宁边区政府正副主席致华池县张县长函，嘉许华池县在安置移难民方面，"已经跳出了（而确实还有好些地区未曾跳或未曾跳出）光说空话的圈子，踏实地和负责地做了工作。这种踏实的负责的作风，是应该保持并值得表扬的"。②

边区政府除对行政工作人员的考绩奖惩以外，还制定了其他考绩奖惩条例。在边区生产运动和各种建设事业中，涌现出大批的劳动英雄和模范工作者。他们创造出新的劳动标准和工作标准，是推动边区各种建设事业进一步前进的动力。他们和群众有密切联系，得到群众的信任，自然成为群众的领袖。并且，他们又是干部的根源，是政府与"人民联系的桥梁"。基于此，边区政府提出了关于劳动英雄与模范工作者选举与奖励办法的决定。边区政府规定：凡能参加或领导任何一项工作部门，在工作中有新的创造或成效卓著者；团结群众；团结干部；得到周围群众和干部的拥护者；执行政策法令，并能纠正别人违反政策法令的行为者"，就被认为是模范工作者。③ 边区政府还针对机关节约经费和粮食的行为给予奖励。如1943年3月，边区财政厅就拟对"各机关在供给标准数内，如能节约经费或粮食，经调查实在，即给予十分之一的奖励"的措施。该办法指出，我们从前提出节约的号召，到现在，虽然起了一些作用，但一般地说并没有产生很大的力量，浪费的现象还有很多。所以"我们觉得只有消极的号召是不够的；还须有一种积极的奖励办法，才能真正达到节约的目的。在奖励的本身上看，虽说是增加了财政上的支出，但只要各机关能真正的节约，其所节约下来的，也就无形中增加了我们公家财富，解决了财政困难，所以我们为了今年把节约运动做得更好，准备采取一些特别奖励，凡各机关在供给标准数内，能认真节约，并经本厅调查实在，不论是经费或粮食，对其节省部分，不惟一律不收回，并且发给十分之一的奖励，以引起他们对节约的更加注意"。④

对于县级干部的惩戒，边区政府也做了明确地规定。惩戒分为撤职查办或向法院提出起诉、撤职、撤职留任、记过（记大过或记过，公布或

---

① 安塞县地方志编纂委员会编：《安塞县志》，陕西人民出版社1993年版，第425页。
② 《陕甘宁边区政府正副主席致华池县张县长函》，《群众日报》1948年6月12日。
③ 陕甘宁边区财政经济史编写组、陕西省档案馆编：《抗日战争时期陕甘宁边区财政经济史料摘编》第7编，陕西人民出版社1981年版，第483页。
④ 陕西省档案馆等编：《陕甘宁边区政府文件选编》第7辑，档案出版社1988年版，第118—119页。

不公布)、警告或申斥（书面的或口头的）等办法。① 干部奖惩于每年年终或一项重大工作结束时，结合总结检查工作进行。如遇情况特殊急需奖惩时，则不受时间限制。在实施具体的奖励和惩戒的过程中，一般是由直接领导机关执行，关系重大者，则由该机关呈请上级处理。上级机关在必要时，有越级处理之权。但是对于干部的功过奖惩，广大人民群众有建议之权。如受奖惩者有异议时，亦有逐级申诉之权。受惩戒者，在一定时期内，如确有显著可靠之改正与进步，其处罚得以减轻或取消。反之，对一犯再犯者，则须加重处分。解放战争时期，边区政府对干部的考核主要采取民主鉴定的方式。鉴定内容包括执行政策法令情况、政治表现、组织纪律性、工作能力与工作态度、学习精神、工作作风和生活作风、干群关系等。鉴定方式"由行政首长亲自主持，提倡实事求是地开展批评与自我批评。在步骤上，先鉴定领导干部，后鉴定一般干部。首先由被鉴定人作自我批评，然后展开民主讨论，再由上级行政机关领导人根据讨论意见，作成结论"。② 结论要同本人见面，并征得本人同意。如有意见分歧，可另附意见书。鉴定按规定格式写成书面材料，作为了解培养、教育和奖惩的依据。

当然，不同时期边区政府对干部的奖惩依据也各不相同。如果说在抗战时期主要是为抗战服务，那么到解放战争时期则主要以与国民党的斗争为旨归。如1947年4月28日，陕甘宁边区政府关于发动群众对敌斗争及注意对干部的教育奖惩电令指出："此次战争，对所有干部是总的考验。各级领导机关，应随时注意对动摇、退怯、逃跑、失职及蜕化分子，予以严厉批评，分别教育惩办，以至撤换。在斗争中表现坚定勇敢的干部，应予以表扬奖励，适当提升。"③ 在此期间，确有一些县长因工作不力而受到惩戒。如1946年11月，边区政府就对甘泉县正副县长的工作不力进行了处分。边区政府指出，甘泉县政府的领导工作不深入，一般号召多，工作计划空洞，缺少具体办法。如纺织、文教、卫生等项工作均陷于自流；县级干部下乡帮助和检查工作很少，致不少庄稼均未锄草，荒芜耕地达二千余垧之多，并有迁就群众落后意识的倾向，如任由巫神盛行农村，群众兴修庙宇，政府不加教育改造，对干部的教育做得很差，以致很多干部不

---

① 详见《陕甘宁边区各级政府干部奖惩暂行条例草案》，《解放日报》1943年5月16日。
② 杨永华：《陕甘宁边区法制史稿（宪法、政权组织法篇）》，陕西人民出版社1992年版，第444页。
③ 甘肃省社会科学院历史研究室编：《陕甘宁革命根据地史料选辑》第3辑，甘肃人民出版社1983年版，第233页。

安心工作，甚至少数干部做私生意。由于领导上的这些毛病，使甘泉县的工作受到了很大的损失。因此，二次委员会特依据干部奖惩条例，决议给予该县惠居良县长记大过一次，惠光第副县长记过一次，以示警戒。[1]

无论是奖励还是惩戒，目的都在于教育干部。在对县级干部贯彻执行奖惩条例时，始终坚持以教育为主、惩戒为辅、自我批评多于批评，鼓励多于责备，奖励多于惩罚的原则。同时，在开展奖惩的过程中，广泛听取各方面的意见，不但在本机关内部征求意见，还要倾听群众的反映，在弄清是非功过的基础上实施惩戒，真正做到"处罚一个人，可使全体警惕；奖励一个人，可使全体兴奋"。[2] 这也正是边区县政奖惩机制的根本宗旨。

---

[1] 陕西省档案馆等编：《陕甘宁边区政府文件选编》第11辑，档案出版社1991年版，第8—9页。

[2] 《李鼎铭文集·纪念·传略》，中共中央党校出版社1991年版，第57页。

第三章 边区县长的产生与结构成分

"共产党人的理论原理,决不是以这个或那个世界改革家所发明或发现的思想、原则为根据的。这些原理不过是现存的阶级斗争、我们眼前的历史运动的真实关系的一般表述。"① 陕甘宁边区县长的产生及其所呈现的结构成分,同样体现了当时的历史情状及历史运动的真实关系。曾经的"县官老爷",在革命和时代的双重变奏中,不仅在产生方式上实现了革命性的转折,而且他们的社会结构成分也发生了巨大变化。这些变化,一方面体现了战时中共对县长的客观要求;另一方面也凸显着中共革命时代地方干部的一些独特面貌。

第一节 县长的产生——战时条件下的选用方式

从总体上来看,陕甘宁边区的县长是通过广泛的民主选举而产生的。正所谓民主政治选举,其"第一着,就是由老百姓来选择代表他们出来议事管事的人"。② 但是鉴于当时的客观环境和实际情况,边区县长因不同的环境条件和中共所面临的不同历史任务,其选拔和产生方式也不尽相同。

一 双重政权下县长的产生

陕甘宁边区政府成立之初的较长一段时间里,基于客观的战争环境和国共之间的矛盾纠葛,边区内存在着与国民党并存的双重县级政权。在这些县份,中共是以抗日救国会的名义开展具体工作。县级抗日救国会实行主任制,抗日救国会主任大多是由上级委派或任命的。

---

① 《马克思恩格斯选集》第 1 卷,人民出版社 1995 年版,第 285 页。
② 韩延龙、常兆儒编:《中国新民主主义革命时期革命根据地法制文献选编》第 1 卷,中国社会科学出版社 1981 年版,第 213 页。

抗日救国会的组织形式，在陕甘宁边区政府成立之前就在一些地方实施过，当时的县抗日救国会主任一般都是由县委选任或上级委派。① 陕甘宁边区政府成立之后，依然在统一战线区实行抗日救国会的组织形式。如鄜县就是如此。鄜县在"西安事变"之后，成为统一战线区。原县苏维埃政府改称为鄜县抗日救国会工作部进驻县城。中共在鄜县的合法机构为鄜县抗日救国会，实际上是中共鄜县县委。担任鄜县抗日救国会主任的霍士廉、罗成德等人，在国民党所辖10个区联保处公开建立10个区抗日救国会，罗成德代理县长职权，秘密建立10个中共区委会和57个中共乡支部，公开建立县区乡三级青年救国会、妇女救国会等群众组织。秘密派遣立场坚定的中共党员进入国民党县区乡、党政军等各个组织，"做到敌中有我，耳聪目明"。1938年1月，抗日救国会改称为抗敌后方援救会（简称后援会）。这样一来，地处"红白"交界的鄜县，在第二次国共合作时期的1937年3月至1940年1月，就形成了国共两党共存并立、联合执政的双重政权局面，称"双县长"制。② 鉴于当初的客观环境和复杂局面，鄜县抗日救国会主任基本上是由上级委派或任命的。

抗战初期的绥德，作为陕甘宁边区黄河河防要地，又是延安和边区来往于华北、华东以至华南各解放区的交通要道，国民党和边区政府都很重视这个地区。国民党方面是由"反共专家"何绍南任绥德专员兼保安司令，中共绥德特委则派李光业在黄河沿岸的绥德县界首一带秘密组建了中共河防县委，加强对绥德和清涧河防沿线一带的领导。当初的绥德，既有八路军的部队，又有国民党的保安团，既有共产党的组织，又有国民党的县党部，县长是国民党委任的，政权在国民党手中，但广大农村和群众组织是由中共领导的，情况相当复杂。后在王震的领导下，何绍南逃离绥德，绥德获得解放。绥德解放后旋即把专区、县和区的政权接管过来，"重新配备各县、区的领导班子"。同时为统一党政军的领导，"实行一元化领导，但不另设机构"。③ 之后米脂、葭县也相继获得解放。作为新解

---

① 如1936年，正宁县就在罗川建立过正宁县抗日救国会。当初担任正宁县抗日救国会主任的是彭天禄，副主任为邱立山。在此基础上又建立了联保抗日救国会、保区日救国会等基层组织。其中联保抗日救国会下面即辖有19个村社。1936年时的宁县抗日救国会主任，就是由中共新宁县委派舒宝成前往盘克地区开展工作，在当地建立起抗日救国会。救国会的主要任务是宣传、发动和组织群众参加抗日工作，另外还有一项任务，就是建立区、乡政权。（参见《陇东革命根据地的形成》，中共庆阳地委党史资料征集办公室1990年编印，第221、190—191页。）

② 富县军事志编纂委员会编：《富县军事志》，三秦出版社2008年版，第15页。

③ 袁任远：《征途纪实》，湖南人民出版社1985年版，第128页。

放区，中共中央西北局明确指示："米脂、葭县一样进行选举，县设参议会，县长暂不民选。"①

1940年4月4日，陕甘宁边区政府委员会通过"陕甘宁边区政府关于新区行政工作之决定"，其中就特别指出："凡原有之行政组织及公务员，在未经正式选举以前，不问其组织形式是否适当，及其公务员之党派与阶级关系如何，应一律保持原状。其因不明本府政策，一时离职逃避者，应通知本人于三天内复职，是项公务人员之去就，由选举决定之。个别人员通敌有据，或意图借公务员地位，而实行破坏统一战线之特务工作者，即毋须等待选举便可明令撤换之。"对于"新区原有之县长及联保主任、保甲长等，因故离职，又无法通知复职，或经通知而拒绝复职者，得采取以联保主任联席会议公推临时县长，以保长联席会议公推职保主任，以甲长联席会议公推保长，以甲民大会公推甲长代理之，是项代理人须经上级政府加以委任"。经接收之新区，"各级政府应受边区之指挥与监督，并按级作工作报告，以明隶属关系，其有意违抗者，以弃职论，得明令撤换之"。而"新区附属之地方公务机关（公安局、警察局、戒烟所……），如认为仍有必要时，原有之主管人及职员一律仍旧，经派员审查后，合则留任，不合则更换，其无须继续存在之机关，则明令撤销之。但对该机关之公务员如无不合公务员资格者，应另行分配适当工作。对于"未经参议会选举之政府委员会，其主官以代理名义对外，以明临时与正式之别"。②

按照上述原则，绥德解放后，县政府工作机构随即进行了一系列撤并，并成立了绥德县政务委员会，依然留任原国民党绥德县长杨瑞霆为县长。后杨瑞霆被调走后，绥德县"事奉陕甘宁边区政府命令，由绥德专员公署兼摄，副专员马豫章兼任绥德县县长"。实际上即便在1941年绥德县第一届参议会召开之时，据相关资料表明，当初的县长也是采取专署任命的形式。1942年8月6日，绥德县政府与专署分设，此时绥德县长不再由专员兼任，但是同样由专署任命民主人士霍祝三为绥德县长。③ 可见，当初绥德县的县长实际上也是由专署任命的。

在其他新解放的地区，刚开始基本上也是采取任命或委派的形式。如

---

① 中央档案馆、陕西省档案馆编：《中共中央西北局文件汇集》（1941年）（内部资料），1994年刊印，第90页。
② 陕西省档案馆等编：《陕甘宁边区政府文件选编》第2辑，档案出版社1987年版，第153—154页。
③ 中共绥德县委组织部编：《中国共产党陕西省绥德县组织史资料》第1卷，陕西人民出版社1998年版，第72、99页。

庆环分区,据担任固北县委书记的高伯祥回忆,当年他去固北县担任县委书记时,"固北县派阎志尊去当县长,他来找我了解情况。我向他介绍了当地的详细情况以后,他就和我一同到了固北县"。① 庆阳县长的情形亦是如此。1940年1月,庆阳县国民党县长被"礼送"出境,庆阳民众抗敌后援会的工作人员组成了陕甘宁边区庆阳县政府筹备小组,这个筹备工作一结束,庆阳县政府随即成立。1940年2月10日,由陕甘宁边区政府委派朱开铨为庆阳县代理县长,并向社会发出公告,宣布庆阳县政府自即日起正式成立。② 据朱开铨自己回忆说,1940年自己在陇东过春节,春节之后不久便"接到命令,让我担任新成立的庆阳县抗日民主政府的县长"。③ 担任新宁县代县长的陈含玉也回忆说:

  县上派我去马家堡向关中地委汇报了新宁县选举工作,具体向地委宣传部长强自修汇报的。后专员霍维德对我说,穆天祥回不来了,你回新宁后正式任县司法科长,并代理县长职务。习仲勋又叫我谈话,亲自给新宁县委书记杨伯伦写信。我返回新宁,杨伯伦负责开了会,并出了布告,内容是"代县长陈含玉……"④

由上可见,在边区政府成立之初,新区县长基本上是由上级任命产生的。这种任命的方式,也是为了能顺利实现"边区化"的需要。因为"边区化"的首要任务就是建立抗日民主政权,而作为"边区化"的第一步骤,就是通过委派新县长,接管国民党的县政府,宣布施政纲领,在新区建立统一战线的模范政府,实施抗日民主政策。只有如此,边区在政制和政令上才能得到完全统一,进而才能更有效地开展各项建设工作。

二 属县县长的产生

边区属县县长基本上是根据《陕甘宁边区各级政府干部任免暂行条例》和《陕甘宁边区各级参议会组织条例》等制度规章的相关规定,由县参议会选举产生的。不过县长候选人的提名程序,却有一个逐步演变的过程。

边区政府成立初期,县长候选人一般是由县级党委提名产生。1937

---

① 《甘肃文史资料选辑》第12辑,甘肃人民出版社1982年版,第53页。
② 同上书,第70页。
③ 朱开铨:《六十六年之革命生涯》,江西人民出版社1993年版,第163—164页。
④ 中共庆阳地委党史资料征集办公室编:《陕甘宁边区时期陇东民主政权建设》,甘肃人民出版社1990年版,第772页。

年7月,陕甘宁特区党委在关于选举运动的指示信中就指出,一切工作应该围绕选举这个中心工作展开,让全民至少是最大多数参加选举,以提高群众对民主政权的认识,"要在选举运动中把群众所信仰的坚决抗日的同志选举到政府中去"。各级党部"必须明白的认清这次民主选举运动是转变我们整个政府工作的中心的一环"。特别是"各级长官的候选人,尤须注意。各级长官由各级议会选。但我们提的候选人,不只在各级议会里宣传,还要在群众中作广大宣传,取得舆论的拥护。长官候选人的提出切不可马虎……乡、区候选名单由县委负责检查;县议员的候选名单省委负责检查;县长候选名单,省委提出,得到特委批准"。① 1937年11月22日,陕甘宁特区党委在民主选举运动的指示中再次指出,在对各级政府人员的选举过程中,要做到:

> 发动群众热烈讨论特委及各级党委提出的候选名单,须要提到各种组织中、各种会议中进行讨论,把各个候选人的斗争历史给群众作详细的宣传解释,保证共产党提出的候选人(除特区党委确定的名单外,各级党委所提出的候选人,不一定都要党员,但必须是与群众有联系,在群众中有信仰的领袖)及工农分子能够当选,豪绅地主及一切反动分子,使他们不能当选。②

边区政府成立初期由各级党委提名县长候选人,一方面是民众对政府选举工作较为陌生,另一方面也是为了确保所提候选人能真正胜任县级政府的具体工作。随着普选运动的渐次展开以及民众对选举工作的热情高涨,县长候选人的提名开始逐渐扩大,不仅党委、政府可以提名,其他社会团体乃至个人都可以提名县长候选人。这样,县长的候选提名权逐渐扩大,通过县参议会讨论选举县长,成为边区县长产生的最重要形式。

县长选举之前,首先要召开数日参议会。在召开参议会的过程中,最重要的事情是讨论政府工作报告,"老百姓了解政府的工作,启发他们积极的提意见,主动的批评工作,造成很热烈空气,无论是质问或批评,要诚恳的接受及耐心的解答"。③ 参议员们针对政府工作报告展开讨论,并在检

---

① 中央档案馆、陕西省档案馆编:《中共陕甘宁边区党委文件汇集》(1937—1939年),中央档案馆1994年编印,第18—21页。
② 同上书,第83页。
③ 陕西省档案馆等编:《陕甘宁边区政府文件选编》第3辑,档案出版社1987年版,第134页。

查政府工作的过程中酝酿县长候选人，然后在参议会闭幕之前选举县长。

从总体上来看，议员们的批评意见和建议较多。如在 1941 年志丹县的参议会上，议员们讨论政府工作报告时争相发言，都敢于说心里话，对干部提出批评。不少议员给县长提了意见。有人说"县长回家太多"；"县长和老百姓不接近，我看是脱离群众"。有个叫吕迎祥的妇女说："我也发表一下意见，第一要批评县长和保安科秘书一样，常和婆姨闹矛盾，婆姨汉不讲亲爱，我看这真麻达，没有起模范。还有第二是县长的婆姨和保安科秘书的婆姨，一天到晚酸醋样骂架子，和老百姓婆姨发生无原则纠纷，我看这也没起模范。我建议我们妇女议员要提一条夫妻亲爱、妇女团结的提案才好。"① 在陇东分区，各县群众所提之意见，共有 87347 件，仅曲子县天子区 900 多户人家，提意见的就有 378 户，占总户数的 40%，共提意见 377 件，重复的意见尚未计内。② 通过检查政府工作，不仅发现了问题，同时又识别了政府工作人员。

> 对政府工作人员，某某好，某某不好，过去只是议论，经过检查后人们就认清了谁真是好的，谁真是不好的，因为要选举好人，就要认识好人，检查工作就为认识好人打下了基础。可以说许多参议员就是在这个基础上进行并获得良好结果的……他们从自己的经验中证明坏人可以去掉，不要怕，好人会有缺点的，但好人的缺点确实是在诚心诚意地改进。所以他们就大胆地批评坏人，不给他投豆子，善意的批评好人的短处和赞扬他的长处，仍然选举了他，又新选出许多新的好人。③

通过充分发表意见，不仅提升了民众对民主政治的认识，而且最终选举时也非常严肃认真，选谁不选谁，都经过了仔细的斟酌。延安时期传唱的一首歌谣，就清楚地体现出了这一点：

> 老乡们，大家想想看：自古以来，咱们这个县，有过多少官？哪个做官的，他不欺压老百姓？哪个百姓啊，他不怕官？提起来，真可

---

① 《陕甘宁边区妇女运动专题选编》（内部资料），陕西省妇联妇运史小组 1984 年编印，第 33 页。
② 中共庆阳地委党史资料征集办公室编：《陕甘宁边区时期陇东民主政权建设》，甘肃人民出版社 1990 年版，第 422 页。
③ 甘肃省社会科学院历史研究室编：《陕甘宁革命根据地史料选辑》第 3 辑，甘肃人民出版社 1981—1986 年版，第 102 页。

恨——从前的官不由人民选。我们因为这，不知吃过多少亏。我们因为这，受的冤枉数不完。嘿，几千年的歪道理，好容易如今给推翻。如今呀，爬泥的手要把政事管，老百姓有了选举权。我们爱哪个，我们就选那个；我们要选举好人当县长，来替大家把事办。我们要选举好人当县长，再不要那些王八蛋！①

民众认真慎重选举，大多数县长都能任劳任怨，获得了民众的认可。绥德县第二届第一次参议会选举县长时并未提候选人，结果在到会的62名参议员中，有60名参议员选举霍祝三为绥德县长。② 陕甘宁边区第一位女县长邵清华，因工作出色，在1941年7月被选为安塞县县长，当时年仅25岁。《解放日报》报道说："该县县政府在她的主持下，一切均井井有条，成绩斐然，深受该县民众之欢迎。"重庆的《新华日报》也说："年轻的女县长邵清华女士，到任之后，处理了几个案件，在市镇向群众讲了一两次话，不久就威声大振，在老百姓心目中成了真正的民之父母官了。"③ 还有的县长由于工作出色而被连选连任。如盐池县在1941年9月22日召开的第二次参议会上，在报告三年来政府工作之后，参议员随即对政府工作展开检查讨论，在最后选举县长时阎志遵连任县长。④

通过参议会选举县长越来越被人们所认可，边区民众对县参议会也产生越来越大的热情。只要召开参议会，民众都会敲锣打鼓地游行庆祝。1941年定边县召开参议会时，数千群众高举火炬游行，真可谓"火树银花，万人空巷"。⑤ 绥德县在召开参议会时，有人还曾专门作诗表达他们的心情：

    红枣、瓜子摆出来，慰劳议员把心思表一表。
    参议员来哟，真光荣，他是人民的好代表。
    国家大事咱要管，国家大事咱要管。⑥

---

① 刘御：《延安短歌》，上海文艺出版社1959年版，第105—106页。
② 《绥德县第二届第一次参议会会议记录》，绥德县档案馆藏。档案号：15—2。
③ 《陕甘宁边区妇女运动大事记述》，陕甘宁三省区妇联1987年编印，第104页。
④ 《盐池县长阎志遵连任》，《解放日报》1941年10月15日。
⑤ 马骥主编：《陕甘宁边区三边分区史料选编》（上），中国人民政治协商会议定边县委员会2007年编印，第316页。
⑥ 《中国第一位女大使丁雪松回忆录》，江苏人民出版社2000年版，第298页。

延长县参议会召开期间，群众不仅热烈庆祝，奏音乐，送旗匾，还送酒食给大会。有的群众"给大会慰劳了米五斗三升，白面八十四斤，洋芋百八十斤，糜子面二十二斤，柴二千二百三十五斤，草二百二十斤，南瓜八个，枣子二升，梨子六百个，各地送给大会匾额二十二块，旗子十二块。二十日上午各地群众吹喇叭来欢送，非常热闹"①。这些热烈的场景都有力地说明，通过县参议会选举县长，已然成为边区民众最认可和最愿意参与的一种方式。

三 战后县长的产生

抗战胜利之后，国内政治格局和阶级关系发生了新的变化，革命时局发展到一个新的阶段。这个新的阶段诚如毛泽东所说："即是全国范围的反帝反封建斗争发展到新的人民大革命的阶段。"② 再加之抗战以来，一些模范工作者大量涌现，更为边区的政治、军事、经济文化的各种建设提供了新的力量和新的人才，将这部分人补充到县长的队伍当中以更好地为即将展开的内战服务，就成为一项紧迫的任务。

战后，曾经的县参议会也开始逐渐被人民代表会议制度所替代。③ 1946年4月23日颁布的《陕甘宁边区宪法原则》明确规定：陕甘宁边区、县、乡人民代表会议为人民管理政权机关和各级政权的最高权力机关。各级人民代表会的代表均由人民普遍、直接、平等、无记名投票选举产生。④ 从参议会到人民代表会议制度的转轨，一方面是为了进一步激发边区群众特别是广大农民努力生产和支前参军的政治热情；另一方面也是

---

① 鲁芒：《陕甘宁边区的民众运动》，汉口大众出版社1938年版，第54页。
② 《毛泽东选集》第4卷，人民出版社1991年版，第1211页。
③ 人民代表会议制度是中共在长期革命斗争过程中形成的基本制度，只是在抗战这一特定历史条件下，人民代表大会只能在国共合作的这一框架之内，以参议会这一"变通"的形式来体现。所谓"变通"，是使其符合国民党的政权组织形式，"使边区能应付困难环境，造成对外有好的影响"（参见《毛泽东年谱1893—1949》（中卷），中央文献出版社2005年版，第103页）。实际上即便在抗战时期，中共也曾多次提过"人民代表大会"的概念。如在1937年11月10日，陕甘宁边区政府就规定："各级议会统称为各级人民代表大会。"1937年11月22日，陕甘宁特区党委进一步指出："特区政府的组织原则仍应保持民主集中的制度，没有必要完全采用资产阶级把行政、立法、司法三权分离的议会制度，并且在名称上也决定将各级议会改称为各级人民代表大会，各级人民代表大会主席及政府首长统称主席，废除其历史上带有腐朽意味的议会、议员、乡长、区长、县长等名称。"（参见《陕甘宁边区抗日民主根据地·文献卷·下》，第7页）
④ 韩延龙、常兆儒编：《中国新民主主义革命时期革命根据地法制文献选编》第1卷，中国社会科学出版社1987年版，第59—60页。

为了加强基层政权建设，以提高政府工作效能和干部队伍素质。这一点也正是中共在时局变动的社会历史条件下的一个政治出发点。陕甘宁边区政府明确要求"代表会各代表，一方面代表居民意见商决本乡市应兴应革事项及选举罢免本乡市长等立法职权，另一方面代表乡市政府领导所属单位军民，推行各种建设等行政事宜"。① 也就是说通过县级人民代表选举县长，不仅成为战后县长产生的最主要形式，同时也成为中共建构政权组织的重要法律条款。

陕甘宁边区在战后的选举以及县长的产生，与县自治的开展密切相关。1945 年 11 月 20 日，《新华日报》刊发社论，社论明确提出："应该立刻在已经树立民选政府的解放区地区和长期沦陷而过去并未实行过所谓'党治'的地区，把地方自治实行和贯彻下去。"② 以此为基础，边区政府要求县级人民代表会议在选举县长的过程中，要比以前任何一次选举都更加强调检查政府工作，公务人员不仅要向人民报告工作，还要作深刻的自我批评。在此情形之下，许多县级干部在乡代表会议上作了自我批评。如安塞县县长、志丹县县长和县委书记都曾在乡代表会和乡干部会议上做过自我批评。富县、延川县干部还在《解放日报》上发表文章，作了书面检查。一些县级干部也比以往更加积极地投入到工作之中。米脂县民丰区三乡的不少工作人员，抗战时期的情绪不高，但是及至第三次普选之后，他们的情绪有了很大的提高。在代表会上讨论时，"解决了许多问题，如变工队过去有很大的组织，不适合分散的农村，现在大小、时候都按需要，乡政府机构、制度也要改进，这些都适合一般人民的要求"③。经过自治选举运动，民众的自治积极性也大大提高了。他们不仅要听取工作人员的报告，而且还亲自检查政府工作。延安、鄜县、延川、志丹、曲子、合水、镇原、新正、新宁、赤水、吴旗等县，经过人民代表的检查，"发现了二万一千多个问题，并且随发现随解决"。已经解决的"已过一万七千多个，大概在总数里占百分之八十以上"。④ 其余没有解决的，都是因为乡上不能解决，交到县上解决；有的在县上也不能解决，如负担、税收、婚姻，尤其牵涉上级领导的作风等没有解决的问题，在边区参议会后都迅速加以解决。

---

① 《陕甘宁边区重要政策法令汇编》，陕甘宁边区政府秘书处 1949 年编印，第 35 页。
② 《立即实行地方自治，根绝国内纠纷》，《新华日报》1945 年 11 月 20 日。
③ 甘肃省社会科学院历史研究室编：《陕甘宁革命根据地史料选辑》第 3 辑，甘肃人民出版社 1983 年版，第 103 页。
④ 同上书，第 101 页。

在对县级政府的检查与批评之后，开始选举能为民众尽心尽力办事的县长。解放战争时期，边区政府通过广泛地动员宣传，民众的选举积极性空前提高，"人民把选举运动认定是自己的事，不是旁人的事。所以从检查工作到选举代表的三个月过程里头，就连许多还不到十八岁，还没有选举权的少年与儿童，也做了不少与选举有关的事情。至于选民就绝大部分卷入了浪潮，他们有什么说什么，自由酝酿着候选人，没有因亲戚朋友耍私情的"。① 边区民众对县长的选举，突出地体现了中共在"和平建国纲领"当中所倡导的"积极推行地方自治，实行自下而上之普选，迅速普遍成立省、县（市）参议会，并实行民选县长"的基本方针。② 陕甘宁边区在自治宪法草案中也明确要求"在各级选举中，各民主党派，民众团体及任何选民，均有单独或联合提出竞选纲领及其选举人名单，实行竞选之自由，凡在竞选及选举中以威胁、利诱、舞弊等行为，取得选票，或破坏选举者，除所得选票作废外，一切参与非法活动之人，均须依法治罪"。③ 这样，很多被民众所认可的县长当选。

根据对1945年各县县长的选举统计，在选举的31个县市的41名正副县长之中，连选连任者只有10人，而新选任的县长则达到31人。具体情况如表3—1所示：

表3—1　　1945年边区第三届参议会县长副县长选举情况一览

县别	县长	副县长	县别	县长	副县长
延安市	谢怀德（△）	姚吉安（△）	鄜县	郭景龙（△）	王俊成（△）
延安县	曹扶		庆阳县	杨福祥（△）	
延长县	呼思恭	白云亭（△）	环县	杨巨奎（△）	
延川县	刘益三（△）	刘璞丞	镇原县	王子厚	杜洪源（△）
甘泉县	惠居良	惠光第（△）	华池县	李生华	
固临县	冯德厚（△）	郝显得（△）	曲子县	李正林（△）	
志丹县	赵玉文（△）		合水县	张云山	
安塞县	贺兴旺		新正县	郭廷藩（△）	

---

① 甘肃省社会科学院历史研究室编：《陕甘宁革命根据地史料选辑》第3辑，甘肃人民出版社1983年版，第102页。
② 中央档案馆编：《中共中央文件选集》第16册，中共中央党校出版社1992年版，第48页。
③ 陕西省档案馆等编：《陕甘宁边区政府文件选编》第11辑，档案出版社1991年版，第256—257页。

续表

县别	县长	副县长	县别	县长	副县长
子长县	苏耀亮（△）	魏明选（△）	新宁县		
赤水县	王振喜		安边县	刘文卿（△）	张文辉（△）
淳耀县	冯正宝（△）	房文礼	子洲县	王占山（△）	
吴旗县	白国民（△）		佳县	杜嗣尧（△）	
定边县	丁子齐（△）		清涧县	王士英（△）	
盐池县	孙璞		米脂县	马济棠	
靖边县	曹九德（△）		吴堡县	魏希文（△）	

注：符号"（△）"为新选，不带符号者为连选连任。
资料来源：《陕甘宁边区政府文件选编》第11辑，第280—281页。

不少新县长被选任，既是缘于解放战争时期的实际环境和形势的需要，也是为了更好地开展基层自治。"我们要大量培养干部。机关要精简，但学校要加强。要有计划地保留与训练出一批干部，准备将来打出去使用，这是很重要的任务。干部是要从下边提起来的，不能老指望从上面派。不要怕下级起来'篡位'。大家都要培养代理人，以使自己在工作时做得好，走了也能做得好。"①

1947年，人民解放军进入了战略反攻阶段，面对战争情况的新变化和形势的新要求，中共开始着手建构新的地方各级政权。这样，基层自治的实践终因战争形势而被迫中断。正所谓"政治决策者的行动与选择，不但与社会结构提供的机会和他们对客观社会的看法（perception）有关，同样有关的是政治环境；各种政治力量的关系与对比；社会整个政治力量的均衡；各种战略策略的运用；以及两方面或多方面彼此对他方战略或策略了解或误解的程度"。这就是政策选择和抉择"策略理性"。② 随着战争的节节胜利，各解放区逐渐连成一片。根据地民众通过人民代表会议的选举，相继建立了人民民主政权，革命根据地的政权结构也随之发生了变化，阶级基础也相应地发生了改变。在全国范围内建立无产阶级领导的以工农联盟为基础的人民民主政权，已然成为中共要建构的新的政权结构模式，县长的产生也开始了全新的模式。

---

① 《朱德选集》，人民出版社1983年版，第201—202页。
② 邹谠：《二十世纪中国政治》，香港：牛津大学出版社1994年版，第212—213页。

第二节　县长的任职——战争局势下的人事管理

县长的录用和任免程序，是边区政府人事管理政策的重要一环。陕甘宁边区政府对于县级干部的录用任命程序，经历了一个逐步完善的过程。与此同时，边区县长的任职周期也随着战争环境和客观形势的变化而形成长短不一的历史情状。

一　边区县长的任命

边区政府成立初期，县级政府是由县参议会选举产生并接受其监督。但是当时对县长的任免并没有统一的管理机构。1939年1月边区第一届参议会制定的《陕甘宁边区各级参议会组织条例》，规定县参议会有"选举县长、县政府委员及地方法院院长"之职权，有"监察及弹劾县政府及其以下之政务人员"的权力。1941年11月边区第二届参议会修正通过的《陕甘宁边区各级参议会组织条例》对此作了进一步的说明。同时规定，县级行政领导由县级参议会选举产生后还须呈报上级政府正式加以委任。如果县长不称职或有违法行为，参议会可以罢免，边区政府也可以撤换或调动，同时须向参议会说明情况和理由。

1939年9月，由陕甘宁边区委员会组织部发出的《关于干部工作的指示信》中指出，要熟悉与整理在家的干部。"彻底了解每个干部的政治坚定性及工作能力，不仅要了解干部现在的情形，而且要了解他的过去，从多方面来认识干部，把可能工作的在家干部用各种办法吸收到工作中来或到边委来学习。"[①] 当时，坚持德才兼备的原则和任人唯贤的方针，是边区政府录用和任免县长的最基本标准。对此，《解放日报》专门刊发社论作了明确地说明。社论指出："我们所要求的政府人员，首先就不是只看见一党一系、一阶层、一地方的局部利益，狭隘自私，不顾大局的人。而必须是能够忠实于整个的民族抗战事业，能够照顾全体抗日人民的利益，善于团结一切抗战力量的人。"同时，"我们所要求的政府人员必须是善于倾听广大人民的呼声，忠实于广大人民的利益，善于跟人民团结、善于向人民学习的人民领袖；而不是独断独行、自以为是、叱咤风云、不

[①] 中央档案馆编：《中共陕甘宁边区党委文件汇集》（1937—1939年）（内部资料），1994年刊印，第311—312页。

可一世的'英雄',也不是玩弄手腕、纵横捭阖的官僚政客"。在工作作风方面,"我们希望新选的政府人员能够保持过去的优良传统,同时改正现存的某些缺点,树立民主、廉洁、敏捷、干练的新民主主义的作风"。另外,由于我们所处的是一个战争的时代,世界是这样突飞猛进的变化,"无管我们过去有多少成就,无管我们过去有多少经验,假使我们不抱定自强不息的精神,时时刻刻的不断进步。我们是会要落伍的,抗战建国的大事业是不会成功的,所以我们不能不要求我们的政府人员在实际工作中,不断地学习,不断地进步"。①

中共对干部所要求的原则和方针,无疑是一些极其重要的标准。但是不可否认的是,抗战初期各项工作刚刚起步,干部的人事管理制度并没有专门的法律规定,对县长的人事录用和任免方面也存在着一些局限。比如在干部的任免方面,过多地强调政府委员会的集中决议,对于边区政府首长的一般任免权却相对忽视,同时整个干部管理工作也比较混乱。特别是对统战区的地方干部没有整体计划。针对这种情况,边区政府尖锐地指出:

> 过去干部的任免和干部的管理,是各自为政的。干部的了解、使用、调整、培养和待遇等等,都缺乏统一的政策和制度,更谈不上统一的计划。于是任意管,无人管,本位主义,各抓一把,用非其才,才不适用,苦乐不均,待遇不一等等不合理现象,都随之而出。②

针对上述现状,1943年3月,边区政府委员会第三次会议通过的《陕甘宁边区简政实施纲要》中明确提出,由民政厅统一干部的管理,"在该厅设坚强的干部科进行日常工作,并由边府制定干部管理通则,以利进行"。③1943年4月25日,边区政府同时发布了《陕甘宁边区各级政府干部管理暂行通则》和《陕甘宁边区各级政府干部任免暂行条例》,对边区县长的录用任免进行了统一规定。规定要求边区各级政府所属之干部,均由民政厅统一管理,各级政府干部之任用应依"三三制"精神行之。而由议会选举之县(市)长,县(市)政府委员,于选出后由边区政府主席加以任命,并颁发委任状,由民政厅办理任用、登记、备案等手

---

① 《选贤任能》,《解放日报》1941年11月18日。
② 甘肃省社会科学院历史研究室编:《陕甘宁革命根据地史料选辑》第1辑,甘肃人民出版社1981年版,第281页。
③ 《陕甘宁边区政权建设编写组》编:《陕甘宁边区的精兵简政》,求实出版社1982年版,第109页。

续。其中，边区县长则是由民政厅统一管理。这样就基本形成了统一管理和分工负责的管理制度。而县长的任免标准则是以符合下列标准者为合格：一是拥护并忠实于边区施政纲领；二是德才资望与其所负职务相称；三是关心群众利益；四是积极负责，廉洁奉公。①

解放战争时期，由于客观形势和主要任务的变化，边区县长的任免程序和标准相应地发生了改变。如果说在抗战时期县长的任免标准是以"拥护并忠实于边区施政纲领"为主要条件，那么在解放战争时期，"边区人民已经到了应有自己的'省宪'以代替三十年通过的边区施政纲领的时候了"。②此时对县长的任用，首先取决于其是否坚决拥护彻底摧毁国民党政权，是否坚决拥护消灭封建土地制度。在此基础上，应该将此前的"战争动员工作的方式和方法改变过来，逐步地养成精雕细刻的习惯，需要力戒急燥（躁）骄傲情绪，力行谨慎谦虚精神。需要言行一致，不尚空谈"。并在各级人民代表经常密切地督促和帮助下使其"成为名实相符的人民勤务员"。③

解放战争时期，县长的任命程序也发生了变化。从总体上来看，县长的任命开始越来越走向集中，任命的上级部门也由原来的民政厅逐渐转向边区政府。如华池县在1946年底，关于正、副县长的调派就由陇东分区专署提出调派意见，报经陕甘宁边区政府主席批准。而县科级干部的调派则由县政府提议，经边区民政厅批准。1947年陇东战争爆发后，干部的调派进入了非常时期。其时，县长直接由中共陇东地委和陇东分区专署调派，县其他干部由华池县委县政府自行调派。到解放战争后期，为适应迅速发展的革命形势，集中力量支援前线作战，以便早日实现解放大西北的历史任务，边区干部的任免权限明显地呈现出集中的趋势，其中关于县长的任免与管理开始逐渐向边区政府主席集中。1949年4月9日通过的《陕甘宁边区政府暂行组织规程》中表明，边区政府科长以上、已设行署区专员以上及未设行署县县长以上之干部均由边区政府主席任免。而边区民政厅只有提请任免或直接任免边区政府科员、县之科长、区长、区助理员和乡文书的权力。④ 1949年12月19日，鉴于大西北各省迅速解放的实际情况，为迅速建立与健全各级干部管辖制度，以便对干部进行了解审查工作，边区政府规定："县长及相当于县长者，经本府批准由省政府任免；

---

① 陕西省档案馆编：《陕甘宁边区政府大事记》，档案出版社1991年版，第186页。
② 《陕甘宁边区重要政策法令汇编》，陕甘宁边区政府秘书处1949年编印，第82页。
③ 陕西省档案馆等编：《陕甘宁边区政府文件选编》第10辑，档案出版社1991年版，第30页。
④ 陕西省档案馆等编：《陕甘宁边区政府文件选编》第13辑，档案出版社1991年版，第243页。

专员及相当于专员者，本府任免。省政府民政厅得任免县政府科长及相当于县政府科长级干部，本府民政厅得任免本府各部门相当于县长级干部。"①

从解放战争后期开始，县长的任命开始逐渐走向了由边区政府集中任命和统一管理的模式。这种集中统一管理的模式，上级部门更为明确地认知县长的长处和优势，而且每一个县长也能够更好地发挥其长处和优势，同时也在很大程度上克服了之前任意调动干部，使得县长任期较短不能更好地开展工作的局限。

二　县长的任职周期

根据《陕甘宁边区县政府组织暂行条例》和《修正陕甘宁边区县政府组织暂行条例草案》的相关规定，县长的任职周期均为两年。如果县长在未届期满而他调或失职者，则由县参议会改选之。如果是在县参议会休会期间，则由边区政府委人代理。②但是由于战争形势的变化和边区社会的客观实际，多数县长的任职周期都比较短，县长的更换也较为频繁。

相关资料显示，一些开展革命较早、有一定革命基础的县份，县长的任职周期基本能够达到两年。以志丹县和吴旗县为例：志丹县从1937年9月成立抗日民主政府以来，只有两任县长的任职时间低于两年，其余县长任职时间都达到或超过两年。其中赵耀先的任职时间是1938年1月到1940年6月，赵玉文的任职时间是从1940年6月到1942年6月，李生华的任职时间是从1943年9月到1945年8月。③吴旗县也是这种情形。吴旗县作为中央红军长征的落脚点，革命基础较为深厚，吴旗抗日民主政府成立之后，担任县长的王明远任职时间几乎与抗日战争相始终。1942年5月，吴旗县民主政府成立之后，王明远便开始担任吴旗县长，一直至1945年12月。④再比如延安县县长刘秉温，从1937年7月开始便担任延安县长，一直到1943年9月。⑤黄静波更是先后两次被选为清涧县县长，第一次任职时间是从1940年3月到1941年4月，第二次任职时间是从1941年7月到1944年2月。⑥绥德县1940年解放后，除去兼县长的专员马豫章（1940年9月至

---

① 陕西省档案馆等编：《陕甘宁边区政府文件选编》第14辑，档案出版社1991年版，第367页。
② 《修正陕甘宁边区县政府组织暂行条例草案》，《解放日报》1943年5月16日。
③ 志丹县地方志编纂委员会编：《志丹县志》，陕西人民出版社1996年版，第481页。
④ 吴旗县地方志编纂委员会编：《吴旗县志》，三秦出版社1991年版，第584页。
⑤ 延安市志编纂委员会编：《延安市志》，陕西人民出版社1994年版，第457页。
⑥ 清涧县地方志编纂委员会编：《清涧县志》，陕西人民出版社2001年版，第485页。

1941年8月)、曹力如（1941年8月至1942年8月）之外,从1942年8月到1948年3月,县长都是由霍祝三担任,前后任职时间将近6年。①

事实上,举凡在该县做出较大贡献的县长,往往会受到民众的拥护,他们的任职时间和周期也就自然要长些。如清涧县长黄静波、延安县长刘秉温即是如此。黄静波作为清涧县第一位民选县长,工作深入,经常披星戴月,步行到区、乡检查指导工作,走家串户了解群众的疾苦,为群众办实事,深受群众的拥戴。同时他还积极发动群众剿匪反霸,安定人心,带领大家搞好生产,短时间内解决了群众吃饭问题。刘秉温作为一名从群众中成长起来的模范县长,最大的特点是紧紧地和人民结合在一起。他带领延安县的全体干部,经常深入群众,了解民众的情绪和要求,尽力帮助群众解决生活生产中的困难,调动群众生产劳动的积极性,深受群众欢迎。而且他从不摆县长的架子,见了群众总是主动热情地打招呼,询问他们有什么困难、要求以及对政府有什么意见等。下乡时如果得知有孤寡老人缺粮吃,就先打条子借。因此,刘秉温在延安县的任职时间自然就长。

但是如果从总体上考察陕甘宁边区县长的任职周期,我们会明显地发现,大多数县长的任职时间都比较短,任职周期多半都没有达到边区政府所规定的两年期限。如子长县在1941—1949年,就有薛兰斌、黄聚俊、李子厚、苏耀亮、鹿鸣、白光明等6人担任县长。延川县1940—1949年,除辛兰亭和刘志模任职周期达到两年之外,其余县长的任职周期均没有超过两年,这种现象在边区其他不少县份亦有着相同的情形。兹以表3—2为例：

表3—2　　陕甘宁边区县长任职时间一览表（1940—1949年）

县别	县长	任职时间	周期	县别	县长	任职时间	周期
延安县	谭生彬	1940.6.7（免）	—	富县	罗成德	1940.2.13—1941.2.23	1年
	刘秉温	1941.10.31—1943.9.30	2年		谢怀德	1941.2.23—1943.9.30	2年
	胡起林	1948.3.7—1948.6.29	3月		高向贤	1942.9.14（任）	—
	张忠明	1948.6.29—1949.3.7	8月		张育民	1943.9.30—1945.11.4	2年
	赵子康	1949.3.7—1949.8.5	5月		王占山	1945.11.4—1945.12.14	1月
延川县	常德义	1940.1（任）	—		郭景龙	1946.5.15—1948.3.7	1年
	辛兰亭	1940.1.28—1943.6.29	2年		苏耀亮	1948.3.7—1949.3.4	1年
	陆铨	1943.6.29—1943.9.30	3月		史正刚	1949.3.4（任）	—

---

① 中共绥德县委县志编纂委员会编：《绥德县志》,三秦出版社2003年版,第379页。

第三章 边区县长的产生与结构成分

续表

县别	县长	任职时间	周期	县别	县长	任职时间	周期
延川县	刘志模	1943.11.24—1946.5.15	2年	甘泉县	路思温	1940.4.20—1941.8.4	1年
	刘益三	1946.5.15—1946.12.24	7月		白世杰	1941.8.4—1943.11.24	2年
	刘璞臣	1946.12.24—1948.10.11	1年		惠居良	1943.11—1947.10	3年
	华丰艳	1948.10.11—1949.3.4	5月		惠光弟	1947.9.5 任	—
固临县	赵建国	1942.1.28—1943.2.6	2年	安塞县	化登朝	1948.4 任	
	曹九德	1943.2.6（代）	—		石子珍	1941.4.17（免）	—
	冯德厚	1946.5.15—1947.10.21	1年		邵清华	1941.4.16（代） 1942.1.27—1943.9.30	2年
	刘齐安	1947.10.21—1948.7.17	1年		贺兴旺	1943.9.30（代） 1946.5.15—1947.10.21	1年
延长县	白世杰	1940.6.17—1941.8.4	1年		许福财	1947.10.21—1949.3.4	1年
	焦生炳	1941.8.4（代） 1942.1.28—1944.10.31	2年		宋殿贤	1948.6.21—1949.3.4	8月
	刘志模	1943.6（任）	—	子长县	薛兰斌	1941.4.16（免）	—
	呼思恭	1944.10.31—1946.12.24	2年		黄静波	1941.4.17（代）	—
	董耀卿	1946.12.24—1947.7.10	1年		黄聚俊	1941.7.28（代） 1941.11—1944.10	3年
	谭生成	1947.7.10—1948.4.8	8月		李子厚	1944.10.31（任）	—
	白云亭	1948.4.8—1948.10.11	5月		苏耀亮	1946.5.15—1948.3.7	2年
	王治国	1948.10.11—1949.5.11	7月		鹿鸣	1948.3.7（代）	—
志丹县	赵耀先	1940.6.7（任）	—		白光明	1949.3.9—1949.5.21	1年
	赵玉文	1940.6.7—1942.6.20	2年	吴堡县	张鹏图	1941.4.6（免）	—
	李超	1942.6.20—1943.9.30	1年		刘汉鼎	1941.4.17—1941.7.28	
	李生华	1943.9.30（代）	—		王恩惠	1941.7.23—1943.9.30	2年
	赵玉文	1946.5.15—1947.10.21	1年		折永年	1943.11.24—1945.5.17	1年
	胡占元	1947.10.21—1948.3.10	4月		魏希文	1946.5.15—1948.4.8	2年
	王海清	1948.3.10—1949.5.11	1年		王锦荣	1948.4.8—1949.12	1年

续表

县别	县长	任职时间	周期	县别	县长	任职时间	周期
绥德县	马豫章	1941.7.29（免）	—	米脂县	马济棠	1944.1.1—1946.11.24	2年
	曹力如	1941.7.29—1942.7.23	1年		姬伯雄	1946.11.24—1947.12.4	1年
	霍祝三	1942.7.23—1948.6.23	6年		乔备果	1947.12.2—1948.4.8	1年
	乔兴和	1948.3.10—1948.6.23	3月		李身修	1948.4.8—1949.8.17	1年
	史纪全	1948.6.23—1949.5.20	1年		高鹏贵	1949.8.17（任）	—
	吴辅功	1949.5.9—1949.10.15	5月	神府县	乔钟灵	1940.6.7（病休）	—
佳县	倪伟	1942.5.20—1943.9.30	1年		毛凤翔	1940.7—1944	3年
	马义	1944.1—1945.12	1年		刘海珠	1941（代）	—
	魏希文	1945.8—1945.12	4月		梁士堂	1944.1—1947春	2年
	杜嗣尧	1945.12—1947.12	2年		马能元	1947春—1949.6	2年
	郝长荣	1947.12—1949.3	1年		刘朝功	1949.7—1950	1年
	李德玉	1949.3—1949.6	3月	镇川县	史文秀	1946.12—1947.7.7	7月
吴旗县	王明远	1942.6.5—1944.11.10	2年		王恩惠	1947.7.2—1948.4.8	9月
	杨存富	1944.11.10—1946初	1年		王庆海	1948.4.8（代）	—
	白国民	1946.5.15（任）	—		贾治国	1949.9.25（任）	—
	齐德庵	1949.8.2（任）	—	横山县	李坤润	1946.12—1947.9.30	11月
安边	刘文卿	1946.6.15—1947.7.6	1年		赵生仁	1947.9.30—1949.3.26	6月
	刘汉鼎	1947.9.30—1949.10.29	2年				
子洲县	折永年	1943.9.30—1943.11.24	2月	靖边县	王治邦	1941.9.16（免）	—
	谢怀德	1943.11.24—1946.1	2年		王士俊	1941.9.16—1941.10.21	1月
	王占山	1946.5.15—1946.11.24	6月		王治邦	1942.10—1942.11.5	1月
	李身修	1946.11.24—1948.4.8	1年		孙润华	1942.11.5—1943.2.6	3月
	高浩富	1948.4.8—1949.5.21	1年		马万里	1943.2.6—1943.11.24	9月
	刘直卿	1949.5.21（代）	—		陈思恭	1943.11.24—1944.11.10	1年
定边县	王子宜	1939.2.25（兼）	—		李坤润	1943.11.10—1947.9.30	2年
	强晓初	1939.2.25—1941.2.23	2年		李克忠	1948.8.4—1949.8.26	1年
	罗成德	1941.2.23—1943.1.7	2年	盐池县	阎志遵	1941.10.31—1942.8.22	10月
	吴志渊	1943.1.17—1943.11.24	10月		孙璞	1942.8.22—1949.5.9	6年
	孙润华	1943.11.24—1944.11.10	1年		韩效忠	1948.9—1949.9	1年

续表

县别	县长	任职时间	周期	县别	县长	任职时间	周期
定边县	吴志渊	1944.11.10—1945.10.20	1年	盐池县	聂秉和	1949.9—1949.12	3月
	丁子齐	1945.10.20—1947.9	2年	庆阳县	朱开铨	1940.2.10—1940.7.11	5月
	杨存富	1948.2.16—1948.4.8	2月		马锡五	1940.7.11（任）	—
	丁子齐	1948.4.8—1949.10.15	1年		陆为公	1941.5.20—1942.6.1	1年
曲子县	逯月喜	1940.10.12（代） 1942.1.27—1943.11.24	1年		冯治国	1942.6.1—1943.1.15	7月
	赵辉先	1943.11.24—1944.11.10	1年		苏耀亮	1943.1.15—1944.11.10	1年
	李正林	1944.11.10（代） 1946.5.15—1948.5.27	2年		杨福祥	1944.11.10（代） 1946.5.15—1947.6.17	—
	冯克微	1948.5.27—1948.8.17	3月		白生彩	1947.6.17（代）	—
	胡礼新	1948.8.17（代）	—		杨福祥	1948初—1948.10.11	9月
镇原县	康子文	1941.5.20（任）	—	合水县	王振喜	1942.1.28—1947.9	5年
	王治国	1941.6.15（因学习免）	—		白天民	1947.9.5—1948.3.10	6月
	王子厚	1946.5.15—1948.2.16	2年		田静忱	1948.3.10—1949.3.9	1年
	贾联瑞	1948.2.16—1949.8.3	1年	新宁县	杨伯伦	1940.10.12—1941.3.14	1年
	张彦儒	1949.8.13（任）	—		李积成	1941.3.14—1943.11.24	2年
合水县	高朗亭	1940.2.10—1941.10.21	1年		刘永培	1943.11.24—1945.10.20	2年
	王士俊	1941.10.21—1944.11.10	3年		郭进廷	1945.10.20（代）	—
	李正廷	1944.11.10—1945.12.5	1年		王立成	1946.5.15—1948.6.29	2年
	高伯祥	1945.12.5（任）	—		罗金财	1948.6.29（代）	—
	张云山	1946.5.15—1948.2.16	2年	淳耀县	郭存信	1940.2.18以前任	
	胡宗彦	1948.2.16（代）	—		封占保	1940.2.18—1943.9.30	3年
新正县	郭进廷	1942.1.28（任）	—		刘永培	1943.1.15—1943.11.24	10月
	郭存信	1942.1.28—1944.11.10	2年		李积成	1943.11.24（任）	—
	郭廷藩	1944.10.11（代） 1946.5.15—1948.6.29	2年		房文礼	1948.4.1（代）	—
	李德录	1947.9.6（任）	—	环县	陈玉山	1940.10.12（代） 1941.11.30（兼）	—
	王立成	1948.6.29（代）	—		陈聚奎	1946.5.15—1948.2.16	2年

续表

县别	县长	任职时间	周期	县别	县长	任职时间	周期
华池县	李培福	1943年以前任	—	环县	赵彦杰	1948.2.16（任）	—
	第五汉杰	1943.3—1943.8	5月	注：表中的任职周期以整年数计，1年以上不足2年的皆以1年计。另陈子平《陕甘宁边区专员县长名录》一文中部分县长的任职时间与相关县志中的记载有出入。			
	白国明	1943.9—1946.1	2年				
	李生华	1948.1—1949.10	1年				

资料来源：据相关地区县志以及陈子平《陕甘宁边区专员县长名录》（《历史档案》1991年第1期）一文整理而成。

很显然，在1940—1949年间，多数县长的任职周期不仅时间较短，而且调动更换也较为频繁。实际上，在整个近代中国的历史进程中，县级干部的任职周期几乎都有任职周期较短、调动较为频繁的现象。但是陕甘宁边区时期的县长任职周期，却有着当初条件下的一些历史因缘和实际特点。

首先，边区干部的缺乏是导致县长任职周期较短的原因。众所周知，由于陕甘宁边区文化水平落后的现状，能够胜任县长工作的干部较为缺乏。在陇东分区，及至1942年，专员公署在给边府的报告中依然指出"分区与县一级尚短三、四十名干部"。[①] 这就只能通过调动干部来解决人员缺乏的现状。与此同时，为了进一步提升在任县长的政治素质与文化水平，中共不定期也要对县长开展在职教育，县长的任职自然就会因学习而被中断。随着边区县域面积的不断扩大，也要经常从某地调派县长前往任职。从表3—2中我们也能很明显地发现县长在多处任职的情况。尤其是在解放战争时期，这种现象就更为普遍。陇东分区专员公署鉴于"时局的开展，各级干部的调动会更为频繁"的实际，专门发布了干部工作调动制度的通知。[②] 边区县长任职周期较短，干部的缺乏是一重要因素。

其次，县长的兼职也在很大程度上导致县长的任职周期较为短暂。相关资料显示，不少县份的县长在初期大都是由行政专员兼职，特别是在统一战线区和一些新区，行政专员兼县长的情形更为普遍。关中分区和陇东

---

① 中共庆阳地委党史资料征集办公室编：《陕甘宁边区时期陇东民主政权建设》，甘肃人民出版社1990年版，第359页。

② 同上书，第562页。

分区即是如此。1940年5月6日，陕甘宁边区政府就此发布命令指示，为加强各分区专员公署之工作效率及统一职权，"关中分区专员公署兼新正县县政府，庆环分区专员公署兼曲子县县政府，陇东分区专员公署兼庆阳县县政府。县政府之各科亦即专署之各科，各特派员制着即取消"。①由于这些地区初期皆是由专员兼县长，这种兼职也在很大程度上使得县长的任职周期较为短暂。

最后，县长的任职周期之短也有一部分干部希冀调往他处有关。在边区的县长群体中，有一部分干部原本是做其他工作的，只是形势的需要而暂时担任县长一职。因此，希望能调到延安或继续从事原有的工作，是他们的普遍愿望。尤其是一些外籍干部体现得更为明显。据陇东分区的民政工作总结报告所指，"部分外来干部打算调换他们的工作，想回延安或调别处去"，他们"一封封信给延安去，要求调工作。认为各种合并不需要自己，想借此机会调动"。有的认为："我是上边派来干部，合并后回延安分配，未向组织商讨，借工作关系到延安不打算回来。"还有些外来干部认为"来陇东工作多年，都没回延安，这次该有机会回去调别处或住学校，经再三解释而〔还〕硬要回延安的亦有。"② 实际上，从表3—2所列的一些外籍干部担任县长的任职周期，我们也能窥见一斑。

需要指出的是，尽管边区县长的任职周期较短，但是由于县级政权所采取的是委员制形式，县级政权的最高权力机关为县政府委员会，县长必须依据县政府委员会的决议来开展具体工作。也就是说，县长具体工作的开展是以民主集中制为基本原则的，这种集体领导、分工负责的制度组织形式，在很大程度上弥补了单纯的行政领导负责制所带来的客观后果。因此，尽管县长的任职周期较短，调动也较为频繁，但是边区县级政权并未因此而产生较大的影响。

三 县长的流动格局

社会流动作为社会结构体系中普遍存在的一种社会现象，其实质是指人们在社会结构体系中社会地位和社会关系的变化。但是与传统社会的流

---

① 《庆阳地区中共党史大事记》，中共庆阳地委党史资料征集办公室1990年编印，第77页。
② 中共庆阳地委党史资料征集办公室编：《陕甘宁边区时期陇东民主政权建设》，甘肃人民出版社1990年版，第379页。

动不同①，边区县长的社会流动不仅体现为一种开放性的流动，而且无论是流速还是流向，都在战争局势和干部人事政策的双重作用下发生着急剧变化。

就社会流速而言，边区县长的任职周期之短和调动之频繁，就突出地体现了这一点。由于战争的紧迫局势和干部之短缺，边区县长的流动速度非常快。特别是"一切服从于战争"这一原则，更加快了县长的社会流速。如苏耀亮，曾先后于1943年、1946年、1948年担任过庆阳县、子长县和鄜县县长；黄静波、黄聚俊同样先后在安定县与清涧县担任县长，谢怀德曾分别担任过鄜县、子洲县县长；白世杰分别担任过甘泉县和延长县县长；李生华分别担任过志丹县、华池县县长；刘子谟分别担任过延川县、延长县县长；孙润华分别担任过定边县、靖边县县长；等等。

边区县长社会流速的加快，首先是基于干部制度和政策的需要。陕甘宁边区时期，中共为了切实培养地方干部，使其得到更好的锻炼，曾制定了关于干部调剂和交流的干部政策。就在1937年9月，陕甘宁边区委员会组织部在《关于干部工作的指示信》中就明确指出："适当的提拔与配干部，使用干部长处，使每个干部能用得很适当，发挥他的能力及工作的积极性，大胆的提拔工作过程中涌出的新干部。有计划的来轮流培养边区的新老干部，继续的提高干部的文化理论水平，并要注意从实际工作中一点一滴的教育克服干部的缺点，勿使错误倾向发展，使其长处充分的发扬起来。"② 因此在不同的岗位之间流动调换，就成为常见现象。以庆阳县县长朱开铨为例。朱开铨在担任庆阳县县长之前，曾在陕甘宁边区建设厅担任副厅长一职。1939年秋，边区政府即派朱开铨到陇东地区征收公粮，之后便接到命令担任庆阳县抗日民主政府县长。征粮工作完成之后，又回到延安中央党校参加学习。③ 应该说类似的社会流动形式，在边区县长中

---

① 王先明教授认为，中国传统社会的流动模式是混合型的，是一种适度型封闭（而不是极度封闭）的社会流动。它既严格限制垂直流动在任何阶级、阶层间自由发生，同时又保证一定范围内的上升性流动。这种流动主要是通过旧式教育来实现的。旧式教育是以私塾和书院为主要教育场所，以儒家经典及封建伦理为重要教学内容，以科举制度为核心的传统教育体系。其特点主要体现在四个方面：首先，社会流动主要是士绅、地主与官僚阶层之间的竞争性流动；其次，社会流动的流向仅限于士绅、官僚阶层；再次，向上流动的社会集团主要限于地主、阶层；最后，向城市的地域流动甚小。（详见王先明《变动时代的乡绅：乡种与乡村社会结构变迁1901—1945》，人民出版社2009年版，第75—81页。）
② 中央档案馆、陕西省档案馆编：《中共陕甘宁边区党委文件汇集》（1937—1939年），（内部资料）1994年刊印，第312页。
③ 朱开铨：《六十六年之革命生涯》，第164—165页。

是极其常见的现象。

　　除此之外，根据县长自身的特点和优势，在不同县域之间轮岗流动，以更好地发挥其自身的优势，又是边区县长的另一种社会流动形式。边区政府委任谢怀德为子洲县县长即是如此。子洲县是陕甘宁边区屏障，北线是绥德警备区前线之一，周围顽固据点林立。国民党顽固派利用这些据点经常与中共发生摩擦，仅1942—1944年两年间就有两次大的进攻，累计大小摩擦百次以上，并不断派遣特务到县境破坏，直接影响各项建设和人民生命财产安全。① 这样，选派有处理类似情况经验的县长去子洲县任职，自然是一种不二选择。而子洲县的这种现象与鄜县当初的情形颇为类似。担任鄜县县长的谢怀德对边区政府的报告中就指出："鄜县是边区南线上的一个重镇，与友区洛川、中部（黄陵）、宜君接界，并且是一个地广人稀的地区……自去年春天建立起新民主主义的政府后至现在，虽然经过一年半的建设，但仍未最后巩固，还受着顽固分子的威胁与破坏。"② 担任鄜县县长的罗成德，由于有着应对此类事件的丰富经验，为了更好地发挥其自身的优势，以便更好的开展子洲县的各项建设，1945年12月27日，西北局常委办公厅决定任命谢怀德为子洲县县长。③ 同样，曾于1940年至1945年任黄陵县双龙工委书记、双龙垦区管理处长、游击队长等职的郭景龙，为粉碎国民党准备对陕甘宁边区发动的全面进攻的实际需要，以便"加强边区的统一战线工作"，延属统战部派郭景龙任陕甘宁边区富县县长兼中共洛川特委委员，积极开展统战工作。在石寨子战斗中，郭景龙率洛川支队前往增援，取得了战斗的胜利，在统战和军事两条战线上有力地打击了国民党反动派的进攻。④

　　如果说县长的调剂轮岗还只是一种横向流动，那么经过实际工作的锻炼和在职教育的学习，由此而形成的纵向流动则是边区县长社会流动的另一重要形式。其时，中共提出了将在职干部教育摆在第一位的口号。《解放日报》专门发表社论指出：

　　　　我们之所以特别强调在职干部教育，就因为我们要做的事情是太

---

① 张俊谊：《子洲县建县前后》，《子洲县志通讯》1985年第2期。
② 富县地方志编纂委员会编：《富县志》，第541页。
③ 中央档案馆、陕西省档案馆编：《中共中央西北局文件汇集》（1945年），中央档案馆1994年编，第172页。
④ 《黄陵文典》编纂委员会编：《黄陵文典·人物卷》，陕西人民出版社2008年版，第113页。

多了。在战争中建立一个新的国家，决不是一件容易事，事事样样都需要人做，而且所需要的是能够把他的学识、经验灵活地运用于当时当地的具体情况的人。①

基于此，中共依据具体实际将现时的在职干部分为四类：甲、有相当文化理论水准的老干部；乙、文化理论水准都较低的老干部；丙、有相当文化水准的新干部；丁、工农出身的新干部。针对不同类的干部开设不同的干部的课程。② 参加在职干部教育，对于边区县长而言无疑是一次难得的机会，也是他们极为重视的一个经历。担任庆阳县长的朱开铨在工作实践中，自感"文化低的人担任领导工作，是一件非常吃力的事"，因此"非常想到中央党校去学习"。后经过中央党校的学习，"不要说思想上进步了，理论上提高了，我最感到高兴的，是自己可以做笔记了，尽管记得还很慢，但和以前相比，这已是非常大的进步了。"③ 担任新宁县长的路思温也回忆说："我在中央党校只学习了六个月，虽然生活很艰苦，但和大家一样，始终情绪很高。尤其我们这些工农出身的党员，参加革命只知道是为穷人打天下的，打敌人，革命道理知道得很少。多了革命道理，从此心胸开阔了，满了信心。具体工作就是斗地主，分田地，经过半年学习，使我懂得了许多，眼睛也更亮了，对革命事业充满信心。"④ 边区县长文化理论水平的不断提高，他们向上流动的速度也大大加快。清涧县县长黄静波的自述颇具代表性。他说：

当时我是小学毕业的文化程度，在陕北算是个小知识分子。比起刘景范、高岗来，我的文化程度差些，他们都是中学毕业。同年冬天，从中央党校毕业后，我担任了中共绥德县中山镇党委书记，后任绥德县委书记，几个月后任米脂县委书记。1938年冬至1939年初，陕甘宁边区开始实行民主选举，把国民党委派的县长赶走了。我经过民选，当选为清涧县县长。1942年1月，中共中央西北局高干会奖励了在边区经济建设中刻苦奉公而又成绩昭著，并在群众中有威信的22名干部，我是其中之一。我获得了毛泽东亲笔书写的"坚决执行党的路线"的奖状，以示嘉奖。1943年，我调到延安任陕甘宁边区

---

① 《为什么在职干部教育摆在第一位》，《解放日报》1942年3月16日。
② 《中央书记处关于在职干部教育的指示》，《共产党人》1940年第6期。
③ 朱开铨：《六十六年之革命生涯》，江西人民出版社1993年版，第165—167页。
④ 《宁夏文史资料》（合订本）第2册，宁夏人民出版社1988年版，第108—109页。

政府粮食局的局长，一年后，又兼任财政厅副厅长。这些都是党组织对我的信任和培养。到1945年七大召开前夕，陕甘宁边区政府、党组织提出了好几个候补代表的候选人，我是其中之一。①

当然，边区县长向上流动的同时，也出现了因工作不力而被撤职的逆向流动。早在抗战初期，盐池县县长（县苏维埃政府主席）曹建勋，就因"不站在正确的领导地位督促检查工作，甚至于连县府主席团会议也不常召开，有了问题也不及时的正确的去解决"。特别是针对该县在破获赌博案的罚款"一文也没登记"，一科科长康建熙因私自挪用七十元无法归还，在向曹县长寻求解决时"竟公正答复，可在没收款中，少收一笔账"。鉴于此，边区政府给予撤职处分。②延长县代理县长董耀卿，面临敌人进犯前不作必要准备，借口粮食局无疏散指示，不将公粮疏散，迨敌至延长城时，致使一千八百石公粮全部丢失，结果该县公粮前后损失共达三千余石之多。同时也未将军鞋四千六百双放在城郊村庄不予坚壁，敌人路过时抢去大部分。同样清涧县代理县长王士英，由于思想麻痹，以为敌人不会到来，遂不积极组织发动群众进行紧急备战，对于干部家属及公私物资俱不妥为疏散，以致县城临陷之时，大批干部群众来不及转移，仅公粮一项损失即达二千余石。对于恶霸反革命分子亦不作适当处理，未能积极发动群众对敌斗争，坐视人民在暴敌统治之下被动应付，甚至有为敌所用的现象，使其得以为虎作伥，助纣为虐。最终二人均受到撤职处分。③

甚至有县长面临国民党进攻而投降的情形。安边县县长刘文卿即如此。1947年4月，宁夏马鸿逵凭借优势兵力，向三边地区发动进攻，我军一团又临阵叛变，结果二团、八团受到严重损失，战斗失利，士气受到很大影响。而反动分子却乘机活跃起来。安边县县长刘文卿，在敌人进攻定边县城时，却"从安边县政府逃跑了。敌人进攻安边县城时，他又勾结当地一些土豪劣绅前去迎接敌军进了城，并组织欢迎敌人的大会，在会上讲话，攻击我党、我军。说什么他当了一年多县长，还不如说是坐了一

---

① 中共中央党史研究室第一研究部编：《七大代表忆七大》上册，上海人民出版社2006年版，第139页。
② 《反对贪污行为，盐池曹县长撤职》，《新中华报》1938年2月10日。
③ 陕西省档案馆等编：《陕甘宁边区政府文件选编》第11辑，档案出版社1991年版，第188—189页。

年多看守所等等"。1949 年 9 月，刘文卿被捕获，送到延安后死于狱中。①

概而言之，陕甘宁边区县长的社会流动有明显的战时特点和时代烙印。尤其是流动速度之快，更是与传统的封闭性社会流动形成了鲜明对比。当革命与战争成为时代的主题时，由此形成的社会流动格局，不仅造就了大批适应战时条件的县级干部，而且也为中共革命最终取得胜利奠定了坚实的基础。

第三节　县长的构成——战时体制下的结构成分

陕甘宁边区的县长群体，既有为数众多的农民阶层，也有其他社会阶层。特别是随着妇女解放运动的高涨和"三三制"结构模式的推行，在边区县长的社会构成中也出现了女县长和地主士绅的身影。与此同时，边区县长的身份背景和年龄结构，也凸显着战时体制下县长群体的一些时代特点。

一　县长的身份背景

在陕甘宁边区的地方干部队伍中，大概有三种不同身份背景的群体：第一种是工农出身的区乡级干部；第二种是从各地奔赴延安的青年知识分子；第三种是经过长期革命斗争的考验，有着艰苦奋斗的革命传统和比较丰富的斗争经验的"老革命"。边区县长就属于这一类型。

陕甘宁边区的县长大都经历过革命斗争的洗礼，是在与反动势力的斗争中成长起来的一个重要群体。担任子长县县长的李子厚关于自己革命生涯的回忆颇具代表性：

> 我 1905 年生于陕西安定县（今子长县）马家沟村，祖祖辈辈受地主老财欺压，全家一贫如洗。我 3 岁时失去母亲。7 岁起就给地主家放牛羊，干活。一次得了伤寒病一连昏迷了十几天，多亏乡亲们接济照顾，才勉强活下来。病没好利索，地主又逼着我干活……1929 年我参加了共产党员杨根伍领导的游击队，杀富济贫。后来游击队被反动派收编了。我冒着生命危险跑了回来，并于 1931 年参加了谢子长领导的革命队伍，专抢地主劣绅的枪和分地主土豪的粮食。1932

---

① 马骥主编：《三边往事》，中共定边史志办公室 2006 年编印，第 329—330 页。

年我加入了中国共产党，1934年任红军游击师政委，1935年任中共秀延县县委书记……①

李子厚的回忆，大概体现了边区县长身份背景的基本情状。据相关资料显示，家境贫寒、学校启蒙、奋起反抗、参加革命，几乎是边区县长人生经历的共同特征。华池县县长李培福7岁就给地主家当了羊倌，常常是破毡片裹身，赤脚上山。14岁时，因债台高筑还不起债，一家人被扫地出门，流落于梢林荒山间，或凭苦力垦荒，或佃田租种以求活命。李培福也走南闯北，贩皮子、当箩匠，备尝艰辛。民国十八年后陇东饥荒，再加上土匪骚扰，更使日子难得安宁。一次，夏粮刚上场，地主家又差人来讨账，李培福眼见一年的辛劳又将化为乌有，怒火顿起。他抄起扁担硬是护住了活命之粮。气势汹汹的狗腿子见势不妙，退去时骂道："要想不还账，除非当土匪。除非当红军！"一句话激起了李培福苦苦的思索，最后终于参加了革命。②

除此之外，学校的革命启蒙教育，也在很大程度上为他们积极参加革命奠定了重要基础。曾担任延长县委书记的白治民清晰地道出了自己参加革命的缘由：

> 我的成长与我家乡的环境和党的哺育是分不开的。我怎么参加革命的呢？因为我上的学校就是共产党领导的小学。党在那个学校的工作一直是有基础的。校长白作宾原来是中共党员，后来同党没有关系了，但是他不反共。教员清一色的都是共产党员、共青团员。摇铃的、管账的员工也是党团员。我1930年从清涧县第二高级小学毕业。同年加入了青年团组织。我们家乡是革命老区，是刘志丹、谢子长领导的老革命根据地。毕业后我回去劳动了3年，在当地过组织生活。1933年我离开家参加革命。③

因在学校受到革命启蒙教育，不少县长在青少年时期就参加革命，投

---

① 中共中央党史研究室第一研究部编：《七大代表忆七大》上册，上海人民出版社2006年版，第148页。
② 甘肃省华池县政协文史资料委员会编：《华池县文史资料选辑》第1辑，1997年，第59页。
③ 中共中央党史研究室第一研究部编：《七大代表忆七大》上册，上海人民出版社2006年版，第95页。

入到家乡的革命斗争中。据担任清涧县长的黄静波说，他 15 岁时就参加革命做儿童团工作：

> 在中央红军开进陕北前，我们家乡只有一部分人参加了地方组织，那时西北方面负责人是王思影和张爱民，这一段工作比较艰苦，第一，如果亮明身份出来工作生命难保；第二，我们都住在山上，几个人一组，如果住在村子，敌人一包围就出不来了，往往是走哪吃哪，随身就带件衣服。我父亲就是那时在一次敌人围剿中被意外杀害的。直到中央红军来以后，在瓦窑堡，我们正式成立了陕西师，我当上儿童局书记。当时儿童团一个很要紧的工作是放哨，第二个是抓抽鸦片和赌博的，小孩子都很认真。①

由于他们很早就参加工作，再加之对当地的社会环境有着相当的了解，绝大多数人在被选为县长时，其年龄都处在 20—30 岁。具体情况如表 3—3 所示：

表 3—3　　　　　　　陕甘宁边区部分县长年龄结构

县长	县别	任职年龄	县长	县别	任职年龄	县长	县别	任职年龄
李培福	华池县	25	刘秉温	延安县	25	阎志遵	盐池县	25
谭生斌	延长县	26	黄静波	清涧县	21	孙璞		27
邵清华	安塞县	24	郭进廷	新宁县	26	王治邦	靖边县	24
罗成德	鄜县	29	折永年	吴堡县	30	乔钟灵	神府县	30

资料来源：根据相关地区县志整理而成。

边区县长的教育背景和文化水平也是普遍比较低，大多数县长只是接受了高小文化教育。清涧县长黄静波说，自己当初只是小学毕业文化程度，"在陕北算是一个小知识分子"。② 华池县县长李培福 9 岁时入私塾，最终也因家境贫寒被迫辍学，只能粗识文字。③ 应该说这种情况在陕甘宁边区的其他地区也大致相同。1940 年民主建政初期，米脂县抗日救国会

---

① 黄静波：《难忘延安生活》，《各界导报》2010 年 5 月 28 日。
② 中共中央党史研究室第一研究部编：《七大代表忆七大》上册，上海人民出版社 2006 年版，第 139 页。
③ 甘肃省华池县政协文史资料委员会编：《华池县文史资料选辑》第 1 辑，1997 年，第 59 页。

成员17人，其文化程度是初中、高小、文盲各4人，粗识字5人。① 在陇东分区，根据1941年边区民政厅的统计，213名干部中，具有大学背景的1人，中学背景的为10人，师范背景的2人，高小42人，识字的有146人，文盲为12人。② 这些统计数字都明确说明边区县长的文化水平的确很低。有些县长仅仅"能看懂文件"，曲子县县长李积成就是如此。③ 甚至有些县长根本就不识字。当年去延安访问的《大公报》记者，在与焦生炳县长座谈县政时，发现焦县长农民出身，"很详细的举出生产上的数目字，也有若干问题答复得相当吃力"。由此记者不由发出疑问：

> 民选的乡长、县长时常是农民出身一字不识的，乡政府里有文书，县政府里有秘书帮助乡长县长解决文字上的问题。在乡里，比较是单纯的农村问题多，不识字的乡长也许处理得了，在县里问题要复杂一些，这样一个县长能否应付，这实在是个问题。④

边区县长尽管文化水平较低，但却有着较为丰富的革命斗争经验。他们要么是参加过红军，要么是深入农村开展过土地革命斗争。担任神府县县长的乔钟灵，在土地革命战争时期，就为创建神府革命根据地而积极奔波，历时10年之久，其中建立共产党、共青团组织和领导根据地的群众革命斗争即有5年多，开展游击战争、创建根据地的斗争则进行了将近4年。⑤ 华池县县长李培福在创建庆北苏区的过程中，更是把庆北苏区办事处设在自己家中，以便更好地发动群众。在此过程中，通过与敌人斗争、与土豪交涉，带领游击队开展游击战争，已然使得李培福在革命斗争的实践中获得了丰富的斗争经验。事实上，不少人就任边区县长之前就曾担任过重要领导职务。担任安定县县长的薛兰斌，从1934年12月起就历任赤源县苏维埃政府第一任主席，秀延县苏维埃政府主席，陕北省苏维埃政府裁判长。担任吴堡县县长的折永年在1934年起就曾担任赤卫队副大队长、陕北特委交通、陕北苏维埃政府科长。

---

① 《米脂县志》，陕西人民出版社1993年版，第454页。
② 中共庆阳地委党史资料征集办公室编：《陕甘宁边区时期陇东民主政权建设》，甘肃人民出版社1990年版，第575页。
③ 同上书，第657页。
④ 孔昭恺：《旧大公报坐科记》，中国文史出版社1991年版，第124页。
⑤ 中共陕西省委党史资料征集研究委员会等编：《神府革命根据地》，陕西人民出版社1990年版，第98页。

综上可见，陕甘宁边区县长尽管大多是家境贫寒、命运多舛、文化水平较低，但是却有着丰富的革命斗争经验和群众运动基础。不少人在土地革命战争时期都担任过县苏维埃政府主席的职务。一如美国学者马克·赛尔登所讲："许多县长没有文化和行政经验，但他们在土地革命中的勇敢和致力领导，表现有能力和忠于革命，现在又承担了民选政府里的领导职务。"① 可以说这些特点几乎构成了边区所有县长的共同身份背景。

二 县长的社会结构

陕甘宁边区县长的社会结构成分中，农民是所有社会结构中为数最多的一个阶层。根据1941—1942年中共中央西北局组织部对陕甘宁边区15个县长的统计，我们可以很清楚地看到这一点：

表3—4　　　　　　　陕甘宁边区15县县长成分结构统计

县长	县别	社会成分	县长	县别	社会成分	县长	县别	社会成分
辛兰亭	延川县	贫农	赵建国	固林县	中农	孙润华	靖边县	中农
赵玉文	志丹县	贫农	白振华	葭县	贫农	王恩惠	吴堡县	中农
黄静波	清涧县	中农	曹力如	绥德县	富农	焦生炳	延长县	中农
黄聚俊	安定县	中农	白世杰	甘泉县	贫农	谢怀德	鄜县	贫农
逯月喜	曲子县	贫农	邵清华	安塞县	小资阶级	陆为公	庆阳县	中农

资料来源：《中共中央西北局文件汇集》（1942年），中央档案馆、陕西省档案馆1994年编，第86—106页。

在15个县长的社会成分中，除邵清华为小资产阶级、曹力如为富农之外，其余均为贫农和中农。农民成分占多数，客观原因是在中国社会里，农民本身就占绝大多数。而在陕甘宁边区，农民的比例更是高于全国，达到90%以上，自然农民成分的县长所占比例较大。另外中共的干部政策也在很大程度上决定了边区县长的农民成分。在陕甘宁边区的干部政策中，中共十分注意在斗争中培养干部，特别是注意培养地方干部。因为地方干部熟悉情况，与当地群众有血肉般的联系。只有本地干部大批地成长并且提拔起来了，根据地才能巩固，党才能在根据地生根。于是一些

---

① ［美］马克·赛尔登：《革命中的中国：延安道路》，魏晓明、冯崇义译，社会科学文献出版社2002年版，第134页。

生于斯长于斯的地方干部，自然就会得到选拔任用。当年到延安访问的《大公报》记者也注意到了这一问题。在其采访中共有关人士对此问题的看法时，中共人士的解释是："农民出身的县长主要还是处理农民的事，这样比较亲切。"①

与县长中农民成分占多数相对应的是，具有共产党员身份的县长同样占多数。根据1941—1942年中共中央西北局组织部对陕甘宁边区15县政府工作人员的统计，除了各县政府委员会委员和县参议会中有非党人士参加政权之外，15县县长均为共产党员。② 仔细分析不难看出其中的一些缘由。

首先，注重党的领导是中共干部政策的重要原则。1942年9月1日，《中共中央政治局通过中共中央关于统一抗日根据地党的领导及调整各组织间关系的决定》中就明确指出，根据地政权的领导是一元化的领导，在政权系统中实行三三制政权后，党员在政权系统中的数量在减少，但在政权系统中"工作的党员质量必须大大提高"。对于边区政权枢纽的县级政权而言，县长的地位更是不能小觑。特别是在游击区，"因为它的特殊性，领导的一元化不仅是在相互关系上应有所确定，而且在党政军民的机构上必要时亦须一元化"。③ 这也就意味着，在县级政权中加强党的一元化领导尤为重要。陈云在延安抗日军政大学的讲演中就指出："全中国一千八百多个县，假如每个县能够保存三个党员，我们党开展工作的力量就大得多了。"④ 由此不难理解边区县长中党员占据绝对优势的缘由。

其次，基层民众在县长的选举过程中，对一些地主绅士和非党人士的担忧，也是一个重要原因。按照"三三制"的政权结构模式，是应该有一定比例的非党人士参加到县级政权体系中。但是正如《解放日报》专门就县级"三三制"问题发表社论指出：

> 三三制口号的提出已经有了一年半，边区施政纲领的发布也有了十个月，这一纲领经边区参议会通过，也已经过了三个月，但是直到

---

① 孔昭恺：《旧大公报坐科记》，中国文史出版社1991年版，第147页。
② 参见中央档案馆、陕西省档案馆编《中共中央西北局文件汇集》（1942年）（内部资料），1994年刊印，第86—106页。
③ 中央档案馆编：《中共中央文件选集》第13册，中共中央党校出版社1991年版，第433页。
④ 《陈云文选》，人民出版社1984年版，第44页。

今天，有位县级负责同志还来信请问边府，说他"想提拔一位非党干部做科长，问边府是不是可以这样做？"不少县里还是党政不分，县政府的工作，往往为县委所代替。所以有这种现象的主要原因，还是因为在去年选举时，我们没有能够认真的在县级实行三三制，局面没有多大变更，旧的作风也就沿袭下来。①

实际上就在参议会上选举县长时，不少参议员都不太愿意选举一些地主绅士身份的非党人士。因为在乡村民众的社会分层意识中，他们依然是以既有的乡土资源来看待和评价周围的人和事。特别是对于绅士与地主，在乡村民众眼中是有着不同的地位的。

据王先明对地主和绅士的分析发现，地主与绅士"有重合之处，但又是完全不同的阶层，甚至二者利益时有冲突"。在乡村民众的视野中，"乡村社区中个人权势地位和声望并不仅仅取决于财产，而主要取决于其社会关系网络和社会活动的影响力"。② 这也表明左右民众价值判断的并非中共所倡导的阶级分析，而是传统的乡土资源。黄宗智在考察农民的价值评判时也指出，农民往往会"把'财主'和有学问、人品受敬重的人分别开来，后者简单称'先生'"，自然"'绅士'就是有学问和品格高尚的人，与财富无关"。③

与此同时，在长期处于剥削压迫下的大众眼里，有一部分绅士还不仅仅是地主，更是威胁着他们生存的剥削者。在他们看来，绅士"亦是高利贷者，绅士亦是官吏，绅士是地主，地主高利贷者，商人高利贷者。绅士亦是承办抽租税者，绅士又是年贡收集人，绅士又是大官，大将军，绅士又是某族的'大人物'"。④ 这些刻在普通民众脑海中的形象，是无法彻底抹去的。再加上一些地主绅士在减租减息问题上的消极抵制，注重强调交租交息，更加重了普通民众对地主绅士的怀疑。⑤ 一旦一些地主绅士被

---

① 《充实县级三三制》，《解放日报》1942年3月4日。
② 王先明《变动时代的乡绅——乡绅与乡村社会结构变迁》，人民出版社2009年版，第371—372页。
③ 黄宗智：《华北的小农经济与社会变迁》，中华书局1986年版，第68页。
④ 马扎儿：《中国农村经济研究》，神州国光社1930年版，第581页。
⑤ 陕甘宁边区绥德与米脂的地主，是全边区地主阶级的代表。由于经济的、政治的、历史的、人事的各种原因，绥、米地主阶级内部，态度也很不一致。一般对于一些具体问题持下列态度：对于土地所有权的保障一般很满意，但对减租和保护佃权的措施多数不满，并强调交租和地权一面。（参见柴树藩等《绥德、米脂土地问题研究》，人民出版社1979年版，第113页。）

选举参与政权管理，便招致民众的质疑与反对。即便是著名的开明绅士如李鼎铭者，也遇到这样的情形。据李维汉说，有一次李鼎铭抱怨道："我原本不愿出来做事，是受到毛主席在参议会上的演说的感动才出来的，在党外人士有职有权的鼓励下出来的。任职后，政府开会要我主持时，只临时给我一个条子，什么都不跟我谈，我怎么办？政府下达命令、指示，要我划行，有的内容事先我一点也不知道，怎么办？现在同级把我当客人，下级把我当傀儡。党上有包办，政府不能决定政策，我这个副主席，也不想干了。"在一些党员干部中，看起来是"把李鼎铭当客人，形式上客客气气，事实上对他的职权不尊重"。①

实际上，影响民众对干部进行评判的首先是自身的生存安全。当"外部剥夺作为不可避免的生活内容，农民对他进行评价的关键因素，是看他增加还是减少了发生灾难的机会"。在关乎农民生存利益的问题上，"他要问涉及农民利益的制度是否尊重其作为消费者的基本需要"。②当近乎三分之一的地主绅士参加政权管理，这与农民既有的思维意识的认知是相冲突的。基于这样的认识，所谓"公正"、"好人"自然就成为他们定位县长人选的一个重要尺度。但是即便如此，在边区县长中依然有一些开明的地主绅士或开明非党人士被选为县长。如绥德绅士霍祝三曾数年担任绥德县县长，安边民主人士刘文卿在1945年11月被选举为安边县县长，镇原县绅士杜洪源在1946年2月当选为镇原县副县长，淳耀县开明公正人士房文礼也在解放战争初期被选为淳耀县副县长。对此，有报道评论指出：

> 房文礼现已升淳耀副县长，是日益靠近我们政权，愿和我们共同工作的一个，他在就职典礼上说："共产党既交给我这一分责任，我就要负起责来。"平时对各种政策都积极拥护，坚决执行，对精减政策认为是加强干部，为工作出发。对减租减息特别积极（本人是佃户），教育他娃好好做农会工作。去年亲自领导修水利，开始对卖特货不满意，后来把道理懂得了，就完全拥护，反特务最积极，骂李景熙骂得最美。③

---

① 李维汉：《回忆与研究》，中共党史资料出版社1986年版，第523—524页。
② ［美］詹姆斯·C. 斯科特：《农民的道义经济学：东南亚的反叛与生存》，程立显等译，译林出版社2001年版，第38—39页。
③ 中共延安地委统战部、中共中央统战部研究所编：《抗日战争时期陕甘宁边区统一战线和三三制》，陕西人民出版社1989年版，第542页。

可见，尽管在边区县长的结构成分中，农民和共产党员占绝大多数，但是也不乏一些在民众中享有较高威望、热心公益事业的一些公正人士，因获得了民众的认可而被选为县长的情形。但是从总体上来看，中共对一些非党人士的任用还是较为谨慎甚或也有一些不信任。即便在抗战时期，中共所强调的开明绅士在很大程度上也带有明显的策略色彩。也就是说："我们团结他们，并不是因为他们在政治上有什么大的力量，也不是因为他们在经济上有什么重要性，而是因为他们在抗日战争时期，在反美蒋斗争时期，在政治上曾经给我们以相当的帮助。"① 另外，在严酷的战争环境和土地改革的考验中，少数人动摇以致投敌的情形，也使得中共对于一些非党人士的任用充满了不信任。② 在这种情况下，非党人士担任县长的数量自然就较少。不过即便如此，在边区县长群体中，依然有一些颇具特色的县长个案，这些县长无疑是陕甘宁边区县级干部队伍中的亮点。

第四节　县长个案——时代演绎下的边区县长

妇女、地主、绅士这些社会阶层，在较长一段时间里似乎很少出现在中共的干部群体特别是县长群体中。但是在抗日战争这一大时代的背景下，在陕甘宁边区的县长群体中，除了占较大多数农民出身的县长之外，已然出现了妇女、地主绅士的身影。其中第一位具有国共两党双重身份的县长马豫章、边区第一位女县长邵清华、第一位绅士县长霍祝三就是在抗战这一大时代之下出现的边区县长。

一　"白皮裹红瓤"的县长马豫章

在中共的隐秘战线中，不乏具有军人背景的人物，但很少出现县长的

---

① 《毛泽东选集》第4卷，人民出版社1991年版，第1290页。
② 如边区政府委员刘文卿、毕光斗在解放战争时期发生动摇投敌；边区政府委员会谷莲舫动摇投敌，但最后未跟随国民党逃离；边区参议会常驻议员杜洪源，也动摇投敌。在分区一级和各县的中间人士中，也有少数发生动摇投敌的。如边区参议员、曲子县参议会副议长郭兆林，投敌后任国民党曲子县木钵镇镇长；边区参议员、庆阳市商会会长任绍庭，投敌后任敌"清剿"司令部地方顾问；边区参议员、合水县政府委员薛绍堂，投敌后任敌维持会长；边区参议员、富县政府委员孔令温，投敌后带领武装攻打我方寨子等。

身影。而被毛泽东称为"我们的马县长"、"白皮裹红瓤的抗日县长",出生在地主窝——米脂县杨家沟的马豫章,就是其中的一个。正是这一"白皮裹红瓤"的县长马豫章,在中共进驻延安的过程中作出了积极的贡献。

马豫章(1905—1977年),原名马汉帜,出身于有名的米脂县杨家沟马氏的地主家庭。正如一些学者所说:"地主和富农是农业地区最富创造性和最具经济效率的经营者,这表现在他们对资金、牲畜、农具、经验的积累和对市场行情的了解上。"① 马氏地主经辛勤经营,手头日渐宽绰后即多方购进土地,实力愈来愈强。而后通过地租、高利贷、商业等手段积累资本,成为拥有地数百顷、商号多处的财主。马家地主的一个鲜明特点是治家极精明,不任意花钱,"所穿衣服极俭朴,此系大地主之本色"。② 但是在子女求学费用上,却不惜大量支出。正所谓兴办家塾,聘请名师,严格督导子孙课读求学,从启蒙识字到高层次文化培养,循序渐进,不断提高,是马氏家族的基本祖训。难怪有人感慨"在陕北到外省去读书的人再也不会比马家多了"。③ 根据相关资料显示,至清末科举废除之后起,即有12人出国深造。及至20世纪二三十年代,马氏家族仅在北京读中学、大学的就有50多人。④

这种光宗耀祖、封妻荫子的祖训不仅在当时的陕北农村十分罕见,更重要的是它激励了马氏子弟发奋读书的志向。而文化水平的提高必然带来对新思想的吸纳,特别是外出求学给马氏家族子弟更多接触社会、接受进步观念的机会。马豫章就是这种情况的典型。

和马家的其他人一样,马豫章从小就接受了较好的教育。1921年,16岁的马豫章便进入陕北的最高学府——榆林中学学习。在此期间受魏野畴、王懋廷等进步人士的影响,参加了反对军阀井岳秀的斗争。1925年考入北京中国大学,之后便积极投身反帝爱国斗争。1928年对马豫章来说是个重要的人生转折。这一年他由张幼卿介绍加入中国共产党,开始参加党的地下活动。如果说入党是其人生的重要转折,那么与陕北著名爱国人士杜斌丞的合作经历则是他重要的人生旅程。1931年秋,马豫章与

---

① [美]费正清主编:《剑桥中华民国史》第2卷,章建刚等译,上海人民出版社1992年版,第714页。
② 马汉援:《陕西省米脂县杨家沟马氏家族志》,2003年编印,第34页。
③ 同上书,第57页。
④ 《榆林文史》第2辑,中国人民政治协商会议陕西省榆林市文史资料委员会2003年编,第179、181页。

杜斌丞①赴甘肃，在兰州《国民日报》当记者，此后领导了兰州中学的罢课运动和兰州兵暴运动。后中共陕西省委遭破坏，他和组织失掉了联系。这一身份为其随后担任国民党肤施县长埋下了伏笔。

西安事变之后，国共两党达成一致抗日的共识。国民党甘肃庆阳县长、泾川县长、灵台县长、环县县长、合水县长、镇原县长、正宁县长、宁县县长也通电拥护张、杨的八项主张。②这样，与杨虎城关系甚密的杜斌丞按照杨虎城的意思，同中共陕西省委磋商，委任马豫章、苗紫芹、张执庵、宋宾三、李志洁、艾善甫、王正身、李腾芳等人，分别到边区和接近边区的10个县担任县长，以便同中共搞好团结合作关系。但是由谁去担任肤施县县长，却出现了推诿的情况。因为当初的肤施县已是红色区域，多数人都不愿意去这种地方履任县长一职。而和杜斌丞关系极深的马豫章主动报名到肤施就职，"杜斌丞为了和共产党联系方便，就把马豫章委派到肤施县做国民党的县长"。③ 实际上，马豫章此时因与组织失去联系，其身份是国民党员。甚或有人认为他与肤施县党部书记高仲谦皆是国民党中统要员。④

马豫章一到延安，就遣散了保安团，完成了夺取政权和瓦解反动武装的任务。同时，为了迎接党中央顺利进驻延安，马豫章与进驻延安的工作团开展密切合作。据有人回忆说，马豫章"和工作团合作也很好。工作团还帮助建立了延安市委，帮助时任中央组织部副部长郭洪涛为中央机关安排驻地"。⑤ 当时的《红色中华》报也指出："我们十八日早晨入延安城，原驻城的民团经过我们的各种关系的活动，大部分接受了我们的要求，自动的愿与我们联合，除一部分愿回家的遣资回[原]籍外。另一部分编为抗日人民保安队，现在城内秩序尚很好。"⑥ 这里所谓的"经过我们的各种关系的活动"，和马豫章的配合不无关系。1937年1月，中共

---

① 杜斌丞（1888—1947），爱国民主人士。中国民主同盟创始人之一。陕西米脂人。早年从事教育工作，同情支持革命。1936年西安事变前后，曾任国民党第十七路军杨虎城部总参议，陕西省政府秘书长。抗日战争期间，他先后在成都、重庆、昆明、西安等地参加爱国民主运动，1945年抗日战争胜利后，任中国民主同盟中央常务委员兼西北总支部主任委员。他反对蒋介石的独裁统治和内战政策，并同蒋介石的独裁统治和内战政策进行了坚决斗争。1947年10月7日在西安玉祥门外惨遭国民党反动派杀害。
② 杨中州：《西安事变大事记》，三秦出版社1997年版，第159页。
③ 杨拯民：《往事：杨虎城之子回忆》，中国文史出版社2006年版，第187页。
④ 郝在今：《中国秘密战——中共情报、保卫工作纪实》，作家出版社2005年版，第93页。
⑤ 廖金龙：《李坚真的革命之路》，中共党史出版社2006年版，第181页。
⑥ 《延安城秩序已恢复》，《红色中华》1936年12月28日。

进驻延安之际，马豫章又在延安街头签署大量布告迎接中共中央的到来。据当初参加欢迎活动的一些人回忆，当毛主席到达延安之时，在一些三角旗上写着"热烈欢迎党中央、毛主席进驻延安"、"中国共产党万岁"、"团结起来，打倒日本帝国主义"等口号。①

中共中央进驻延安后，马豫章与边区保安处接上关系，成为表面上是国民党县长实际上却为共产党服务的具有双重身份的县长。1939年9月，何绍南准备去西安时途经延安，在去延安前竟狂妄自大地发了个电报给毛主席、边区党委书记高岗、边区政府代主席高自立，要他们亲自到飞机场去接他。党中央决定对他置之不理。国民党驻肤施县党部的书记长、CC分子高仲谦原打算组织他的喽啰到机场搞盛大欢迎，但是遭到马豫章的严词拒绝。高仲谦感到何到延安必将受到冷落，遂临时改变方针，安排在延安东门口去少数人表示欢迎。如此才得到马豫章同志的同意，并报告了陕甘宁边区政府。②

实际上关于马豫章的这一层身份不仅国民党毫不知情，即便是共产党内的好多人也并不清楚。大多数都以为他只是国民党内的开明县长。如李坚真就指出："当时延安的县长还是张学良委派的，叫马豫章，是个进步人士。"③ 在西安"八办"任职的王哲然也曾回忆说，当时边区内由苏维埃政权改编的县级政权也配有部队和枪支，但是何绍南握有反动武装保安队，并委派各县县长，政令出之国民党顽固派，"只有肤施县长马豫章开明，把何的命令都交给了我方政府"。④ 由此可见，马豫章的双重身份，在当初并非所有人都知道的。及至1938年经中共党组织批准，马豫章重新恢复了组织关系，成为一名中共党员。由于马豫章在党中央进驻延安的过程中做了大量工作，被周恩来称为"红色首都的市长"。后来，毛泽东也在公开场合称他是"我们抗日的马县长"，在有的场合则诙谐地说他是"白皮裹红瓤"。⑤ 这样，才有人逐渐知道马豫章的真实身份。据李志民回忆，在抗战时期投奔延安的革命青年中，有一部分原是国民党军政人员，有的还是国民党员、三青团员、青年党员或特工人员。他们基于对蒋介石消极抗日、积极反共的义愤，毅然脱离国民党，奔向延安，投入抗日救国的洪流。"抗大第四期第四大队第十队是国民党军政人员比较多的一个

---

① 《红军长征到延安》，中共延安地委党史办公室1986年编印，第366页。
② 金城：《延安交际处回忆录》，中国青年出版社1986年版，第150页。
③ 廖金龙：《李坚真的革命之路》，第181页。
④ 王哲然：《我在西安"八办"的日子里》，《陕西党史通讯》1991年第2期。
⑤ 《榆林人物志》编纂委员会编：《榆林人物志》，陕西人民出版社2007年版，第52页。

队，有六名国民党县长，其中国民党延安县长马豫章是个地下党员，其余五个确是国民党的真县长，还有一名国民党团长。"①

鉴于马豫章身份逐渐暴露，1938年底，国民党政府撤去了马豫章的县长职务，国共之间的摩擦逐渐升温。八路军后方留守处主任肖劲光致电国民党第一战区司令长官程潜："国共合作已历三年之久，边区行政尚未确定，一县而有两县长，古今中外，无此怪事。且陕省所派县长及绥德专员等专以制造摩擦、扰乱后方为能事。在边区已忍让三年，在彼辈益肆无忌惮"，"边区军民群以拘捕治罪为请，劲光为体念钧座息事宁人意旨，顾全边区与陕省之团结起见，故请钧座令知陕省府主动撤回，否则实行护送出境，盖亦仁之至，义之尽也"。② 但是，各地的国民党县长还是赖着不走。擅长群众斗争的共产党，发动群众开展了一场驱逐国民党县长的活动。包括国民党延安县政府在内的国民党官员悉数被驱逐。被国民党撤职的马豫章被送到马列学院学习。经过学习，马豫章对共产主义有了进一步的认识，更加明确了斗争的方向。完成学习任务后，马豫章先后被任命为绥德分区行政督察专员公署副专员，延属分区行政督察专员公署副专员，延安市副市长、市长等职，为建设陕甘宁抗日民主根据地作出了积极贡献。

二 第一位女县长邵清华

1941年10月2日，在安塞县举行的第二届参议会上，邵清华以67票当选为安塞县县长，由此而成为陕甘宁边区众多县长中最引人注目的第一位女县长。与其他众多县长不同的是，邵清华县长并非土生土长的本地人，而是从国统区辗转到达延安的一名知识分子。

抗战时期的延安，犹如一颗光芒四射的红星，影响和吸引着国统区和沦陷区的广大革命青年。他们中有的身着西服，有的穿旗袍、高跟鞋，背着行李日夜不停地奔向延安。邵清华就是其中的一位。邵清华1918年出生于江苏武进，是家里的独生女。作为曾经在北京师大女附中就读的一名学生，邵清华最终转变成一个职业革命家也经历了一个过程。按照她自己的说法，参加一二·九运动，使她的思想"起了极大的变化"③，开始对共产党、共青团有了认识，1935年12月，她参加了共产主义青年团。但

---

① 《李志民回忆录》，解放军出版社1993年版，第322页。
② 西北五省区编纂领导小组、中央档案馆编：《陕甘宁边区抗日民主根据地·文献卷·上》，中共党史资料出版社1990年版，第16页。
③ 苏平、徐玉珍编：《延安之路》，中国妇女出版社1991年版，第111页。

是由于当时处在国民党"宁可错杀一千，绝不错放一人"的反动统治之下，共产党、共青团组织随时都可能遭到反动派的破坏和摧残，党、团员随时都有被国民党反动派缉捕杀害的危险。于是，党组织决定让邵清华转入地下工作。为了革命工作的需要，邵清华必须较长期地脱离家庭关系和以前的一切亲属关系。在这种情形下，邵清华来到了西安，以理发为名做起了地下工作。几个月后经组织通知到达延安。

1937年10月，邵清华到达延安之后进入抗日军政大学女生队学习。正如"抗大"校歌所唱的："黄河之滨，集合着一群中华民族优秀的子孙，人类解放，救国的责任，全靠我们自己来担承。"抗日军政大学，是延安时期中共创办的最有影响力的学校。特别是"边生产边学习，边战斗边学习"的办学方针，是抗大最鲜明的办学特色。学员们在学习理论的同时，更注重革命理想与现实斗争的紧密结合，善于运用马克思主义的立场、观点、方法去观察、分析形势，处理问题。此外，在抗日根据地处于物质生活极其艰苦的时候，抗大学员自己动手挖窑洞，筑校舍，开荒种地，纺纱捻线，背粮砍柴，挖煤烧炭，一面学习，一面劳动。抗大学员还参加军事训练，从射击、投弹、刺杀、爆破和队列教练、单兵战术动作等基本军事知识，到抗日游击战争的战略战术和战斗指挥，都认真演练，刻苦钻研，学习和掌握灵活机动的战略战术。这些磨炼使她"受到了深刻的教育"。①

抗大学习结束后，邵清华先后到三边分区和绥德开展农村妇女工作。农村工作需要经常下乡，每次下乡都要用一个多月的时间，到十几个村里去。从抗大出来后还剪着短发穿着军装的邵清华，到了农村里竟有"妇女不认我是女子，不让我进她们的窑洞。经过村干部解释后，她们才半信半疑地叫我进去，看看我的耳朵没有眼，她们摇摇头，看看我的喉头没有结，她们又点点头，看我的手像女的，听说话也像女的，这才慢慢地都信了。"②通过积极准备，邵清华在绥德地区建立了妇女组织，并召开了区妇女代表大会，正式成立了绥德分区妇救会。同时又办起了妇女干部训练班，这样妇女工作干部多了起来。这些女同志在群众中能起到思想影响作用，也尽力为有困难的妇女分忧，她们和广大妇女群众亲密无间地来往，从而使妇救会成了广泛联系群众的纽带，把妇女工作推向了高潮。

正当邵清华在绥德的工作开展得有声有色的时候，组织决定派邵清华

---

① 苏平、徐玉珍编：《延安之路》，中国妇女出版社1991年版，第114页。
② 同上书，第115页。

到安塞县担任县长。边区政府决定由邵清华出任安塞县县长，一方面是出于邵清华工作能力的考虑；另一方面也是践行妇女参政的具体措施。据王定国说，在1941年"三八"国际妇女节的前一天晚上，林老来到我们窑洞对谢老说："明天是'三八'国际妇女节，几千年封建统治下的中国妇女，长期在'三座大山'的压榨下，还加上夫权的统治，使妇女们长期处在黑暗之中，忍受着无端的屈辱。必须把妇女解放，投入到伟大的无产阶级革命事业中，发挥半边天的作用，才是道理。"谢老说："我也有此同感。我们的革命事业，没有占总人口50%的妇女参加是不行的，半边天的力量是巨大的，我们必须培养壮大妇女干部队伍。"林老很有信心地说："中国历史上从来没有女县长。我们一定来做这前无古人的事，发动广大妇女参加政权工作。"谢老表示积极支持和配合。在次日"三八"国际妇女节纪念会上，林老作了"要发动广大妇女参加政权工作"的发言。此后，他俩身体力行，积极配合，每个星期天，两老家里都有许多女同志来讨论此事，聆听教诲。不久，二老推荐边区妇联23岁的邵清华同志为安塞县县长。①

让邵清华出任安塞县长，据她自己讲在当初几乎"完全出乎我的意料"。因为"我过去一直在天津、北京念书和做党的地下工作，没有到过农村。1937年到延安，在抗大学习后，曾先后在三边和绥德分区做妇女主任，对边区农村的干部和群众还了解一些。可是关于政权工作的全面情况却知之甚少"。②同时，陕甘宁边区派女同志去当县长这还是第一次。因此当时的邵清华深感对这新的工作完全不熟悉，生怕辜负了领导和同志们的希望。更何况当时安塞县是党中央重要的后方基地，高等法院等中央机关就设在那里，边区兵工厂、纺织厂等二十多个单位也先后设在这个地区。

为此，边区政府特安排了各厅厅长给邵清华介绍了边区财经、文教、政法等方面的有关政策、方针以及安塞县在这些建设方面的情况。同时为了帮助她更好地开展工作，组织上还决定另派"女大"的章岩、路岩和李蕴辉三位女同志和她一道去安塞，分担秘书及民政、文教科长工作。在临去安塞之前，边区政府主席林伯渠和中央妇委领导人蔡畅也专门找她谈了话。邵清华"也深切地感到领导的专持和鼓励，从中央妇委蔡大姐、

---

① 王定国：《光辉的业绩永恒的怀念——纪念林伯渠同志诞辰一百一十周年》，《人民日报》1996年5月13日。
② 《延安女大纪念延安中国女子大学建校五十周年》，纪念延安女大五十周年筹委会1989年编印，第131—132页。

邓大姐和边区妇联主任徐明清大姐及我所接触到的妇女工作者和女同志都热情地关怀我，鼓励我。党政领导人既严肃又关切的谈话，使我受到鞭策，也给予我力量。党组织又选派了'女大'的三位优秀女干部帮助工作，再加上在边区工作的几年与干部、群众建立的革命情谊，也使我增加了信心和勇气。特别是共产党员的组织性纪律性，促使我无条件地挑起这副重担"。① 肩负着组织上的委任、领导同志的嘱托和期望，这个从来没有做过县政工作，当时二十岁刚出头的女青年，就满腔热情地踏上了新的征程。邵清华对自己担任安塞县长一职在后来的回忆中说：

> 那时候，作为一个女同志当县长还真是有一些感受的。首先是只有大家团结起来才能做好工作。记得还在我刚到安塞县时就听到传说："安塞要成一个'女儿国'了。"这传说中有好奇，有不理解，也有疑虑。安塞县是老区，经过了土地革命，也进行过反封建、男女平等的宣传教育，但对一个女同志当县长，是否能干得好，人们还不能很放心，加上同时又来了几位女同志，是否要把一些男同志换下来也引起了一些人怀疑，所以有些干部情绪不够稳定。和我同来的三位女同志是女大高级班的章岩、路岩、李蕴辉同志，她们也确实是党组织在女大经过选择挑出来的三位优秀的女干部，准备任科长的。针对当时的思想状况，我们作了认真的分析研究，认为现在调动干部不适合，首先应当团结大家，把工作推动起来以后，看情况再定。于是我就同她们商量，她们三位同志也都诚恳地表示，到安塞来为的是干革命，而不是来当官的，根本不必考虑她们的职务问题。我们向上级的请示得到了批准后，便开始了工作。②

邵清华担任安塞县长期间，工作深入细致，关心群众利益，很快就在工作上打开了局面，赢得了群众的信任和爱戴。在征粮和运盐工作中，她改变了过去那种简单、生硬的摊派的工作方法，耐心细致地做群众的思想工作，出色地完成了任务。她还深入群众，组织他们积极进行农业生产，挨家挨户落实春耕措施，组织变工队，帮助农民解决籽种、农具等困难，动员组织妇女参加农业、家庭副业和纺织生产，改造二流子和懒汉。1942年，安塞县的农业生产、合作社建设、商业等项工作都搞得很好，公盐代

---

① 苏平、徐玉珍编：《延安之路》，中国妇女出版社1991年版，第118页。
② 同上书，第118—119页。

金也发放得很好，受到边区政府建设厅的奖励，邵清华也因此成为安塞民众心目中的好县长。

三 第一位绅士县长霍祝三

曾几何时，地主绅士几乎是构成传统中国基层官僚精英的最主要的社会阶层。但是科举制度的废除及至之后以"打到土豪劣绅"为基点的国民大革命，不仅将"封建余孽"、"高等跑腿"、"祸首罪魁"等字眼儿，一股脑儿地抛在这些绅士身上，而且也将绅士阶层完全置于"人民之公敌"的层面。

抗战爆发后，尽管中共的政策发生了改变，但是长期以来形成的残酷的阶级斗争局面，致使边区的县级政权直至1940年，在形式上仍然全部或大部掌握在工农手里。为适应当时全国争取民主巩固团结坚持抗日的形势，在边区二届参议会通过的《陕甘宁边区施政纲领》，确定"团结边区内部各社会阶级各抗日党派"，并约束"在候选名单中确定共产党员只占三分之一"。与此同时，针对一些地方干部和民众对地主绅士所产的疑虑，中共多次对此予以说明。陈云就针对这一问题指出："干部政策，拿俗话来讲，就是用人之道。"① 特别是针对用人方面的背景复杂问题，陈云明确地指出：

> 凡是会说话的，有胡子的，懂得各党各派情形的，就以为他背景复杂，不敢吸收。然而这种人在社会上常常是比较有经验的，他们了解许多问题，只要他们真正信仰共产主义，而且现在愿意参加到无产阶级队伍里来，一同革命，一同前进，这又有什么不可以呢？……我们说这种人复杂是复杂的，但他从自己的经验中真正了解共产主义，本质也是纯洁的。青年是纯洁的，但纯洁的不仅仅是青年，老头子也可以是很纯洁的。②

毛泽东也不只一次地指出："我们必须把党外大多数民主人士看成和自己的干部一样，同他们诚恳地坦白地商量和解决那些必须商量和解决的问题，给他们工作做，使他们在工作岗位上有职有权，使他们在工作上做

---

① 中共中央文献研究室编：《陈云论党的建设》，中央文献出版社1995年版，第8页。
② 同上书，第10页。

出成绩来。"① 正是在这种情况下,"有胡子"的"老头子"霍祝三最终成为绥德县抗日民主政府县长,而且一干就是6年。

霍祝三,原名居华,字祝三,清光绪五年(1879年)10月出生在陕西省绥德县义合镇楼沟村。自幼喜爱读书,一边帮父母干农活,一边到义合镇走读,时断时续耕读12年,读完了小学的全部课程,结业后在家乡周围村庄教私塾。1903年,霍祝三考入绥德中学堂,在校4年,他刻苦攻读经典古籍,同时也看了不少新书,丰富了自己的知识,成为闻名乡里的饱学之士。1907年,霍祝三中学毕业。其后两年,他先在家乡办私塾,后在县纺织加工厂当办事员。这时,孙中山领导的同盟会蜚声中外,受三民主义影响,霍祝三辞掉工厂的帮办职务,立志从事教育,1910年在义合高小任教,后担任校长。辛亥革命爆发后,他在农村宣传新思想,鼓动群众破除迷信,兴办新文化教育,鼓励学生全面发展。同时身为小学校长的霍祝三,一向留意民间疾苦,乐于扶助百姓。群众有事,如写对联、书信、文约、讼状等,只要有求于他,均欣然照办。遇有贫苦人家婚丧灾病之危困,他慷慨解囊相助,故深得乡亲父老敬重,称他为"善人"、"好人"。②

然而无论如何,霍祝三毕竟属于士绅阶层,因此在疾风暴雨的大革命中,也不可避免地受到了冲击。1924年冬,李子洲在省立绥德四师点燃了革命火种,建立了党团组织。其后,一批又一批党团员离开四师,走向社会,宣传革命,义合一带也来了不少党团员、进步学生。他们一到义合,就选定以义合高小为阵地,决定在学校秘密建立党团组织。在党组织的领导下,义合高小闹起了学潮,学生们把校长霍祝三的被褥丢到校门外,勒令他立即离校。自此,党团组织占领了义合高小这个阵地,霍学光担任了校长。

在疾风暴雨的革命运动面前,霍祝三毅然站在革命学生一边。他几次托人买了上万斤油饼,接济被捕学生,同时还到县政府周旋,说:"娃娃们根本没有造反行为。我的铺盖是娃娃们帮我晾晒时,不小心掉在地上的。"当局见他这样说,只好释放学生作罢。③ 更值得一提的是,霍祝三的大儿子霍世英1927年在绥德四师参加了共产党,1928年领导和参加了义合一带广大农民群众的抗烟亩税斗争。在当时,霍祝三虽然不知道全面

---

① 《毛泽东选集》第4卷,人民出版社1991年版,第1437页。
② 曹世玉总编:《绥德文库·纪实文学卷》,中国文史出版社2004年版,第391页。
③ 同上书,第392页。

情况，可从学生和孩子们的言论和行动中，完全明白自己后代在干什么事。他支持他们，在精神和物质上做他们的后盾，在他们离开陕北后，寄钱全力支持他们革命。1935 年，打入北平蒋系二十五师为中共搞重要军机情报工作的霍世英因叛徒告密，与马云程等一起于 5 月初在北京英勇就义。不幸的消息传来，霍祝三十分悲痛。在党组织的关怀下，他愤然进京，领回了儿子霍世英的遗体，隆重安葬。出殡这天，人们搀扶着年近六旬的霍祝三到大门外，他只痛哭了几声，即刻收泪，对乡亲们说："我儿子的路走得对，死得光荣。"事后，他辞去教师职务，回到乡里。至此，人们对霍祝三更为敬重，尊称他"霍老先生"。①

平心而论，作为绅士的霍祝三，尽管也在相当程度上同情和支持中共革命，但是也有忧虑。当初的绥米地区长期以来是陕北的封建经济、文化较为发达的地区，也是革命与反革命两极分化最明显的地区。而且绥米的开明士绅、地主、商人、高级知识分子的中间和右翼，多数采取的是两面摇摆态度，不少人的"屁股还是坐在蒋介石一边"。他们对中共的减租政策有抵触，对交公粮的态度也不积极。表面上拥护统一战线，实际上对共产党的态度是若即若离。那时他们最典型的做法是将女儿、孙女送到延安抗大、陕公学习，而把儿子、孙子送到西安去读书。② 据延安交际处的金城说，1941 年 5 月，包括霍祝三在内的 11 名绥米绅士参观团来延参观时：

> 出于自己的历史观，对三国时期米脂出了貂蝉、绥德出了吕布而津津乐道，自豪之情溢于言表，而对米脂出过明末农民起义领袖李自成，却闭口不提。大概是不愿提或不敢高攀这位伟大的乡亲吧。同时，对当时西北的大民主人士、米脂人杜斌丞和绥德中学出来的许多著名共产党人，谈起来也不那么起劲。他们囿于几千年来农业、手工业小生产的落后经济观念，喜赞米脂的米如何好，曾进贡皇上，或赞"清涧的石板，瓦窑堡的炭"，而对现代化工业则知之甚少。③

但是也就是通过这一次参观，改变了他们的看法。在他们看来，中共不但搞农业有办法，而且搞工业也有办法，那就是就地取材，土法上马，

---

① 《榆林文史》第 4 辑，中国人民政治协商会议陕西省榆林市文史资料委员会 2004 年编印，第 216 页。
② 《金城文集》，华文出版社 2008 年版，第 123 页。
③ 金城：《延安交际处回忆录》，中国青年出版社 1986 年版，第 131 页。

自力更生，自给自足。因此"某些满脑瓜子只有'米脂的米'、'清涧石板'、'瓦窑堡炭'的绅士们，至此才大开眼界、心悦诚服、自愧不如，纷纷表示要学习延安办工业的先进经验和工厂的先进技术。"① 霍祝三自己也坦白承认："参议会第一次大会时，我还不大了解共产党究竟办些什么事，三年来，我亲眼看到边区各项建设的巨大成绩，也看到了敌后解放区的不断发展。"② 更有绅士感慨万分。有的说："共产党的政治远见和伟大气魄，值得钦佩。"有的说："共产党的企图，决不是历史上某些'英雄豪杰'所追求的个人荣耀或个人功业，而是为子孙万世谋福利。他们所倡导的自由解放，才是他们真正的目的。"有的说："治世之道不患寡而患不均，中国如能象［像］延安所倡导的一切秉理法行事，困难无不迎刃而解。"③ 正是这些亲身经历和亲眼所见，打消了霍祝三等人的顾虑，开始真正与中共开展合作。可以说在绥德知名进步民主人士中，霍祝三是第一个坚持抗战、坚持统战、坚决跟共产党走的"一边倒"人物。

1941年8月，陕甘宁边区进行了普选运动，各级三三制政权普遍建立起来。霍祝三被选举为陕甘宁边区参议会参议员。同年11月，在延安参加了陕甘宁边区参议会第二届第一次会议。会议期间，毛主席得知霍世杰的伯父霍祝三到会时，立即接见，并赞扬霍世杰在农讲所是个好学员，对革命作出了贡献，并对霍祝三进行了安慰和鼓励。这件事，使霍祝三深受感动，很长时间心情难以平静，他认为自己虽年过六旬，但也开始走上了新的革命道路。此后，霍祝三担任了边区民政厅的优抚科长，在支前、优抚、安置及拥军优属等方面，做了大量工作。1942年，在绥德县第二届第一次参议会上按"三三制"建政原则选举县长，结果在到会的62名参议员中，有60名参议员选举霍祝三为绥德县县长。④ 这也是陕甘宁边区产生的第一位绅士县长。之后在党的领导下，霍祝三团结各阶层抗日爱国力量，组织领导绥德人民开展减租、生产和拥政爱民运动，有计划地开展了大生产运动，粉碎了国民党的经济封锁。1944年由杨和亭介绍，霍祝三加入了中国共产党。从此，他更自觉地领导绥德边区人民进行民主建设和经济建设。在胡宗南大举进犯陕甘宁边区的日子里，霍祝三和绥德人民一道赶走"胡马"，为全国的解放事业作出了应有的贡献。

---

① 金城：《延安交际处回忆录》，中国青年出版社1986年版，第132页。
② 《边区参议会行使监督职权讨论批评政府工作报告》，《解放日报》1944年12月13日。
③ 金城：《延安交际处回忆录》，中国青年出版社1986年版，第133页。
④ 《绥德县第二届第一次参议会会议记录》，绥德县档案馆藏。档案号：15—2。

第四章 边区县长的政务工作

"新民主主义的一切好的办法,也靠干部去执行。今天要在中国实现新民主主义的政治,需要大批的干部,这些干部不是旧官僚机关内那种贪污腐化的寄生虫,而是充满了新鲜血液的人物,真正能担负起伟大任务的干部。"① 其中县长就是"真正能担负起伟大任务的干部"。县级政权作为边区政务推行之枢纽,不仅要忠实执行边区政府的决议、命令和指示,而且要领导和执行全县政务,更要创造性地开展基层行政工作。再加之边区随时都在发生的军事摩擦和长期累积的社会问题,其工作之繁杂任务之艰巨,几乎超过了中国历史上的任何一个时期。

第一节 县政工作——边区县长的行政事务

根据《陕甘宁边区政纪总则草案》的规定,县级政权领导机关,对上级政府及县参议会负责,领导和执行全县政务。② 换言之,忠实执行陕甘宁边区的施政纲领,健全县乡行政机构,领导县区乡各级干部和广大民众积极开展各项工作,是县长政务工作的主要内容。

一 制定县级施政方针计划

陕甘宁边区施政方针是边区政府的政治纲领,法令决议是施政纲领的具体化,县长"务要忠实奉行,贯彻到底,不可阳奉阴违,有始无终"。③但是另一方面,县长也要根据具体情况制定适合本县实际的县级施政纲领。也即是说要"积极负责,发扬创造精神",要"勇敢任事,切实负

---

① 《林伯渠文集》,华艺出版社1996年版,第195页。
② 甘肃省社会科学院历史研究室编:《陕甘宁革命根据地史料选辑》第1辑,甘肃人民出版社1981年版,第293页。
③ 同上书,第315页。

责,有自动性,有创造性,有计划性。不避难就易,不避重就轻。不要指定做才做,不指定就不做"。①

县级施政纲领的制定与颁布,一般有两种情况:一种是以边区政府施政纲领为依据,以县长名义发布并阐明施政方针。1940年2月18日,陕甘宁边区鄜县县政府即以罗成德县长的名义发布了县政府布告。布告指出:"兹奉陕甘宁边区政府委任令开:'委任罗成德为鄜县县长'。"县长罗成德布告:

谨以下列各端,与我全县民众共勉之:
一、拥护国民政府与蒋委员长抗战到底,巩固八路军后方。
二、打倒汉奸汪精卫,肃清全县汉奸分子。
三、绥靖地方,协助军队剿除匪患。
四、实行民权主义,由人民选举县区乡行政机关。
五、实行民生主义,废除苛捐杂税,减租减息,发展农工商业,发展文化教育。
六、尊重邻县行政区域,人不犯我,我不犯人。
以上六条,为本县政府之施政大纲,望我军民人等,各党备派,共同努力,切实实行,以固后方而利抗战。切切此布。②

根据相关资料显示,陕甘宁边区县级政府布告,在统一战线区和新解放区的县份发布较多。这些县份所处的环境相对比较复杂。通过县长名义发布县政府公布,既是对友区阐明我们的基本主张,也是对县域民众的履政宣言。通过发布县级政府施政纲领,也会在一定程度上影响外逃民众的最终抉择。如抗战初期的环县,不少地主绅士逃亡友区,环县抗日民主政府成立之后发布报告宣布:欢迎一切逃外人士回边区,并一律保障其人权、政权、财权。在这一布告的感召下,相继回来的有虎洞区张士魁等5人,甜水区6人,洪德区4人(过去均为土匪),毛井区绅士老汉及其侄子两家(共7人),耿湾区1人,车道区30人,共计70余人。他们有的是自动请求政府,愿改正过去对政府的反抗行为,并自动找保人,有的则经其亲友劝导之后,痛感过去受人蒙蔽毅然返家。环县政府分别给予各返家人士适当处置,地主还给其原有土地财产,一部分过去的土匪则分配一

---

① 甘肃省社会科学院历史研究室编:《陕甘宁革命根据地史料选辑》第1辑,甘肃人民出版社1981年版,第315页。
② 《陕甘宁边区鄜县县政府布告》,陕西省档案馆藏石印件。

定数量的土地，使他们能够安心过活。① 此外，通过联系当地实际发布布告，也是向群众及党内人士充分宣传解释的需要，这样可使"全县民众与全党知道已经成立了自己的县政府"。②

但是战时边区县政府的布告，大多都是对上级颁布政策的重复性阐释，与边区政府的施政纲领大致相同。重复发布这样的布告，其意义并不是很大。中共中央西北局于1941年5月21日发布通知指出："边区中央局所发施政纲领，是代表全边区党员说话、全边区党的竞选政纲"，而县级政府颁布的《施政大纲》或《施政纲要》，"大部分内容和边区中央局的施政纲领重复，但其圆满妥贴，则远不及边区中央局的施政纲领，虽也没有什么原则上的错误，而大部分却夹杂一些很具体的军事、文化、经济建设的计划，这些可以成为提案而要经过参议会通过去切实进行的"。因此，县级政府不必再发布自己的《施政大纲》、《施政纲要》，"只是要根据边区中央局这一纲领的原则，按照当地环境拟就各种具体提案，在各级参议会召开前进行宣传，在会议时正式提出，求得我们的提案能够通过，会议后求得我们主张的彻底实现"。③ 这样，县级政府不再颁布一般性的施政纲要，只是在涉及各县具体问题时才会颁发。如1948年白水县政府发布开采煤矿的布告即属于这种情形。④

以县长名义发布县政府布告，只是较为概括性的施政纲领。通过县政务会议和县参议会制定县级政府施政纲领，才是较为详细的施政计划与方针，也是符合本县实际情况的施政方针。延安县是陕甘宁边区各县中最早制定县级民主政府施政纲领的地区。1937年9月21日—10月1日，延安县在川口召开了县议员大会。刘秉温县长在作完《延安县政府工作报告》之后，随即讨论和通过了《延安县民主政府施政纲领》和《延安县县政

---

① 《施政纲领影响下环县逃外群众70余人返里》，《解放日报》1942年2月21日。
② 陕西省档案馆等编：《陕甘宁边区政府文件选编》第2辑，档案出版社1987年版，第57页。
③ 中央档案馆、陕西省档案馆编：《中共中央西北局文件汇集》（1941年）（内部资料），1994年，第11—12页。
④ 1948年，白水县就本县煤矿开采问题，发布了专门的布告。布告指出：白水县境蕴藏煤炭极丰，而由人民经营之煤矿亦有多处，且煤之产量为数颇巨，广销西安、蒲城等地，因而煤矿开采方法之优劣，产量之多寡，直接影响民生，因此本府对煤矿业极为重视。依本共产党工商业政策，对于煤矿工业尽力保护，无论党政军民人等，非经政府正式手续，不得有任何物资及捉人、损坏机器等破坏行为。买煤必须按市价付款。但矿主和工人，必须采取合理经营方法，继续开采。保证劳资双方正当盈利。资方不应借故停工，以免影响工人生活，如有破坏煤矿行为者，本府必须追究责任，按律惩办，绝不宽恕。（参见《中国煤炭志·陕西卷》编纂委员会编《中国煤炭志·陕西卷》，煤炭工业出版社1997年版，第691页）

建设方针》。该方针的主要内容为:

一、关于文化教育建设。加强抗战宣传工作,提高人民对抗战的认识;实行普及教育,在三年内将30岁以下青年文盲扫除,改进民众娱乐。二、大量开采煤炭,解决人民烧煤及日常生活遇到的困难;大量开垦荒地及兴修水利;建筑各种交通要道,扩大消费合作社事业,发展商业,植树造林。三、动员全县一切力量参加抗战,加强锄奸与剿匪工作;加强地方武装训练,防空防毒。四、民主建设,发扬民主精神;实行民主普选制度及社会政治,保障人民所得到的言论、集会、结社、出版自由。五、改善人民生活。六、改变领导工作方式。①

延安县制定的施政方针,既有边区施政纲领中所规定的内容,也有具体的县政计划。如在三年内将30岁以下青年文盲扫除、大量开采煤炭等内容,就是针对延安县的具体情况制定的方针与计划。合水县在确定本县的施政方针时也明确指出:"今日的合水实现边区化了,一切都向着边区的准绳迈进。当然,施政方针,亦应根据边区的总方针而具体化,适应于今日合水现存的客观环境。"② 由于多数县长本身就是当地干部,他们非常熟悉当地的情形,这样就能够因地制宜地制定施政方针与计划,因而其最终目标也是切实可行的。

县长除了在县级参议会上制定较长一段时间内的县政施政计划方针,还在县级政务会议、区乡联系会议上布置短期内的施政计划。曲子县的做法是:"县政府对各区每月的工作检讨和布置,主要采取召开各种联席会议方式。在三月二十八号区长联席会议上布置四月份工作,检讨三月份工作。在'五五'区长联席会议上检讨了四月份工作,布置了五月份工作。除联席会议检讨布置各区工作外,每一时期县级大部分干部都在下层去帮助。"③ 这类型的施政计划是经常性的,一如边区政府给宁县县长郭进亭的指令:"在领导方面,每一工作之执行,一定要有计划,而计划又要遵照上级所给的任务,根据当地的实际情形,分别的具体决定,然后才能有步骤地去完成任务。"④ 从边区各县县长呈报边府的县政府工作报告中,几乎都无一例外地涉及这一点。

---

① 《延安议员大会决定今后县政建设方针》,《新中华报》1937年9月14日。
② 中共庆阳地委党史资料征集办公室编:《陕甘宁边区时期陇东民主政权建设》,甘肃人民出版社1990年版,第108页。
③ 陕西省档案馆等编:《陕甘宁边区政府文件选编》第2辑,档案出版社1987年版,第292页。
④ 陕西省档案馆等编:《陕甘宁边区政府文件选编》第1辑,档案出版社1986年版,第64页。

二 健全县政工作制度

县政府机关必须建立工作制（度），"只有如此才能使这一行政机构成为有机的合理化的组织，有能力而能适应客观需要的政权组织"。① 县长作为县级政权的负责人，要建立健全县政工作制度，主要包括办公制度、会议制度、检查制度、报告制度、巡视制度和学习培训制度等。

（一）办公制度

制定县政府的办公制度是健全县政工作制度的首要一环。鉴于延安时期艰苦的工作环境，办公场所及机构都极其简陋。不少县份都是专署与县政府合署办公。尽管合署办公可以"增加学习的机会和提高工作效率"②，但是选建确定的办公定点、健全办公机构、设置办公室、文件保管和值日制度，依然是边区县长要考虑的重要事项。合水县县长在区保联席会议上就指出，县府"应有确定的办公地址，我们要使得工作作得好，须有一定的办公地方，避免游击式的办公法。群众正有重要事情找我们办理，但找不到我们的负责人，这样一来，时间长久，使群众对我们会发生一种不好的印象，脱离群众，不能很好的深入群众，使工作今后的进行亦有很大的妨碍，故须有一定的办公地方"。③ 神府县在办公方面为了厉行节约，实行"午不睡觉晚不点灯的制度"。④

县级政权机关的办公要坚持平民化的原则。据曲子县县长逯月喜的报告，曲子县政府机关实行各级政府机关平民化，县级干部和老百姓食宿在一起，劳作在一起。各级政府公务人员穿草鞋、粗布衣，每人每天1斤半米，8分洋的菜钱。每月县长2元5角的津贴，区长2元津贴，政府人员1至2元津贴，乡长1元5角的津贴。各级政府人员每年同样生产，上至每个首长，下至伙夫、马夫都需如此。种粮种菜、打柴养猪，打毛衣，以自己的劳动改善自己的生活，减轻公家的经济负担。县政府每月办公费不超40元，区政府不超15元，乡政府不超3元。除粮食由公家负责外，其余如办公、伙食、津贴等，完全靠自己生产自给，上级一文不发。政府人

---

① 《林伯渠文集》，华艺出版社1996年版，第48页。
② 西北五省区编纂领导小组、中央档案馆编：《陕甘宁边区抗日民主根据地·文献卷·上》，中共党史资料出版社1990年版，第198页。
③ 中共庆阳地委党史资料征集办公室编：《陕甘宁边区时期陇东民主政权建设》，甘肃人民出版社1990年版，第108页。
④ 陕西省档案馆等编：《陕甘宁边区政府文件选编》第2辑，档案出版社1987年版，第475页。

员要成天和老百姓坐在一起，走在一起，为老百姓着想。政府人员哪个打骂老百姓，就是犯罪。他们的目的就是在少拿钱多做事、不拿钱也做事、无官职也做事的原则下，团结人民大众，肃清官僚主义。①

（二）会议制度

建立健全各种会议制度，是县政府必不可少的工作制度。县级会议制度主要包括县政府委员会、县行政会议和其他各专门委员会等。以合水县为例，县政府委员会要求：凡上级有所指示，如命令、训令、指令、通令、决定、条例、通知等，接到后应召开政府委员会讨论执行。另如下级或群众有所呈请、禀告、建议、提案，应作决定者，亦应召开政府委员会讨论后执行之。其次，凡有关各机关部门者，都应召开政府委员会讨论决定后迅速执行。县政府委员会一般是无定期的会议，如有必要可随时召开。县行政会议作为县政府内的重要会议，主要是由县长和县级科室和秘书等人员组成。在合水县，行政会是由县长、第一科科长、第二科科长、第三科科长、第四科科长、承审员、秘书等7人组成，以县长为当然主持，同时其他各口都有自己的委员会、工作会、科务会管理日常工作。②

县级各类会议制度，实际上正是集体领导、分工负责的具体体现。集体讨论最终由县长核准，可在很大程度上提升行政效率。据安塞县长石子珍报告说，安塞县工作制度实行了集体讨论个人负责制。每次各区的工作报告，由谁负责领导则由谁提出工作中的意见，经县长核准答复之，各科均能按准则实行。在会议与讨论方面，通过召开各区区长联席会议一次，时间一星期，彻底的发扬民主，自上而下地检查工作中优缺点，并指出工作中的方针。县政会七天一次，各科科务会十天一次，大部分均能按期召开。③

（三）检查制度

检查制度是县级政府的重要工作制度。县政工作虽有具体计划，这只是工作之开始，要使任务完成，必须依靠不断地督促与检查。因此，建立健全检查制度是县长要做的另一项重要工作。合水县就提出：为使县政工作的实际深入正确，必须有很好的检查，方能使工作很顺利的完成，因此要经常的每半月检查工作并须于月终总结一次。每遇上级指示之临时突击工作，应很快地首先开会计划、布置，进行组织上的动员。在突击时间过

---

① 中共庆阳地委党史资料征集办公室编：《陕甘宁边区时期陇东民主政权建设》，甘肃人民出版社1990年版，第294—296页。
② 同上书，第108页。
③ 陕西省档案馆等编：《陕甘宁边区政府文件选编》第2辑，档案出版社1986—1991年版，第471页。

半后，检查一次或两次，任务完成后总结检查一次，将检查所得的经验教训作为以后工作的鉴照。① 华池县同样制定了具体的检查工作制度。据县长李培福报告："华池县总的深入工作的最大成绩，对于群众切身利益的土地、婚姻、账债等问题解决的不下五百件，同时群众对于政府的认识和信仰大大提高了。例如县上干部在白马、吴起区住的地方，整天不断有人来叫解决问题，同时干部未到那个地方以前，而群众即来该地等候多时了。"②

有的县要求平均每两月详细检查区乡工作一次。通过检查，对许多实际问题和各科的详细情形，都能有详细的了解。③ 实际上检查工作的过程，也是教育干部的过程。神府县制定的检查制度，要求以区乡按书面报告检查指示，县府每派人出乡，都要带着检查工作的任务。每到农村检查，要亲自去抗工属家中实际观察，要用和群众开展个别谈话等办法检查。④ 但是也有些县份的检查工作不是很到位。如宁县检查工作不深入，即便到区乡去的同志也有不检查工作的现象，以致该县工作进度迟缓。在财政统一方面，尽管该县已取得很大成绩，但仍有自收自用、贪污等不良现象发生。为彻底消灭此种现象，边区政府提出在领导上要特别抓紧这方面的检查，随时揭发，按照情节轻重处理。并以此教育所有的干部。⑤

（四）区乡报告制度

县级政府为便于清楚了解区乡政府的工作情况，需要各区乡政府随时报告工作进展情况，以便有针对性地领导具体工作。如鄜县县政府要求"区给县十日报告一次"。⑥ 安塞县每月中作一总的报告，每月做二到三次临时报告。县政府除审阅报告外，还派人亲自到各区、乡农村检查工作。⑦ 合水县的区乡报告制度更为详尽：

> 经常报告：为了上级政府对下层工作有清楚的了解，必须有很好

---

① 中共庆阳地委党史资料征集办公室编：《陕甘宁边区时期陇东民主政权建设》，甘肃人民出版社1990年版，第113页。
② 陕西省档案馆等：《陕甘宁边区政府文件选编》第1辑，档案出版社1986—1991年版，第411页。
③ 同上书，第84页。
④ 陕西省档案馆等编：《陕甘宁边区政府文件选编》第2辑，档案出版社1986—1991年版，第475—576页。
⑤ 陕西省档案馆等编：《陕甘宁边区政府文件选编》第1辑，档案出版社1986—1991年版，第185页。
⑥ 陕西省档案馆等编：《陕甘宁边区政府文件选编》第2辑，档案出版社1986—1991年版，第367页。
⑦ 同上书，第471页。

的报告制度。区给县每月报告2次（布置1次，总结1次）。保给区每月报告4次，甲给保每月报告1次。

上级有所指示之各项工作，接到后立即开会。同时一面即行报告召开什么会，讨论的布置的情形如何，怎样计划的，有无意见。并在执行至中途应检查即报告一次，最后总结时再报告一次。

下边有所呈请，人民有建议，即时解决不了的，有所怀疑不敢最后决定者，应在3天之内立即呈报上级，以便随时解决之。

报告的方式：区保的上呈下示事项，应用纸［书］面的尽可能以公文呈式报告，甲一级的最好用纸［书］面报告。①

通过建立报告制度，县政府一般都能较清楚地掌握区乡工作动态。据安塞县长石子珍的报告，区对县的报告，每次的工作与各地发生的许多实际问题，能按时用通信的方式报告我们。县政府对上级的报告尽管不能按时去做，但各科都能按直属上级及时的作报告。② 神府县长刘海珠在给边府的报告中也指出，区级一般的能按月报告工作，有个别的要延迟时间。乡级一般的半月给区报告一次，只有个别乡不能按期报告。③

（五）巡视制度

巡视制度是由县长和其他县级干部深入区乡，检查和帮助区乡政府解决实际问题的工作制度。建立巡视制度，其目的"是为了适应群众的需要和增进工作的效率。要调查，要想，不了解情况，闭门造不出合辙的车，不想，摆起一些材料也许弄不出条理来"。④ 这也是边区政府一再强调的重要制度。延安县县长刘秉温在向边府的报告中指出，延安县的主要同志"采取了一种巡视制度，到区乡农村中去了解下层的实际情形，彻底纠正与转变工作方式，特别是干部打埋伏、互相包庇的现象"。⑤ 安塞县就建立轮流不断的巡视制。在区长会议闭幕后，每区派两个强有力的干

---

① 中共庆阳地委党史资料征集办公室编：《陕甘宁边区时期陇东民主政权建设》，甘肃人民出版社1990年版，第113—114页。
② 陕西省档案馆等编：《陕甘宁边区政府文件选编》第1辑，档案出版社1986—1991年版，第84页。
③ 陕西省档案馆等编：《陕甘宁边区政府文件选编》第2辑，档案出版社1986—1991年版，第475—576页。
④ 《谢觉哉文集》，人民出版社1989年版，第534—535页。
⑤ 陕西省档案馆等编：《陕甘宁边区政府文件选编》第2辑，档案出版社1987年版，第13页。

部下乡，科长及部长均下区乡农村帮助工作。① 正所谓"常常检查，坏干部可以学好，不常常检查，好干部也可以学坏"。② 县长与县级干部下乡巡视，也在很大程度上冲刷着一些干部的官僚主义作风。边区政府根据安塞县长石子珍的报告，对安塞的巡视工作进行了褒奖："安塞县巡视秋苗情形相符，只要秋收好，人民生活改善，即是你们工作之劳绩，亦为我们所厚望焉！仰仍督率民众，加紧锄草。对于个别被水灾奇重之难民，尤应特别救济，以免流离失所，成为饿殍。又欲求检查工作，深入了解农村民隐，则该县长尽可能常到各区乡巡视一遍。所拟九月份工作计划各项平列，没有指出中心工作，使下级执行时漫无头绪。该县今后工作中最基本与最中心的，应是深入群众真正的发扬民主，揭发各种工作中的官僚主义作风，洗刷新官僚劣绅的专横。"③

（六）学习培训制度

建立健全县区乡各级干部的学习培训制度，同样是县级行政管理工作的重要内容。合水县要求各级干部不论任何地方都实行两小时的学习制，不识字的保证每个人每天识5个字，要会认会写。识字的会看简单的书报。这些前提一定要保证做到。④ 曲子县政府在学习组织方面，要求本单位分为两小组，什务人员一组，全体工作人员一组开展集体学习；在学习方式上什务人员采取小组上课，工作人员采取小组形式讨论会，选人轮流报告，今日报告，次日阅书，下日讨论，材料主要是党的建设，其他材料临时规定。⑤ 神府县要求每天三小时的集体学习，"早饭前一点钟，早饭后二点钟"。在学习党建和讨论中国现代革命运动史时，每讨论一篇先由党的首长报告一次，党政群众团体集中讨论结束一次，在学习时间工作不能妨碍，有讨论问题者由值日员轮流应付。⑥

与此同时，各县根据实际情形开办县区乡训练班，以提高各级干部的领导能力与水平。当然对于基层干部而言，更重要的是在实践中学。正如

---

① 陕西省档案馆等编：《陕甘宁边区政府文件选编》第2辑，档案出版社1987年版，第471页。
② 《谢觉哉文集》，人民出版社1989年版，第536页。
③ 陕西省档案馆等编：《陕甘宁边区政府文件选编》第2辑，档案出版社1987年版，第375页。
④ 中共庆阳地委党史资料征集办公室编：《陕甘宁边区时期陇东民主政权建设》，甘肃人民出版社1990年版，第115—116页。
⑤ 陕西省档案馆等编：《陕甘宁边区政府文件选编》第2辑，档案出版社1986—1991年版，第81页。
⑥ 同上书，第475—576页。

边区政府在给合水县县长的指示信中所说:"对于干部的教育工作,尤其是开办训练班教育方式非常重要。假使方式不好,就会徒劳无益,即讲的很多,了解的很少,对区乡干部,尤其新干部的训练,切勿长篇大作,大题小点的演说式一大套,使他头昏目眩,不但听不懂,反而错误了解。因此,只有目前做什么就讲什么,讲的方法又是提出一点小的问题发问,使他们先讨论,最后作一简短通俗的结论,这样弄清一个再来一个。而这些问题又要多提实际具体的东西,少提抽象的原则的东西。"① 边区政府的这一指示是合乎实际的。因为基层民众的情绪、环境真可谓千差万别,各地的历史发展与民众的经验也很不一样。如果不知道现状,累积并分析过去的经验,只是读过些书本子和文件,临事仍是茫然。所以在工作中学习,在实践中探索,才是基层干部重要的学习方式。

三 汇报县政工作

汇报县政工作是陕甘宁边区转变政府工作方式方法的重要体现,也是县长接受上级政府和普通民众监督检查的重要途径。边区县长的工作报告,根据内容与对象的不同,可分为对县参议会所做的政府工作报告、对边区政府的县政总结报告和一些专题工作报告。

县长对县参议会的政府工作报告,是接受民众监督与检查的基本形式。早在边区政府成立之初,林伯渠就提出"为着实现目前新的伟大的任务、边区政府的工作更加合理化与活跃化,必须要求政府工作人员充分进行民主的工作方式与工作方法"的号召,并提出要"建立启发下级组织与群众积极性与创造性的领导,因此不能采取抑制与束缚下级组织及干涉一切的领导,而要有充分的工作批评的自由与工作报告制制度"②。县长的政府工作报告,既是民众以此来督促检查政府工作的一种重要手段,也是边区县长的一项重要行政职责。县长的政府工作报告主要涉及民、财、教、建等诸多方面的内容。在政府工作报告中,不仅要谈及成绩,也要反思存在的不足,以求得民众的检查批评。同时,县政府工作报告还要针对缺点和不足提出更好的解决办法。谢觉哉曾就此专门做过阐释。他指出:

---

① 陕西省档案馆等编:《陕甘宁边区政府文件选编》第 2 辑,档案出版社 1986—1991 年版,第 370 页。
② 西北五省区编纂领导小组等编:《陕甘宁边区抗日民主根据地·文献卷·上》,中共党史资料出版社 1990 年版,第 198 页。

政府向议会报告工作，不只是把工作的好坏摆在人民面前，请求人民批评；而且要把工作对于人民的要求——比如要不当亡国奴，就得上前线去参加自卫军，努力生产等；要把工作的方法——即总结半年来的实地经验和各地人民的反映，提出更好的办法来。这是说：报告不能是应付的，应付就是忽视人民的委托，也易使大会得不到好的成绩。因此，政府的工作报告，必须用全力的做，早点起草，多多考虑。不是为着好看，而是为着提供大会以很好的和具体的材料与方案。①

尽管县政府工作报告涉及诸多内容，但是工作报告要真实实际，不能长篇大论。同时要提前印好发给参议员，以便各议员在听过后，能充分展开讨论研究。县长在作政府工作报告时要扼要生动，不能拖沓，要在一两小时内报告完毕。县长工作报告完毕之后，要留下充足的时间展开质询与讨论。一般质询和讨论要比报告多一倍两倍以上的时间，讨论时分为小组讨论和大会讨论，最后综合出比较成熟的意见，以节省大会讨论时间。特别是在讨论时，"要启发与注意非共产党人士的发言，要知道，共产党的意见，不一定面面俱到；共产党员也很有些不满人意的。过去有县参议会大会讨论时间太短，没能使非党人士充分发言；或者不倾心聆听他们的话，讲也等于不讲。这种作风，极要纠正，不论小组讨论，大会讨论，形式都不必太严肃，随便拉话的样子也可以。在小组讨论时三五成群的谈也可以。只要能谈出议员们的意见，得到更好的议案"。②

这种讨论是对县长及县级政府工作很好的监督检查，也是增加政府工作透明度的具体体现，因此备受群众欢迎。在绥德县第二届第一次参议会上，有人就评议说："政府工作报告一般的都提到了，原则上是没有错误，检讨缺点少，一般的叙述多，没有抓住群众迫切需要听的是那几个问题。"③ 安定县在发动群众对政府工作进行评议时，结果收到了较多批评意见。有人说"每次突击粮及救济等工作没有确定统计与公布不能使群众明白"；"城市卫生工作没有动员群众实行"；"春耕互济工作做的不够，如红泉的柴炭缺乏"；"救济工作不好，如经常到政府请求救济者即救济得多，路远者则救济得少"；"不注意教育工作，没有动员广大群众入学

---

① 中国科学院历史研究所第三所编：《陕甘宁边区参议会文献汇辑》，科学出版社1958年版，第175页。
② 同上书，第176—177页。
③ 《绥德县第二届第一次参议会总结报告》，绥德县档案馆藏，档案号：15-2。

及发展识字组"。① 针对群众的意见与批评，县长也作了自我检查与自我批评。富县、延川等县还在延安《解放日报》上发表文章，作出了书面检查。通过批评检查，一方面督促县长和县级政府做好工作；另一方面也大大提高了乡村民众参政议政的热情与信心。更为重要的是，通过对政府的检查与批评，也使民众更清楚地认识到县长的工作态度与工作能力，为随后选举县长奠定了很好的基础。

对上级政府的总结报告，既是边区县长行政事务中的重要职责，也是边区政府了解基层工作的重要途径。这类工作报告一般都是总结性的报告，特别是针对工作中的成绩与不足进行深刻总结。县长对上级的工作报告，根据报告内容的不同可分为三种类型：第一种是工作总结报告，第二种是专题性报告，第三种是临时工作报告。

工作总结报告是最为常见也是最多的一种报告类型，它主要涉及县政府带有全面性的工作汇报。边区县长大都能认真翔实地或一个月、三个月或者半年、一年不等地向边府汇报总结。但是其中也有不少问题。边府的指示称："这种报告虽较多，但内容多半很空洞，同时经过专署寄来，时间很迟，边府不易及时了解下情。"② 就此，边区政府曾多次对有关县长进行了批评。如神府县县长刘海珠1940年在给边府的工作报告，就受到边府的严厉批评，该报告"材料虽多，但均是东鳞西爪，而没有系统的将某一项工作或某区、某乡的工作，作系统的检查报告"；"报告某一项工作，与以前有关事项无联系"；"该县今年之救济粮如何支配的，及究竟投河几人，离婚几人，流落几人？应详细具报"；"分发救济粮一节，有耍私情及救济不恰当的究竟有多少？应切实检查出数量及具体不应救济的是些什么人"？"优待工作，应该切实检查一乡或几乡的优待工作，才能看出有什么缺点，不是东鳞西爪的看"。③

除此之外，有些县长的报告"太为空洞，而无具体的数目字与实际例子"。④ 有些县的报告中，"只有些数目字的［汇］报，具体东西太少。此类报告不能充分地表现出工作的成绩与缺点。因为数目字仅是表现成绩

---

① 白丁：《安定在选举运动中的准备，城市乡选举的经过》，《新中华报》1937年7月29日。
② 甘肃省社会科学院历史研究室编：《陕甘宁革命根据地史料选辑》第3辑，甘肃人民出版社1981—1986年版，第154页。
③ 陕西省档案馆等编：《陕甘宁边区政府文件选编》第2辑，档案出版社1986—1991年版，第377页。
④ 陕西省档案馆等编：《陕甘宁边区政府文件选编》第1辑，档案出版社1986—1991年版，第243页。

的一方面，另一方面是用了什么工作方式才得到如此成绩是特别重要的。"① 更有些报告在总结经验教训的时候，只做一些规律的、一般的"财政"、"民政"的"官样文章"，对于"怎样继续深入地揭发过去工作中的错误，怎样纠正官僚主义的倾向，怎样转变工作方式，怎样争取人民肃清土匪等"只字未提。② 针对这些情况，边区政府多次发出指示，对于县长的工作报告进行了制度化的规范。

专题性报告是指某一段时间集中处理相关事宜之后，就某一专门问题拟就的工作报告。相比较而言，专题性报告所涉及的面相对较小，论题相对集中，因此这类报告总体上要好于全面总结性报告。但是在总结规律性问题以及前后的连贯性方面，依然存在着不少问题，甚或有些报告流于形式。

临时性报告是针对一些突发或亟须解决的问题，须向上级政府请示批准，并在事后进行的一些汇报总结。鉴于战争的紧张局势，个别县份对工作报告重视程度不够，即便报告也只是对一些现象简单罗列，这些报告同样存在着不少问题。针对这些现状，边区政府多次发出指示要求整改。

首先，县长在执行每项中心工作过程中，"态度必须是严肃的、认真的，每项报告负责同志必须参加研究，细密审阅，然后寄发，过去有许多寄到边府的报告，数目字先后不一致，有的甚至全部数目字空白着，足证其责任心是很不够的。至于报告中词句和缮写的潦草马虎，更是普遍的现象，往往使人对于报告的内容看不清楚，这种不好的态度，均须切实注意改正"。其次，"必须经常不拘形式地用便信或电报真实地及时反映实际工作情况及新的工作方法和经验"。再次，"在每一项工作进行到一个阶段或结束时，要有总结报告，这是很重要的，应切实执行"。最后，报告的内容必须"真实地写出每项工作（尤其着重每一时期的中心工作）做的过程和结果，做的方法和得到的经验，存在的问题和解决的办法，最好是一般报告还要配合一些生动的典型材料，不许有丝毫的虚伪，过去各地关于灾情和收成方面的许多报告随便夸大或隐瞒，是一种非常不好的毛病，必须严格纠正"③。

---

① 陕西省档案馆等编：《陕甘宁边区政府文件选编》第 2 辑，档案出版社 1986—1991 年版，第 408 页。
② 同上书，第 348 页。
③ 甘肃省社会科学院历史研究室编：《陕甘宁革命根据地史料选辑》第 3 辑，甘肃人民出版社 1983 年版，第 154—155 页。

此外，边府特别强调指出："专员、县长每两个月须亲自给主席写书面报告一次，着重于这一时期工作中的基本经验及政策的执行，指出所发生的问题和偏向，说明症结所在，领导上对此的认识及解决办法。而不是平铺直叙讲过程。每次报告应着重写当时当地的几个重要问题，及对边区工作的建议和对上级的意见。而不是不分主次，样样都写。其材料必须经过酝酿和分析，具体的说明问题。"①

这些针对性的指示，大多数县份进行了整改，对工作报告进行了制度化建设，县长的工作报告与总结有了明显的提高。如华池、安塞、子长、绥德、米脂等县，认真执行了报告制度，有计划地向上级经常反映工作情况，且能较及时地写出当前一项或几项主要工作的进度、办法和结果，上级看到他们寄来的若干次报告后，能够大体了解其各种重要工作的动态和全貌。同时一些专题报告的质量也有了明显地提升。如子洲、安边等县关于土地登记、评产、对敌斗争等的一些典型材料，写得较好，能及时总结出某项工作的症结问题和解决问题的办法及其工作经验。上级能够及时了解一些真实情况或某些工作的主要问题及经验，对于指导推动工作有相当大的帮助。

第二节 县域调控——边区县长的治理工作

县长作为边区干部队伍的中坚力量，不仅肩负着县政运行的行政事务，而且还担负着复杂多变的统战工作。与此同时，鉴于边区干部的缺乏，在较长的一段时间里，县长还担负着县域社会的司法审判和保卫工作，以此来实现对县域社会的调控与治理。

一 统一战线工作

县域社会的统一战线工作是复杂多变的，它既有着同民主人士和一切抗日人士之间的政治合作，同时也面临着与国民党之间的合作与斗争甚至兵戎相见。如何搞好县域社会的统一战线工作，是边区县长在县域治理的过程中始终都在面临的一个棘手问题。

统一战线是一项政策和策略性都极强的工作，边区政府曾专门召开县

---

① 甘肃省社会科学院历史研究室编：《陕甘宁革命根据地史料选辑》第3辑，甘肃人民出版社1983年版，第294页。

长联席会议，强调统一战线的基本政策就是要"顾及各阶级各党派利益"。只有懂得这一政策，才能把握住政策。当然，还需要"细心去研究这些政策，不仅自己要有充分的了解，还要经过亲自的政治经验，来充实它的内容，证明它的正确性。单懂得某些原则也还不够，必须懂得怎样克服在实行这些政策时所遇到的困难，善于向各种不正确的倾向作斗争"。在此基础上，还要有"统一战线的作风。这就是说，要我们克服那些狭隘的观点，自高自大的气焰，及独断独行的现象，而代之以全面兼顾，平易近人，共同商洽，大公无私的作风"。与此同时，"必须建立与这些政策相一致的制度，来保证政策的兑现。因为政策如果不经过一定的制度去推行，就容易变成口头上说的是一回事，做起来的又是一回事，如像国民党在政策与制度上表现出来的那种矛盾"。另外还需注意"不是把这些政策孤立起来，而是把它们联系起来，使之适当地配合，而不是背道而驰。同时，既要全面的顾到，又必须晓得在不同的情况下抓紧中心的一环。这样才不会头绪多端，顾此失彼"。①

"世界上没有一成不变的东西，也就有层出不穷的办法。"② 边区县长在贯彻县域社会统一战线政策的过程中，都能根据自身情况讨论决定采取相应的办法和措施。大多数县长在处理统一战线问题时都能把握正确的立场，较好地解决相关矛盾和冲突问题。

在对县域社会豪绅地主的统战工作，多数县份的处理都较为得当。定边县县长王子宜在给边府的报告中指出，对于豪绅地主的策略是：凡能够遵守边区法令者，均与一般公民同等对待，同样有选举民主、营业等自由权，同时吸收他们参加抗战工作与抗敌后援会的组织。因在统一战线政策下调整了各阶层的关系，全县已争取回来的地主36家，豪绅88家。全县富农共有166家，大多数没有逃跑，少数跑了的，也已全部回来了。经过政府的教育宣传，他们对政府是非常的拥护和信赖。那些普通的知识分子，因过去长期受反动教育的结果，起初对我们很怀疑，不敢接近，后经政府的争取与宣传教育，除个别的顽固与思想落后的分子外，大部分在民族意识与爱国热情感召下都来参加抗战工作。③

吸收有威望的人士参加县级政权，以充实县级三三制，是边区施政纲

---

① 林伯渠：《把握统一战线的政策》，《新中华报》1941年3月2日。
② 中共延安地委统战部等编：《抗日战争时期陕甘宁边区统一战线和三三制》，陕西人民出版社1989年版，第105页。
③ 马骥主编：《陕甘宁边区三边分区史料选编》上，中国人民政治协商会议定边县委员会2007年编印，第20—22页。

领的重要内容，也是县级政府统一战线的具体体现。一些县长主动与开明人士沟通交流，动员他们参加县级政权，一些较为开明的县长"更能允许人民选举保甲长以至联保主任"。① 合水县县长高朗亭就是如此。合水县在建政初期，为了实现基层政权组织的平稳过渡，高朗亭经常深入基层，体察民情，了解民意，督促各区做好保、甲长的民主推选工作，争取让办事公道、群众信任、有威望的人士当选。1941年5月，全县推行乡村普选，因基础工作扎实，大部分保、甲长均顺利当选为民主政府乡、村长。1941年9月召开盐池县第二届参议会时，为了进一步贯彻"三三制"的原则，县政府委员中的10名共产党员退出7名，补选5名非党人士。1945年8月盐池县进行了第二次县、区、乡三级选举，选出县议员38名，其中有共产党员14名、国民党员1名、无党派民主人士23名。通过吸收其他党外人士参加政权，对于团结革命阶级、阶层人士，巩固发展抗日民族统一战线，调动全县人民的积极性作出了很大的贡献。② 盐池县商会会长靳体元被选为县参议员以后，积极筹办元华工厂，工人由2人增加到56人，资金由5万元（光华币）增加到4171万元（光华币），可以生产20多种毛织品。另外，还兼营运输业、农牧业、盐业以及食品的生产和销售，为边区军民和前线指战员解决了衣、食、物严重不足的部分困难。③

一些党外人士一般都有相当的文化水平，吸收他们参加政权不仅可以达到监督检查政务和积极建言献策的目的，而且在县域社会的发展与治理中也能发挥积极作用。如定边县参议员高崇山，热心公益，关心群众，积极主动参与政府的各项活动。在边区大生产运动中，高崇山率先响应，动员母亲、妻子、儿媳和同院妇女组织纺线组，之后不久，高崇山停止经商，将全部资金转办油坊，解决军民食油困难，并捐边币30万元，帮助抗属、工属发展生产。与此同时，为教育"二流子"改掉从旧社会带来的恶习，他再次捐资边币2000元、麻油20斤，协助政府开办生产训练班。每逢星期三早晨还亲临训练班讲课，促使"二流子"早日转变。为进一步改变定边县的教育事业，在1942年县参议会上，高崇山与议员武绍文等联合提出五项建议：一、教育和生产结合；二、政府酌情补贴贫寒子弟学费；三、教写教算，讲求实用；四、学生要有礼节；五、学生毕业

---

① 中共延安地委统战部等编：《抗日战争时期陕甘宁边区统一战线和三三制》，陕西人民出版社1989年版，第109页。
② 胡镜明编：《红色盐池》，宁夏人民出版社2006年版，第43页。
③ 同上书，第44页。

后，自己选择职业。① 因高崇山的提案符合实际，遂被选为定边完全小学董事会主任，并担任民教馆主办的妇女半日班校长兼教员，并亲自劝学，动员家长送子女上学。

在县域社会的统一战线工作中，令边区县长感到最为棘手的问题是如何处理与国民党及周边的民族关系问题。正如谭生彬县长所说："我担任了3年边区县长，工作任务很重，其中包括大量紧急动员性质的工作。我们迎难而上，逐一解决，都较好的完成了任务。但最具挑战性的，还是在国共延长县政府并存时期，与国民党顽固派县长周景龙的斗争。"② 处在统战区的县长更是如此。如鄜县抗日民主政府成立之初就属于统一战线区，为了更好地开展县域治理和社会调控工作，使鄜县能成为统一战线的模范区，边区政府专门指示鄜县县长罗成德，提出在县政府成立之后，应使全县行政都归县府管理。对于目前的工作，最中心的是争取群众，使群众完全拥护政府，团结在政府周围。至于扩兵、收税、募捐等，都暂不举行，以免反共分子以此为借口。一切派差事的问题，应与当地驻军商讨，尽量求得减少。一切苛捐杂税应取消，并进行减租减息，但一下子不要减得太多。减的方式，采取较和平的方式。要争取士绅、知识分子、商人，不要让这些人跟着反共派跑。同时要协助军队剿灭土匪与反动的保安队，驱逐一切特务分子，巩固壮丁队的组织，不让特务分子和反动分子取得领导地位，防止反革命分子混入县、区、乡政府。对于友军及邻近区的友方政府，仍应采取友谊合作，实行"人不犯我，我不犯人"的原则。③ 应该说通过罗成德县长的积极努力，鄜县的县域治理与社会调控工作取得了突出的成绩。

但是处在边境地区的县份，情形要更为复杂一些。这从不少县长的工作报告中可见一斑。靖边县县长王治邦在给边府的报告中就指出，靖边县境内人民情况较为复杂，有些地方的群众过去加入哥老会的很多，特别是镇靖、龙洲、新城、镇罗、巡检、凤凰等区；另外靖边县在友军内当兵的也很多，连长以上旅长以下的军官，在国民党内有百余名，这些人的家庭大部分都住在靖边县，他们经常到靖边县活动；在镇靖、新城，过去大部分人信教。如此复杂的县域社会，更加大了我方与顽固分子的摩擦和友方保安队内豪绅地主对革命的不满。因此靖边县的政治环境非常恶劣。在蒙

---

① 《榆林人物志》，陕西人民出版社2007年版，第861页。
② 《一代永恒的生命——纪念谭生彬诞辰100周年》，谭生彬画传编辑委员会2012年编印，第54页。
③ 陕西省档案馆等编：《陕甘宁边区政府文件选编》第2辑，档案出版社1986—1991年版，第57—58页。

古方面,更有顽固分子挑拨。针对这种情况,靖边县通过武装斗争和军事打击,收到"相当之成效"。① 盐池县亦是如此。盐池县三面接连友区,同时又处于汉、蒙、回三民族交居之地,情形极为复杂。针对这种情况,县长阎志遵采取对蒙古族人发动群众抵抗、和平对待、避免正面冲突的原则。在政治上,"说他们的好,力求争取,但对顽固分子实行打击的方针"。同时,针对蒙方挑起的摩擦,首先通过致公函的办法与之交涉,在交涉未果的情况下,"即行将来我区内调查户口的两名顽固分子逮捕关押"。自此以后,"公开摩擦始得平息至今"。②

如果说上述摩擦还只是局部的冲突,那么在有些地方则因摩擦不断已严重影响到县域民众的生产与生活,一些县长更是冒着巨大风险对此进行了坚决彻底的斗争。安定县县长薛兰斌就是如此。

1937年10月,安定县人民民主政府成立,选举薛兰斌为县长。这样一来,就在瓦窑堡城内形成共产党领导下的安定县人民民主政府和国民党陕西省安定县政府并存的局面。1938年4月,国民党换田杰生接任县长。田杰生是个"摩擦专家",在一年多的时间里,制造各种形式的摩擦20多起。起初薛兰斌县长坚持遵循有理、有利、有节的斗争策略,成功地一一化解了这些摩擦。后来田杰生指派土匪陈文才四处抢劫,陈被县政府捉捕缉拿,被判处死刑执行枪决。田杰生因对此极为不满,遂伺机报复薛兰斌。1939年4月16日,田借开卫生会为名请薛兰斌等人参加会议,会上出现意见分歧。田拿出一张法院枪毙陈文才的布告,质问薛兰斌县长凭什么枪毙陈文才。薛兰斌义正严辞地予以应对,田杰生最终扣留了薛兰斌。后经"抗大"学员和保卫大队的严正交涉,薛兰斌被释放。然而时过不久,国民党安定县保安队中队长樊生财因带人抢劫了安定县辖区的供销社,被逮捕归案,而田杰生却向上虚报情况妄想挑起武装冲突。随后国民党令驻榆林的86师派骑兵团长胡景通带2000人进驻安定县。在此情形之下,薛兰斌积极争取胡景通以缓和局面,同时派人去延安汇报。后肖劲光派陈先瑞率部很快到达安定城外,做好了战斗准备。经过几天的工作,缓解了紧张气氛,双方终于撤走了部队。1939年7月,边区政府召开县长会议,林伯渠代表边区政府和西北局表扬了薛兰斌在反摩擦斗争中的突出表现。毛主席在会上说:"安定有个狗头县长田杰生,把我们共产党的县

---

① 陕西省档案馆等编:《陕甘宁边区政府文件选编》第1辑,档案出版社1986—1991年版,第386页。
② 胡镜明编:《红色盐池》,宁夏人民出版社2006年版,第44页。

长薛兰斌扣押了，薛兰斌同志是我们人民的一个好县长。"①

综上可见，尽管边区县长所面临的环境异常复杂，但多数县长能根据统一战线政策积极开展工作与斗争，从而有力地维护了边区县域社会的生产与生活秩序，同时也说明边区县长在县域治理和社会调控方面具有较强的应变能力。

二 司法审判工作

县长兼理司法是陕甘宁边区司法审判制度的一个重要特点。《陕甘宁边区县政府组织条例》规定："司法处受理各县各项民刑事案件，在县长领导下进行审判。"1943年3月，边区政府颁布的《县司法处组织条例草案》也规定，"各县司法处受理辖内第一审民刑诉讼案件"，"县司法处处长由县长兼任，审判员协助处长办理审判事务。如诉讼简单之县份得由处长兼任审判员"。司法处受理重大民刑案件时，应"将案情提交县政府委员会或政务会议讨论，再行判决"。② 可见，参与司法审判工作也是边区县长的重要职责。

县长兼理司法审判工作，实际上也是中国社会一向存续的一种体制。所谓"平赋役、听诉讼"，就是对帝制时期县官司法审判的描述。但是陕甘宁边区县长的司法审判职责却与帝制时代有着本质的区别。边区县长兼理司法审判，首先是基层社会缺乏适当的干部。"目前新区司法工作最感困难的，便是缺乏适当的干部，以至各县均一再要求边府解决，而边府一时也无适当人可派遣。可是在新区之司法工作，不但不能因此便置之不理，反之在新区更有其重要性，更应当加强、注意。故不能不在没有找到适当干部以前，另图积极的补救办法。"在这种情形之下，边区政府提出依照"国民政府的组织，县政府的司法工作是由县长兼理。有专设司法处的只是某些一等县，因此在新区没有专设司法处之前，司法工作亦可暂由县长兼理"。当然，边区政府还有另外的考虑。尽管由县长兼理司法审判，但是基于边区的战时环境和生产建设的需要，边区县长本身的事务将会更多也会更为忙碌，有时会有无法兼顾的情形，这又需要有专人负责。"我们的问题并不是兼与不兼的问题，而是县长或是因事忙，来不及兼顾，须得有专人负责；或是因司法常识与经验缺乏，恐弄出错误，这是今

---

① 延安市政协文史与学习委员会编：《延安文史》第10辑，《延安岁月·中》，2007年，第73—74页。
② 陕西省档案馆等编：《陕甘宁边区政府文件选编》第7辑，档案出版社1988年版，第164—165页。

天新区需要司法干部的主要原因。"①

县长兼理司法审判的另一原因，是缘于边区自身的制度设计理念，即由行政领导司法的体制。根据 1943 年起草的《陕甘宁边区政纪总则草案》规定："司法机关为政权工作的一部分，应受政府的统一领导，边区审判委员会及高等法院受边区政府的领导，各下级司法机关应受各该级政府的领导。"可见司法机关是隶属于各级政府的职能部门，各级政府对司法机关的管理不仅包括日常的行政、财政、人事等，还包括具体的审判事务。而且，按照边区的政治制度逻辑，既然政府是人民选举的，司法也就无须独立于行政权之外。

根据陕甘宁边区的司法审判原则，一般对一些重要的刑事犯，如汉奸、土匪，阴谋破坏军队与政权，组织暗杀等刑事案件，由军法处管理。在无军法处之县，则委用县长兼军法官名义受理。对于一般的刑事案件，如偷窃、斗殴、强奸以及由当事人提起诉讼的民事案件，由县政府受理。而对于一部分民事或轻微刑事的案件，如债权、婚姻、烟赌以及一般纠葛等，尽量用调解方式解决。这样既能解决问题，又能与人民打成一片，同时用调解的方法去解决一般的民事纠纷及轻微的刑事案件，也更能表示新政权的民主主义性质以及与人民群众的关系。根据这一原则，边区各县司法处在县长的领导下对一些刑事案件和民事纠纷展开司法审判和调解工作。

安塞县县长邵清华在上任不久就遇到了一起抢粮事件。1941 年 5 月，六区农民尚迎春、李之安领了 20 多个农民，抢走窑则湾仓库 20 多石粮食。原任县长、书记派保安队去捉拿，打死了李之安，逮捕了尚迎春，并判其 5 年徒刑。群众议论纷纷。邵清华一到任，就遇上了这件事。怎么办？她深入农村，走村串户亲自了解，看看老乡的碗里，看看老乡的锅里，再看看老乡面缸、米缸。她明白了：春荒严重地影响了春耕生产，有些群众连锅都揭不开，吃的是野菜汤。而且六区化子坪乡指导员张彦，身为领导干部，明知群众吃饭困难，不积极想办法为群众借粮，反而暗地唆使群众抢粮，自己从中得利。邵清华调查清楚后，连夜起草文件，请求边区政府援助，要求减征公购粮，同时借粮、借草度灾荒。边区政府很快采纳了她的建议。决定将当年公购粮免征，还拨给安塞县粮食 100 石，农业贷款 20 万元（边币），并同意县政府出借一部分谷草。邵县长生怕不够

---

① 陕西省档案馆等编：《陕甘宁边区政府文件选编》第 1 辑，档案出版社 1986 年版，第 260 页。

分摊，又动员机关干部将当年口粮抽出 60 石借给农民。群众顺利度过了春荒，投入了春耕。邵清华又给抢粮事件的挑头者尚迎春作思想工作，使尚迎春认识了自己错误。邵清华给他平了反，逮捕了教唆犯张彦。

以此案为基点，邵清华随即在本区和附近地区展开了遵守边区政府法令的教育，特别注重教育干部和党员廉洁奉公，带头遵纪守法。对于抢粮食的人分两部分处理，对那些不明真相、受骗上当的农民，经过批评教育，只要他能认识错误，表示改悔，除责成他们退回所抢粮食外，不再追究。对于那些流氓除退回抢的粮食外，还分别交到区、乡政府，责成村政权和民兵监督他们劳动改造。同时，为了使该类事件不再发生，邵清华又在全县正面开展了守法教育，把完成国家任务和为群众服务结合起来。让他们知道：上级为我们布置的工作最终目的都是为了群众的利益。

司法审判贵在公正。邵清华身边有位工作人员，对自己要求不严。安塞当时出了一个轰动案件，一个妇女因为和别人通奸害死丈夫。在这位村妇收审期间，工作人员让这个女犯人给她拆洗被子、洗衣服，并在邵清华面前替这个女犯人说情，开脱罪责。邵清华与审判长一起审清了这个案件，坚决将这个女犯人枪毙，那个男犯也吓得投案自首。"从此，邵县长秉公执法的美名在全县传开了。"[①]

在安定（子长）县，针对一些刑事民事案件同样予以惩处。1941 年 9 月，安定县长黄聚俊就处理过一个妨害公务的案件。安定县乡绅杨汉卿等结伙抗缴公债公粮，竟至煽动商户歇业，县长黄聚俊请示边区政府后，依法对杨汉卿等予以惩处，该县妨害公务之风稍息。[②] 1941 年，瓦窑堡居民强建胜约其友王登赢深夜持刀杀死旅居其屋的山西商民毛林泉，劫走财物后，逃至石湾投靠国民党驻军，后又出逃为匪，被县保安队击伤捕获。经县司法处审理，判处强建胜死刑，王登赢 10 年徒刑。后经边区高等法院复核，王改判 5 年徒刑，维持对强的死刑判决。[③] 据相关资料显示，安定县在 1937—1949 的 12 年，县司法处共审结刑事案件 631 件，其中反革命案件 21 件，叛逆 6 件，破坏法令 12 件，政治惯匪 2 件，破坏边区案 41 件，杀人案 16 件，伤害致死案 2 件，伤害案 36 件，斗殴案 3 件，盗匪案 37 件，妨碍婚姻与家庭案 38 件，赌博案 19 件，烟毒案 84 件，盗窃案 121 件，破坏金融案 16 件，贪污案 17 件，渎职案 16 件，诈骗案 22 件，

---

① 李庚辰主编：《红旗飘飘》第 3 卷，四川人民出版社 2001 年版，第 1978 页。
② 延安市中级人民法院、审判志编纂委员会编：《延安地区审判志》，陕西人民出版社 2002 年版，第 90 页。
③ 同上书，第 88 页。

其他案件122件。① 通过对这些刑事和民事案件的审理，有力地维护了县域社会的稳定秩序，促进了县域社会的正常生产与生活。

县长除了通过司法程序打击刑事犯罪之外，还通过民事调解的方式来解决纠纷。民事调解方式是符合边区的基本实际的，也是符合边区县域治理的基本目的。而且边区县长一般都是在民众当中有相当威望的干部，通过县长来调解民事纠纷，不仅可以省去很多不必要的诉讼程序，而且也更符合乡土社会的传统。

众所周知，中国的乡土社会所向往的是"无讼"秩序，维持这一秩序的就是费孝通先生所说的"礼治"传统。所谓的"礼治"，就是"对传统规则的服膺。生活各方面，人和人的关系都有着一定的规则。行为者对于这些规则从小就熟悉，不问理由而认为是当然的"。② 因此，所谓的法律在乡土社会中实际上是没有效率的。即便在乡村社会中产生纠纷，一般都是找寻一些德高望重的公正人士来调解，本分的劳动农民一般很少通过正规的法律诉讼程序来解决纠纷。所以，在中国农村几乎乡乡都有这种"和事佬"，这是推行民间调解的条件和群众基础。马锡五在《答考察边区司法者问》中说："在社会习惯上，千百年来早已存在着张三失手打坏李四，王大出来和解的习惯，这是良好的习惯，叫作息事宁人，排难解纷。"③ 在这种情况下，由县长以及一些在群众中有威信的人物，如劳动英雄、公正士绅等去推广民间调解工作，就成为县级司法审判的一种重要形式。

延长县长呼恩恭就通过调节的方式处理了高兰英打伤其父致使毙命的案件。据呼恩恭给边区高等法院的呈文所说：高兰英是延长县五区三乡郝家村人，高兰英打伤其父刘三致使毙命，后去找娘家人及户族人来解决此事，认为此事"尚可调解"。经大家一致同意，"故调解无事"，并给高兰英严格批评及指出不对，"令今后应改正性情"。④ 合水县长王士俊，为解决三区六乡古城村居民的土地纠纷案，亲自深入该村数日，找乡里人访问，与农村长者商谈，苦费唇舌地劝说诉讼双方，"诉讼双方不惟没费分

---

① 子长县志编纂委员会编：《子长县志》，陕西人民出版社1993年版，第564页。
② 费孝通：《乡土中国》，上海人民出版社2006年版，第46页。
③ 马锡五：《答考察边区司法者问》，陕西省档案馆藏，档案号：15。转引自侯欣一《从司法为民到人民司法陕甘宁边区大众化司法制度研究》，中国政法大学出版社2007年版，第273页。
④ 《边区人民法院司法工作总结报告》，陕西省档案馆藏，档案号：15—1057。

文诉讼费用，而且调停人未喝一口水，而纠纷得到和解，因此群众感激异常"。① 还有如淳耀县副县长房文礼，是该县有相当威望的人士，也是为群众所信赖的调解人。据《解放日报》的相关报道，他每年调解的纠纷达数百件之多，就连"友区"的脚户都知道他是一个"公正人"。② 因调解工作有更符合民众实际的特点，所以边区及各县府都大力提倡公正人士从事民事调解工作。到 1945 年，边区社会形成了调解运动的高潮，同时也涌现了一些民间调解模范和受人称颂的调解范例。其中有定边的白玉堂，曲子的朱启明，镇原的安兆甲，延川的张竹山，富县的吴殿富，淳耀的房殿有、房文礼，延安的申长林、吴满有、刘志厚、王德彪，绥德的郭维德，子洲的杜良依，佳县的高加绍，绥德分区的曹自让、马相明和王信志等。特别是郭维德，能根据调解条例的和解精神合理解决问题，没有形成一件诉诸法庭的官司，使原来落后村一举变成了先进模范村，郭维德也迅速成长为一名民间调解模范。

用调解的方式来解决纠纷，当年曾在延安访问的赵超构曾给予了高度评价。他指出：

> 一些轻微的案子，以调解为主，许多纠纷便在乡长那里"吃讲茶了事"，免得劳民伤财，妨碍生产，这不能不算是合乎农村口味。法律条文，也并不一定，有几种特殊法，如婚姻，土地等，其余参用中央法令，但也不规定要引用条文，法官根据情形，有很大的解释运用的自由，必要时还可以创造例外的判决，去年二月，还发布过保障人权财权条例，它的实际的情形我们还不清楚。"宽大政策"却有相当的效果，那就是说，凡是汉奸，或反对边区政府的人，倘被发觉，除非时机非常急迫，他们不愿意加以严刑。他们会派人来说服检讨，很"客气"地请你来个"坦白运动"——也就是自首，请你在公众大会上发表报告，将自己所属的一方的罪恶宣布出来。只要你保证洗手不干，他们也就容许你生命的安全，或甚至保证原有的工作，总一句话，这是用怀柔的方法代替牢狱与杀人，正和改变二流子反巫神的方法一样。当作一种手段来看，这是较为聪明的。③

---

① 《合水王县长深入农村调解群众土地纠纷》，《解放日报》1944 年 7 月 1 日。
② 《"老区长"——介绍房参议员文札》，《解放日报》1944 年 12 月 9 日。
③ 赵超构：《延安一月》，上海书店 1992 年版，第 225—226 页。

赵超构的解读是颇有见地的。这也正是边区司法中注重民事调解的重要理念之一。在边区的司法理念中，"一切以抗战为中心，一切服务于抗战"是一个重要的理念和原则。通过基层调解，尽量将纠纷在基层就得以解决，不仅可以节省时间和精力，而且可以将更多的精力放到生产建设上。

三 治匪查奸工作

近代以来西北地区匪患之严重，几乎随时可见诸报端。正如《晨报》所载："陕西的匪兵去年有人说二十余万，虽然不确，其实十五万总是有过无不及的。这些军队总是一个'匪'字。"① 甚至有人称陕西为"匪省"、"匪窝"。旅京陕籍学生不无感慨地说："陕西是中国著名的'匪省'，又是古今如此的'旱省'。民国以来，各地人民都受军匪的糟蹋，但是像陕西所受的糟蹋恐怕再找不出来第二个，各处都有天灾，但是像陕西天灾之多恐怕也没有第二个。"② 还有人指出："匪窝的陕西，在国内就已驰名，在陕人已司空见惯。"③ 然而，匪患作为西北地区的一个主要社会问题，及至边区政府成立时，依然广泛存在着。特别是在陕甘交界之地，更是土匪会聚活跃频繁之地。

据相关资料显示，在陕甘宁边区成立时，境内的大股土匪就有薛子茂、李钦武、赵老五（思忠）等43股土匪，4000余人，2000余支枪。④ 其中，在延川、延长活动的是陈老大股，在陇东盘踞的是赵老五（思忠）股，在宜川、甘泉一带活动的是哥老会土匪李青伍、王中阳、齐金权股，在保安、定边活动的是薛子茂股、范玉山股、李维俊股、金介尼股、余庆五股，在三边活动的是张廷芝股，在盐池经常骚扰的股匪有（杨猴小）杨耀峰、杨老二（杨子福）、高广仁、史老么（史文华）、倪巴子、谢子冒、马兆先股等，还有关中的夏老么股、张怀立股等。值得一提的是，抗战时期的这些土匪，其性质已然不同于此前那些所谓打家劫舍、杀人掳掠的土匪，而是有一定社会背景的政治土匪。如活动在三边一带的张廷芝就是在土地革命时期受打击的地主恶霸及地方军阀的反动武装，活跃在陇东地区的赵老五股匪则是国民党溃败的散兵游勇，还有诸如薛子茂等土匪则

---

① 莜青：《黑暗之陕西军匪世界》，《晨报》1919年11月9日。
② 魏惜言：《陕西的革命事业应当怎样做》，《共进杂志》1925年第94—95期。
③ 林祭五：《陕西之社会调查》，《新陕西》1931年第6期。
④ 西北五省区编纂领导小组等编：《陕甘宁边区抗日民主根据地·回忆录卷》，中共党史资料出版社1990年版，第167页。

是日军收买的汉奸武装。活动在边区一带的这些政治土匪以颠覆民主政权，破坏边区社会秩序为目的。① 如活动在吴堡一带的土匪，很多都是何绍南指派的从事破坏活动的惯匪。他们经常组织暗杀队、石头队，袭击杀害八路军外出值勤的干部战士。② 这些土匪在国民党顽固派及日伪的支持下，不仅手段毒辣，劫夺八路军的军用车辆，枪杀抗日军人家属、退役军人、爱国人士、边区政府工作人员，策动少数保安队和自卫军哗变，甚至宣扬日寇的"王道乐土"。③

由于这些政治土匪对边区社会和县域民众造成极大的威胁，因此积极开展剿匪工作以保证县域社会的治安及民众的生产生活安全，就成为边区县长的重要职责。关于对土匪的治理，毛泽东在给中共三边特委军事部长刘景范和陕甘宁省委军事部长黎林的电报中指出："根据剿匪经验，基本方针应该是积极以军事力量打击土匪威胁，同时进行政治上的争取、分化、改造、改编、瓦解的策略，最后达到消灭土匪的目的。"④ 边区各县根据这一方针，采取多管齐下综合治理的方针，开始了大规模的剿匪运动。

首先，通过军事围剿消灭土匪，是边区各县清除匪患的主要对策。特别是针对一些罪大恶极、符合边区剿匪训令的土匪，县级政府一般都要召开民众大会予以处决。延川县清剿东阳区一带的土匪就采取了这样的政策。据延川县长常德义呈报：因该区地瘠民贫，谋生艰困，政治立场动摇之徒遂为汉奸顽固分子利用，进行捣乱，破坏边区，扰乱地方治安。哥老会大量发展组织，散发传单污蔑共产党，在区一级政府开会时偷听消息。匪首白东拴、白铁壶、白山羊等纠合七人渡河至山西一带抢劫，致使该区工作日益落后，甚至逃跑战士结伙成群，手持镰刀企图伤害工作人员，违抗政令，群众畏祸，发生逃避放哨盘查，甚至不敢参加自卫军。⑤ 针对这种情况，延川县政府对"进行汉奸活动，扰乱边［区］活动等分子，应将那些主要犯，组织群众公审，宣布这些分子是乘着日寇进攻，实行组织暴动，响应日寇进攻的，以提起群众的警惕。经过宣传，取得群众同意

---

① 袁文伟：《反叛与复仇：民国时期的西北土匪问题》，人民出版社2011年版，第218页。
② 《吴堡县军事志》编纂委员会编：《吴堡县军事志》，三秦出版社2009年版，第167页。
③ 西北五省区编纂领导小组等编：《陕甘宁边区抗日民主根据地·回忆录卷》，中共党史资料出版社1990年版，第129页。
④ 《毛泽东军事文集》第2卷，军事科学出版社、中央文献出版社1993年版，第797页。
⑤ 陕西省档案馆等编：《陕甘宁边区政府文件选编》第1辑，档案出版社1986年版，第419页。

后，枪决几个主要分子，以教育群众"。同时对于"混入政府或民众团体中，进行破坏边区、组织哥老会、组织逃兵上山、打探政府消息或实行收回土地的地主豪绅、土匪、反动富农分子，将其彻底肃清出去，并予以严厉之惩办，以健全组织"①。

其次，通过说服争取的办法来改造土匪。在土匪队伍中，也有一些土匪并非恶贯满盈，而是迫于生计或被逼无奈。在此情形下，县政府一般都通过说服教育或宣传土匪亲属自首投诚等办法，来达到消灭匪患的目的。安定县即如此。安定县县长薛兰斌在给边府的报告中指出，安定县有不少土匪在顽固分子的唆使下威胁县域民众的安全。基于此，薛兰斌在政治上"利用其家属亲戚朋友及其各种社会关系争取与分化下层，军事上坚决打击消灭最顽固之股匪，使之穷无出路，尤其在群众中进行广泛的宣传鼓动，使群众真正的了解到土匪的背景与罪恶，动员自卫军、少先队配合这一工作"。结果在半月中即取得了不少的成绩：保安团捕获了匪首薛向堂、葛祥以及匪徒11名，同时争取回匪徒21名，带回步枪12支、子弹56排。争取回的匪徒均给予相当的政治教育及精神上的安慰，各寻保人全部送回家安务正业，政府保证其生命财产之安全，并给予生活上的优待（请吃饭），并发给路费。② 由于薛兰斌县长剿匪得当，边区政府给予嘉奖指出："该县土匪在顽固分子策动下，日近猖獗，人民生命财产常遭侵害，该县长督剿有方，致将匪首薛向堂等捕获，匪患乃得稍平，应予传谕嘉奖。且此次剿匪，收效于政治上之实施分化与争取土匪政策至钜，仰该县长仍继续此政策之执行并对被俘与投诚各匪尤应加强教育与审查工作，以达瓦解匪军保境安民之目的。"③

边区县长在清剿匪患的同时，还积极展开锄奸保卫、肃叛敌特的政治军事斗争。锄奸保卫工作是保障边区社会安全的一项重要职责，"必须严加警惕。把肃清内奸、反对奸细，当作锄奸工作最中心的任务"。④ "厉行锄奸工作，提高边区人民的警觉性，彻底消灭汉奸、敌探、土匪的活动，以巩固抗日后方。"⑤ 为此，边区政府专门设置锄奸保卫机构，以保证边

---

① 陕西省档案馆等编：《陕甘宁边区政府文件选编》第1辑，档案出版社1986年版，第418页。

② 陕西省档案馆等编：《陕甘宁边区政府文件选编》第2辑，档案出版社1987年版，第465页。

③ 同上书，第481页。

④ 中国人民解放军政治学院政治工作教研室编：《军队政治工作历史资料·抗日战争时期》（二），第五册，1982年内部编印，第434页。

⑤ 《陕甘宁边区政权建设》编辑组编：《陕甘宁边区参议会》（资料选辑），第141页。

区社会的安全。

县级政府设有执行锄奸保卫工作的县保安处和保安科。保安处既是隶属于社会部驻该地域的代表机关，又是所辖区域党政机关的组成部分。县保安科作为县党政机关的组成部分，在保安分处及该县党政领导下管理该县的锄奸保卫工作。保安处、保安科的机构设置，充分体现了边区政府对锄奸保卫工作的重视。而县保安处和保安科的设置，无论在完成日常执勤任务，还是在处置汉奸特务的破坏活动中，县级党委和政府都有权调动使用保安处的力量，这样也便于县级党委和政府支持保安处建设，从而便利保安处的警力可以联合统一行动，有效地打击汉奸特务的阴谋和破坏活动，保证县级党政机关及其他重要目标的绝对安全。

在有些地方，县保安科直接由县长兼任。抗战时期盐池县的保安科，一段时间内就由县长阎志遵兼任。① 县政府领导下的锄奸保卫工作，主要涉及地方治安、搜查情报和处置敌特等事宜。定边县在锄奸保卫工作方面作了如下措施：一、加强基层治安组织即治安委员会、治安小组的整顿与领导，使其对基础情况有所了解；二、加强对旅店、饭馆及一些特种户口和来往人员的了解，特别是对一些重点户口作深入了解；三、有重点地清查户口；四、晚间派警察建立巡逻制度；五、对发生的一些治安案件及时侦破处理；六、配合分区和县保安科进行一些对外情报及嫌疑人物的调查控制工作。② 在吴旗县，县政府首先通过与有关嫌疑人谈话的方式，着重解释党的宽大政策，在自我认罪后释放。与此同时，利用连续突破的办法，将各区域的特务头子缉捕来自新，自新后再由县府将他们带回本区召开群众大会，开展群众性的反奸大会。随着反奸斗争的逐渐深入，群众的反奸运动普遍展开，由群众揭发的嫌疑人由县府分清是非轻重，给出最终的处理意见。③ 通过这些措施，边区县域社会的治安保卫工作获得了长足的发展。

解放战争时期，随着形势的骤然转变，一些便衣特务、叛敌变节分子再次活跃起来。在积极备战的同时，除奸保卫工作便成为县政工作中非常重要的一环。三边地委在给各县的指示信中就明确强调："各县必须在干部及群众中进行耐心的教育工作，提高大家高度的警惕性，严防特务奸细分子混入边区，进行各种破坏，尤其在战时更须注意。据悉蒋方派出特

---

① 政协盐池文史资料编委会选编：《盐池纪事》下，2006年，第477页。
② 马骥主编：《三边往事》，2006年编印，第160页。
③ 《吴旗县一九四四年反奸工作总结》，《吴旗县党史资料丛刊》1982年第46期。

务，使其在边区进行挑拨军民团结、干部团结，生情造谣煽惑人心，刺□□□（原字不清）情况，企图混入组织，取得信任，进行暗杀，甚至是放毒，或大量地埋伏在边区，以便战争时，实行内应等。因此，各县在领导上对此工作要经常检查，使全体人民警惕起来，造成群众性的锄奸保卫运动。"同时，"各县对以上工作应切实检查和布置，分别派得力干部帮助完成这些工作，这些工作均应发动群众的积极性，有些任务应提前完成"。① 除此之外，加紧排查敌特工作也成为边区县长的重要任务。关中地委在向各县发出的紧急指示中，就要求"立即封锁边境要道，清查户口、山林，捕捉敌探奸细。重要市、镇及各部队、机关所在村庄，实行戒严。来往可疑人员，必须［要］严格检查，对不带路证者，一律不准通行。逃兵逃官须交部队政治机关处理"。②

随着战争形势的日益紧迫，县保安科在继续展开锄奸保卫工作的同时，边区县长也通过自卫军和游击队的力量开展清剿工作。镇原县在组织游击队消灭土匪的同时，配合正规军积极开展惩奸除恶斗争。他们以武工队为骨干力量，发动群众肃叛除奸，摧毁国民党保甲，镇压反革命，处决了民愤极大的坏分子王进禄，击毙了罪大恶极的张世效、范永宗、任秉义、张应邦等4名国民党特务。逮捕罗玉、张忠、张国瑞等3名国民党便衣特务，消灭了投敌叛变、出卖同志的反革命变节分子15人，从而有力地震慑了敌对分子。③ 1948年，镇原县政府又依靠武工队的力量，曾打退甘保三团及地方团匪300余人，并破获了曹邦会特务案。在庆阳县，仅1946年7月至10月，自卫军就协助保安机关破获国民党特务案件134起，协助剿灭境内政治土匪109人。环县耿湾区查出了特务分子1名，车道区二乡查出了伪保甲组织，群众高兴地说："这一下坏人都站不住脚了。"④

边区县长领导开展的剿匪锄奸斗争，通过充分发动民众的广泛参与，不仅剿灭了大量危害民众生产生活的匪患，促进了县域社会秩序的稳固与发展，而且也使人们对边区社会的认可度大大增强。盐池县因锄奸保卫工作开展得较好，社会秩序明显好转，民众专门编了一首顺口溜说："少数

---

① 《三边地委关于目前时局与任务的指示》，陕西省档案馆藏，档案号：24—26。
② 赵富考主编：《爷台山反击战》，陕西人民出版社1989年版，第27页。
③ 《庆阳地区中共党史大事记》，中共庆阳地委党史资料征集办公室1990年编印，第341页。
④ 《习仲勋在陕甘宁边区》编委会编：《习仲勋在陕甘宁边区》，中国文史出版社2009年版，第445页。

的黑人不敢动弹啦,黑夜变成白天啦,出门不再锁院门啦。"① 这些充分反映了民众发自内心的感受。

第三节 动员战备——边区县长的经常事务

"动员"原本属于军事用语,是指"战时或国家发生其他紧急状况时,组织武装部队积极从事军事行动。就其全部范围来讲,动员是指组织一国的全部资料支援军事行动"。② 陕甘宁边区的动员工作,其基本目的是为战争服务。但是如果仅从这一意义上来理解陕甘宁边区的动员工作,似乎还不足以完全阐明边区社会的动员性质。因为无论是动员政策还是县长的动员工作,都不是简单的军事支援,而是将动员与建设紧密地结合起来,这一点才是边区动员工作的完整内涵。边区县长的动员工作正是从这些方面展开的。

一 政治动员

在陕甘宁边区的动员结构中,政治动员是处于首要地位的。毛泽东在《论持久战》中对政治动员有过深刻而又全面的论述。他说:"什么是政治动员呢?首先是把战争的政治目的告诉军队和人民。必须使每个士兵每个人民都明白为什么要打仗,打仗和他们有什么关系。抗日战争的政治目的是'驱逐日本帝国主义,建立自由平等的新中国',必须把这个目的告诉一切军民人等,方能造成抗日的热潮,使几万万人齐心一致,贡献一切给战争。"③

毛泽东的这一论述,清楚地阐明了政治动员的根本宗旨。即边区的政治动员是要明确无误地告诉民众,我们为什么要如此,我们的方向和前途究竟是什么。只有让老百姓清晰地认识到这一点,才能发动起成千上万的民众,进而才能获得民众的支持。由此我们也不难看出,政治动员的过程事实上也是灌输民族—国家的建构过程。通过政治动员达到建构民族—国家的美好愿景,以此来实现政治动员的目的,这也是中共展开政治动员的基本逻辑。但问题的关键是,单单说明目的还不够,还要说明达到此目的

---

① 政协盐池文史资料编委会选编:《盐池纪事》下,2006年,第486页。
② 《简明不列颠西科全书》第2卷,中国大百科全书出版社1985年版,第684页。
③ 《毛泽东选集》第2卷,人民出版社1991年版,第481页。

的步骤和政策,也就是说,要有一个政治纲领。"没有一个明确的具体的政治纲领,是不能动员全军全民抗日到底的。"具体来讲,就是"靠口说,靠传单布告,靠报纸书册,靠戏剧电影,靠学校,靠民众团体,靠干部人员。现在国民党统治地区有的一些,沧海一粟,而且方法不合民众口味,神气和民众隔膜,必须切实地改一改。其次,不是一次动员就够了,抗日战争的政治动员是经常的。不是将政治纲领背诵给老百姓听,这样的背诵是没有人听的;要联系战争发展的情况,联系士兵和老百姓的生活,把战争的政治动员,变成经常的运动。这是一件绝大的事,战争首先要靠它取得胜利"①。

当中共的政治动员成为建构民族—国家的一项战略任务,作为中共干部队伍中坚力量的县长,自然要担承政治动员的具体工作。按照边区政务的整体部署,通过积极开展大规模的教育,是政治动员的最主要形式。这在《陕甘宁边区战时教育方案》中有着明确地表达。所谓战时教育方案,就是:"动员各级学校及一切社教组织,发挥教育上的有生力量,直接或间接地为自卫战争服务。"方案具体指出:"在战时必须提高社会教育的作用,以便发动广大的成年青年直接或间接地参加战争;无论社会教育、学校教育都要大大加强时事教育,以提高群众的政治积极性;应以战时各种生动的范例作为活的教材去教育广大群众。"②可见,通过积极开展各类教育,当是边区县长进行政治动员的最主要方式。而由县政府领导全县的教育工作,也是边区政府在行政管理体制变革之后形成的重要任务。③担任边区教育厅长的柳湜对此作了进一步说明:"县政府领导全县国民教育(包括社教),直接领导区,区领导乡。县对专署直接负责。民教科合并后,一科设科长或副科长配个科员,分掌民教,各专其事,应有经常工作。不得像过去有些县一样,无经常工作,对上下均不负责。科长不能单

---

① 《毛泽东选集》第 2 卷,人民出版社 1991 年版,第 481 页。
② 《陕甘宁边区战时教育方案》,《解放日报》1946 年 12 月 29 日。
③ 边区的教育行政管理体制在 1938 年前后基本形成,教育厅为最高机关,领导分区特派员及各县第三科,县第三科领导区教育科,区教育科领导乡教育委员会。在这一教育行政管理系统中,具体负责组织和领导社会教育工作的,教育厅为社教科,县一级的则由第三科兼管。1940 年,边区为进一步加强对教育的行政领导,决定在县三科增设督学,专门负视察督导之责,同时县成立文化教育委员会,吸收军、政、民、教育工作部门及当地教育人士参加,作为地方教育工作的参议、监督与联系的组织,以便有效地推进地方教育(包括社会教育)的发展。在此基础上,教育厅又确定社会教育由第五科负责,县仍由三科负责。到 1943 年,为贯彻民主集中制及统一领导的精神,要求县政府领导全县国民教育(包括社教),直接领导区,区领导乡,县对专署直接负责,特别是要求县政府尤其是县长要直接抓教育,并把教育工作作为县区政府考绩的主要项目之一。

独对外，应由县长对上下级负责，在县长领导下执行其职务。在目前，县政府应抓紧完小，在直接领导下将它办好，及领导监督区将中小、普小整顿，并整顿发展社教。县级应有经常之调查研究工作，定期对下级作工作检查。对上级之报告，凡关于经费、干部以及一般问题均应渐渐做到由地方解决。"①

这样，通过直抓教育来达到政治动员的目的，就成为边区县长的重要任务。为此，一些县长亲自深入农村动员儿童接受教育。延川县长辛兰亭即是如此。在他的积极努力和动员下，延川县共建立了小学 120 所，筹集经费 11959 元（边币），1940 年全县动员 2141 名儿童入学，入学率达到 80%。1941 年实行了义务教育，学生数量增至 4000 多名。② 还有一些县长通过改造私学以实现发展教育的目的。陕甘宁边区大多数私学教师是老先生，讲课的内容多是《三字经》、《百家姓》、《千字文》及四书五经等。教学方法是让学生念口诀，死记硬背，用打骂处罚的办法管理学生。针对这些情况，大力改造私学就成为首先要做的工作。在庆阳县，通过大力改造私学，废弃了陈旧的教学内容，增加了新的教学课程，学校的全部课程是以民族独立、民主自由和民主幸福理论为中心。一切课程都要本着"学以致用"及"学校与社会"更好联系的原则，废除不急需和不必要的课程。也就是说，要将课程的内容与实际生活结合起来，文化课与时事联系起来。

在注重学校教育的同时，也要重视社会教育。"学校教育固为重要！但更应注意广大群众的教育。""尤其抗战紧张的目前，文化教育动员（消灭文盲，普及国防教育，激发救国热忱，训练抗战知能），为目前抗战动员工作中重要紧迫的工作之一。"③ 因此，边区政府明确要求"社会教育要和各县其他工作任务紧密配合，像生产运动、防奸自卫、拥军、拥政、爱民运动、减租减息等。在这些工作中，有计划的组织社教活动，对群众进行教育"④。其中创办民教馆是边区各县普遍采用的一种方式。

在陕甘宁边区，陇东分区是较早创办民教馆的地区。早在 1937 年 2 月，庆阳县就建立了民教馆，让民众借阅革命图书，办夜校，组织群众识字，成立群众业余剧团，演革命戏曲，唱革命歌曲，开展群众业余文艺活

---

① 《柳湜教育文集》，教育科学出版社 1991 年版，第 139 页。
② 袁文燕主编：《清风正气满人间——辛兰亭纪念文集》，新疆人民出版社 2007 年版，第 16 页。
③ 《陕甘宁边区教育资料·社会教育部分》上册，教育科学出版社 1981 年版，第 8 页。
④ 《陕甘宁边区的社会教育》，《新华日报》1944 年 6 月 6、7、8 日。

动,提高群众思想觉悟,积极支援革命战争。1937年秋天,全区各县根据边区政府关于"消灭文盲,提高边区人民之民族意识与文化水平,为抗日战争服务"的社会教育方针,成立负责社会教育的机构,建立各级社会教育组织,即冬学、夜校、识字组、半日班、民教馆、俱乐部、群众业余剧团等,动员广大人民群众参加文化学习。据1938年统计,曲子等5个县共办起冬学95处,有1580人参加学习。据全区7个县(缺镇原县)不完全统计,办冬学80多处,有1354人参加学习;办夜校239处,入学人数3182人;识字组374个,入学人数2390人;半日班61处,入学人数1124人。全区约有8000多人参加各种学习组织。① 还有些县份利用集市、庙会进行宣传活动。如"甘泉城每月六次集,赶集的群众川流不息地赶到民教馆来听时事";庆阳县民教馆创造了在庙会建立"文化大棚"的社教形式,"历年来赶庙会成了民教馆的中心工作之一。庆阳县每年大小庙会有七八十次……民教馆在这些庙会上,都进行了棉花打卡、发展纺织、卫生(着重妇婴卫生)、时事等宣传工作。采取文化棚,散发宣传画报形式,带着各种表情讲解国家大事、生产、卫生常识,并实地教给群众棉花打卡、纺织,群众很感兴趣"。② 有的俱乐部组织民众参加星期六义务劳动,"帮助抗日军人家属做工,如砍柴、担水、推磨、宣传等,使军人家属好好的过日子,减少军人在前方惦念家庭。另方面使军人家属觉得子女去打日本是光荣的"。③

读报组与黑板报是在边区县长的领导下,从实际条件出发,几经摸索找到的开展社会教育和政治动员的一种形式。这种形式既满足了农民群众在书报不足的情况下学习文化知识、了解政治时事的需要,又提供了发扬民主、相互交流、进行自我教育的阵地。这在绥德县和陇东分区效果尤为显著。西北局宣传部曾专门召开会议,要求"认真组织各县的读报工作",并提出"在各县的城镇及集市广为提倡"。经过大力推广,到1944年底边区参加读报组的有1万多人,建立了黑板报600多块。陕甘宁边区政府副主席李鼎铭先生在边区参议会上总结说:"这些做法不仅推动生产和卫生工作,而且使'农民不出门,能知天下事',把闭塞的农民开始改

---

① 甘肃省地方史志编辑委员会、甘肃省志教育志编辑委员会编:《甘肃省志·教育志》,甘肃人民出版社1991年版,第138—139页。
② 《陕甘宁边区教育资料·社会教育部分》上册,教育科学出版社1981年版,第193页。
③ 吕良:《边区的社会教育》,《战时教育》第2卷第9期,1938年4月25日。

造为先进的农民。"①

戏剧是"社教的最好工具,不论抗战动员、改良社会风俗、提倡教育它都是有力的宣传武器"。② 在社会教育中尽力发挥戏曲在政治动员上的功能,同样是边区县长关注的重要内容。边区各县纷纷成立民众剧团,在县政府的领导下通过戏曲开展动员。1942年冬,环县人民政府派张憨儿、刘文英到陕西彬县三民社,经该社教师介绍推荐,招收演职人员30名,成立了环县剧团。有些县长还主动约请外地著名剧团到本县演出。1943年5月,关中分区新宁县县长郭进亭,请来关中八一剧团,在县城山河镇财神庙戏楼演出宣传联合抗日的剧目,共演了3天。③ 还有些县长积极扶植民间歌手演唱革命歌曲,有些歌曲不仅在县域民众中产生深远影响,更在边区被广泛传唱。如佳县县长马义(即白炳炘)在推动《东方红》的传唱方面,就做出了重要贡献。据他自己回忆:

> 1937年,我在佳县当县长,平时我很喜欢下乡接触下面的干部和农民。有一次,我在一个村上,有人告诉我,这里有个人叫李有源,他用信天游的调子改编了一首叫《东方红》的歌曲,歌颂了毛主席,歌颂了共产党。我听了这首歌,感到这首歌用陕北民歌信天游改唱,意义非常重大,很有时代感和号召力,我就记下了这个人和这首歌。大约到年底的时候,县里召开工作大会,为了给大会增添气氛,为了表达边区人民的心声,我安排在大会上演唱《东方红》。当唱完这首歌时,会场上产生了意料不到的强烈反响,与会代表深受鼓舞,老百姓也在田间、地头唱着《东方红》。从此,《东方红》也从佳县流传到陕甘宁边区,我们在大会上唱《东方红》这一做法和《东方红》这首歌,在当时发生了极大的影响。④

边区县长政治动员工作的一个最大特点是与民众的日常生活结合起来,在日常生活的涓涓细流中让民众自发地认识感知,而不是自上而下的

---

① 武衡主编:《抗日战争时期解放区科学技术发展史资料》第6辑,中国学术出版社1988年版,第12页。
② 《陕甘宁边区教育资料·教育方针政策部分》上册,教育科学出版社1981年版,第73页。
③ 乔楠主编:《甘肃革命文化史料选萃》,甘肃文化出版社2000年版,第483页。
④ 中共中央党史研究室第一研究部编:《七大代表忆七大》上,上海人民出版社2006年版,第108—109页。

强迫性动员。当日常生活与社会教育完美融合在民族—国家这一框架之内，民众自然会感觉到政治距离自己其实并不遥远，甚至会深切感知到自己不仅是自己命运的主宰，也与国家民族的命运休戚相关。民众一旦能将自身的命运和国家的命运联系起来，就会形成一股撼山震岳的力量，乡村中国终于成为有史以来最为活跃也最具有爆发力的地区。

二　事务性动员

如果说政治动员还只是一种精神性动员，那么举凡扩军、征粮、耕种、支前等所有事务性动员，则是边区县长"一个极重大工作"。① 县长必须要"把目前的紧急形势经过各种组织系统在干部中、党员中、群众中作深入的解释，把全特区的群众经过各种组织形式吸收到抗日战线上来，使他们参加各种抗战动员工作，使我们的抗战变成真正的、全民的、全面的抗战"。② 这也表明，边区县长肩负着繁重的事务动员工作。

（一）生产动员

生产动员是边区县长最重要的动员工作，也是"我们在目前迎接民族抗战新阶段的时候，党给与我们每一个同志新的战斗任务"。③ 举凡涉及生产活动的春耕秋收、代耕代种、互助合作、生产自给、农贷、开荒、移民安置、防灾备荒等一切事务，皆是边区县长要做的动员工作。这些任务不仅关乎着边区民众的民生，更是维系着中国革命的最终胜利。无论是抗战时期还是解放战争时期，中共和边区政府都在各种不同场合不厌其烦地对此加以强调。放眼当初的报刊，几乎全是有关生产动员令的报道。即便是在庆贺新年的报道中也不例外。1943 年 1 月 1 日，《解放日报》庆贺新春的通讯中指出，在陕甘宁边区"发展生产，加强教育"将是 1943 年的中心任务，而"发展生产"尤为中心的中心。④ 1943 年 1 月 4 日，《解放日报》在报道延安各界热烈庆贺新年的通讯中也指出："中共中央办公厅于元旦日召开干部晚会，举行盛大的团拜……毛主席朱总司令均莅临讲话，大意略谓：一九四三年胜利在望，在前方敌后抗日根据地的任务是战

---

① 甘肃省社会科学院历史研究室编：《陕甘宁革命根据地史料选辑》第 1 辑，甘肃人民出版社 1981 年版，第 102 页。
② 中央档案馆等编《中共陕甘宁边区党委文件汇集》（1937—1939 年）（内部资料），1994 年印，第 76 页。
③ 中国社会科学院经济研究所中国现代经济史组编：《革命根据地经济史料选编》（中册），江西人民出版社 1986 年版，第 14 页。
④ 《新年献词》，《解放日报》1943 年 1 月 1 日。

斗生产学习，在后方，陕甘宁边区的主要任务是生产学习。"① 可以说，在陕甘宁边区，生产动员工作几乎是边区县长一切工作的中心。所有的事务最终都是围绕生产工作而展开的。

（二）募捐物资

在战时艰难困苦的环境中，通过"有钱出钱、有粮出粮、有人出人"的政策，群策群力共渡难关，是解决当时实际困难的一项重要措施。特别是对于奋战在前线的部队发起捐资动员，以保证前线将士的基本需求，更是一项重要任务。边区政府在给边区党政军民的信中指出："八路军是第一能打的军队，也是第一穷苦的军队。"前方将士不仅缺少粮饷，而且有时连草鞋也穿不上，单衣赤脚还在为民族为老百姓打仗流血。"我们老百姓就应该体念到赤脚单衣是很难挨冬［冻］的，应该体念到为着打日本，他们出力流血，我们要出粮、出衣、出钱，保障士兵吃得饱，穿得暖，才是正理，才是庆祝他们胜利的意思。我们陕甘宁边区是八路军的出生地，是全国人民最幸福、最进步的地方，现在全国各地都在为前线战士进行寒衣募捐运动，我们边区的人民尤其应该如此，并且要做全国寒衣募捐运动的模范。"② 此外，在陕甘宁边区，由于财政经费之困难，所办教育经费也往往需要各界人士的募捐。故而，动员边区民众和社会各界人士募捐物资，无疑是边区县长的一项重要动员任务。

（三）军事动员

在陕甘宁边区，战争与对敌斗争是民众始终面临的基本态势。中共在抗战爆发初期，就在抗日救国十大纲领中明确提出："全中国人民动员起来武装起来，参加抗战。"③ 至于地方工作，其基本原则就是要"利用一切旧政权的武装组织形式，如民团、保安队、壮丁队、义勇军等，实行组织群众与武装群众，并取得其中的指导地位"。同时"在改善群众生活的过程中，应该鼓励一切同国防有关的生产事业中群众革命的热情，自觉的提高生产率"。④ 实际上还不仅如此，在边区各地都还存在着大小规模不等的土匪武装势力，它们也随时随地威胁着民众的安全。通过动员武装县域社会的民众参加军事武装斗争，动员退伍军人积极从事各种生产活动，也就自然成为边区县长的一项基本任务。

如此繁重的动员工作，对于边区县长的确是一个重大考验。且不说工

---

① 《延安各界热烈庆贺新年》，《解放日报》1943年1月4日。
② 《为八路军募捐四十万寒衣代金致各级政党军民的信》，《新中华报》1940年10月13日。
③ 中央档案馆编：《中国共产党抗日文件选编》，档案出版社1995年版，第184页。
④ 同上书，第178—179页。

作如何庞杂,仅边区社会的复杂局面就是一个需要花大力气克服的障碍。比如文化教育水平落后就是一个大难题,尤其是从事具体动员工作的"许多乡长是不识字的农民积极分子,他们的世界观、经验和个人关系都建立在当地社区之上,其革命眼光所及仅限于较早时期的土地革命"。①在未经过土地革命的县份,旧日的权威在乡村仍然发挥着一定的作用,地主不仅在经济上有实力,有些乡村的政权依然执掌在地主手中,他们利用在乡村的地位抗拒边区政府所实行的减租减息政策的落实。如绥德县在1940年公开建立了政权,但四个年头过去了,辛店区的一个乡,其政权一直把持在地主手中。乡还没有中共党员和党组织,在1943年7月的乡选中仍然选了一个破落地主担任乡长。为什么不选举穷人当乡长?当地的民众解释说:"穷人没知识,吃不倒财主,怕负担派不出去。"又说"穷人支应不起(指招待工作人员来往之意),还是叫人家有钱的去办吧!……"② 此外,边区农民对政治的冷淡态度也是一个难题。长期生活在黄土高原的深山大沟里的农民与外界缺乏沟通,因此他们的民族意识和国家意识非常淡薄。甚至对于能够给农民带来直接利益的政策如识字、减租减息、生产运动等也表现出参与不积极。农民认为自家孩子在识字后从此成为"公家人",由此而"痛哭流涕"。③ 在减租运动中,"处于劣势的农民,在生计胁压下,不得不给地主让步,有的和地主串通隐瞒政府,有的互相争租夺佃,在部分农民中间还流行着一些落后保守、不相信自己力量和不完全相信新政权的力量的情绪"。④

但是边区县长大都参加过土地革命战争,有着较为丰富的革命经验,大多数人在担任县长之前几乎都担任过重要岗位的负责人,而且绝大多数县长又是本地干部,他们熟悉当地的风土人情,与当地民众并无较大的隔阂。这些有利条件自然为边区县长开展动员工作提供了帮助。从总体上来看,边区县长的动员工作主要是从以下几个方面展开。

第一,从思想上进行宣传动员,这是一切工作的前提和基础。盐池县长阎志遵在总结募捐寒衣的报告中就明确指出:"凡是一件大的动员工

---

① 马克·赛尔登:《革命中的中国:延安道路》,社会科学文献出版社2002年版,第156页。
② 中央档案馆、陕西省档案馆编:《中共中央西北局文件汇集》(1943)二,甲4,1994年,第187页。
③ 《陕甘宁边区教育资料·社会教育部分》(下册),教育科学出版社1981年版,第280页。
④ 陕甘宁边区财政经济史编写组等编:《抗日战争时期陕甘宁边区财政经济史料摘编》第2编,陕西人民出版社1981年版,第304页。

作，首先必须要有深入的宣传解释工作，才能收到大的效果。"同时"要求得公平合理负担，运用民主及发动斗争是唯一的武器"。盐池县坚持了这些方针，募捐前首先在大街上贴一次标语，"召集一次商民大会。到会商民一百余人，由商会长说明政府募捐寒衣问题，继由李裁判员等解释，联系的说明八路军在华北百团大战胜利的消息"。然后通过召开民主会议讨论具体募捐办法。"县商会这次募捐寒衣，开始时政府派了一人解释，完成任务时系商会自己主持的，并且数目字是各商家自己提出的。"因此次寒衣代金在商会方面解释得比较深入，"所以募捐一开始，商人即踊跃的自己报名提出数目"。① 同样，华池县在开展扩军征粮动员时组织宣传队进入农村，一方面解释宣传这两大任务的重要意义，提出"环境的不同，为保卫中国、保卫边区是每个人民应有的责任义务，牺牲少数利益才能保障全民族的利益，另一方面鉴定有粮有人的家"。同时在基干自卫军内，进行彻底政治动员，鼓动他们起核心作用，自动参加入伍。最后由自卫军群众大会发扬民主，以民主力量完成动员。不强迫不命令，不平均摊派。结果，"实际具体情况实施，自愿的完成，没发生一点问题"。②

第二，动员民众通过民主的方式积极参加政府工作。边区县长的动员工作，说到底就是民众的广泛参与。那么如何才能让民众广泛参与呢？就制度层面而言，"就是老百姓能起来说话、活动想办法"。③ 县长在开展动员工作的过程中，无论是政府选举还是征收摊派，都让民众充分发表自己的意见，以此来激发他们的政治参与热情，进而达到动员民众的目的。民主这一制度载体，目的就是为了"创造一个有见识的、政治活跃的人民群体"。④ 通过民主这一制度载体，不仅激活了对政治一向冷淡的民众，而且也从根本上激活了宁静的村庄。在这一过程中，边区县长非常注重与中间人士的合作，通过动员他们的力量来为战争和边区建设服务。作为抗战政府，"它的基础主要地应该放在，也将不得不放在中产阶级与广大的农民阶级之上，因为只有这些阶级，才是支持抗战的伟大力量"。⑤ 为此，

---

① 陕西省档案馆等编：《陕甘宁边区政府文件选编》第3辑，档案出版社1987年版，第31页。
② 陕西省档案馆等编：《陕甘宁边区政府文件选编》第2辑，档案出版社1987年版，第18页。
③ 《共党史教学参考资料》（4），东北师范大学政治系、中共党史研究室1981年编印，第132页。
④ 马克·赛尔登：《革命中的中国：延安道路》，社会科学文献出版社2002年版，第135页。
⑤ 中共中央文献研究室编：《毛泽东思想年谱》，中央文献出版社2011年版，第259页。

边区各县都纷纷举办党外人士座谈会，通过与党外人士的民主合作，来动员他们积极参加边区的建设。正如镇原县长冯治国所说："为要使他们发挥工作的积极性，使他们信任政府、关心政府、团结进步，就首先要求我们信任他们、尊重他们、关心他们、帮助他们，并向他们学习。这也就是在三三制政权中我们与同盟者共事的必要态度。"①

第三，通过劳动竞赛和劳模运动来促进生产动员。通过树立劳动典型，"凭借这些骨干分子去提高中间分子，争取落后分子，不断的提拔在斗争中产生的积极分子，来替换原有骨干中相形见绌的分子，或腐化分子"②，这是实现社会动员的重要手段。因此劳动竞赛和劳模运动自然也是边区县长进行社会动员的重要途径。在此过程中，一般是由县政府与农户签订生产计划，然后按照劳动计划实现最终的目标。因签订了劳动计划，农户自然会向劳动英雄看齐，这样便会形成劳动竞赛的热潮。延川县长辛兰亭为了激励广大农民的劳动热情，在延川县广泛开展了劳动竞赛、评选劳动英雄的活动。竞赛首先在区与区、乡与乡、人与人之间相互挑战应战。后来辛兰亭又代表延川县致函固临、延长两县的领导，倡议兄弟县之间开展友谊竞赛，提出了种棉4万亩、收棉花60万斤、增加细粮6000万斤的目标，并提出了深耕细作、建厕积肥、运输驮盐、督促"二流子"参加生产、普遍组织"变工队"、组织2万名妇女每人全年纺线12斤和织布20丈等具体措施。当时延属地委对延川县的这一创举给予了高度评价，地委书记张邦英和专员曹力如还亲自担任这场竞赛的裁判。在辛兰亭县长的精心组织下，延川县的竞赛活动搞得有声有色，多次到村里给开荒生产中涌现出的劳动英雄披红挂彩，奖励镢头，同时将红榜张贴于集市上以鼓励更多的人向劳动英雄学习。

第四，县长亲自带头劳动来动员激励广大民众。毫无疑问，正确的政策与优秀的干部固然是决定工作完成的重要条件，但适当的制度与工作作风对于完成工作有着很大的影响。"首长动手，与群众结合呢？还是首长做官，与群众隔离呢？这就是区别领导作风好坏的主要关键。去年，我们确实从此着手，进行了斗争，因此，上上下下都有了进步。"③ 由边区政府提出的"首长负责、自己动手"以及"从群众中出发又回到群众去"的原则，自然成为边区县长开展动员的一种有效手段。事实上，这不仅是

---

① 中共延安地委统战部等编：《抗日战争时期陕甘宁边区的统一战线和三三制》，陕西人民出版社1989年版，第408页。
② 《毛泽东选集》第3卷，人民出版社1991年版，第898页。
③ 《李鼎铭文集·纪念·传略》，中共中央党校出版社1991年版，第25页。

边区县长动员民众的一种手段，也是他们的一种工作方式。如三边分区共有14万人口，全年需布10.5万匹，每人每年平均约需三丈五尺布。若以当时价格折算，全分区每年即需支出13亿元。为此，三边分区要求每一行政村发展5名纺妇，做到典型发展的目的。同时，盐池县长孙璞与抗敌会主任白凤奎决定要求干部家属首先学会纺线，以影响全县。另外，他们还亲自下乡传习民妇，使这些乡村妇女都成为模范妇纺的组织者与领导者。在关中分区开展大生产运动时，要求党政机关每人种地六亩。在生产开始及进行的过程中，郭廷藩县长等人甚至拖着残弱的病体上山开荒，各级干部也都积极努力地完成应有的生产任务。这些举动不但感动了干部及关中分区人民，而且得到了友方人民"痛关民生"的赞扬。① 华池县县长李培福也亲自上山开荒，自家两年开荒130亩，增收细粮2000多公斤。

正是由于边区县长积极有效的动员工作，不少县份超额完成边区政府下达的各项任务。更重要的是县长的动员工作已然不是单纯的经济动员，而是将动员工作与民众运动紧密地结合起来。"生产运动必须提到政治任务的高度，才能为真正的群众运动。要有全般的与个别的经济计划，否则无法全般动员。"② 边区民众一旦认识到自己所做的事情是在为自己的国家和民族，是在为未来的幸福生活，动员就已远远超出了动员本身。正如富县县长张育民所说，富县群众的征粮积极性是很高的，富县2500石夏征公粮是全靠群众自动来完成的。很多大户在政府征收以前，就纷纷自动送粮入仓。群众都这样说："早点送去给军队吃，他们吃了新麦，好去出力保卫我们的家乡。"大升号区在夏征中，群众更是表现了高度热爱边区的精神，该区只有一个乡产麦，夏征二百石，群众积极评议，踊跃送粮，从分配数字到送粮入仓，只用了5天时间。大家都说："快些送吧，让军队吃饱，好保卫边区。"③ 富县县长的这段介绍，既是对富县群众的赞颂，也表明社会动员与群众运动在此时已融为一体。

三 武装保卫工作

在陕甘宁边区的地方武装体制中，地方军队与人民武装有着极其重要

---

① 陕甘宁边区财政经济史编写组等编：《抗日战争时期陕甘宁边区财政经济史料摘编》第8编，陕西人民出版社1981年版，第422页。
② 中央档案馆编：《中共中央文件选集》第12册，中共中央党校出版社1991年版，第279页。
③ 陕甘宁边区财政经济史编写组等编：《抗日战争时期陕甘宁边区财政经济史料摘编》第7编，陕西人民出版社1981年版，第460页。

的地位。1941年11月7日,中央革命军事委员会在关于抗日根据地军事建设的指示中就明确指出,在艰难的战时环境中,必须采取"熬时间的长期斗争"。基于这一方针,中央要求每个根据地的军事机构应包含三部分:主力军、地方军和人民武装。而目前军事建设的中心注意力,"应放在地方军及人民武装的扩大与巩固上"。① 如果说一切动员事务最终是为了民族—国家的建构,那么自身参与武装保卫工作,则是边区县长必须面对的实际任务。故此,积极参与地方武装建设和军事保卫工作,自然也就成为边区县长的重要职责。

按照陕甘宁边区人民武装的相关规定,"人民武装应以县为最民主组织单位,归当地政府领导与指挥"。政府有权指挥同级的人民武装自卫军与基干自卫军,"应在政府意图下独立活动"。自卫军在平时协助政府维持一般社会治安,战时帮助做战情工作。② 全县自卫军指挥机关设自卫军大队部,设在县政府内。事实上,在陕甘宁边区的不同历史时期,举凡县保安大队长、县自卫大队长以及解放战争时期的县游击队队长大都由边区县长来担任。因此,陕甘宁边区县长不仅要从事行政事务工作,还肩负着武装保卫工作。当然在不同的历史时期,县长的武装保卫工作的具体任务也不尽相同。

抗战时期,县长领导县域自卫武装开展抗日斗争,自然是边区县长的重要职责。陕甘宁边区地处黄河中游,边区所属的府谷、神木、佳县、吴堡、清涧、延川、延长等县就是绵延千里的黄河河防。抗战爆发后,日寇沿陕甘宁边区河防一线发动进攻,致使边区河防吃紧。陕甘宁边区政府发布《告民众书》指出:"保卫边区,是每个边区人民应尽的神圣责任,无论男的、女的、老的、少的,都要竭尽他所能做到的,努力参加各种抗战工作。"③ 在这种情况下,河防沿线县长积极动员和组织群众配合八路军。在1939年3月的一次战斗中,仅延长、延川、固临3个县就动员3400多名自卫军和1000多头牲口开赴河防前线,并冲过黄河运回大批战利品和全部伤员。通过地方武装和人民群众的全力配合,在整个作战区内,形成了一道侦察网和警戒网,保证了主力部队的情报来源和通信渠道的畅通。

值得一提的是,在数次河防斗争中,吴堡县长王恩惠在河防斗争中尤

---

① 中央档案馆编:《中共中央文件选集》第13册,中共中央党校出版社1991年版,第212—213页。
② 甘肃省社会科学院历史研究室编:《陕甘宁革命根据地资料选辑》第1辑,甘肃人民出版社1981—1986年版,第161—162页。
③ 《告民众书》,《解放》1938年第34期。

其担负着重大职责。吴堡县位于黄河之滨,仅一河之隔的山西渡口即驻扎有侵华日军。抗战时期,吴堡县多次受到日军的侵扰。1942—1943年,日寇数次向吴堡宋家川一带发射炮弹,并多次企图突破黄河防线进犯陕甘宁边区。1943年4月,吴堡县长王恩惠积极动员民众参加对日斗争,在当时仅有3万多人口的吴堡民众,就有1万人参加了自卫军。县域民众也同时在沿河一带拉出了"誓死保卫延安、保卫党中央、保卫毛主席、保卫陕甘宁边区胜利果实"的大幅标语。① 与此同时,县长王恩惠亲自参加保卫河防的工作。据绥德专署报告:"吴堡王县长此次在河防工事被毁后,动员民夫抢修工事,不顾敌人炮火威胁,并亲身背石填土,迅速将工事修复,击退敌人。"② 正是由于王恩惠县长的积极配合,构筑起吴堡河防的铜墙铁壁,守住了陕北的东大门。边区政府专门为此嘉奖王恩惠:"查这次日寇进攻河防,王县长能以亲身督率民夫背石填土,修复工事,击退敌人,殊甚嘉慰,应予记大功一次。望即令知该县长以示激励。并该署拨款二千元以作慰劳河防将士与被难人民之用,尚无不合,准予作正式开支。"③

解放战争时期,鉴于战争形势的逐渐吃紧,各分区纷纷发出指示,要求各县县长加紧战备和武装保卫工作,边区县长的战备工作再次被提升到重要位置。陇东地委在1945年12月15日发出《对目前形势和加紧备战工作的指示》,要求党政军各级领导机关提高警惕,进入全面战备,完成扩兵任务,加紧整顿现有正规军、警卫队、游击队,训练自卫军,把培养地方武装作为日常的主要工作之一,加强侦察警戒工作。④ 关中地委也发出紧急指示,要求立即整理自卫军,组织游击小组,动员民兵参战。在若干重要地区,鼓励有作战经验、熟悉地形并且与群众有联系的得力干部(在职的退伍的均可)以及神枪手、劳动英雄组织游击小组,袭击扰乱敌人,填补边防警戒的空隙。同时抓紧整理自卫军,各级组织必须有强有力的干部领导,每件枪支必须掌握在可靠群众的手里,自卫军中受过爆破训练的人员,要加以适当组织,指导其埋地雷、炸弹,以便逐渐推广爆破运动。担架队、运输队必须立即进行检查,并有专人进行领导,保证一旦有

---

① 易福才等主编:《黎智纪念集》,武汉出版社2004年版,第56页。
② 陕西省档案馆等编:《陕甘宁边区政府文件选编》第6辑,档案出版社1988年版,第74—75页。
③ 同上书,第74页。
④ 中共庆阳地委党史资料征集办公室编:《庆阳地区中共党史大事记》,1990年,第135页。

需要，马上就到。其他恢复重要据点哨站帮助军队修筑工事，以及在敌人可能到达地区，实行坚壁清野等，均须切实执行。但要计划周到，细密组织，提倡劳武结合，切勿浪费一点民力。①。

根据这些指示，边区县长积极行动起来，在与国民党邻近的地区构筑工事，随时准备配合主力部队和地方部队迎击国民党的进攻，同时抓紧训练民兵武装并培训制造地雷的活动。绥德地委发出指示，要求"在群众发动起来的基础上，重新组织群众武装，并可选择其中之精干可靠分子。成立若干基干自卫队和游击队，使其积极学会射击、投弹、刺杀、爆炸等技术"。② 在其他各地也积极培训地雷制造技术。据华池县的统计，70%的队员学会了制造地雷。环县县长陈聚奎更是多次深入乡村领导战备工作，并亲自参与熬硝。他们制造的地雷威力极大，一个地雷爆炸后石片满天飞散，曾有一块七斤重的石片，飞上二十多丈高的天空，落到五丈远的地方，把地打了个"大窝窝"。同时，为防止敌人突然袭击，县政府开始坚壁清野的工作。在清野工作中，"沿大路边的老婆婆已经疏散到山地中区了。各地群众正在忙着打藏粮食，准备困死敌人"。③

随着国民党对陕甘宁边区发起重点进攻，中共决定以自卫战争的形式，通过游击战争与国民党周旋。为了顺利实现工作重心的转移，各地县长纷纷展开战备工作。庆阳县在县长杨福祥的领导下，在原自卫军大队的基础上组建了游击大队，县长杨福祥担任大队长，同时还在桐川、驿马关、赤城一带组织了一支武装工作队。中共中央撤出延安后，党中央制定了《关于西北战场的作战方针》，根据陕甘宁边区地形险要、群众基础好、回旋余地大等有利条件，利用敌人急于寻找解放军主力决战的心理，为西北野战军制定了"蘑菇"战术，先将敌人磨得筋疲力尽，然后集中优势兵力，各个消灭。在此期间，中共再次向县级武装部队发出指示，要求展开全面游击战。在陇东，地委发出《关于全面坚持游击战争的决定》，提出只要度过3个月左右的困难时期，"分区的局面即将逐步转入光明，分区的基础亦将比过去更加巩固"。④ 同时要求游击区和接敌区应把党政干部和党政工作尽可能集中在游击队上，全力培养游击队，使其军事领导和政治领导都能达到了解敌人规律、正确掌握政策的水平。在组织

---

① 赵富考主编：《爷台山反击战》，陕西人民出版社1989年版，第27页。
② 中共陕西省委党史研究室、中共榆林地委党史研究室编：《解放榆林国统区》，陕西人民出版社1992年版，第142页。
③ 李仲立、曲涛：《陇东老区政权史》，兰州大学出版社1981年版，第253页。
④ 《庆阳人民与解放战争》，中共庆阳地委党史办1990年编印，第80页。

结构上，由县长任指挥，县委书记担任政委的领导模式。

在此过程中，不少县长都能身先士卒冲锋在前。据时任绥德副县长的乔兴和回忆，当时绥德、吴堡两县游击队队长的主要任务就是"保护县域人民群众，钳制敌人的力量，带领群众打击敌人、消灭敌人，配合解放军开展敌对斗争"。游击队成立后，立即利用当地的群众基础和地理条件，经常埋地雷、挖堑壕、摸岗哨，神出鬼没，声东击西，"敌人大队人马出来，我们就隐蔽起来；小股敌人出来，我们就设法吃掉它"。游击队除了平时和敌人展开"蘑菇"战，拖住敌人，使之不便行动外，还经常配合大部队消灭敌人。一次，为阻止敌人从绥德东门外无定河上的一座大桥通过，游击队捡来一未引爆炸弹将桥炸毁，之后又连夜将绥德群众转移。这样驻绥德的敌人无法通过，拖延了敌人援榆的时间。① 新正县县长郭廷藩，面临国民党军队进犯新正县，新正县一片硝烟焦土、县无宁日的惨重局面，秘密返回新正，偷越封锁线，深入敌后，串连发动群众，整顿基层组织，发动地方武装力量，先后组织起10个游击支队和马栏游击大队，他们张贴标语，散发传单，扰乱敌人，抓住战机，灵活机动地打击消灭敌人。同时积极配合主力部队截击敌人运输队，围城攻寨，设伏袭击，进行了艰苦卓绝的斗争，打了不少胜仗，终于在年底收复全部失地，重建了革命政权。②

毛泽东曾指出："凡民兵、游击队、武装工作队等地方武装组织得好的地方，虽然被敌暂时占领许多点线，我们仍能控制广大的乡村。"③ 换句话说，凡是县长能深入实际积极组织地方武装，并能在武装保卫斗争中身体力行、身先士卒的，不仅能控制广大乡村，而且也能在广大群众当中形成强大的凝聚力，也是革命战争年代，群众始终能支持革命并为革命奉献力量的强力黏合剂。

---

① 《陇原星火·革命回忆录》，甘肃人民出版社1981年版，第235—237页。
② 《正宁文史资料选辑》第1辑，政协正宁县委员会1997年编印，第209—210页。
③ 《毛泽东军事文集》第3卷，人民出版社1993年版，第506页。

第五章 边区县长与乡村建设

在中共革命的历史进程中，延安时期是中共与乡村社会的结合达到最佳状态的历史时期，也是乡村建设的延安方针与乡村实践的延安道路实现了并行不悖历史时期。无论是从入陕之初的乡建探索，还是最终被诠释为中共革命的"延安道路"，都凸显出在客观政治形势的变化与特殊的社会生态环境下，中共的乡村建设思路已然发生了大不同以往的历史转折。①作为中坚力量的县长，他们在乡村政权建设、社会经济建设、文化教育建设等方面同样起着至关重要的作用。

第一节 建设要旨——中共视野中的乡村建设

20世纪二三十年代，以梁漱溟等为代表的知识分子本着"乡村工作搞好了，宪政的基础就有了，全国就会有一个坚强稳固的基础，就可以建立一个进步的新中国"②的理想，曾在全国不少地方开展过声势浩大的乡村建设运动。③但是缘于种种原因，这场运动最终以失败收场。而中共则依据陕甘宁边区极端分散、落后的农村环境等特点，通过基层政权建设、乡村互助合作等办法，形成了全方位建设乡村的思路和主张。

一 基层政权建设是前提

基层政权建设作为现代民族—国家建构过程中的必要步骤，其主要目

---

① Pauline Keating, Two Revolutions: *Village Reconstruction and the Cooperative Movement in Northern Shaanxi*, *1934 – 1945*, Stanford University Press, 1997. p. 13.
② 梁漱溟：《忆往谈旧录》，金城出版社2006年版，第168页。
③ 据南京国民政府实业部的调查，20世纪20年代末30年代初，全国从事乡村建设工作的团体和机构有600多个，先后设立的各种实（试）验区有1000多处。（参见郑大华《民国乡村建设运动》，社会科学文献出版社2000年版，第456页。）

标就是要造就一个有明确边界、社会控制严密、国家行政力量对社会进行全面渗透的社会,它的形成基础是国家对社区的全面监控。① 应该说关于基层社会的组织建构,在20世纪二三十年代的乡村建设运动中,有着同样类似的表达。

乡建派知识分子方显廷就曾指出:"农村社会为一有机的结构,建设农村社会,绝非头痛医头脚痛医脚之枝节的办法所能收效。整个农村生活之各方面,必须同时改进。"② 梁漱溟更是明确认为,乡村建设运动是起于中国社会积极建设之要求,在于重建一新社会构造的要求。"今日中国问题在其千年相沿袭之社会组织构造既已崩溃,而新者未立;乡村建设运动,实为吾民族社会重建一新组织构造之运动——这最末一层,乃乡村建设真意义所在。"梁漱溟直言:"乡村建设,实非建设乡村,而意在中国整个社会之建设,或可云一种建国运动。"③ 而中共从成立之日起,就将其所领导的革命视为一场现代革命。这不仅是由于中共所领导的革命是辛亥革命之后中国资产阶级革命的继续,而且也是世界无产阶级领导的社会主义革命的一部分。但是随着中共革命的渐次展开以及革命实践的不断反馈,中共开始逐渐认识到农民问题在革命中的重要地位。

"农民问题乃国民革命的中心问题;农民不起来参加并拥护国民革命,国民革命不会成功;农民运动不赶速的做起来,农民问题不会解决;农民问题不在现在的革命运动中得到相当的解决,农民不会拥护这个革命。"与此同时,中共也清晰地认识到,"乡村的农民,则一起来便碰着那土豪劣绅大地主几千年来持以压榨农民的政权(这个地主政权即军阀政权的真正基础),非推翻这个压榨的政权,便不能有农民的地位,这是现时中国农民运动的一个最大的特色"④。也即是说,如果乡村之于革命,是革命的基础和动力,那么革命之于乡村,则是千年乡村秩序和乡村生活的大颠覆。⑤

就现代革命的历史逻辑来看,这种颠覆应该是历史的必然,但是在中国传统农民生活的逻辑中,则是意味着对现有的信仰、原则和传统的背离或放弃。"革命农民对于传统的价值判断和道义准则仍在考虑之列,革命

---

① [英]吉登斯:《民族—国家与暴力》,胡宗泽等译,生活·读书·新知三联书店1998年版,第147页。
② 方显廷:《农村建设与抗战》,《农村建设》创刊号,1938年9月1日。
③ 《梁漱溟全集》第2卷,山东人民出版社1990年版,第161页。
④ 顾龙生编:《毛泽东经济年谱》,中共中央党校出版社1993年版,第34页。
⑤ 林尚立:《革命与乡村:中国的逻辑》,《中共党史研究》2008年第1期。

所面临的风险也常使他们迈不出革命的脚步。"① 这就需要中共通过基层政权建设来巩固和深化农民革命。也就是说，中共在乡村领导土地革命，始终与农民的革命动员紧密结合的同时，也与农村政权的建设紧密结合。政权问题是中国革命的基本问题，乡村建设与基层政权建设互相联动，通过乡村建设达到国家政权建设的目的，无疑也成为中共革命的基本逻辑。

当乡村革命逐渐成为中共的中心工作之时，中共对传统社会的基层组织结构进行了分析。毛泽东在分析中国社会性质时，就将"家族系统"与封建的"国家系统"、"鬼怪系统"等同，将其视为社会发展的绳索。② 这一分析既是中共对传统社会基层组织结构的不满，也是在以后的革命过程中，开展基层政权建设的重要理论依据。1927 年 5 月《中国共产党第五次全国代表大会关于土地问题决议案》中，就对宗族提出了一些解决方案。"要破灭乡村宗法社会的政权，必须取缔绅士对于所谓公有的祠堂寺庙的田产的管理权"，"使农民群众从封建宗法的剥削下解放出来"。③ 在土地革命时期，中共进一步认识到因为宗族观念、宗族组织的存在，使社会革命出现了很大的阻碍，"人们聚族而居，死地主（祠堂、庙宇、会社）占有很大部分土地，族绅、头人可以利用这部分土地为所欲为，在'有事不离祖'的宗法幌子下笼络群众，树立门户，党同伐异，寻找借口，挑起氏族或地方械斗。这种械斗有的连年累月，甚至结成世代冤仇"，④ 以至于"村的支部会议简直是家族会议"。⑤

于是将乡村建设与基层政权建设结合起来，就成为中共迫切需要做的工作。土地革命时期的苏维埃便成为中共展开乡村建设与基层政权建设的基本制度。"乡苏维埃（与市苏维埃）是苏维埃的基本组织，是苏维埃最接近群众的一级，是直接领导群众执行苏维埃各种革命任务的机关"。⑥ "我们要建立坚固的苏维埃，也要打下坚固的苏维埃脚，这就是城乡代表苏维埃。"⑦ 随着各项制度的建立和完善，苏区基层政权建设逐渐走上正轨。在苏维埃中央政府的领导下，乡村苏维埃政府领导和组织群众参加革

---

① 黄琨：《从暴动到乡村割据：1927—1929 年中国共产党革命根据地是怎样建立起来的》，上海社会科学院出版社 2006 年版，第 2 页。
② 《毛泽东选集》第 1 卷，人民出版社 1991 年版，第 31 页。
③ 《第一、二次国内革命战争时期土地斗争史料选编》，人民出版社 1981 年版，第 92 页。
④ 陈奇涵：《兴国的初期革命斗争》，《星火燎原》（二），中国人民解放军战士出版社 1979 年版，第 8—9 页。
⑤ 《毛泽东选集》第 1 卷，人民出版社 1991 年版，第 71 页。
⑥ 中共中央文献研究室编：《毛泽东文集》第 1 卷，人民出版社 1993 年版，第 345 页。
⑦ 毛泽东：《今年的选举》，《红色中华》1933 年 9 月 6 日。

命战争、开展经济建设、全面加强社会建设和实行妇女解放运动等，在其活动的数年里做了大量的工作，充分体现出基层政权建设的巨大能量，为苏区的巩固和发展奠定了坚实的基础。

抗日战争初期，中共经过长途跋涉在陕北立足，由此拉开了新的乡村建设序幕。但是中共在入陕之后较长的一段时间里，根据地的社会问题依然较为严重。其中土匪、鸦片、二流子就是当时乡村社会最为严重的三大问题。面对此情此景，中共在采取各种措施在实施乡村改造的同时，也在着力开展乡村组织建设。在中共看来，"民众如果没有组织，是不能表现其抗日力量的"。这就要求全党行动起来，"无论是工人、农民、青年、妇女、儿童、商人、自由职业者都要依据他们的政治觉悟和斗争情绪提高的程度，将其组织在各种必要的抗日团体之内，并逐渐地发展这些团体"①。不仅如此，在中共看来，改造乡村的过程不仅可以全面掌握乡村社会，而且在乡村建设与基层政权建设互相联动的基础上，能够将国家政权全面有效地深入到中国社会的最广大、最基层的乡村社会，以便快速地实现国家政权的全面巩固。与此同时，借助国家政权对整个乡村社会的全面把握，中共又可以在革命后迅速启动经济与现代化发展所需要的社会生产和生活条件。对此，毛泽东在《新民主主义论》中有过完整的阐述。他指出：

> 我们共产党人，多年以来，不但为中国的政治革命和经济革命而奋斗，而且为中国的文化革命而奋斗；一切这些的目的，在于建设一个中华民族的新社会和新国家。在这个新社会和新国家中，不但有新政治、新经济，而且有新文化。这就是说，我们不但要把一个政治上受压迫、经济上受剥削的中国，变为一个政治上自由和经济上繁荣的中国，而且要把一个被旧文化统治因而愚昧落后的中国，变为一个被新文化统治因而文明先进的中国。一句话，我们要建立一个新中国。②

毛泽东的这一论述可谓是对中共革命的政治逻辑所作的精辟阐释。如果说中国革命的中心是政权问题，那么中共在革命时期所领导的土地革命和乡村建设，首先是以基层政权建设为旨归的。通过基层政权建设，"在战时，动员人民参战，保卫家乡，在平时，组织人民生活，为人民谋经

---

① 《毛泽东选集》第2卷，人民出版社1991年版，第424页。
② 同上书，第663页。

济、政治、文化的福利",①将农民的革命动员与农村政权的建设紧密结合起来,通过乡村建设达到国家政权建设的目的,最终建立一个"新中国",就成为中共革命的基本逻辑。

二 民主自治是乡建基础

地方自治作为晚清以来就出现的一种社会思潮,随着被越来越多的人所认可和推崇,及至民国时期,"几于人人会说,人人爱说。当局者尤其亟亟从事,国民政府督促于上,各省政府赶办于下,即要'克期完成'"。②

就在民国初年直隶定县(今河北省定州市)的翟城村,就通过创办模范村建立正式的自治组织,以实现村民村务参与的制度化转变。翟城村因此一度被誉为乡村自治的模范,被公认为中国近代乡村自治的发源地。③之后阎锡山在山西推行的"村治",主张"全民政治",宣称村治是全体村民的自治,村民大会是全村最高的机关,一切自治机关的组成,均由村民选举产生。山西村治从1917年开始实施到1928年以后,被国民政府确立为全国乡村自治制度的蓝本。吕振羽在其《北方自治考察记》中对山西村治的"楷模"作用作了总结。他认为,山西村制开创了中国下层政治重心之先河,其"可备训政之楷模,而为宪政之基础者"殊多。主要体现在:(1)集散漫之民众,为政治活体之组织。(2)由政治力量提倡民治。(3)置人情于法律之上。(4)村民自决之精神。(5)村民负担平均。④

除此之外,还有不少乡建团体和实(试)验区(县)根据国民党有关自治事务的规定,开展过调查户口(如定县、邹平、无锡、徐公桥、清和、镇平、龙山、江宁、兰溪)、测量土地(如邹平、无锡、镇子、江宁、兰溪)、整顿税收(如镇平、江宁、兰溪)、修筑道路(如无锡、徐公桥、镇平、江宁、兰溪)、改革政制(如江宁、兰溪、邹平、菏泽)、编制保甲(如定县、无锡、徐公桥、镇平)、办理民团或警察局(如邹平、徐公桥、镇平、江宁、兰溪)及成立自治团体组织(如东乡的自治会、定县的公民服务团、徐公桥和无锡的乡村改进会、乌江的乌江农会)等工作。⑤

---

① 《陕甘宁边区抗日民主根据地·文献卷·下》,第108页。
② 《梁漱溟全集》第5卷,山东人民出版社2005年版,第240页。
③ 冷隽:《地方自治述要》,正中书局1935年版,第79页。
④ 吕振羽:《北方自治考察记》,《村治月刊》1929年第1卷第1期。
⑤ 郑大华:《民国乡村建设运动》,社会科学文献出版社2000年版,第514页。

尽管上述乡村建设实验由于种种原因存在着这样或那样的问题，但是将乡村建设与地方自治联系起来，都在相当程度上促进了乡村建设的顺利开展。一些乡建团体在开展乡村建设之时实行的诸如"调查户口，使不少实（试）验区（县）的人口数量第一次有了较为精确的统计；修筑道路，一定程度上解决了当地农民行路难的问题；尤其是定县的公民教育，定县、徐公桥、无锡和乌江的自治团体，对于培养农民的公民和团体意识，激发他们投身乡村建设，还是起了一定的作用的"。① 更为重要的是，作为地方自治本身，其最大效用，"是在建立宪政的基础。我国政治应以民主为目的，已属确定不移的事实，而地方自治的实施，实为民主政治必具的根本条件。地方自治一面为民治制度的学校，同时亦为民治制度的基础。国民运用立宪政治所具备的能力，可于地方自治中得到实际的训练"。因此"倘若利用这种地方事务的兴趣，使之参加地方自治，鼓励他们关于政治的责任心，启发他们关于创造进取的能力，则以后关于参与范围较大，内容较复杂的国家政治，亦有参加的兴趣和能力。必如是，民主政治才能够完善的运用"。②

中共所领导的新民主主义政治与革命，民主自治始终都是强调的主要内容。一如毛泽东所说："新民主主义的政治，实质是授权给农民。"③ 这也就是说陕甘宁边区的乡村建设要充分发挥村民的自主参与力量。边区政府从其成立之后起，就将民主自治作为乡村建设的重要基础。通过充满活力的村民自治机制，"采用直接、普遍、平等、不记名的选举制，健全民主集中制的政治机构，以增强人民的自治能力"。④ 1942 年 1 月，边区政府颁布的《陕甘宁边区各乡市政府组织条例》，对基层自治的具体办法做了明确说明："（一）甲等乡纵横不逾十里，人口至多不得逾一千五百人。（二）乙等乡纵横不逾二十里，人口至多不得逾一千人。（三）丙等乡纵横不逾三十里，人口不得逾一千人。""乡市政府管辖下设行政村（或南关，北关……），行政村下设自然村（或坊甲），行政村（或南关，北关……）设村主任一人，自然村（或坊甲）设村长（或坊长、甲长）一

---

① 郑大华：《民国乡村建设运动》，社会科学文献出版社 2000 年版，第 518 页。
② 叶春：《地方自治》，教育图书出版社 1946 年版，第 5 页。
③ 《毛泽东选集》第 2 卷，人民出版社 1991 年版，第 692 页。
④ 陕西省档案馆等编：《陕甘宁边区政府文件选编》第 1 辑，档案出版社 1986 年版，第 210 页。

人，均由村民大会选举之"，且"每半年改选一次"。①

边区政府对基层政府组织条例作了如是规定，其主要目的就是为了更好地推动基层民主自治。因为"上级政权机关，只是计划与传达。乡村市基础不好，上面纵有好设施，沿途打折扣，到直接执行的乡村市，就没有了或走样了，又人民直接感到要兴要革的，是他切身的利害。离开这，再转几个弯子才能联系他的切身利害的事。他是不感到兴味的。也只有从他切身的事的经验，才能使他懂得他切身有关系的大者、远者。所以直接民主的单位，应该是乡村与市"。② 而且，从根本上来说，乡村建设本身就具有民主运动的色彩，甚至可以说没有民主自治就没有真正的乡村建设。"在农村中随时随地可以看到，少数人的利益，妨碍多数人的利益，这样求建设，如果不是替少数人建设，必然是句空话。民主政治是以多数人的意志为力量，有利于多数人的建设，在半封建政治之下，绝对不能实现，可是在民主政治之下就很容易实现。"③ 而且从陕甘宁边区先前的情况来看，积极起来议事管事最先而且最多的也是基层民众。因此，只有积极开展民主自治，才能充分调动乡村民众的积极参与，乡村建设才能顺利开展起来。正所谓："边区是边区人民的，边区政府要边区人民来议、来管，只有边区人民真正来议、来管，才能发挥出无限力量。"④ 这一论述无疑是深刻而有见地的，同时也是中共开展乡村建设的主要制度措施。

三 互助合作是重要方式

在漫长的中国历史长河中，互助合作思想一直都是乡村社会存续的一种基本理念。特别是以伦理本位和血缘宗法为特征的中国乡村社会，互助合作在很大程度上也是维系中国传统农业文明发展延续的纽带。

但是旧有的民间互助合作，无疑也存在着一些缺陷。传统的互助合作大多都是民间的自发行为，短期性和不固定性是传统互助合作的一个主要特点。不少互助合作组织尽管能够组织起来，但是很难持久，往往会因为一点小小的纠纷而最终解散。而且好多互助合作组织所涉及的范围仅限于宗族和亲友之间，所以其规模是很狭小的。与此同时，传统的互助合作没

---

① 陕西省档案馆等编：《陕甘宁边区政府文件选编》第 5 辑，档案出版社 1988 年版，第 14—15 页。
② 《谢觉哉文集》，人民出版社 1989 年版，第 342 页。
③ 薛暮桥、冯和法主编：《解放前的中国农村》第 2 辑，中国展望出版社 1987 年版，第 248 页。
④ 《谢觉哉在县长联席会议闭幕会上的讲话》，《新中华报》1941 年 3 月 9 日。

有固定的领导者,也没有大家必须要遵守的专门的纪律和严密的规则。①此外,传统的互助合作大多是在家庭较为富裕的农户之间展开的,那些家境贫寒的农民很少能加入这种互助合作。

20世纪20年代以来,现代意义上的农村合作社组织开始出现。其中1923年6月在香河县成立的第一个信用合作社就是其中的代表。其后随着乡村建设运动的渐次展开,农村互助合作自然成为乡村建设运动的应有之义。晏阳初指出,中国农村"合作事业突飞猛进,是近十年来的事,与乡村建设运动有密切关系"。② 各实验区和乡建团体都把提倡合作、组织农民成立合作社作为乡村建设的主要内容之一。其时的合作社依其性质分类,有信用合作社、运销合作社、生产合作社、购买合作社和兼营合作社等。其中信用合作社在当时各类合作社中数量最多。据1934年的统计,定县合作社约90个,其中信用合作社就有78个;无锡北夏实验区有合作社18个,其中12个是信用合作社和兼营合作社;乌江36个合作社中,信用合作社占了33个。其他除邹平以外的各实验区,信用合作社占合作社总数的比例也多在70%—80%,有的甚至达到90%以上。③

民国时期乡建派对互助合作的提倡与实施,充分说明了在乡村建设运动中互助合作的重要性。正如梁漱溟所说:"农民散漫的时候,农业推广实不好做。乡村有了组织,大家合成一气,农业改良推广的功夫才好做。举凡品种的改良,病虫害的防除,水利工程新农具的利用,等等,一切莫不如是。有的需要大家一齐动手;有的是一家两家就不能办,必得联合举办它;有的或者无妨各自进行;然新事业的创新需要勇气,也必须人多了互相鼓舞,兴趣才浓,勇气才有。"④ 但是从另一方面来看,乡建派的互助合作也存在着严重的缺陷。

民国时期的乡村社会,首先要解决的是农业生产问题。但是乡建派所倡导的互助合作却把更多的精力放在了信用合作社上,生产合作社所占比例很小,多数实验区不到合作社总数的10%。更重要的是,乡建派的互助合作成员中,只有很少一部分是农民,绝大多数农民被挡在了合作社大门之外。例如,当时的定县人口总数为40万,1935年4月合作社社员

---

① 传统社会的互助合作之所以没有严密的规则,主要是由于传统的互助合作大多是由本族和亲友组成的小规模组织,而且都是相互较为熟悉的亲友,所以自然也就缺乏较为严密的纪律和规则。
② 《晏阳初全集》第1卷,湖南教育出版社1989年版,第567页。
③ 郑大华:《民国乡村建设运动》,社会科学文献出版社2000年版,第506页。
④ 《梁漱溟全集》第2卷,山东人民出版社2005年版,第426页。

2814 人，为人口总数的 0.7%；邹平人口总数 16 万，1936 年底合作社社员 8828 人，为人口总数的 5.5%。① 其结果正如主持邹平合作事业的张国维所说："现在合作社似乎不能解决贫农的痛苦，因为组织合作社的，天然即为中农分子，贫农根本没有资格加入的，他们自然享受不到合作社的利益。"② 实际上，合作社中的领袖有相当一部分是土豪劣绅。乡建派在组织农民成立合作社时，原本是希望那些能识字读书、家庭富裕、在本地有一定的威望的"乡村领袖"担任合作社的理、监事，但是实际上却事与愿违。"我们所希望的，本来是好人出来做合作社的中坚分子，但……出头的，反而是以剥削好人为职业的土豪劣绅。"③ 可见，在乡村建设运动中，尽管乡建派已经认识到互助合作的重要性，但是由于并没有将乡村农民完全纳入互助合作的框架体系之内，其结果是可想而知的。

中共则不仅认识到互助合作在乡村建设当中的重要作用，而且还通过对传统乡村社会互助合作形式的改造，依靠广大基层参议员群体和乡村民众，使其能够在新的环境和条件下，发挥出更为重要的作用。

陕甘宁边区是处于个体经济基础上、被敌人分割的、游击战争的农村环境中。在群众方面，"几千年来都是个体经济，一家一户就是一个生产单位，这种分散的个体生产，就是封建统治的经济基础，而使农民自己陷于永远的穷苦。克服这种状况的唯一办法，就是逐渐地集体化；而达到集体化的唯一道路，依据列宁所说，就是经过合作社"。④ 因为"如果不从个体劳动转到集体劳动的生产关系，即生产方式的改革，则生产力还不能获得进一步的发展，因此建设在以个体经济为基础（不破坏个体的私有生产基础）的劳动互助组织即农民的农业生产合作社，就是非常重要了"。⑤ 与此同时，国民党在皖南事变之后开始加紧对陕甘宁边区的经济封锁，也使得边区经济受到了更为严峻的挑战。在这种情况下，毛泽东在边区西北局高干会议上强调指出："各县应以大力组织劳动互助，大大地发展农民的集体劳动。"⑥ 这些鲜明的论述，是对陕甘宁边区乡村建设过程中加强互助合作的有力说明，也是陕甘宁边区开展乡村建设的重要举措

---

① 郑大华：《民国乡村建设运动》，社会科学文献出版社 2000 年版，第 509 页。
② 千家驹：《我所见的邹平》，《月报》1937 年第 4 期。
③ 章元善：《中国合作实际问题》，《乡村建设》1936 年第 1 期。
④ 《毛泽东选集》第 3 卷，人民出版社 1991 年版，第 931 页。
⑤ 史敬棠等编：《中国农业合作化运动史料》（下），生活·读书·新知三联书店 1959 年版，第 373 页。
⑥ 史敬棠等编：《中国农业合作化运动史料》（上），生活·读书·新知三联书店 1957 年版，第 214 页。

和基本思路。

在陕甘宁边区，中共还要求在一般的互助合作组织之外，依照各种不同阶层、职业、性别、年龄、信仰、兴趣来建立各种各样的组织。例如，职业的（农民救国会、农协、雇农工会、手工业工会、苦力工会、小贩联合会、小学教师联合会）；武装的（自卫军、壮丁队等）；文娱的（自乐班、夜校、识字班等）；不同年龄段的（青年救国会、少先队、儿童救国团、老人队）；性别的（妇女团体）以及战时的组织，利用旧有名义的组织（十姊妹、唐将班、大刀会）等等。在组织农民群众的工作中，要善于抓住和运用时机，即便某一个日常生活问题，可能成为组织农民的起点，都要耐心灵活地进行。同时还要求各种农民团体建立健全组织生活，发扬民主精神。遇到重要问题时召集大家讨论，吸引农民中的积极分子参加下级特别是村或乡的组织。在日常生活中，在各种动员与经常工作中培养农民的组织观念及团体生活习惯，并从这里培养千万个农民自己的干部。

中共通过互助合作组织开展乡村建设，实际上已经远远超出经济组织行为的范围，而成为一种社会政治组织行为。通过组织起来，既克服了陕甘宁边区极端分散的社会环境，也使得涣散的农民在自己的组织中逐渐产生一种集体感。这也正是中共将组织起来作为乡村建设基本方针的重要出发点和落脚点。

四 全方位建设是指针

民国时期乡村建设的团体和机构是非常复杂的。他们"各有各的来历，各有各的背景。有的是社会团体，有的是政府机关，有的是教育机关，其思想有的左倾，有的右倾，其主张有的如此，有的如彼"。[①] 尽管这些乡村建设的机构和团体其目的是以复兴日趋衰落的农村经济，实现所谓的"民族再造"或"民族自救"，但是由于各自所实行的方式不同，实际上民国乡村建设并非完全是全方位的乡村建设。

有人曾对民国时期各实（试）验区的乡村建设实验的特征进行过这样的描述：就"事业中心"而言，定县实验区偏重教育，乌江实验区偏重生产，江宁实验区偏重自治，无锡实验区农业与教育并重，邹平实验区偏重文化；从"建设方式"来看，定县实验区是以社会教育为出发点，以实际的社会教育的方法改造农民的生活，乌江实验区是用研究方法作为

---

① 《梁漱溟全集》第 2 卷，山东人民出版社 2005 年版，第 582 页。

改进乡村事业的起点，无锡实验区是以民众教育、农事教育作为发展乡村事业的工具，邹平实验区是用教育的方法，发扬固有礼教的精华，培养农民内在的能力，而将自治与教育打成一片，目的在于实现"政、教、卫"的合一。江宁实验区是从改良县政入手，彻底建设新的社会，清和实验区是以社会教育的方法为基础，发展农村经济及建设乡村卫生，辉县实验区是以"卫、养、教"三者作为建设乡村社会的手段。① 陈序经也曾对中华平民教育促进会的定县实验、山东乡村建设研究院的邹平实验和青岛市政府在其郊区进行的乡村建设的不同特征做过一番比较研究。最后指出"邹平模式"为"孔家店式"，"定县模式"为"青年会式"，"青岛模式"为"都市化式"。②

上述分析一方面说明民国时期乡村建设的模式的确呈现多样化的特征，但是另一方面也说明，由于乡村建设运动领导人的教育背景以及他们对中国乡村社会认识的差异，特别是他们往往会把中国农民"愚"、"穷"、"弱"、"私"的表面现象看作是事物矛盾的核心，没有注意到中国社会性质发生的变化。由此而开展的乡村建设只是注重教育和技术的一些局部的改良，而并非一种全方位的乡村建设。正如孙冶方所指出的那样："在现存社会秩序下，教育和技术是不可能发展的。退一步说，即使农民们识得字，能够读书看报了，也不能解除他们的痛苦；即使农民们能够相当改良技术，使农民的每亩田能够多产一石谷，多结几十斤棉花了，然而帝国主义的一场倾销，就可以使你的农产物跌去一半价钱，两次兵差一派，就已蚕蚀了你的全部收入。所以要发展教育改良技术，就应该从铲除那些阻碍教育发展和技术改良的原因——帝国主义侵略和封建残余势力——着手。"③ 正是乡村建设运动的这种局部的改良性质，导致乡村建设运动的彻底失败。梁漱溟在1935年1月的一次讲演中也承认，乡村建设"从根本上说是要完成社会大改造，而非枝枝节节的做好事"。④

中共在这一点上则是有着清晰认识的。正如任弼时所说："建设工作是一种细致科学的事业，在某种意义上说，它比破坏旧的更为复杂困难。"⑤ 特别是在战时，在陕甘宁边区开展乡村建设，必须是一种全方位的乡村建设。也就是说，一切不符合民众的生活和实际利益的都要进行改

---

① 苗俊长：《中国乡村建设运动鸟瞰》，《乡村改造》1937年第6卷第1期。
② 陈序经：《乡村建设运动》，大东书局1946年版，第26—27页。
③ 孙冶方：《为什么要批评农村改良主义工作》，《中国农村》1936年第2卷第5期。
④ 《梁漱溟全集》第2卷，山东人民出版社2005年版，第573页。
⑤ 《任弼时选集》，人民出版社1987年版，第391页。

造和建设。尤其是要对乡村社会旧有的政治和经济体制进行改造和建设，以实行新民主主义的政治和经济政策。除此之外，陕甘宁边区乡村社会的现实境况，决定了其乡村建设必须是全方位的建设。

抗战之前陕甘宁三省区的乡村社会，在封建地主经济的压迫下，许多农民家徒四壁，"一家人住在一个窑洞里，睡在一个炕上，全部家具财产有两个毛驴可以载完，有了病只能听天由命，一遇天灾人祸则流离饥饿"。① 与此同时，教育文化的落后也是乡村社会一个严重的社会问题。当时，那里"简直可说是一块文化教育的荒漠"。② 而且卫生条件极差，缺医少药，人畜死亡率很高，婴儿死亡率达60%，成人死亡率达3%；全区巫神多达两千人，招摇撞骗，为害甚烈。人民不仅备受封建的经济压迫，而且吃尽了文盲、迷信、不卫生的苦头，人民的健康和生命得不到保障。③ 贫穷落后和饥馑灾荒的境况又成为滋生土匪的沃土。在20世纪二三十年代，陕甘两省交界处的黄土高原的腹地是土匪经常出没的地方。所谓"司令庄庄有，副官满院走，官长多如狗"就是这种情形的真实写照。④ 陕甘宁三省区也一直是我国生产鸦片的主要地区之一。及至20世纪二三十年代，当地鸦片的种植面积远远超过了粮食的种植面积。据有关资料记载，陕甘两省的罂粟种植面积分别占农田面积的90%和75%。⑤ 吸食鸦片成为边区许多老百姓的恶习，不少人由此变成"二流子"。另外，一些帮会、会道门组织也在宣传和从事迷信活动，愚弄乡民，"有的入帮会，有的拜把子，甚至互相交织，内外联接，成为风气"。⑥

上述现状决定了陕甘宁边区的乡村建设必须是全方位的建设。中共正是认识到了这一点，经济上通过减租减息和土地改革，在土地问题上逐步实现了"耕者有其田"的土地制度，变封建地主经济为农民经济；在政治上，通过大规模的基层选举和基层政权建设，实行由人民选举产生基层民主政权，使政府成为人民利益的代表者；在文化教育上，普及基础教育、开展社会教育，以提升乡村民众的社会意识和文化水平。同时积极开

---

① 陕甘宁边区财政经济史编写组等编：《抗日战争时期陕甘宁边区财政经济史料摘编》第9编，陕西人民出版社1981年版，第2页。
② 《陕甘宁边区教育资料·教育方针政策部分》（上），教育科学出版社1981年版，第18—19页。
③ 李维汉：《回忆与研究》（下），中共党史资料出版社1986年版，第566页。
④ 《华池县志》，甘肃人民出版社1984年版，第48页。
⑤ 齐霁：《陕甘宁边区禁烟禁毒运动初探》，《甘肃社会科学》1999年第4期。
⑥ 黄正林：《1937—1945年陕甘宁边区的乡村社会改造》，《抗日战争研究》2006年第2期。

展乡村文化建设,实现新民主主义民族的、科学的、大众的文化;在社会建设方面,通过深入改造乡村社会一些不务正业的"二流子",提倡科学反对迷信,废除缠足陋习,以此来促进陕甘宁边区的社会建设。这是边区乡村社会改造和乡村建设派的根本不同之处,也是陕甘宁边区乡村社会改造的基本的思路和主张。

在乡村建设方面,中共的认识与实践远比乡村建设派深刻得多。在中共看来,要解决农村问题,就必须先推翻帝国主义与封建主义的剥削与压迫。要解决这些问题,就必须进行彻底的反帝反封建的民族民主革命。而这些又远非乡村建设派所能做到。如果说风靡一时的乡村建设运动,是一批知识分子出身的社会活动家,企图在现存的阶级关系不变的情况下,用和平的方法整顿农村,通过局部改造以实现改造农村,挽救国家的改良主义活动,那么陕甘宁边区的乡村建设,则是依靠包括县长在内的根据地民众而发动的一场全方位的乡村建设运动。由于它是全方位的乡村建设运动,1941年陕甘宁边区在召开参议会之际,《解放日报》专门为此发表社论指出:"边区的政权是人民的政权,它的力量存在于广大人民中间……这就是说边区参议会的中心工作是决定怎样拥护军队加强军队,进行战争动员,更加密切军民关系,来支持长期的战争;是决定怎样发展边区经济建设,提高文化教育的质量,改善人民的生活,来巩固战争的物质基础;是决定怎样发扬人民的参政热忱,监督与批评政府,健全各级的民意机关,使得人民的力量经过政权表现出来,成为战胜敌人的武器。"[①] 可见,开展全方位的乡村建设,是中共基于战时的严峻形势,根据陕甘宁边区乡村社会的客观情况而确定的一个基本思路和主张。

第二节 建设乡村——边区县长的具体实践

县长在陕甘宁边区的乡村建设实践,尽管体现着当时条件下的时代特征,但是他们在基层政权建设、社会经济建设和文化教育建设方面的具体实践,不仅从根本上触及了近代乡村社会的症结所在,而且也在很大程度上完成了此前在乡村建设过程中并未触及抑或从未开拓的领域。特别是他们深入实地开展乡村建设的工作方式、设身处地为民众着想的工作态度,更是边区县长在乡村建设过程中所具有的独特优势和突出亮点。

---

① 《庆祝边区参议会开幕》,《解放日报》1941年11月16日。

一 乡村政权建设

乡政权是边区政权的基层组织，是与乡村民众直接对接的政权机关。"乡政权任务实现的程度，乡村人民生活组织的好坏，新民主主义的政策和法令能否变成人民大众的武器，归根结底要看乡政权的能力和效能来决定。"① 领导和加强乡村政权建设，可谓是边区县长的首要职责。

陕甘宁边区在不同历史时期，乡民意机关经历了乡代表会—乡民大会—乡参议会—乡代表会议不同的发展演变历程。② 乡民意机关尽管在不同阶段经历了不同的历史演变，但是注重对乡民意机关的建设始终是一项重要职责。一如谢觉哉所说：

> 区县以上的事，不能人人都来议来管，只能选派代表（议员）去。乡市则和人民接近，人民可以直接来议来管；就是派代表，也等于每个人民直接去一样。加之：一切政治上的设施，上级只能计划"总其大成"，实际执行，无一不在乡市，所以乡市民主做的好，等于起宝塔筑好了地基。上层政治，自然良好；人民直接管理乡市管得好，也就是握住了管理的总钥匙。③

注重乡市民主，选举工作是一切工作的基础和中心。"县市长和区长必须把选举工作当作中心工作，负责地指导与检查，切不可把它交给选举委员会就不管。"④ 根据这些指示，边区县长首先开展区乡选举训练班和选举宣传动员工作。

选举训练班，主要是召集区乡干部对选举条例、参议会组织条例、各种选举表格的解释和填写办法、选举方式与方法、选举经验的总结等进行学习。通过培训学习之后，再派他们到某个乡参加选举实习活动。这种办

---

① 陕西省档案馆等编：《陕甘宁边区政府文件选编》第7辑，档案出版社1988年版，第92页。
② 1937年5月，边区通过《陕甘宁边区议会及行政组织纲要》，在乡级设乡代表会。1937年11月，乡代表会改称乡代表大会，简称乡民大会，不再称乡代表会。1938年11月，参照国民政府颁布的《省参议会组织条例》，边区政府发出训令，改边区议会为边区参议会，由此乡民大会也相应改称为乡参议会。为了更加发扬民主，向人民民主政权转变，1945年改乡市参议会为乡市人民代表会议。
③ 中国科学院历史研究所第三所编：《陕甘宁边区参议会文献汇辑》，科学出版社1958年版，第179页。
④ 延安地区民政局编：《陕甘宁边区民政工作资料选编》，陕西人民出版社1992年版，第52页。

法既弥补了无法抽调县级干部下乡指导选举工作的局限，而且也使得区乡干部对于选举工作有了实际的了解，以便更好地开展乡村选举。选举宣传工作同样是一项重要工作。有的县利用各种会议包括群众大会、家长会和座谈会进行宣传动员，有的县更是不拘一格，在帮助人民生产中进行宣传，聘请医生在看病时也进行宣传，还利用晚间和集市庙会召集群众大会。还有的县则通过制作标语和宣传画的方式进行宣传动员。

　　在具体选举过程中，边区各县更是因地制宜，通过各种办法开展选举。如"烧香法"，即每个选民，发给选票一张，香头一个，大会主席团主席详细介绍候选人，由选民自由选择，同意谁，就在其名字上烧一个洞，投入票箱；"投豆法"，就是选举委员会根据本选举单位，有几个候选人就准备几个碗，在每个碗上贴一个候选人的名字，司票员照选民名册顺序叫每个选民到票桌前，应投几票就交给选民几粒豆子，同时告诉他某碗是某候选人的，愿选某人，就投豆到某碗。这种办法尤其适合在基层选举。在基层选举中，候选人一般不会太多，在这种情况下，发给选民几种颜色不同的豆子。比如：黑豆一颗代表张××；黄豆一颗代表李××；玉米一颗代表赵××等。另外每个选民再发给小纸一张，如果想选谁，就把代表谁的豆子用纸包上，放在碗里，同时包几颗者作废。① 另外还有"背箱法"、"举胳膊"等方法。"背箱法"就是选举委员会待选举之日，准备若干箱子，上锁贴封，由司票员分途收票。这一方法同样适宜于基层选举。特别是对于那些地广人稀和国民党经常骚扰的边境地区比较适宜，尤其对于那些小脚妇女和老弱病残选民而言，更是非常可取的一种选举方法。

　　在边区县长的领导下，陕甘宁边区基层民主建设获得了长足的发展。根据相关资料的统计，从1938年到1946年的三届参议会期间，每届所选出的乡参议员至少在3万—4万名。尤其是在陕甘宁边区第二届参议会期间，仅乡市参议员就选出了4万多名，而且选民参加选举的百分比，平均达到80%，绥德、清涧、延川则在95%左右。根据选举结果，各抗日阶层、党派、各民族人士都参加了政权。② 根据1941年对陕甘宁边区民主选举的31个乡市参议员统计，共有29460名之多。具体分布如表5—1所示：

---

① 力民：《人民文化水平低，就不能实行民选吗？》，《新华日报》1946年1月24日。
② 中国科学院历史研究所第三所编：《陕甘宁边区参议会文献汇集》，科学出版社1958年版，第88页。

表5—1　1941年陕甘宁边区民主选举30个县的乡参议员人数统计[①]

县别	乡（市）参议员数量	县别	乡（市）参议员数量
延安县	1266	延安市	289
安塞县	1127	富县	795
靖边县	1169	安定县	1181
延川县	1262	新正县	405
延长县	825	新宁县	586
清涧县	1334	赤水县	594
吴堡县	849	淳耀县	512
米脂县	2762	同官耀	181
绥德县	2889	定边县	822
佳县	2243	盐池县	519
固临县	346	华池县	961
志丹县	825	环县	936
曲子县	1170	庆阳县	1061
华池县	961	合水县	769
环县	936	镇原县	539
合计			28217

资料来源：宋金寿、李忠全主编：《陕甘宁边区政权建设史》，陕西人民出版社1990年版，第270页。

通过民主选举产生的乡参议员，是一个凸显民主价值及其内涵的极其重要的载体。特别是在经济文化落后的地区，这种从未有过的政治架构和运行模式，对于乡村民众而言不啻是一个破天荒的制度建构。所有的这一切又是促进抗战及其随后解放战争最终取得胜利的重要支柱，因此其历史地位和作用是不言而喻的。

在陕甘宁边区，90%的区、乡干部，是当地农民中的积极分子，他们熟悉乡土情况，同民众有密切联系，能积极完成任务；但是由于缺乏文化知识，缺乏独立工作能力，有着相当浓厚的乡土观念、家庭观念，这是他们进步和发展的重大限制。因而，战时乡政权在较长的一段时间里"能

[①] 原表在核算时有误，本书制表时做了订正。

力还不强，效能还不高，加强乡政权，便成了当前的急务"。① 基于这种现状，加强乡政干部的教育培训、改变乡政干部的工作作风、健全乡政权的机构设置，自然就成为边区县长的重要任务。

以吴旗县为例，根据吴旗县的报告，为了加强区乡干部的思想教育，吴旗县在 1942 年六七月间，在环境紧张时，各区召开了反战动员大会，在党内学习十大政策，对党员进行立场与气节教育。1943 年 5 月，学习"苏联的军事宣传与我们的军事宣传"，《为达到经济上完全自给而奋斗》、《军队中的政治工作》。9 月，县、区干部学习讨论《中国革命和中国共产党》，由"首长负责，支部领导，小组活动"。1945 年，县、区干部学习内容：《为群众兴利除弊》、《改造工作作风》、《四五年任务》、《新民主主义论》以及《共产主义常识》等。"七大"之后，干部学习"七大"文件，学习毛主席的《论联合政府》、朱德的《论解放区战场》、刘少奇的《关于修改党的章程》以及《解放日报》陆续发表的要文。1946 年冬天，对全县党员进行时事教育与阶级教育的主要内容是：甲、美帝在华暴行，变中国为其殖民地。乙、蒋介石卖国求荣之罪行。丙、内战发展概括。关于党员业务教育主要有：甲、党员如何起作用？乙、怎样发展党员？好党员的条件：热心工作，主持公道，积极生产，努力学习，遵守纪律。丙、党员纪律。党的纪律是铁的，每个党员要自觉无条件地遵守等。②

除了对区乡干部开展思想教育之外，开展乡村实际工作的培训同样是边区县长加强区乡行政事务建设的重要任务。处于战时状态的乡政府，同样面临着战争动员和乡村各项建设事业的繁重任务。中共西北中央局在 1944 年 10 月发布的《关于冬季区乡干部训练问题的指示》指出："训练方针必须彻底纠正过去那种搬书本子及缺乏群众观点的教条主义与包办方式，而应该使政策思想的原则教育与检讨工作及计划工作的具体内容结合起来"，"不能拿空洞的原则的条文去做教材，而应当把区乡干部在实际工作中所反映的材料加以分析、总［综］合与充实"，在研究与讨论这些材料时，"应当围绕着目前区乡工作的中心问题"。③ 根据这些指示，边区各县通过各种办法来加强提升他们的工作能力。绥德县在抗战时期开办的乡长训练班，就是由乡长自己作报告，然后大家讨论，用实际的例子对照

---

① 延安地区民政局编：《陕甘宁边区民政工作资料选编》，陕西人民出版社 1992 年版，第 73 页。
② 《吴旗县党史资料丛刊》第 39 期，1982 年 7 月 10 日。
③ 西北五省区编纂领导小组等编：《陕甘宁边区抗日民主根据地·历史文献卷·下》，中共党史资料出版社 1990 年版，第 590—591 页。

检查每个干部的工作、思想。训练班有好乡长的报告,让大家讨论,并向他们学习,有坏乡长的报告,也让大家讨论,提出质问,最后宣布撤职查办,用以教育其他乡长,使各乡长清楚认识好坏乡长的标准。① 甘泉县政府在1944年7月开办乡文书训练班,不仅有文化教育、经济建设方面的,诸如边区历史、边区地理、生产常识、时事、珠算、应用文等课程,同时还由各部门负责同志担任教员,意在通过理论与实际密切结合、学用一致的方针学习建设边区的方法。

在工作作风建设方面,边区县长依据奖惩制度促进工作作风的办法,对乡政干部进行制度化的规范。在陕甘宁边区的基层干部中,尽管大多数区乡干部能够勤勉工作,但是在一些乡干部中依然存在着官僚主义的作风。在基层社会里,群众要求区乡干部的标准大致有四条:公道、腿勤(积极)、平和、有办法。大多数区乡干部可以做到前两条,但是对于后两条却做得很不到位,即缺平和、少办法。在执行上级任务的时候,容易发生"生硬"、"瞪眼睛"、"耍态度"的毛病,也就是命令主义的毛病。在接受群众的要求的时候,容易发生"拖拉"、"不顶事"的毛病,也就是官僚主义的毛病。他们遇事大多依靠命令、摊派。不仅上级要东西依靠强迫命令,甚至上级给东西也依靠命令、摊派,以至有时把好事也办成了不得人心之事。因此,在很长的一段时间内,群众对他们不满,一些党外人士也认为"上面都好,下面走了样",下面的歪嘴子和尚念歪了经。②

正所谓问题在区乡,责任在上级。为了加强区乡干部的工作作风,边区县长通过严格奖惩制度来规范乡干部的工作作风。1939年靖边县城区查出九里乡乡长、支部书记及自卫军营长共贪污上一年的贩济款25元(法币),结果决定将贩济款归公,在党内给予严厉批评。1942年,在同宜耀首届二次参议会上,因三区区长王建清工作作风差,官僚习气浓厚,生活腐化,当即通过撤职查办。而对于那些勤勉工作成绩卓著的则给予嘉奖。在1943年,清涧县政府就传令嘉奖城关区一乡乡长师道久、乡文书惠广义两人,因其勤劳奉公,成绩卓著,给予两人以书面奖励及物质奖赏,并号召各区乡干部向他们看齐。1942年4月,靖边县长孙润华针对凤凰区区长王怀仁的工作业绩呈请边府给予嘉奖。孙县长指出,王怀仁品行端正,工作积极,对各种临时工作,如救国公债、有奖储蓄券、公粮公草、新旧公盐皆能如期完成。靖边县的任何工作,拉"尾巴"的习惯相

---

① 《绥德县委县政府一九四四年干部工作总结》,陕西省档案馆藏,档案号:2—2—1824。
② 李维汉:《回忆与研究》(上册),中共党史资料出版社1980年版,第527—528页。

当严重,该区长能做众人楷模,加之靖边过去无赏罚制度,致使干部消极,基于此,现除县传令嘉奖外,特呈请边府对该区长再给予奖励,以资激励其他干部。除此之外,一些县长还带领区乡干部主动深入乡村,与民众亲切交谈,以消除干部与群众之间的隔阂。如安塞县长邵清华在获悉一些区乡干部带有命令主义的作风,就亲自带领区长深入农村了解情况。后来经过区、乡干部多方面的解释和批评,干部承认对群众态度生硬,并向群众道了歉,群众也消了气,问题很快解决了,同时也加强了干部和群众的关系。

根据战争形势的变化和客观任务的需要,健全乡政组织机构,因地制宜地设置一些特别的机构,以适应乡村建设的客观要求,是边区县长开展区乡政权建设的另一职责。鄜县县长张育民就将鄜县张村驿区设置为中心区呈请边府时指出:"早在四三年成立鄜西县,否决后即改为中心区,兼领导大义、黑水两区,该处驻新四旅旅部,工作确实繁重。在今年复员时,取消了中心区的编制,致工作无法维持。故提议维持原中心区案,区署只增加助理员二人,通讯员一人以利工作。"① 一些县份还对原有的行政区划和干部队伍进行整编,以适应新的形势。曲子县长逯月喜就根据曲子县各区的人口规划了甲等区和乙等区,同时将原有的 30 个乡调整为 43 个乡。② 镇原县在精简整编工作之时,结合本县实际情况,经过酝酿讨论制订了《镇原县政府精兵简政的意见》和精简整编工作安排,在镇原县长的领导下,划分了县区公署和乡政府等级。全县划分了 3 个甲等区和两个乙等区,同时还把 30 个乡分别划分了甲、乙、丙三个等级。③ 新正县为贯彻精简效能的原则,依据"政治坚定、工作能力较强、思想前进的原则"和"人尽其才、才尽其用、(以)一当十的办法"对干部进行了整编。同时对于编余人员作了适当的处理,有的送其去学习,有的送往生产部门,有的退伍回家,有的到下层工作。④

总之,在边区县长领导下的区乡政权建设,不仅适应了战时基层社会的具体情况,发挥了乡政权的基层行政组织作用,而且也培养了大量乡村

---

① 陕西省档案馆等编:《陕甘宁边区政府文件选编》第 11 辑,档案出版社 1991 年版,第 6 页。
② 中共庆阳地委党史资料征集办公室编:《陕甘宁边区陇东民主政权建设》,甘肃人民出版社 1990 年版,第 392 页。
③ 中共镇原县委党史工作办公室编:《中国共产党镇原历史》第 1 卷,中共党史出版社 2009 年版,第 144 页。
④ 中共庆阳地委党史资料征集办公室编:《陕甘宁边区陇东民主政权建设》,甘肃人民出版社 1990 年版,第 396—397 页。

政权中的骨干分子。如定边县生产中所谓231条根（即231名骨干分子——笔者注），就是在各乡村中培养了各项工作中的231个核心分子；绥德王家坪建立了9个人的核心组织，创立了自治模范村。① 正是在边区县长的领导下，区乡干部以极大的工作热情投入到工作当中，进而巩固了陕甘宁革命根据地的基础，成为中共在民主革命时期调动基层民众开展各项战斗任务的有力保证。

二 乡村经济建设

陕甘宁边区政府成立以及各项制度政策的相继落实，开创了"比敌后各根据地具有进行经济建设的优越条件，逐渐能够从建设中来提高人民的经济生活和文化生活，以达到丰衣足食的目标"。② 作为这些制度与政策的具体执行的边区县长，依据当时的政治环境和具体情况，集中力量组织人民经济经济，发展人民生产，以培养民力，以保证军队和干部的供给，就"成了头等重要的任务"③。边区县长在乡村社会经济建设中主要在以下几个方面开展工作。

（一）开垦荒地，组织变工，促进乡村社会农业的发展

陕甘宁边区地广人稀，可耕地面积在3000万亩以上，而实际耕地面积只有862万亩，也就是说边区可开垦的荒地当在2000万亩。④ 在这样的情况下，为增加农业生产，使地能尽其利，组织民众开展垦荒运动就成为边区政府经济政策中的重要内容。1939年2月4日，陕甘宁边区发出《关于发展生产运动的紧急通知》，号召全边区人民大力发展生产运动，以达到财政经济上的自给自足。同时，边区政府又相继颁布了《陕甘宁边区人民生产奖励条例》和《陕甘宁边区督导民众生产运动奖励办法》，规定每户居民一年中增加耕地面积12亩以上，发展牛和驴2头以上，发展羊15只以上，开辟水田10亩以上，在原有耕地上增加收成20%，植树60株以上，参加合作社股金20元以上。⑤ 为了响应这些号召，边区县长积极行动起来，积极进行开垦荒地和农业生产建设运动。

---

① 《林伯渠文集》，华艺出版社1996年版，第506页。
② 陕甘宁边区财政经济史编写组等编：《抗日战争时期陕甘宁边区财政经济史料摘编》第6编，陕西人民出版社1981年版，第78页。
③ 延安地区民政局编：《陕甘宁边区民政工作资料选编》，陕西人民出版社1992年版，第73页。
④ 谢觉哉：《关于陕甘宁边区农村经济的几个问题》，《解放》1940年第119期。
⑤ 陕西省档案馆等编：《陕甘宁边区政府文件选编》第1辑，档案出版社1986年版，第206—208页。

在陕甘宁边区的众多报告中，有关县长领导开荒的报道俯拾皆是。如环县陈玉山县长亲自到县区四乡领导开荒，合水县县长王士俊亲到三区组织变工开荒，庆阳县苏耀亮县长亲自到新堡区领导督促春耕，等等，构成了战时边区轰轰烈烈的大生产场景。尤其是华池县长李培福，在大生产运动中亲自上山开荒，两年中开荒130亩，增收细粮2000多公斤。《解放日报》记者曾多次采访报道了他的先进事迹。1943年4月15日，该报在《华池县的农业生产》一文按语中介绍："华池县从1938年到1940年，耕地面积增加了122690亩，在边区各县中，是最有成绩的一县。"在环县的开荒报告经验中指出，除春耕中完成与超过计划外，"在百忙的夏秋之间，还开了三万零一百五十八亩，全年共计划十一万四千亩，完成一十二万五千四百八十六亩，超过一万一千四百八十六亩（十月后三月及二月份数在外），在这一任务中，是克服了相当空前未有过的困难，特别机关工作人员及保安部队，无有利器（如无镢头）将手打烂流血者甚多，但终是继续不休完成任务，故影响了不少群众，用人力开荒很多，特别创造了劳动英雄三百一十六名"。①

大量开荒之后，乡村劳动力需要增加，于是"变工"、"扎工"等办法开始被广泛运用到生产劳动中。其中如"白塬村式变工"、马家沟式变工"、"刘秉温式变工队"、后殿村的唐将班子和安塞苗店子农场等，就是当时典型的变工模式。它们不仅规模大，范围广，常年不散，而且有的已取消了封建剥削和落后习俗，有的还有了集体公有土地和财产，实行土地和劳力比例分配。延安县县长刘秉温领导的念庄变工队，就是按照集体劳动、按劳分配的原则来组织变工。这个变工队有劳力，有耕牛，在1943年生产中获得了很大的成绩。

（二）兴修水利，植树造林，实现良好的经济效益与社会效益

陕甘宁边区尽管干旱少雨，但是在一些县长的积极努力之下，通过兴修水利、植树造林，同样获得了较大的收益。其中靖边县修建的水漫地堪称典型。靖边杨桥畔水渠，早在民国七年就开始集股修建，用木柴筑坝，树桩堵塞而成，可浇灌耕地百余亩。但由于工程简陋，一遇洪水即被冲垮。靖边县抗日民主政府成立之后，为进一步发展杨桥畔水利，中共靖边县委书记惠中权、县长王治邦亲到杨桥畔实地勘测，解决了水利建设中的地权、资金、劳力等具体问题，同时县政府专门成立了水利建设局常驻杨

---

① 陕甘宁边区财政经济史编写组等编：《抗日战争时期陕甘宁边区财政经济史料摘编》第2编，陕西人民出版社1981年版，第576页。

桥畔。于是以杨桥畔为中心形成一条"渠长五里，水量有每秒一立方公尺，每小时可灌六十亩，一昼夜可灌田一四四〇亩；以七天灌水一次，可灌田一〇〇八〇亩土地"的水渠。据当地农民说：水田一年可种麦子、黑豆，并捎种萝卜等三种作物，种麦每亩可收 1 石，秋底还可收黑豆三四斗和萝卜十多袋（约八九百斤）。① 在此基础上，靖边县镇靖区、镇罗区和杨桥畔又修成水漫地 2 万亩，每亩平均收细粮 3 斗，共可收细粮 6000 石；靖边城南修成 4 万多亩，有 3 万多亩已经种植，可增收细粮 10500 石。② 定边县同样在水漫地方面有突出的表现。1944 年 8 月 9 日，定边县长吴志渊专门在《解放日报》刊发定边县水漫地的经验。由于水漫地不仅提高了粮食产量，而且在保持水土方面发挥了重要的作用，所以群众经常会问："多会（儿）开工修水地呢？"③

植树造林政策是陕甘宁边区基于客观的自然环境和地理环境，特别是基于频繁的自然灾害而制定的一项重要政策。边区建设厅曾专门发出通知指出："在我们政府经济建设发展农林牧产业的政策口号下，在广漠多山的边区地域中，除了对于各地原有山林树木予以严密的保护及有计划的砍伐，并积极广泛的发动群众造林运动外，每年春季植树节在政府整个领导下，党政军学各机关首长暨工作人员与杂务人员来一个有组织有计划的广泛的大规模的植树造林运动，以作群众的倡导与模范，似属必要而急于执行的任务之一。"④ 于是，边区各县通过各种途径和形式开展植树造林活动。镇原县在 1942—1943 年植树 85007 棵，1944 年又发动机关、部队参加造林、群众户户植树，在孟坝镇设立苗圃一处，三岔设立林区两处，新集设立林区三处，当年植各种用材树 108540 棵。⑤ 在安塞县，积极发动和利用劳动英雄的影响开展植树造林，安塞县马家沟劳动英雄陈德发，积极组织村民发展农业生产，大力开展植树造林，发展农村副业。在陈德发的带领下，1943 年全村原计划植树 500 株，实际植树 1500 株。"全村出产的梨果，就够有水果树的 9 家人买布交公盐代金而有余。"⑥ 定边县张成仁不仅自己努力植树，还积极推动全村人植树。他有一套植树必活法，

---

① 陕甘宁边区财政经济史编写组等编：《抗日战争时期陕甘宁边区财政经济史料摘编》第 2 编，陕西人民出版社 1981 年版，第 339 页。
② 同上书，第 741 页。
③ 吴志渊：《定边修水漫地的经验》，《解放日报》1944 年 8 月 9 日。
④ 陕甘宁边区财政经济史编写组等编：《抗日战争时期陕甘宁边区财政经济史料摘编》第 2 编，陕西人民出版社 1981 年版，第 741 页。
⑤ 郑继隆主编：《中国共产党镇原县大事记》，宁夏人民出版社 2007 年版，第 29 页。
⑥ 《陕甘宁边区的劳动英雄》，大众书店 1946 年版，第 15 页。

三年来自己栽活130株，收到实利。村人看他的样子，也开始学他的办法植树。①

（三）创办合作社，实现农民的增收

1939年，中共中央颁布了《各抗日根据地合作社暂行条例示范草案》，之后边区各县在县长的领导下，逐渐出现了粮食合作社、消费合作社、信用合作社、运输合作社等各种合作社组织。在靖边县，驮盐是仅次于农业的一项重要收入，靖边县新城区五乡合作社主任田宝霖便在靖边县的支持下，办起了运输合作社。田保霖回到了乡上，十余天就收到了740400元的股金，有241户都把公盐代金入了股。仅开始的第一次驮盐除去了运费，就替合作社赚了一万余元，他们回来的时候，牲口背上又驮了布匹，又赚一万多。半年的时间赚了969000多元。② 因合作社所带来的巨大经济和社会效益，边区各县纷纷组建了类型不同的合作社组织。安塞县在1942年秋，全县共有29个合作社，三个工厂，两处信用社，两处药社，四处铁匠炉。由736头牲口所组成的运输队，共有30个分队。全县共有合作社社员12500人，股金9830余万元。全县涌现了一批模范的干部。③ 在陕甘宁边区的合作社中，最著名的当属延安县政府直接帮助和支持下的南区合作社。

延安南区在抗战前曾试办过合作社，但当时创办的合作社面临着诸多困难。陕甘宁边区政府成立后，延安县提出了"民办公助"的主张，使得业务获得了长足的发展。南区合作社不仅是一个以经营消费、生产、运输、供销、借贷、纺织等各项事业为中心的综合性合作社，而且还积极开展公益、文教事业。在南区合作社中，还有业余剧团为群众演戏，慰问军队，开展各项文化活动，帮助学校和政府购买办公文具与服装等物品，并且以南区合作社公益金下的教育经费为基础，通过群众入股的方式，为南区群众的子弟开办了教育合作社。可见，南区合作社的业务已渗透到延安民众生活的各个方面，在经营的范围和业务活动的多样性上呈现出综合发展的特点。而且，南区合作社的管理方面也采取民主化的形式，社员不管股份多少，在参与合作社相关的问题上都有平等参与和表决的权利。更为重要的是，南区合作社从创办之初就注重调查群众日常生活中需要解决的困难，它的服务对象就是普通民众，真正贯彻了面向群众办社的原则和方

---

① 《陕甘宁边区的劳动英雄》，大众书店1946年版，第4页。
② 丁玲：《延安集》，人民文学出版社1954年版，第49页。
③ 《安塞县合作社资金将以十分之八转入生产》，《解放日报》1944年8月19日。

针,以切实地解决群众的困难、改善群众生活为目标。在业务经营方面,同样坚持服务民众的理念,是从南区人民生产生活的实际需求出发开展业务活动。南区合作社所经营的众多业务,都是围绕民众的需要而开展的。诸如帮助有困难的抗工属;医治生病的人或者牲口;扶助变工、扎工,甚至还调解邻里纠纷;植树造林;代笔写书信对联;办黑板报,办学校;等等。由于"合作社都替群众打算,都为群众服务,把合作社利益和群众利益真正结合起来了"。①

因南区合作社的成功,延安县县长刘秉温、县委书记王丕年及合作社主任刘建章相继获得了"劳动模范"、"特等劳动英雄"的称号。南区合作社的示范效应也被边区广泛认可,全边区开始广泛推广南区合作社的经验。正如《解放日报》社论所指出:

> 现在,我们的方针,不是希望一般的增加社数,而是推广南区合作社的模式,改进和提高现在的工作,壮大合作社的力量,提高合作社作用的发挥程度,使合作社真正能够帮助农民发展生产,发展妇纺,组织驮盐,扩大营业,更加便利人民交换与抗战动员等。只要每个县抓住一个基础好的合作社为对象,切实彻底总结过去的工作,发扬成绩,纠正缺点,向南区合作社学习,并依据当地的具体情况,造就各个县的南区合作社,以影响其他。只要党政重视合作社工作的改进,认真的加以领导和帮助,不久的将来,一定会有更多的南区合作社。②

更为重要的是,在边区县长领导下所建立的劳动合作社,也使得长期以来"各人自扫门前雪,休管他人瓦上霜"的陈腐观念发生了变化,个人和社会的关系也变得更加密切,人们都在适应现存的制度,把自己融入其中。这种组织不仅满足了民众自身的需求,也形成了一种新的生产关系。正是从这个意义上讲,合作组织是农村生产关系上的新转变和新纪元。农民组织起来成为集体劳动的合作社,大大地节省了人力、畜力和工具,特别是在合作社内部和外部掀起的生产竞赛,大大提高了劳动生产率,这样就能有时间、有兴趣集思广益地改进生产技术。这就不仅改变了农村的生产关系,而且能提高他们的政治觉悟,改进他们的文化生活。正

---

① 《陕甘宁边区合作社联席会决议》,《解放日报》1944年7月15日。
② 《向南区合作社学习》,《解放日报》1943年2月20日。

如毛泽东所说的："在农民群众方面，几千年来都是个体经济，一家一户就是一个生产单位，这种分散的个体生产，就是封建统治的经济基础，而使农民自己陷于永远的穷苦。克服这种状况的唯一办法，就是逐渐地集体化；而达到集体化的唯一道路，就是经过合作社。"这是"在经济上组织群众最重要的形式"。①

（四）创办工业副业，促进当地社会的经济发展

在抗战时期，为了促进边区的工业发展，各县通过自办工业或扶持民办工业，创办了不少工业企业。靖边县抗日民主政府成立之后，就在张家畔创办了靖边县毛纺厂，共有资金78万元（边币），设备有推毛机、纺线机、织布机10多架，生产毛和布供解放区军民穿用。定边县在1942年前后，也相继创办了"抗属工厂"（后改"三边新塞毛织厂"）、"元华"、"大光"、"新镇"、"友爱"等毛织工厂和"塞丰烟厂"、"光明肥皂厂"、"塞光肥皂厂"。主要产品有栽绒毯、毛毡、粗毛呢、毛线单子、棉线单子、棉鞋、皮衣、毛线、粉笔、麻纸、烟卷、肥皂等。这些产品，制作虽然粗糙，但程度不同地解决了定边军民生产、生活的需要。粗毛呢、栽绒毯、皮衣等还部分运往党中央所在地延安和边区一些县城。赤水县1941年在南坪新开煤矿一处。1942年9月，赤水县政府成立了生产科，县长王振喜兼任科长。县政府年初投资1.5万元，开设骡马店3处，药铺、染坊、油坊、木工厂、铁匠铺、商店各一处，全年获利达20万元。据1941年统计，全县有铁匠、木匠等工匠200余人，办起酒房、油房等手工业作坊32处。根据第一次参议会议案，赤水开办合作社（包括生产社、工人合作社）6处，净收入达7306元。②

与此同时，为鼓励地主、商人、资本家在边区内投资兴办工业，积极发展民营经济，边区政府指出："凡私人资本经营工业，只要他不违反政策法令及劳动政策，政府应予以协助，并对其企业的发展予以法律上的保障。为了解决技术上的困难，各工业机关及各工厂应给予帮助，并派出一定技术人员指导民营工业的发展。"③在各县政府的倡导和支持下，陕甘宁边区不少县份的地主绅士，特别是一些热衷于民营工业的县级参议员，积极响应和遵循边区政府的号召与政策，开办当地的民营工业。

如米脂县姬伯雄（解放战争时期曾担任米脂县县长）、姬旭昌、李旺

---

① 《毛泽东选集》第3卷，人民出版社1991年版，第931页。
② 《淳化文史资料》第9辑，政协淳化文史资料委员会1995年编，第54页。
③ 《争取边区工业全部自给》，《解放日报》1944年7月30日。

荣创办的米脂万合毛纺工厂，就是其中的代表。万合工厂"让工人入股，实行分红工资"，还对工人进行文化教育。全厂有四十余个工人，每天至少有一小时的学习，由厂方指定文化水平高的人担任教员，并由厂方供给课本、笔墨、纸张。在他们看来，"我们不应该和旧的商人一样，光为自己打算，我们应该站在发展边区经济的立场上来办工厂，要公私兼顾，照顾老百姓的利益，特别要照顾工人的利益，不断改善工人的待遇和生活"。① 盐池县靳体元创办的元华工厂，仅1943年"就完成了衣胎一万二千套，被胎四千床，毡帽一万顶，保证了供给，同时工厂尚制成了群众的需用品若干。去年又大大地吸收了群众的股金，年底获得了二千六百万元的红利。今年，整个业务更走向群众的合作，股金又大增加。现在，工厂计有十架织毛布机，一部织毯机及其他赶毡织毛口袋等工具，总资金约二千万元"②。

在创办工业的同时，边区各县还积极创办副业以促进县域经济的发展。如家庭纺织业就是边区不少县份积极扶持的副业。根据相关资料显示，1941年，仅绥德、清涧、吴堡3县就拥有纺车3.5万多架，布机7000余架，参加纺纱的有4万多人。1942年，吴堡县基本是"家家有纺妇，户户有织机"。1943年，子洲县组织变工组941个，有5446个劳力参加，产粮274713.5石。③ 在淳耀县，据《解放日报》报道，通过大量发展山货生产增加了农村副业，成为李县长带领群众增收的目标。据李县长说，全县可采集的山货和可发展的农村副业达32种。以采茶为例，1944年全县共采干茶4955斤，收买价格每斤以边币190元计，群众收入即增加941500余元。除此以外，还可以通过熬制燃料、挖药、制作橡板及农具、造纸原料、熬硝、打猎等增加群众收入。④ 1941年，环县政府曾派人到延安学习粉笔制造业。随后在环县老城内办起粉笔厂1处。及至1945年，已可生产粉笔5000余盒，基本满足了本县和邻县学校的粉笔需求。当年还在县城、车道、毛井、甜水等地办起皮硝厂数处，加工老毛皮和二毛裘皮，增加群众收入，提高群众生活水平。同时还向外销售，换回了大量的资金和紧俏物品。另外，曲、环两县普遍建立了木炭厂、醋厂、粉坊、酒坊、染坊、裁缝部、砖瓦厂等地方手工业厂。这些手工厂的建

---

① 陕甘宁边区财政经济史编写组等编：《抗日战争时期陕甘宁边区财政经济史料摘编》第3编，陕西人民出版社1981年版，第651页。
② 刘漠冰：《靳参议员兴办实业与地方公益》，《解放日报》1944年12月6日。
③ 中共榆林市委党史研究室编：《中共榆林历史》，陕西人民出版社2004年版，第255页。
④ 《淳耀区书记区长联会决定发展三十二种农村副业》，《解放日报》1944年8月9日。

立，既解决了当时人民群众的暂时困难，又传播了科学技术，为发展环县工业生产打下了较好的基础。

（五）活跃商业金融，提升群众生活

为了改善提升县域群众的社会生活，在边区县长的领导和支持下，陕甘宁边区还创办了不少街市和商店，以满足群众的日常需求。据吴旗县长王明远的报告，吴旗街市在第一届临时参议会之后，就由县政府提倡建立设置了庆新商店、庆新毡纺长、二区合作社、县联社、骡马店、饭馆、理发馆等场所，"街道日渐繁荣，人数亦日渐增多"。与此同时，县政府还决定每年农历三月十五日、七月十五日为骡马大会，并规定每月逢集三次。① 清涧县 1938 年就在店则沟组建了民众合作社，经营生产工具和日常用品。1940 年，县政府兴办了新华商店和新华客栈。同时鼓励私人创办商业。当初的县城内有私人商号 8 家，个体商户 29 家。特别是刘世荣创办的清华饭馆，以一碗"国共合作"（一种碗蒸肉，由半边红条肉和半边白条肉组成）驰名边区。吴堡县 1940 年先后办起了供销合作社和供铺商店，特别是岔镇、李家沟、辛家沟、任家沟的商业更为兴隆。横山全县经销杂货的合资商号 33 家，经销药材的独资商号 2 家，从事饮食的独资商号 16 家，经营五金独资商号 2 家。子洲县 1940 年在姜崖村开办了驼耳巷群众合作社，1942 年县政府又成立区联社，在县城设立门市部。1944 年县供销合作社成立。同时，在老君殿等地成立合作社，由群众入股民办公助。主要经营粗布、锅、瓷、火柴、萝底、麻纸、毛口袋、褡裢等商品。同时还代替农民销售农副产品，组织土特产出口，组织运输和妇女纺纱。

陕甘宁边区盐业的经销，更是县域社会的重要支柱。边区的盐业在 1940 年之前大都是自由生产。1940 年之后，边区各县通过运输合作社的形式开始大规模运盐。不少县长积极组织民众运盐，华池县县长李培福亲自带领盐队运盐。通过运盐所得利润，除极少部分是财政收入外，"可以说百分之八十到百分之九十以上落入边区群众手里，即是说在食盐一项可增加边区人民二、三万万元的收入"。② 边区直接从事盐业生产的盐民是最主要的获益者。老池回民合作社 1943 年运盐的全年收入为 256.4 万元，人均 8.8 万元，他们添置了新棉衣、新毛毯、两套单衣和其他生活用品，

---

① 陕西省工商行政管理局编：《陕甘宁边区的工商行政管理》，工商出版社 1986 年版，第 17 页。

② 陕甘宁边区财政经济史编写组等编：《抗日战争时期陕甘宁边区财政经济史料摘编》第 4 编，陕西人民出版社 1981 年版，第 197 页。

生活得到了极大的改善。① 运盐是边区群众的主要副业，凡是积极从事盐业运输的农民，都获得了丰厚的利润。延安运输队长刘永祥，原来是贫农，因运盐而致富，1943 年他家"有一百五十垧山地，二十垧川地，二十多间房子，九孔窑，六头大犍牛，八十只羊，一条毛驴，三匹马，雇五个长工，安两户难民，南区合作社有二百多万元股金"，变成了一个新富农。②

活跃农村金融，促进农村经济发展，同样是边区县长发展乡村经济的重要举措。以劝储团为例，根据陕甘宁边区的金融政策，各县县长是劝储团的"当然团长，负责来组织分团。把这一工作视为重要工作之一"。③ 边区政府要求各县扩大开展节约运动，号召民众实行节约，加紧春耕，一切应酬及婚嫁喜丧，均要力求节约，多得余款购买节储卷。同时应和春耕及放农贷配合起来，向放农贷的地区宣传，告诉农贷款是从节储中来的。向未放农贷的地区宣传，只要大家都购节储券，则农贷款一定大大增加。对于已有的劝储团应使之充实，未建立的地区应立即建立。吸收当地公正士绅，民众领袖参加。计划帮助当地奖券之推销。另外要求所有民众团体应当都是劝储团的团体会员，参加节储运动，至少要买一张储蓄券。④

根据这一指示，各县县长积极组织民众参加劝储活动。在延安县劝储分团成立之后，当场即有人自动承销有奖储蓄券六千多元，余二万多元，将由各区分销。⑤ 在劝储的基础上，各县又相继成立了信用合作社，向困难民众发放农贷。根据安塞县长贺兴旺的报告，安塞县的做法是：（1）扩大股金二万万元。(2) 建立小型纺织厂十七处，设织布机四十五架，由枣湾工厂帮助训练工人，至后年年底全县群众穿衣要做到全部自给。（3）建立铁匠炉十三处。(4) 发展民办社十处，十一个货郎担子下乡。（5）建立信用社七处。(6) 举办民办小学五处，冬学十一处。（7）建立药社五

---

① 陕甘宁边区财政经济史编写组等编：《抗日战争时期陕甘宁边区财政经济史料摘编》第 3 编，陕西人民出版社 1981 年版，第 506 页。
② 陕甘宁边区财政经济史编写组等编：《抗日战争时期陕甘宁边区财政经济史料摘编》第 4 编，陕西人民出版社 1981 年版，第 307 页。
③ 陕甘宁边区银行纪念馆编：《陕甘宁边区金融报道史料选》，陕西人民出版社 1992 年版，第 189 页。
④ 《林主席致函各县指示劝储工作》，《解放日报》1942 年 3 月 12 日。
⑤ 陕甘宁边区银行纪念馆编：《陕甘宁边区金融报道史料选》，陕西人民出版社 1992 年版，第 191 页。

处。① 通过劝储、办信用合作社，极大地提升了农村的生产与生活。据边行农贷处处长阎子祥报告称：农民要求贷款者非常踊跃，都以私人资本配合贷款购买生产工具，平均吸收游资在80%左右。在志丹县，由边区银行代办的农业贷款，受到了广大群众的欢迎，农民们今年丰收了，正准备欢乐地过旧历年，又闻政府放农贷，更是喜上加喜。②

边区县长在促进陕甘宁边区乡村社会经济建设方面，无疑作出了重要贡献。其作用正如刘景范在边区劳动英雄和模范工作者代表大会上的报告中指出的那样："边区生产的发展及其他各项工作的进步，是同劳动英雄和模范工作者运动不能分开的。劳动英雄和模范工作者运动是边区发展生产和各项建设工作的一种新的组织形式和工作方法。"③ 实际上这也正是一些国际友人在延安和陕甘宁边区考察时所认知的。谢伟思就指出："共产党区域经济的改善，还是在共产党的鼓动和领导下，地方政府发起了一次极其强大而广泛的发展农业和工业生产的运动。"④

三 乡村文教建设

加强文化教育建设，既是边区县长开展乡村建设的一项极其重要的任务，也是中共在陕甘宁边区时期始终都在强调的一项政策。诚如毛泽东所说：

> 现在我们的边区发展到怎样的情况呢？我看如果不发展文化，我们的经济、政治、军事都要受到阻碍。现在我们是被拖住了脚，落后的东西拖住了好的东西，比如不识字、不会算账，妨碍了我们的经济、政治、军事的发展。假如我们都能识字，文化高一点，那我们就会更快地前进。所以我提议，从现在起，我们就要提出发展文化这个问题，请大家考虑考虑，调查研究一下。到今年冬天，我们开一个会展开讨论，搞他十天八天，明年就会搞得好些。我们来一个五年计

---

① 陕甘宁边区财政经济史编写组等编：《抗日战争时期陕甘宁边区财政经济史料摘编》第7编，陕西人民出版社1981年版，第120页。
② 陕甘宁边区银行纪念馆编：《陕甘宁边区金融报道史料选》，陕西人民出版社1992年版，第85页。
③ 陕甘宁边区财政经济史编写组等编：《抗日战争时期陕甘宁边区财政经济史料摘编》第8编，陕西人民出版社1981年版，第738页。
④ ［美］约瑟夫·W. 埃谢里克编著：《在中国失掉的机会——美国前驻华外交官约翰·S. 谢伟思第二次世界大战时期的报告》，罗清、赵仲强译，国际文化出版公司1989年版，第186页。

划,去年算一年,今年是第二年,在这五年中间,使陕甘宁边区一百四十万老百姓,加上党政军十万人,一共一百五十万人,统统把文盲消灭掉,把边区人民的文化提高到一个必要的程度。①

近代以来的西北地区的确可称得上是"文化沙漠"。但是另一方面,在西北地区也有其独特的戏剧艺术和文化形态,将传统的民间艺术与时代气息结合起来,创造一种全新的反映时代特征的文化艺术形态,显然是边区各县开展乡村文化的重要途径,其中各县剧团和文工团的建立就是一种重要形式。

定边县于1939年10月正式成立的"七七剧团"就是如此。这一剧团排练了大量丰富多彩的历史大型剧目,在三边分区有着相当高的知名度,三边分区的4个县均来信调七七剧团去演出。七七剧团的足迹遍布三边分区各县的每一个角落,使遥远的深山里看不到戏的群众也有机会欣赏他们的演出,群众高兴地赞扬说:"如果没有共产党,我们这一辈子也看不到大戏了。"② 还有些县份在集市上通过唱大戏的形式开展文化交流活动。吴旗县长王明远为了加强吴旗县的街市集会,县政府专门派人到定边、罗界等地请剧团演员到吴旗演出,同时组织本县农民的旧有秧歌、眉户在集会上演唱。关中分区马栏建立逢四逢十集市,每到集期聘请关中剧团演戏五日,"届时必有一番盛况"。③ 延川县同样创办了农村剧团,每年一到寒假,就由高小师生下乡给农民演出许多话剧。之后又抽调了一部分干部脱离生产,专门从事剧团工作,在中区、东阳区、永远区巡行公演。

除此之外,边区各县所创办的民教馆也承担着乡村文化建设的重要职能。以庆阳县民教馆为例,该馆于1937年1月筹办,2月就开始活动,民众教育馆开设了图书阅览室。除馆里购置的图书外,还有红军干部战士、机关学校、群众团体赠送的书籍,共5500多册。这些书,有马、恩、列、斯著作,有青年丛书,有丁玲小说集,还有《三国演义》、《水浒传》、《西游记》等古典小说。另外,还订了十多种报纸。阅览室有十多

---

① 中共中央文献研究室、中央档案馆编:《建党以来重要文献选编》第21册,中央文献出版社2011年版,第112页。
② 马骥主编:《三边往事》,中共定边史志办公室2006年编印,第260页。
③ 《关中人民购买力提高,马栏设立集市》,《解放日报》1943年10月21日。

套桌凳,能容纳四十多人。"坚持每天开门,读者络绎不绝。"① 庆阳县府为支持民教馆的活动,还将县长骑的那匹大红马借给工作人员下乡演出。"每次演出,观众都拍手鼓掌。"② 民教馆还做了三面大黑板,分别挂在南街、北街和中街,稿子是抗日救国会宣传部供给的,内容大多数是宣传党和政府的方针政策以及中心工作的。版面设计得生动活泼,图文并茂,群众很欢迎,每换一次版面,群众就围成一圈,挤着看。民教馆通过各种形式的民众文化活动,对唤醒人民觉悟、促进抗日救国起到了十分重要的作用。1937年,日寇入侵华北,国难当头,党的主要任务是与国民党合作,实行统一战线,共同抗日。可是庆阳民众当时对这一方针还不大理解,说什么"敌人离庆阳远着哩,来不了"。针对这种情况,民教馆赶排了《爱中华》、《不当亡国奴》等文艺节目,每天走街串乡进行宣传,激发了群众对日本帝国主义的民族仇恨,大家当场就高呼"打倒日本帝国主义"、"还我国土"等口号。

开展乡村教育建设同样是边区县长进行乡村建设的中心工作。早在抗战之初,边区政府就针对"有的县、区政府对于教育工作不重视,不看教育厅指示,不讨论教育工作,把教育工作看作单是教育科的工作"的现象,向边区第二届参议会提出了"加强县、区政府对于教育工作的领导案",确定"县长对于教育工作应负责任,把教育工作作为县区政府工作考核成绩主要项目之一"。③ 同时规定,关于各县的教育情况汇报、问题请示等,也都是由县长亲自呈文向边区政府或教育厅报告。边区政府和教育厅有关教育的指示下达后,一般也是由县长主持召开政务会,讨论研究贯彻意见,然后交第三科主办落实。

根据边区政府的指示,一些县长将相当大的精力投入到乡村教育建设中来。华池县县长李培福在上任之初,就着手开办乡村教育,从教育政策上积极指导区乡教育工作。1938年他在《给各区教育主任及教员一封指示信》中,强调要注重教学质量,指出国防教育工作是坚持持久战并动员战争最有力的武器之一,要求做教育工作的同志"都应该抱着'抗战必胜,建国必战'的信心"。对于有知识的人,在抗战口号下,"出知识,当教员"。在教材建设方面,他指出:"旧书确实不适合今天国防教育的

---

① 《陇东革命史料选辑》(一),中共庆阳地委党史资料征集办公室1985年编印,第293页。
② 同上书,第294页。
③ 甘肃教育资料编辑委员会编:《陇东老区教育史》,甘肃教育出版社1988年版,第141页。

原则",必须改革旧教材,做到各普小教材统一,"各区主任与教员还须要注意有密切联系,如有此类书籍要负责立即改换"。要切实执行三科发下的课程表。在教学方面要采用"集体讨论,强的帮助弱的"教学方法。同时强调"政府与学校的关系要更进一步的密切,政府每次发来对群众的宣传材料,动员工作的口号等,马上转到学校,使学生也能帮助政府号召"①。李培福不仅重视教育制度的建设,自己还亲自参与乡村教育的具体建设。鉴于华池县地处山区,文化落后,文盲占80%以上的状况,李培福在担任华池县县长期间,努力兴办教育,决心改变这种局面。1937年9月,县、区成立了教育委员会,各区、乡开办识字组、夜校、冬学等,组织农民学文化,并在人口比较集中的乡村创建学校,动员儿童入学。到年底,全县开办小学12所,农民长年识字组230多处,有学员1441名。到1940年,小学发展到30所,"结束了女娃娃不能上学的历史"。②

安塞县县长邵清华在开展乡村生产的同时,同样非常重视教育事业。在她担任县长期间,全县42个乡,乡乡办起了小学。她亲自制定教学报告制度,各学校每月向县教育科写一份教学报告;县教育科每三个月向边区教育厅报告一次;每半年县教育科对各学校组织一次检查。每次检查,邵清华都亲自参加。她还注意抓群众文化教育,到任的第一年秋天就举办了为期3个月的新文字学习班,培训了40名新文字教员。同时利用每年冬季农闲,在各区、乡举办为期3个月的冬学班。平时每个村庄都办有识字班,每所学校都办有群众夜校,男的上夜校,妇女上识字班。特别是邵清华在安塞县办女学,引起了很大的反响。安塞县当时的农村没有让女孩子读书的习惯,当地人认为女娃就是干家务和农活的,安塞文化落后,女孩子更没有受教育的机会,大些的女孩子男女合校,家长也不放心。针对这种情况,邵清华首先作了宣传工作。为方便女孩子在安塞县读书,邵清华特别办起了一所女子小学。小学设在真武洞县政府附近,并请来了女校长、女教师。开始只有几十名学生,后来发展到有一百多名学生。学生不分年龄,按文化程度编班。校长、教师、学生和家长密切联系,从各方面照顾学生和家长的困难(如路远的学生,老师就经常送她们回家)。经过一段学习后,学习好的学生就可以写简单的信,记简单的账,个别的还可

---

① 甘肃教育资料编辑委员会编:《陇东老区教育史》,甘肃教育出版社1988年版,第216—218页。

② 张克复主编:《甘肃老区概览》,甘肃人民出版社1996年版,第329页。

以给人读报，她们自己也非常高兴。

还有些县长利用自己的参议员身份，在边区参议会上为乡村教育积极建言献策。如延川县长辛兰亭在第二届参议会上所提"调高小学教师质量案"、绥德县长霍祝三所提"提高小学教师待遇社会地位案"、"延长小学年限以提高学生程度案"等。作为曾经担任绥德实验小学校长的饱学乡绅，霍祝三所提议案正是其重视乡村教育的具体体现。当年参访延安的美国记者福尔曼就这样描述："霍祝三是一名非共产党的教育家，提议改革学校制度。他提出了许多可行的意见，并建议为边疆森林地带的村民们成立流动学校，教师每日巡回各村庄。农忙时，教师甚至可以直接到在田间劳动的学生中去，以便使学生同农民们一面劳动一面读书。在地头可以放一块小黑板，上面只要写几个字，这样农民学生能一边劳动一边念字。"①

在边区各县的积极努力之下，不少县份都出台了教育教学奖惩制度和学校与社会各团体、各家庭之间的联动机制。1943年，庆阳县召开了全县教师联席会，总结了工作，讨论明确了今后努力的方向，并奖励了工作积极、成绩优良的教师10名。合水县实行了小学教师考试鉴定，合格录取者24名，由县政府分别给予委任。不合格者由县政府派送陇东中学学习或另分配其他工作。之后，为提高教师质量，又进行了现有教师文化程度考试，对优秀的22名，县三科决定物质上给予优待，每学期增发肥皂1块，毛巾1条，鞋袜各1双。镇原县1944年教育发展很快，原有公办学校学生197人，后增加到260人。原有私学22处，学生303人，后增加到私学32处，学生489人。县政府在教师联席会上，对热心办教育的公私学校教师和干部给予了表彰奖励。②

在家庭联动方面，华池县的一些做法很有典型意义。华池县元城区普小在1946年上半年开了两次家长恳请会，第一次是在开学初，到会家长、校董及区乡干部30多人，用民主讨论的方式，决定了哪些孩子须上学，哪些可以换学（将家中小的孩子送来上学，换大孩子回家务农），哪些确因困难可退学。这些根据实际做出的决定，会后都得到了落实，而且学生到校也很积极。同时，会上还讨论了住宿生的生活供给问题，会后家长将学生的粮、柴、油、盐按期如数送到，保证了学生生活。第二次家长恳请

---

① ［美］福尔曼：《来自红色中国的报告》，熊建华译，济南出版社2006年版，第90页。
② 甘肃教育资料编辑委员会编：《陇东老区教育史》，甘肃教育出版社1988年版，第148页。

会是在端午节后召开的,家长中仅有 3 人因病外出缺席,其余全部到会,有的还是夫妻双双参加,带着馍馍、韭菜、黄酒等礼物,学校把喂的 1 头肥猪杀了,100 多人(包括校董、区乡干部、附近群众和师生)像过节一样高高兴兴地会了一次餐。会后,学校把学生在半年中的各种作业本子、考试卷子、月终考试榜和学生自己出的墙报都作了展览,让家长看看自己娃娃的学习成绩。教师还向家长及群众报告了这学期的学习情况和各种账目,表彰奖励了模范学生。家长们看到学校办得好,觉得很满意。元城区四乡民小也于中秋节后的一天举办了成绩展览会。到会 120 人,与会者主动送来了瓜、果、肉、蛋,还有纸烟、鼓乐。参观展览后还举行了座谈讨论。有两个初上学的孩子因无纸笔没有写字,家长看了别人家娃娃写的字后,表示一定要给娃娃买笔、墨、纸。有 3 人参观后当天就把自己的孩子送到了学校,另有 2 人报名来年送娃娃上学;有 1 人还说,我没男孩,明年让女娃上学。看到自己的孩子学习有了成绩,增强了信心,更愿意送孩子上学念书了。①

  新正县于 1937 年 10 月,就在各乡开办了第一批冬学。同时,在部分地区以小学为中心,建立了半日制识字班、夜校,动员男女青壮年文盲参加学习。1938 年初,全县仅冬学就办了 24 所。1939 年春,新正县设立民教馆和社会教育工作团,指导扫盲工作。据当年 9 月统计,全县共办起夜校 63 处,学员 1769 人。妇女半日班 19 处,识字组 27 个,参加学习的妇女共有 655 人。此外,还有家庭、邻里等形式的包教组。各地出现了父子、夫妻、兄弟姐妹、妯娌之间互教互学的生动局面。教材以边区为主,另外还有群众自己创造的见物识字、看图识字等,要求达到会认会写会讲会用。年终测验一次,对最少能识 300 字,会写便条、会记简单账目者发给脱盲证书。到 1942 年,全县共办起冬学 126 处,学员 2450 多人,占男青壮年总人数的 89.4%,半日班 98 处,学员 1730 多人,占女青壮年总人数的 69.5%,脱盲的男女青壮年 1700 余人,占参加学习总人数的 40% 以上。与此同时,一些乡村干部的文化水平也有了明显提高。如新正二区四乡乡长董永科、三区一乡乡长郭振英,原来都是文盲,通过学习文化,不仅能读书看报,而且还经常给《解放日报》写稿。1944 年 3 月,被中共新正县委宣传部评选为模范工农通讯员。1944 年 7 月,新正县二区区长郭生金、三区一乡乡长郭振英被中共中央西北局宣传部树立为工农干部文

---

① 甘肃教育资料编辑委员会编:《陇东老区教育史》,甘肃教育出版社 1988 年版,第 151 页。

化学习模范。1944年10月，新正县榆树湾夜校被关中分区树立为扫盲先进单位。①

总之，陕甘宁边区各县所开展的乡村教育，将乡村生产、战争政治与国民教育紧密结合起来，"群众需要识字，就教他们日用杂字；需要记账，就教他们珠算；需要应酬门户，就教他们写信、写条据、写契约，写对联；需要健康，就教他们卫生常识；需要儿女，就教他们怎样生养娃娃等等"②。这种因时因地灵活多样的教学模式，不仅群众很拥护，而且也在群众中扎了根。据统计，在抗战初期，边区文盲约占总人口的99%，到新中国成立前，减少了90%。③ 这些成绩的取得，对于边区社会所产生的影响之大是可想而知的。

四 乡村社会建设

近代以来西北地区乡村社会问题凸显，特别是卫生状况之差、封建迷信盛行、鸦片泛滥、二流子成群、妇女地位低下等，几乎是一幅凄惨破落的图景。即便在陕甘宁边区成立之初的一段时间里，这些社会现象依然大量存在着。因此，如何彻底治理乡村社会问题，以建构和谐向上的社会环境，自然就成为边区县长推进乡村社会建设的一项系统工程。

在边区社会里，赌博盛行、鸦片泛滥、二流子成群曾是最大的社会问题。特别是一些不务正业的二流子，几乎是赌博、抽鸦片的代名词。延安县流传的"延安府，柳根水，十有九个洋烟鬼"，就是二流子生活的真实写照。根据延安县的调查，1937年人口为3万左右，流氓地痞就有1692人，占总人口的5%。如果以延安县流氓比例来推算，在全边区140余万人口中二流子约有7万左右。④ 如此多的二流子，显然与边区的社会政策和战时任务是不相符的。因此，改造二流子就成为发展边区经济，稳定社会秩序、保障劳动人民淳良风俗的一个重要政治任务。

改造二流子是一项十分艰巨的人性改造工程，边区县长通过宣传、教育、劝说和组织劳动等各种途径积极开展改造二流子的活动。延安县是最早开展二流子改造的县份之一。延安县委书记王丕年和县长刘秉温在具体实践的过程中提出了判断二流子的标准。他们认为："是否劳动，固然是

---

① 《正宁县志》（上），正宁县志编纂委员会1986年编印，第426—427页。
② 李之钦：《李之钦论教育》，兰州大学出版社1989年版，第203页。
③ 同上书，第255页。
④ 《中共党史教学参考资料·抗日战争时期·下册》，中国人民大学中共党史资料室1981年编，第190—191页。

看二流子的主要标准",但是也有一些人是劳动很好,"可是劳动下的果实尽被浪费的抽了洋烟,没有正当的使用,在群众中的信仰很不好,人们骂他'浪子'(烟鬼)这是对的,但不能说他是个二流子,只是染有不良嗜好的公民。所以看二流子的次要标准,还要看他的生活是否腐化,养不养家,以及做不做违反法令的事,我们不能根据一点就下评语,而是应该根据是否从事正当职业,特别是他对从事生产的态度,个人生活是否正当与对家庭的关系,及对政府法令尊重上,全面的看,这样,被冤枉的'二流子'就不会有了。"① 在此基础上,延安县创造性地开展了"民选二流子"的措施。这个创造的最大成效就是把改造二流子工作与群众运动结合起来,使"动员二流子参加生产",变成了实际行动的口号。只要一个地方能把最有名的二流子搞的参加了生产,那么,"打草惊蛇,别的二流子特别是半二流子,就更会感到此路不通,改邪归正了"。② 正是由于延安县的二流子改造得较为成功,因此延安县长刘秉温不无自豪地说:"禁赌禁烟获得了成绩,在这两方面今天和过去,完全是两个面貌。"③ 应该说大多数县份的二流子通过改造,都积极参加生产建设并获得了较好的成绩。但是对于一些较为顽固的二流子,则往往要通过召开群众大会的形式来加以改造。如吴旗县县长王明远在对一些顽固的二流子实行改造的时候,就是通过这种形式开展的。④

通过对二流子的改造,及至1943年初,旧有的为数众多的二流子绝大部分自觉地变成了好的劳动者。⑤ 这样一方面为边区经济的发展增加了劳动力,另一方面也不至于被特务、土匪所利用,消除了边区乡村社会的不安定因素。

如果说对二流子的改造更多的还是着眼于社会秩序与社会生产,那么对于乡村妇女地位的提高,则不仅是着眼于经济地位,更是政治地位和社会地位提升的重要标尺。因此,提高妇女的地位,使其积极投入到生产建设中,同样是边区县长在乡村社会改造中的重要事项。其中安塞县长邵清华在这一方面作出了突出贡献。

---

① 王丕年:《延水东流——王丕年同志革命回忆录》,黑龙江省直离休干部写作协会《晚霞》编辑部1997年编,第76页。
② 同上书,第77页。
③ 刘秉温:《三年来我们怎样建设延安县》,《解放日报》1941年9月11日。
④ 朱鸿召:《延安日常生活中的历史(1937—1947)》,广西师范大学出版社2007年版,第62页。
⑤ 陕甘宁边区财政经济编写组等编:《抗日战争时期陕甘宁边区财政经济史料摘编》第2编,陕西人民出版社1981年版,第696页。

实际上，由邵清华担任安塞县长这一事件本身就对民众有很大的震动。据同邵清华一同去往安塞的路岩回忆说，这次调邵清华到安塞当县长，在当地群众中反映很大。有的说，安塞自古以来也没个女的当县长。有些思想落后的人还说：女人当县长会"妨稼"（即庄稼不熟、带来灾害）。所以当邵县长进县时，不少群众好奇地站在窑畔上看女县长到底是个啥样子。当时干部中也有流言蜚语，等着看热闹。但是由于邵清华办事果断，处事利落，特别是在处理了安塞发生的一起通奸案后，群众说："女县长真有魄力，大布告一贴，把坏人就杀了。"当年的《解放日报》报道说："该县县政府在她的主持下，一切均井井有条，成绩斐然，深受该县民众之欢迎。"重庆的《新华日报》也说："年轻的女县长邵清华女士，到任之后，处理了几个案件，在市镇向群众讲了一两次话，不久就威声大振，在老百姓心目中成了真正的民之父母官了。"① 可以说邵清华在安塞县的出色表现，本身就对安塞民众尤其是妇女产生了深刻地影响。为了进一步提升妇女的社会政治地位，邵清华还积极推进妇女参政。安塞地处山区，文化落后，封建思想严重，妇女很少有人参加革命工作，连女孩子上学也很困难。邵县长到任后，非常注意培养妇女干部。当时县政府除了已有的三个女干部外，又陆续调来了几个女同志，边区党委也派了一些女知识分子到安塞工作。这些女同志除分在县委、县政府一些主要科室外，全县有七个区，其中六个区搞宣传工作的都是女同志。邵清华以身作则，同时对其他女干部也严格要求。这些女同志以邵县长为榜样，工作非常努力，兢兢业业，积极肯干，能吃苦，能深入实际。由于区县两级都有一定数量的女同志，所以女干部在群众中有一定的影响，当时有的干部和群众说："安塞是女儿国。"②

在陕甘宁边区，卫生落后、迷信盛行同样是乡村社会的一大顽疾。边区政府指出："边区人民在政治上经济上获得解放，在支援战争发展生产的运动普遍展开以后，卫生运动就成为群众文化运动中的第一等任务。"为此，边区政府要求"严重唤起全边区各方负责同志的切实注意，要求他们迅速动员一切力量，为扑灭边区大量的疾病死亡而斗争"③。于是积极开展医药卫生运动，培养良好的社会生活习惯，也就成为边区县长推行

---

① 陕甘宁三省区妇联编：《陕甘宁边区妇女运动大事记述》（内部资料），第104页。
② 路岩：《女县长邵清华同志在安塞工作的一些情况》，《陕西党史资料通讯》1983年第6期。
③ 西北五省区编纂领导小组等编：《陕甘宁边区抗日民主根据地·文献卷·下》，中共党史资料出版社1990年版，第479页。

乡村社会建设的重要任务。按照边区政府的要求，各县要"推广卫生行政增进医药建设"，成立以县长为首的卫生防疫委员会，在县政府的领导下开展卫生事业，"只有在政府更重视这一工作的时候，才能顺利的推行工作"。① 基于这一要求，边区各县相继成立县卫生委员会，领导乡村社会的医药卫生工作。

在延安，马豫章亲自主持延市的卫生委员会，一再对区长指出卫生工作的重要，甚至在一个时期，指出以推进一个区的卫生工作为某一时期的中心工作。他要求把卫生至少与生产变工、妇纺等工作同等重视，要互相配合。于是在两个月内，成立个南、东两区的卫生合作社，而延市北区环境卫生办的也有成绩，有些家庭从不卫生变为卫生了，至少是把原来堆积着的牛马粪，大大地清除了一下。有一个马老太太把25年没有拆洗过的被子也拆洗了，大部分居民挖了厕所、垃圾坑。在新正县，为了减轻广大群众的疾苦，县政府经常宣传群众、教育群众、动员群众破除迷信、移风易俗，改变固有的卫生习惯。同时保护和组织民间中医，为群众治病，并挖掘、推广民间秘方、验方，利用当地药物资源开展群众性的防病治病工作。另外，还开展卫生检查评比活动，表彰奖励卫生先进家庭和个人，为群众树立榜样。其中郭德林家就被新正县树立为模范卫生家庭。郭德林家共有19口人，从1940年开始，在饮食上坚持不喝生水，不吃生冷食物，尽量不剩饭，经常清洗水缸，保持饮水新鲜，在衣着被褥上，坚持勤拆勤洗，在居住条件上，坚持每天打扫室内外卫生，清除脏物，畜圈厕所勤垫土，勤打扫。由于全家老小人人健康无一患病者，成为当地群众学习的榜样。②

除此之外，边区的大多数县还设置了保健药社，以方便民众求医问药。如曲子县保健药社就是在县政府的积极推动之下建立起来的。1942年，曲子县政府拿出光华票子850元，同时动员群众入股开办了保健合作社。其办社的宗旨就是"依靠群众，面向工农，为边区广大劳动人民及其子弟兵服务"。在1942年6月到1944年7月的两年时间里，保健药社走乡串户，上门行医，先后治病11444人次，给群众赠送药品价值62万余元（边币）。因服务方向正确，又能团结奋斗，所以曲子保健药社发展很快，两年时间资金由2000多元发展到700万元（均为边币）。③ 1947年

---

① 《怎样推进乡村卫生工作》，《解放日报》1941年6月1日。
② 《正宁县志》（上册），正宁县志编纂委员会1986年内部编印，第428—429页。
③ 《陇东革命史料选辑》（二），中共庆阳地委党史资料征集办公室1985年编印，第358页。

春至 1948 年四五月间的一年时间里，环县、曲子县传染病暴发，据曲子县当时调查统计，农村中约 50% 的农户均为传染病患者，共计死亡群众 313 名、干部 6 名。曲子县县长冯克征、警卫队长颜克芳、曲子市长杨桂清等同志均死于传染病。曲子县政府及时部署，采取有效措施及时进行医治抢救。同时县政府举办了全县区、乡干部防疫训练班，要求全县干部、曲子保健药社医生及农村中、西私医，互助行医，交流经验，加强治疗。当地急诊药物不足者，要设法到外地购买。另外加强宣传防止传染，对病人进行隔离，号召讲究卫生，街道路旁、庄前屋后、室内室外，都要勤打扫，被褥衣服做到勤洗晒。曲子保健药社在这次防治传染病的战斗中发挥了很好的骨干带头作用。县政府要求药社在发病严重的中心地区设立固定药社，从外边购进急需药材，供给各区乡医疗需要。药社医务人员下去协助农村医生积极医治。据统计，在这次传染病暴发期间，曲子保健药社先后治好传染病患者 550 人，胃病患者 85 人，小儿疳疾患者 64 人，梅毒患者 21 人，妇女病患者 45 人。①

医药卫生的落后与迷信盛行，往往是相伴而生。广大群众生病后无法求医取药，就只能去求神拜佛，请巫神和法师去看病，结果造成人畜死亡严重。于是在反对封建迷信的过程中，一些县长利用劳模的影响在乡村社会开展反封建迷信活动。

定边县县长孙润华就是利用崔岳瑞的影响而发动了一场"崔岳瑞运动"。崔岳瑞是定边二区四乡卜掌村人，在其年轻时亲眼目睹自己的嫂嫂患病之后，因多次请阴阳和神官来治，治了三年，花了不少钱，病人却越治越重，最后死去。经过这一事实，崔岳瑞更加识破了巫神和神官骗人的把戏，于是便决心努力学医，以作为和巫神、阴阳斗争的武器。经过崔岳瑞的宣传和实际治疗效果，在陕甘宁边区这一落后地区出现了一个什么神都不敬的村子——卜掌村。由于崔岳瑞反迷信的大胜利，全村没有人再去请巫神、阴阳，而是掀起了烧神像、开会讨论反迷信运动。周边的一些地区如靖边、吴旗、盐池等各地也都传开了崔岳瑞反迷信的故事，纷纷展开了"崔岳瑞运动"。据 1943 年调查，"在卜掌村里，只有一家有宗牌。各家梁上，都没有神符，都没有神位，都不信神，过年不烧香，有事不请阴阳，不念经"②。1944 年 4 月 2 日，《解放日报》介绍了他同巫神斗争的典型事例。同年 7 月，三边专署授予他"反迷信的模范"称号，专员罗

---

① 《陇东革命史料选辑》（二），中共庆阳地委党史资料征集办公室 1985 年编印，第 363 页。
② 《医药卫生的模范》，陕甘宁边区政府办公厅 1944 年编印，第 37 页。

成德、定边县县长孙润华等一行来到卜掌村,为他举行了隆重的发奖仪式,为其佩戴有毛主席像的模范奖章,并赠送了题有"破除迷信,治病救人"的锦旗和"三边人瑞"的光荣匾。1944年冬在三边分区和定边县广泛开展了"崔岳瑞运动",群众纷纷开始烧"神",梁圈村不到10天即有32户把"神"烧掉了。①

陕甘宁边区是自然灾害极其频繁的地区,每年总有或多或少地区遭受旱、涝、雹、虫、霜、冻、疫等各种自然灾害。尽管边区政府也通过放赈的方式开展救灾,但是"放赈是消极的一个办法,积极的办法是以工代赈,是帮助生产,扩大生产,是动员广大人民互相调节救济,少数救济粮款是解决不了根本问题的"。② 因此,领导乡村民众通过加紧生产以防灾备荒,同样为边区县长的经常性任务。

根据边区政府的统一规定,各县要成立赈济委员会,由县长、县委书记担任主任委员组织领导各县的灾荒赈济。各地在县长的领导下积极开展防灾备荒措施,诸如修筑农田水利、植树造林、制订生产计划、开展节约备荒等。绥德县政府在防灾备荒方面所提出的具体解决办法是:(1)由政府设苗圃,广植各种树苗分售各区乡或自由出售于人民以作提倡。(2)男女老少每人于两年内至少植树一株,多者更好。(3)无地可栽与人伙栽,得利均分。(4)公家在公路旁有计划的植树,各机关尽量植各样树木。(5)各村制定村民公约,不许羊啃,禁止砍柴娃砍树。(6)军队和公家的牲口,不能再在树上拴,如有啃坏者,应由各单位负责赔偿。(7)在乡村多做宣传,尤其应以牧童为对象,使人人明了植树造林之利益,不在一人一家,乃是全社会的利益,也是政府的政策。③ 子洲县则是积极兴修水地,拔野菜,种秋菜以进一步展开备荒运动。特别是在一些地方创办的义仓和粮食信用社,在防灾备荒措施方面起到了积极作用。义仓是由政府直接领导的公益事业,它是以积谷备荒的广泛的群众运动形式,在平收和丰收年陆续存粮,准备歉收与荒年时调剂与解决粮荒的重要措施。如关中分区新正县张清益创办的关中义仓就是其中的典型。

战时的动乱和社会秩序的不安宁,也会产生大量难民移居到陕甘宁边区。为此,不少县长积极推进难民的安置工作。如淳耀县县长刘永培就在难民安置方面作出了积极贡献。抗战爆发后,大量难民涌入淳耀县,难民

---

① 《崔岳瑞和崔岳瑞运动》,《解放日报》1944年10月21日。
② 延安地区民政局编:《陕甘宁边区民政工作资料选编》,陕西人民出版社1992年版,第274—275页。
③ 《绥德县第二届第一次参议会会议记录》,绥德县档案馆藏,档案号:15—2。

人数不断增加。淳耀县县长刘永培决定设置一个乡级建制——"难民乡"以便开展工作。"难民乡"成立之后，积极开展安置逃难民众的工作，给难民修盖房子，组织难民开荒、种地、纺线、织布、做军鞋，开展生产自救活动。同时，为了维护治安稳定的环境，防止国民党特务的破坏，难民乡除设有治保组织外，还成立了民兵排。乡村干部的日常工作就是深入到各家各户访贫问苦，宣传边区的各项政策，组织难民开荒种地，开展生产自救以解决吃饭问题。据统计，仅1942年前半年，难民乡的难民就开垦荒地200余亩，收获的粮食出现了盈余，已不再靠政府救济了。同时，乡政府还组织难民中的妇女办纺织厂，做军鞋，解决穿的问题。之后，乡政府又用草房办起了学校，教师由乡政府人员兼任，区上、乡上的干部也常去给孩子们上课。因刘永培县长在安置难民方面作出的积极贡献，《解放日报》专门对此作了报道并指出："关中各级政府优待难民非常周到。新到的移难民，各级政府除临时招待膳食，解决移难民住宿问题外，并先后拨出救济粮一千五百石，农贷一百八十五余万（淳耀三十七万）。"一些难民非常感动地说："真是出门三步远，另是一层天！边区政府和人民给移难民的好处，我们是一辈子不会忘记的。"①

为从整体上促进边区建设，以增加整个边区的劳动力，促进抗战的力量，一些县份还在内部开展移民工作。在绥德县，为了将更多的劳动力转到其他县份，提出了"亲戚约亲戚，朋友约朋友，下南路，吃好饭"的口号，利用各种社会关系组织移民。② 延安县从1938年以来，增加了3万多移民。一如延安县县长刘秉温所说："使这样一大批人民不饿着、冻着，真不是一件容易的事。"为此，延安县长刘秉温通过节省粮食、劳动互助的办法，为移民解决生活中的一切困难。结果"在我们的努力与原有军民亲密互助之下"，这些移民"过了严冬，也过了盛夏，转眼就可以到他们的收获时节，这样就无疑替延安县增加了一座抗战结果的有力桥基"。③ 边区也对延安县的移民工作给予了很大的肯定。指出"延安县在过去是移民工作做得最好的地方"，延安县的移民工作证明"只要干部坚决切实地执行移民政策，移民工作和经济建设，就一定飞跃的发展"。④

对抗属、军烈工属等开展优待和慰劳活动，是边区县长开展社会建设

---

① 《两千户难民移到关中》，《解放日报》1943年4月18日。
② 《大量移民》，《解放日报》1943年2月22日。
③ 刘秉温：《三年来我们怎样建设延安县》，《解放日报》1941年9月11日。
④ 延安地区民政局编：《陕甘宁边区民政工作资料选编》，陕西人民出版社1992年版，第302—303页。

的另一重要工作。在陕甘宁边区，由于财政经济的拮据几乎无法对抗属和军烈工属实施持久的优待，边区政府要求各县积极开展对抗属、军烈工属的家务活动。为此，各县县长通过代耕、慰问抗属等多种形式开展优属活动。在盐池县，为加强军民团结，使前方战士无后顾之忧，县委和政府领导群众对军、干属生活和其他方面有困难的给予救济和帮助。同时全县组织义务耕田队和代耕队26个，分为110个班，共1035人，农事季节为军、干属代耕代种，政府还发放救济款，解决军、干属的生活困难。逢年过节，党政军民开联欢会、座谈会。县区长领导和群众抬着猪羊肉、米酒、年糕等礼品慰劳子弟兵和军属。① 在延长县，县政府具体规定了代耕标准。生活有办法的、富者与有劳动力者不代耕，贫者与无劳动力者多代耕。抗属、大人7垧，小孩4垧（10岁以上照大人标准）；退伍军人、年老残废丧失劳动力的每人7垧；可参加部分劳动的每人5垧。② 还有些县份主动帮助退伍伤残军人成家立业。甘泉县政府决定："所有残废退伍者一律不征公粮，以鼓励他们多积蓄家产，都娶到老婆，待其家庭正规发展后，始与一般居民同样负担。"延安县长徐天培不仅鼓励退伍军人生产，而且还"帮助他们找下妻室"。③

与此同时，一些县长还广泛开展慰劳活动。在生活方面对抗属、军烈工属的优待和照顾。每到过年过节，一些县长便会带头到抗（军）属、工属、烈属和伤残军人家中拜访慰问，同时发动群众对无法维持生活的抗（军）属、工属、烈属和伤残军人自愿捐米、捐粮、捐钱，对缺乏劳动力的家属则帮助砍柴、背炭、磨面等，使他们新年过得好，过得愉快。有些地方还组织了秧歌宣传队，由县长亲自带队，去抗属家中拜年、慰问，使抗属们非常激动，有些抗属逢人就夸："今年县长还来和咱们谈话问候咱啦！"④

概而言之，边区县长所开展的乡村建设，所呈现的重要特征就是全方位的建设。它不仅仅体现在生产力方面的建设，而且也是生产关系方面的建设。这一点也正是中共开展乡村建设不同于其他派别的重要表征。正如著名马克思主义经济学家薛暮桥所说，中国乡村落后的根本原因，"不是生产落后，而是阻碍农业生产发展的各种社会关系。假使我们能够打破这

---

① 盐池县县志编纂委员会编：《盐池县志》，宁夏人民出版社1986年版，第325页。
② 延长县地方志编纂委员会编：《延长县志》，陕西人民出版社1991年版，第394页。
③ 《延属专署讨论拥军工作认真动员归队切实抗》，《解放日报》1944年1月18日。
④ 陕西省档案馆等编：《陕甘宁边区政府文件选编》第9辑，档案出版社1990年版，第59页。

些阻碍，一切问题都是容易解决的啊"。① 实际上，边区县长所开展的乡村建设，又何尝不是如此。它是在彻底打破束缚乡村农民的各种羁绊的基础上，将广泛的社会动员寓于抗战建国的这一大的背景之下，通过社会动员与乡村改造的紧密连接，从而形成的全新的乡村建设模式。马克·赛尔登在阐述"延安模式"时也曾就此问题作了生动地阐述："延安时期的一大创造，是发现了将广大民众参与的抗战活动与广泛的乡村改造运动紧密连接起来的具体办法。社区的集体行动深入每个村庄，以至于家家户户的男女老少。"② 实际上，边区县长的乡村建设实践正是体现了这一原则。他们在开展乡村建设的过程中，通过积极开展乡村社会的各项事业，不仅推动了乡村民众的社会观念与思想意识的变迁，而且奠定了乡村民众最终支持中共革命的根本基础。这一点，可从边区县长的个案探讨中更加清晰地体现出来。

第三节 乡建县长——典型个例举隅

陕甘宁边区的乡村建设，可谓是前所未有的一场社会改造运动。其建设难度之大、问题之复杂，几乎是近代以来所有建设运动中所不曾有的。但是即便如此，作为边区干部队伍中的中坚力量，不少县长孜孜以求深入乡村积极探索，在如火如荼的建设浪潮中总结出至为宝贵的建设经验，成为边区各行各业中争相报道和学习的典范和楷模，从而造就出中国历史上亘古未有的"乡建县长"。

一 刘秉温变工促生产

刘秉温是陕西省米脂县猪头圪塔村人，出身于亦农亦商家庭。1922年全家迁居安塞县，1933年再迁居延安万花乡碾庄村务农，1935年4月参加革命，同年7月加入中国共产党。1935年7月至8月、10—11月任陕西肤施县革命委员会主席，1935年12月至1937年2月任中共肤施县委书记，1937年2月至7月任延安县苏维埃政府主席。1937年7月至1943年9月任延安县县长。

---

① 薛暮桥：《中国农村经济常识》，新知书店1937年版，第4页。
② 马克·赛尔登：《革命中的中国：延安道路》，社会科学文献出版社2002年版，第260页。

刘秉温在群众中开展变工，在当时有其特殊的社会环境。一方面，是由于日军对根据地的疯狂扫荡，再加上国民党的经济封锁，致使延安的经济和物质生活遇到了极大的困难，人们几乎没有吃穿。而延安县在当时因其距离边区政府最近，承担着边区政府和部队的生活需求与供给，因此负担较重，致使一些群众产生了不满情绪。据刘秉温说，上级给延安县抗战动员工作的任务"是全边区二十几个县中每次动员工作最重的任务"，"人民生活的基本方法还是农业，而农业技术亦和其它各县一样"。① 故此有人发牢骚说："救国公粮任务太重。"有的说："共产党的经是好经，让歪嘴和尚给念歪了。"因此，如何组织民众积极开展生产运动，已是一个迫不及待要解决的重要问题。另一方面，延安县又是一个地广人稀的地区，及至1941年，全县人口中女的占一半，男劳动力只有8500余人。不仅如此，由于长期以来的社会动荡，延安县一直是一个游击区，及至党中央进驻延安之后才获得了和平的环境。

在边区其他地方也有组织变工形式，但一般都只是人力和畜力的合作，也就是在开荒的时候，某一天给谁家变工，开下的荒地就是谁的。收获的时候仍旧各人的庄稼是各人的（长在谁的地上就是谁的）。这种分配方法叫作"按土地分配"。而延安县县长刘秉温领导的开荒变工队，其特点是集体劳动，按劳分配。他在延安县埝庄领导了一个变工队，这个变工队有劳力，有牛犋，人工、牛工一样算。它和其他变工队的根本区别是分配方法不同。即在开荒的时候，不是某一天给谁变工，开下的荒地就是谁的，而是凡在变工期间开下的荒地，都归参加变工的农户公共所有。在收获的时候，不是按着各人的土地分配，而是按着参加变工的农户的人力和畜力的多少分配，这种分配法就叫作"按劳动力分配"。这样长在这块土地上的每一棵庄稼，对于每一个参加变工的农户来说，都有属于他的一份儿，在变工的土地范围内得到了最合理的使用和调剂，作物的有计划的播种和轮种可以完全不顾土地的界限。在变工开荒中的争开好地和在变工锄草、播种、收割中所常遇到的争着先种、先锄、先割的现象，在这里也不会发生了。可以说刘秉温的变工方式"若是使用真正现代化的农业技术的时候，这种变工也可能是最适合与最便利的一种变工形式。在这点上说来，这种变工是最具有进步意义的一种形式"。②

---

① 刘秉温：《三年来我们怎样建设延安县》，《解放日报》1941年9月11日。
② 陕甘宁边区财政经济史编写组编：《抗日战争时期陕甘宁边区财政经济史料摘编》第7编，陕西人民出版社1981年版，第47页。

由刘秉温组织的这种变工方式，其效果是显而易见的。刘秉温领导的埝庄变工队，共6户、6头牛、12个劳动力，在1943年生产中获得了很大的成绩。变工开大段荒地，计划100垧，实开103垧（24天），种地215垧，收获粮食125.4石。变工的6户比1942年增加耕地一倍，粮食收获也增加一倍。如果将变工的6户与埝庄其余各户生产的比较，差异就更明显。埝庄共有24户，全劳动力35人，人口98人，耕牛16头，共开荒163垧（变工队开103垧），共种地502垧，收粗粮大斗283.4石，比1942年增加146.7石，即增加了一倍以上。① 很显然，刘秉温县长所倡导的这种新的变工办法，在促进劳动生产方面起到了非常大的作用。因此受到西北局和边区政府的高度重视。1941年3月23日，刘秉温在《解放日报》上发表文章，介绍了延安县组织变工队的三种形式：即有牛犋、有劳动力的变工队；有劳动力、没有牛犋的变工队和劳动力少的小变工队。详细地指出了这些变工队的组织模式。

不过这种变工也有其缺点。除了公共土地之外，每个参加变工的农户，又都有自己的土地，他们会觉得公共土地上的收获不过能分得其中一部分，而在他自己土地上的收获则全部是自己的，所以许多农民是先把自己的庄稼弄好，才去管公共土地上的庄稼。例如曲子土桥区一乡一村的集体开荒，就因为公共土地不但耕得晚锄得晚，而且少耕一次少锄一次，因此收获很少。此外，在这种变工形式下，由于土地和庄稼既然是大家公共的，所以每个人都不像对自家的土地和庄稼那样关心。基于这些局限性，刘秉温又经过仔细琢磨实践，在1942年的生产总结和1943年的生产计划中，提出了新的变工模式，计划组织新的变工队。这一新的变工队有以下几个特点。

第一，是有计划的有组织的，在作用上应和旧的变工队相同，但它的范围扩大了，旧的变工队仅限于狭小范围（朋友、亲戚、邻居等关系），新的变工队则以自然村为单位，每个自然村的农户可组织在一个或数个变工队内，至少可以扩至20余户。而且，依此还可以推广，使之超过自然村范围，实行甲村与乙村的互助。

第二，较之旧的形式可大量节省劳动力。旧的变工，在人力使用上多只限于身强力壮的男丁，新的变工队则可组织一切劳动力，不管是老弱妇女还是儿童，都能以合理的方法分配工作，调剂劳动力，因之根据上述节约劳动力的例子，新的变工组织，必然能更大的节约。

---

① 杜鲁公等编：《陕甘宁边区的农业合作》，陕西人民出版社1994年版，第824页。

第三，通过政治动员组织劳动力。旧的变工队是自发的，新的变工队则主要依赖政治力量的动员。特别是通过刘秉温亲自参加变工生产，农民们见到有利可图又于己无损，他们自会来参加的，况且他们原来就熟悉变工的好处。

第四，新的变工队容易在农民中间发现和提拔农民干部，激发农民的积极性，涤洗农村中的一些懒散、迟钝积习，从而养成一种勤快的新的生活态度，发扬互助精神。在变工队进行工作期间，再配合工作竞赛运动，所收效果要超过变工队之上。若在变工队期间，还便于农运工作者进行识字、抗战宣传等工作，较之在农闲期间能收事半功倍之效，而农民也在无形中加深了对抗战建国的认识。

这种新的变工模式，极大地发扬了集体互助精神，通过动员所有劳动力参加生产，更合理地组织劳动，使得延安县的生产力得到了迅速的发展。正如刘秉温所说，尽管延安县"承担着全边区1%—1.5%的负担，且有增加的趋势，这一方面反证了经济的日趋繁荣，一方面也说明了延县每个人确实尽了他的最大力量，帮助了抗战，蕞尔延安，担负了最大的动员"；尽管迁来延安的灾民达1.1万余人，结果在我们的努力与原有居民亲密互助之下，"无疑替延县增加了一座抗战建国的有力桥基"。① 也正是由于如此，延安县被誉为边区的"经济建设模范县"而受到表彰。而刘秉温的变工队更是受到了西北局和边区政府的高度重视。"现在，边区当局已将延安县长提倡的新变工队办法，通告全边区及敌后根据地，详加介绍，希望边区及敌后根据地加以研究，根据当地实际情况，利用当地原有的一些劳动互助形式，加以改进，有计划地去组织劳动力发挥到国民经济建设工作中去。"②

刘秉温所组织的变工队，之所以受到边区政府和西北局的高度重视，一个重要原因就在于刘秉温的工作作风，即始终在群众当中领导生产。作为从群众中成长起来的模范县长，他的最大特点是能紧紧地和人民群众结合在一起。他带领延安县的全体干部经常深入群众中，了解他们的情绪和要求，尽力帮助群众解决生活、生产中的困难，调动群众生产劳动的积极性。他从不摆县长的架子，见了群众总是主动热情地打招呼，询问他们有什么困难、要求以及对政府的意见等。正如李普所说："延安县从前有一个大变工队叫做刘秉温变工队，就是刘秉温在那里当县长的时候亲自领导

---

① 刘秉温：《三年来我们怎样建设延安县》，《解放日报》1941年9月11日。
② 曹任：《介绍陕甘宁边区的变工队》，《解放日报》1943年4月15日。

的,他亲自和队员们——农民们一块儿耕作。县长们当然不可能花很多的时间自己动手,他们之所以这样做,固属含有鼓励老百姓努力的意思,主要的还是希望从实际的工作中取得经验,以领导全县开展这个运动。"①因长期生活在群众当中,对于延安民间的变工有相当的了解。党中央关于"组织起来"、"自己动手、丰衣足食"的口号一经提出,刘秉温县长就对延安县流行的民间变工进行了改造,形成了边区闻名的"刘秉温生产方式"。

二 辛兰亭实地种棉花②

陕北地区是否也可种棉花?在土地贫瘠的黄土地上,以往老百姓很少种棉花。然而延川县长辛兰亭,带领延川人民不仅种出了棉花,而且获得了很好的社会经济效益。辛兰亭县长出生于陕西清涧县的一个农民家庭。1939年底,辛兰亭担任延川县县长,一直到1943年夏天。

延川县作为陕甘宁边区的直属县,承担着边区粮草供应的重要任务。但是地处陕北的延川县却是一个土地贫瘠、沟壑纵横、地广人稀、干旱少雨、经济非常落后的县份,农民生活十分困难,工作局面很难打开。边区政府主席林伯渠亲自找他谈话,鼓励他为党分忧,勇挑重任,到延川去工作。并要求他一定要竭尽全力,把延川的各项工作搞上去,把延川建成陕甘宁边区的"大粮库"。辛兰亭怀着对革命事业的无限忠诚,到任伊始,就以其卓越的才干和求真务实的工作作风,领导全县人民,坚定地执行党中央和陕甘宁边区政府的大政方针,积极而富有创造性地开展工作,发动群众,开荒垦田,种粮植棉,养畜驮盐,大搞多种经营。尤其是在延川县开展的植棉,更是搞得有声有色,成为当时《解放日报》上大量报道的一个典型。然而,在辛兰亭开展植棉生产之前,显然是有着较大的困难。其中首先面临的技术问题就是陕北能否植棉。

陕甘宁边区地处黄土高原丘陵山区,气候干旱、冷凉。在1939年以前,除少数地方种一点自用棉外,大部地区基本上不种棉花。所需棉花,主要依靠南部及河东运进。陕甘宁边区能不能种棉花?据当时调查显示,陕北尽管在历史上有的地方种过棉花,但民国以来,因连年土匪扰乱,迭次大小旱灾,植棉渐次减少。继1924年和1928年的大旱灾后,连棉籽都消耗殆尽,植棉与纺织业全遭破坏。后来又因洋布倾销,进口棉花便宜,

---

① 李普:《光荣归于民主》,东北书店1947年印行,第91页。
② 本节内容参阅了延川县委党史办撰写的《边区人民的好县长》一文。

植棉无利,纺织业停顿,棉花、布匹全靠输入。但当时的现实情形是:陕甘宁边区有 150 万军民,每年约需皮棉 350 万斤,以平均亩产皮棉 10 斤计算,约需种棉 35 万亩。经过边区科技工作者的实际论证,认为边区是可以自己种棉花解决穿衣问题的。为了鼓励农民多种棉花,边区对棉价等问题也作了调查,给农民算了经济账。以 1941 年调查计算,如果每亩收皮棉 10 斤,每斤市价 12—13 元,每亩收入为 120—130 元。如果种粮食,每亩约收米谷 2 斗,每斗 45 元,合 90 余元。1945 年调查,按延安市的物价计算,一亩棉花平均收皮棉 10 斤,折合小米 1.3 石,如果种粮不过收 1—2 斗,最多收米 3 斗。① 所以政府向农民宣传种棉花是合算的。

鉴于此,辛兰亭以其高度责任感和使命感,为了革命需要,承担起领导延川县广大农民种植棉花的重任。为了打消农民们的顾虑,解放思想,辛兰亭组织了几个小组,带着干粮走村串乡,宣传动员农民种棉。他代表县政府向农民们做出庄严的承诺:农民如果因为种棉,在正常年景秋收后,收入不如种粮高,政府将补偿农民的损失。同时在边区政府的大力支持下,他还决定减免棉农的公粮,给棉农发放贷款以及农具,实行公地调剂和私地交换的办法,解决棉农的用地问题。他积极引进良种,组织发放,为棉农解决无种和缺乏良种的困难。他和棉农们一起下地劳动,虚心求教有经验的老农,请来农业科技人员进行指导,一起探索科学种棉和丰产的办法。为了解决肥料缺乏的困难,他积极推广用油渣给棉苗追肥。为解决种棉劳力的问题,延川县除投入 1 万名全劳力外,还组织了 3 万名妇女儿童踊跃参加劳动。同时还善于树立典型,奖励在种棉中涌现出的劳动英雄,将他们的名字和业绩用红榜贴在集市上表扬鼓励。

"正确的思想和得当的措施,源自辛兰亭同志密切联系群众,勤于调查研究和开拓创新的作风。"② 1939 年,延川县的棉花种植面积只有 1000 亩,到 1942 年扩大到 2.7 万亩,总产量由 1.2 万斤增加到了近 33 万斤,增长了 27 倍,完成全陕甘宁边区种棉任务的 22%,棉花亩产也达到了百斤。在棉花连续三年获得丰收的成绩面前,辛兰亭保持了清醒的头脑。当时陕甘宁边区有 150 万人口,军民年需棉花 300 万斤,而目前只能自产 180 万斤,尚有近一半的缺口,发展棉花种植的潜力很大。辛兰亭对延川县的发展提出了更高的要求,认为县政府的任务就是要大张旗鼓地向广大

---

① 武衡主编:《抗日战争时期解放区科学技术发展史资料》第 3 辑,中国学术出版社 1984 年版,第 245 页。
② 袁文燕主编:《清风正气满人间——辛兰亭纪念文集》,新疆人民出版社 2007 年版,第 13 页。

农民宣传种植的知识和经验，让群众尽快掌握科学种棉和田间管理的技能，千方百计增加肥源，改良土壤，让延川县的棉花种植事业有更大的发展。

延川县大力发展棉花生产的成功做法受到了党中央和边区政府的重视和表扬，1943年辛兰亭在《解放日报》以整版篇幅发表了《论延川县的棉花生产》长文，介绍了延川县植棉的经验。辛兰亭指出：本县最近四年来的植棉面积假如拿1939年作为基数，"1940年产量比1939年增加了两倍，1941年增加了十倍，1942年增加了二十六倍"。本县的棉花生产为什么能如此飞速发展呢？这里除自然条件而外，主观上的努力也是很重要的。首先"是保证棉农的利益"。要棉业发达就必须打破历史上的经济条件所造成的心理障碍。我们向棉农提出保证，"除了天灾造成损失外，如果植棉所获利益不及种粮所获之利益多，则相差部分全部由政府照价赔偿。正是政府的这一保证，使得棉农植棉信心大大提高，树立了棉业发展的初步基础，但除此之外，我们对植棉还采取奖励的办法，譬如减免公粮，奖励劳动英雄等等，对棉农生产也尽了刺激作用。"其次是"解决棉农的苦难"。"我们政府尽力帮助贫苦农民解决了生产当中的一切困难，这就是延川县棉花生产之所以能够获得飞速发展的第二个主观原因。"再次是"劳动力问题"。"全延川县除一万个劳动力外，还实际存在有至少三万个半劳动力，即妇女和儿童。如果把三万个半劳动力发动起来，参加植棉，这就是很大的力量。延川境内尚有部分二流子未参加生产，并每年有部分移难民到来，把二流子和移难民组织到生产部门中去，也增加几百个全劳动力。"复次是"生产知识的重要"。"总结生产经验，改良作法，勤于经营，一句话，掌握生产经验和生产知识，在生产战线上，是归根结底具有最后的决定意义的。我们政府的任务是什么？即把生产经验和生产知识，传播开去，到处宣传，并督导棉农照此种植，改良作法。"最后辛兰亭指出："无论就销路说，就棉田说，就劳动力说，延川县棉花生产仍有条件可以而必须继续发展。只要条件利用得法，政府领导得法，我们相信延川县棉花生产事业的前途还是广大的。"①

关于延川县植棉的显著成效，《解放日报》还陆续刊登了《夏征谁最好？延川最大部分入仓，较慢县份应向延川看齐》、《党政积极领导，延川植棉4.1万亩》、《延川春耕胜利完成、种棉开荒超过计划》等专题报道，及时宣传和推广了延川棉花生产的经验，表扬了延川人民在辛兰亭领

---

① 辛兰亭：《论延川县的棉花生产》，《解放日报》1943年2月19日。

导下做出的杰出成就。随着延川县植棉经验的推动，不仅延川县邻近的县份开展了植棉，而且在全边区掀起了植棉的高潮。据统计，在当时以延川县为代表的沿黄河东部三县的棉花种植面积、产量占了全边区植棉面积和产量的2/3。① 而在全边区，到1943年边区棉花种植已达到150287亩，年收获棉花170万斤以上，已经达到棉花自给的半数。②

从更为实际的角度来审视，延川县的植棉生产，不仅在于满足了延川县棉花的自给率，而且也在很大程度上促进了延川县经济社会的变迁。此前在延川县的种植结构是以单一的粮食作物为主，随着棉花种植的大面积推广，延川县以单一的粮食作物种植的结构有了很大的改变。这种种植结构的变化，对延川县乃至边区农村经济的发展起了重要的作用。更为重要的是，随着植棉的不断增加，和棉纺业有关的手工业开始异军突起。1943年春，延川县就建立民间纺织所，至7月该所就有4个纺织小组，小组下设纺织点共有34名妇女参加纺织。全县组织妇女2万名参加纺织，政府组织150个长脚运输，负责供给农村纺织原料。至6月纺织生产合作社每一集（三天一集）可发300斤棉花，收回150斤棉纱。民间纺织所生产大匹布124丈8尺，小匹布321丈9尺，获净利6.36万元。这些纺纱除保证延川县各机关衣料供应外，还有一部分可向外销售。1944年全县有纺妇12631名，纺车11563架，织机3367架。③ 至此，农民的家庭纺织业与市场的联系越来越紧密。通过这种联系，又促使农村工业、商业的兴起。相关资料显示，在临近延川、延长的乌阳区有1/3的妇女从事家庭纺织业，她们"完全以家庭为单位，自己买花（或种棉花），自己纺织，自己穿用，剩余部分在本乡本村或邻近集市出卖"。④ 可见，纺织业在农民的家庭生活中开始占有重要地位，成为农民家庭收入的主要来源。这些都说明，由于推广植棉，促使家庭棉纺织业的兴起，从而使延川县农村经济结构开始发生变化。

辛兰亭在延川县实地植棉作出了重大贡献，受到了毛泽东的高度赞赏。毛泽东指出："延川等县过去均有许多荒地，现在很少了……植棉不但恢复了革命前的最盛时期，而且发展了，例如延川的永坪、永胜、禹居

---

① 陕甘宁边区财政经济史编写组编：《抗日战争时期陕甘宁边区财政经济史料摘编》第7编，陕西人民出版社1981年版，第595页。
② 同上书，第593页。
③ 延川县志编纂委员会编：《延川县志》，陕西人民出版社1999年版，第225—226页。
④ 陕甘宁边区财政经济史编写组编：《抗日战争时期陕甘宁边区财政经济史料摘编》第3编，陕西人民出版社1981年版，第561页。

等区，从前是不种棉的，现在均种起来了。因为种棉比种粮利大，一亩地的棉花，平均收成可值七百元以上，如种粮食则只值二百余元，是三与一之比。一九三九年种棉面积还仅三千七百余亩，至一九四二年就有九万四千余亩，产量已达一百四十万斤，这个成绩是很大的。"① 也正是由于如此，辛兰亭被延川人民称作"边区人民的好县长"。②

三　陆为公全力办教育

陆为公，庆城县人，1909 年出生于一个农民家庭。青年时期思想极为活跃，为追求进步，于 1930 年将原名"陆炯"改为"陆为公"，是取其"愿为天下为公而奋斗之意"。早在 1935 年初，他就在庆城县从事教育事业，先后担任县城西街小学和西街完小校长。同时他也非常关心和热爱文化事业，广泛联系知识分子和文化名流，并用自己省吃俭用的工资购买收藏，保护了大量珍贵的文物古迹，并成立了庆阳文化慈善委员会、民众教育馆，分别担任主任和馆长。1937 年加入中国共产党。1941 年陆为公以 64 票当选为庆阳县政府第一任县长。

抗日战争初期，陕甘宁边区在政治、经济、文化、教育各方面，都受到日寇和国民党的封锁破坏。陇东分区的庆阳、合水、镇原、环县、曲子、华池六县，受害更为严重。以教育而言，据陆为公自己回忆说，由于国民党统治时代遗留下来的种种落后情况，使得在抗战以前的所谓陇东十七县中，除了平凉有一所甘肃省立第二中学和一所甘肃省立第七师范（均初级）而外，其余 16 个县，没有一所中等学校。③ 而且在这些地区，由于交通和其他原因，即使家庭富裕，有力量向外求学的青年，也大都嫌远，很少外出就学。特别在"西安事变"以后，甘肃的环县全部、庆阳、合水、镇原的一部，划归了陕甘宁边区，凡是边区出外上学的学生，无不遭到国民党的歧视和迫害，甚至有被拉壮丁和失踪的。这样，不但家长们不放心让子弟出外就学，就是学生本人，也都视出外求学为畏途，裹足不前。另一方面，抗日烽火正在全国燃烧，进步青年莫不向往边区奔赴延安。他们的目的，无非想求得革命知识，希望能为挽救国家民族的危亡贡献自己的力量。但以延安面向全国，实难满足所有青年的进步要求。如何对陇东分区青年就地施以必要的教育，以满足他们本身的进步要求和适应

---

① 《毛泽东选集》，大众书店 1946 年印行，第 555 页。
② 袁文燕主编：《清风正气满人间——辛兰亭纪念文集》，新疆人民出版社 2007 年版，第 11 页。
③ 《甘肃文史资料选辑》第 8 辑，甘肃人民出版社 1980 年版，第 80 页。

革命形势发展的需要，就成了当时教育工作的当务之急。

在这种情形之下，边区政府根据中共中央的指示精神，派陆为公等人在庆阳筹建陇东中学。陆为公肩负重任来到庆阳，首先向陇东分区党委书记马文瑞、专员马锡五作了汇报。经过研究，最后决定把陇东中学设在陇东分区的首府庆阳县城内。陆为公根据边区政府"少花钱、多办事"，"要想尽一切办法，能在半年内办成开学"的意见，选定了城内南大街路东的一处旧有"文庙"作为校址。据陆为公自己说，当初他找来了一位自己熟悉且又木泥工兼精的老工人石得玉，两人根据财力和时间要求简单地设计了一下，原则上因陋就简，就开始动工了。参与人员，除石得玉为总领工外，再加两位木工和两位泥水工、十来个小工。通过对文庙的"大成殿"改建之后，既可作教室，又可作礼堂，可以说是一举两得。①

但筹建陇东中学并非一帆风顺。当时修建陇东中学的过程中，一些反动分子造谣破坏招生工作。陆为公亲自到群众中做宣传解释；修建校舍时，他和师生员工一起搬石弄砖；缺粮吃时，他和大家一起忍饥挨饿，开荒种粮；缺柴烧时，他和大家一起进山背柴；缺穿的，他和大家一起纺线织布。据他自己说，陇东中学的修建工程，其所以能够顺利地提前完成，除过全体工人的积极努力外，每个同学奋不顾身地贡献力量，也是一个主要原因：

> 所用的砖瓦土石，几乎全是同学们搬运的。先三两月到校的同学出力更多。砖瓦土石，全是利用旧的废料。原来"文庙"的东边，有座府城隍庙，规模相当大，一九三九年秋，群众破除迷信时，曾加以拆毁，所剩的砖瓦土石之类，学校也全部加以利用，为学校节省了不少经费。只有制作桌凳门窗用的木材、垒墙、泥墙用的麦草、麦衣，以及雇人向城外大河挑水用的工资，和其他大小工的工资，全是花了钱的……为了解决购置家具的困难和节约经费，两个教室的桌凳，全是自买木板，就地制造的。每条桌子长为六尺，宽为七寸，凳子长与桌齐，宽为五寸，可坐四人。桌凳的腿，各以木椽分为三节截成，高与桌凳相等。这样的好处，一是节省木料，二是节省经费，三是避免搬动时容易损坏。教职人员用的桌凳，也是由学校自制的，质量上也较简陋。②

---

① 《甘肃文史资料选辑》第8辑，甘肃人民出版社1980年版，第81页。
② 同上书，第82—83页。

随着一切工作准备就绪，1940年9月18日，陇东中学举行了隆重的开学典礼。按照边区政府的安排，陇东中学的校长由陇东特委书记马文瑞兼任，陆为公是副校长兼教导主任，主持学校日常工作。学校尽管开办了，但是条件异常艰苦。在衣食住方面，基本上老师学生都是一样。拿穿衣来说，规定是学校发给，但到冬季应发棉衣，因国民党封锁困难甚多，直至将近年底，才每人发了一件老布棉背心，一顶用黑羊绒做的毡帽。全体师生员工，都是在一个大灶上吃饭。据陆为公说，当初生活上最困难的是两个问题，即吃粮和烧柴。这两个问题得不到及时解决，往往不能按时吃饭。早饭有时吃到中午，午饭有时吃到天黑。粮食接济不上，有时还得向附近的群众借。烧柴问题是最大的困难，如果遇到天阴下雨，那就更不得了，庆阳没煤炭，农村全靠烧田禾柴，城市全靠烧木柴，木柴既少又贵，有时竟然超过粮价，甚至还有用钱也买不到的时候。学校解决烧柴的唯一办法，只有自己动手，把全体师生员工组织起来，到深山自己去砍、自己去背。靠城近处的早被砍烧净尽，成了一片秃山，只有到三四十里以外的地方，甚至到合水县一带去砍柴。有的地方来回远到百里以上，当天无法转回，只好先一天派人带上干粮、镢头、绳子去砍好捆好，第二天尚未大亮时即另派一队人前往背回。这样一来，砍、背两便，效率也高。据陆为公说，当初因为砍柴、背柴还引起了一场争论：

> 在背柴进城时，走大街还是走小巷，曾经作为一个问题，引起了大家的争论。因为师生集体上山背柴，在庆阳是事无先例。所以不免有人认为这是一件关系到知识分子面子的问题；争论的本身就是一场深刻的教育。辩论的结果，还是劳动光荣的思想占了上风，克服了一些人爱面子不愿意背着柴通过大街的思想，从而也教育和提高了广大群众爱好劳动的思想观点。①

另一个争论的问题是学校该不该放寒假？这一问题曾引起了全校师生和大部分家长以及社会上的极大关注。师生中也有了争论。

> 主张不放假的理由是怕放了假，第二年人来不齐，影响开学；主张放假的理由是，认为只有按照传统的习惯放假，才能取信于民，解

---

① 《甘肃文史资料选辑》第8辑，甘肃人民出版社1980年版，第88页。

除多数人的顾虑,可以进一步巩固学校。最后,学校同意了后一种意见。放假的结果证明:放了假不仅用事实粉碎了敌人散布所谓"共产党办学校是为八路军招兵"、"关进学校就不让再出来了"等等造谣破坏,解除了学生本人和家长的重重顾虑。而且通过这一事实,使学校在群众中的信誉大大提高,进一步起到了巩固学校的作用。这是学校在政治上赢得的一次重大胜利,例如原来学校安排每个同学在春季开学返校时,要交一棵长一丈二尺、直径二寸的柳树苗,用以绿化学校环境,届时不但人人完成任务,而且还有不少的同学都超额完成任务……①

第三个争论的问题是在"自己动手,丰衣足食"问题上。曾经有人信心不足,认为搞了生产,就会妨碍学习。时间上也不好安排。经过研究最后意见趋于一致。大家认识到缺少食粮,是一个带有威胁性的问题,这个问题不彻底解决,学校就有办不下去的危险。所以一定要按照党所提出的"自己动手,丰衣足食"的号召去作,才能解决问题。在当地群众夏收之后,学校就抓紧时间,用自己的双手,拿上镢头开了三十多亩荒地,种上了"小日月"糜子。结果连同地里所种的蔬菜,全部获得了丰收,解决了全体师生的吃粮问题,同时,又以剩汤剩饭喂了几头肥猪,改善了师生们的生活。使大家从实践中真正体会到了"自己动手,丰衣足食"的伟大意义。

陇东中学的创办,可谓陕甘宁边区教育史上的一件大事。它不仅填补了边区中学教育的空白,而且在中国革命史上写下了重要的篇章。特别是在艰苦的战争年代为革命培养了一大批干部,成为陕甘宁边区培养人才的摇篮,为中国革命的胜利作出了重大贡献。同时由于陇东中学师生艰苦奋斗、自力更生、发扬革命传统的精神也得到了毛泽东、刘少奇、周恩来、朱德等老一辈革命家的支持和肯定。毛泽东亲笔题了"陇东中学"的校名,朱德、刘少奇也题了词。1942年8月,在陆为公县长的带领下,陇东中学第一批毕业生满怀激情地奔赴革命圣地延安,受到毛泽东、刘少奇、任弼时等中央领导的亲切接见。毛泽东殷切地教诲大家:"你们刚参加革命,像小孩走路一样,不要怕摔跤,摔倒了爬起来就是了……"② 毛泽东接见陇东中学学生,既是对学生的鼓励,也是对陆为公创办陇东中学

---

① 《甘肃文史资料选辑》第8辑,甘肃人民出版社1980年版,第88页。
② 《甘肃文史资料选辑》第47辑,甘肃人民出版社1997年版,第108页。

的肯定和鼓舞。

四 高朗亭倾心为乡民

陕甘宁边区时期，尽管繁忙的战争动员工作占据了县长的大半时间，但是仍有不少县长在战争中开展建设，在建设中造福乡民，倾心于乡村社会的公益事业。合水县县长高朗亭即是如此。

高朗亭，又名高明镜，1912年出生在陕西延川县的一个农民家庭。早年在家乡读书，1932年10月加入中国共产党，同时参加红军游击队，历任延川县游击队政治指导员、西北红军先锋队政委、司令员兼政委，陕北红军游击队第二、三、九支队政委、队长，陕北红军游击队总指挥，中华苏维埃共和国西北军委情报侦察科科长、医疗卫生科科长、红军医院院长等职。参加过陕北苏区的创建工作及历次"反围剿"斗争。1940年2月，合水县抗日民主政府正式成立，高朗亭担任合水县县长。为了打破敌人的经济封锁，促使全县各项工作尽快步入正常轨道，高朗亭及时提出以经济建设工作为中心，动员全体人民及干部积极参与。同时，从农业、地方工业、市镇建设、道路交通、文化教育等方面入手，采取了一系列发展措施。特别在乡村社会和公益事业建设方面，高朗亭更是作出了卓越的贡献。

高朗亭作为合水县的县长，其最大的特点是为人正直、作风务实。鉴于战时合水县民众生活之艰难，他把相当多的精力投入到提高民众生活水平这一重要任务上来。正如高朗亭在给边府的报告中所说："为使合水渐渐地摆脱半自给的经济状态，发展到新民主主义之经济，达到全部自给自足之地位，粉碎日寇与亲日派的经济封锁，求得合水农工商业大部分的自给自足，不依赖外力，甚至大量的输出工业品及生产原料与农业副业产品达到出超。"为了逐步实现这一任务，高朗亭"根据合水的具体情况，将经济建设工作放在经常工作之中心，动员全体人民及干部热情积极地参加这一工作"[①]。他首先主张创办地方工业，由政府采取扶持保护政策，积极创办地方工业和手工业，以提升群众的生活水平。

1941年9月，在高朗亭的积极支持下创办了合水县济民纺织厂，这家纺织厂是由政府和群众合资创办的企业。纺织厂采取集股合作的形式，在当年共集股1800元，贷款700元，购置了织布机、纺织机各一架，招

[①] 《合水县十七个月的工作报告》，庆阳档案馆藏：地档209卷。

收工人49名。由此也带动了民间的纺织、织布业及其他手工业作坊的发展。① 与此同时，高朗亭还积极支持创办商贸集市。1940年6月15日，高朗亭专门召开了第一次县政府临时委员会，集中讨论了市镇建设和繁荣市场问题。会议最终决定大办商业贸易市场，集中力量修建华池、吉岘、店子、肖嘴等乡镇的街道。在这一年中集中修房200余间，办起县供销合作社和6个区社，发展社员2258人，集投股金5520元，兴办染坊5处、皮坊5处、油坊5处。另又在西华池一次性修房百余间，在原有两三家商号小铺的基础上，新办商店30多处，公私从业者达600余人，蒋管区落户的难民做生意、做小买卖者数以百家，号称"三客"（即河南客、商州客、乾州客）。西华池成为边区第二商业中心，繁荣非凡，在当初享有"小上海"的盛名。同时，还办起小型卷烟厂30余家，生产的"黎明力"、"战马"、"红光"牌香烟，除在边区销售外，还远销西北、华北等地。②

作为合水县县长，高朗亭随时关心民众的生活状况，根据情形灵活采取相应措施以确保民众的生活。1940年春夏之交，当他了解到许多村有半数以上农户口粮接济不上时，及时将情况反映到陇东分区，因而当年全县公粮征收任务减免近一半。1941年，又因全县受灾和粮食普遍歉收，公粮任务得到全部豁免。1941年秋天，合水境内驻军因缺少柴薪而将驻地附近的庙宇、祠堂随意拆毁。他得知后，立即前去制止，防止了此风蔓延。在积极修建公路和便道方面高朗亭的表现更是可圈可点。在陕甘宁边区时期，由于繁重的生产劳动任务，由县政府自己出资修建公路的情形并不多见，而高朗亭则在其任期修建了合定（合水至定边）、合延（合水至延安）两条公路共长210里，动员民工9000余工日，同时花钱900余元修缮了双柳树岘子、太白坳岘子便道，使得县内交通道路运行基本畅通。

与此同时，高朗亭还积极从事公益事业，以造福合水百姓。在1940年5月召开的县政府第二届委员会议上，合水开明人士杨正甲、赵国栋提议修复双柳树、安畔两处岘子，这一提议得到高朗亭的重视及支持。为此，政府专门成立了杨正甲、孙志敏等9人组成建筑委员会，邵士贵、杨柏龄等5人组成的募捐委员会，于1940年8月动工修复，两处工程共募捐资金1200元，小麦17石，动用民工9000余工日。政府在财力十分拮

---

① 《合水文史资料》第2辑（下册），甘肃省合水县委员会文史学习委员会2011年编，第419页。

② 《合水文史资料》第1辑，甘肃省合水县委员会文史学习委员会1997年编，第107—108页。

据的情况下，捐资予以支持。修复工程于当年冬季竣工，高朗亭亲笔撰写了碑序。其文笔朴实，爱民之心殷殷可见。不妨将其摘录如下：

修建孙家寨（双柳树）及安盘岘子碑序

子午支脉延亘东来，其间二百余里断而复继之，孔道层见叠出，乃以安盘及孙家寨（孙家寨沟）两岘子尤为关要。考诸往昔，均能通行大车，畅运固城、店子与西华池等地木材、粮食，对人民生计极深且巨之至。近年以来修补乏人，屡被霪雨冲刷，因而坍塌陷缺，形成一条线，非仅有碍车辆驮运，即单人行走难保无虞。在边区政权建立之初，余亲历合乡观政育民，道经于此，无忍怆感，故有平地天成，恢复旧观之念。嗣以县政府第二届委员会议，由杨委员正甲、赵委员国栋等提议重修，当由大会通过纪录备案，政府应予竭力资助。选举杨委员正甲七人为建筑筹委，负责策划，以利进行。但此浩大工程，不有多数人工，款项难完成效。政府通令西华池、店子两区，责成区、保、甲长，开诚宣传动员民众，协助该委员会进行修筑。自去秋八月廿日，与安盘岘子同时动工，而店子区民众工作紧张，情绪极佳，兼之赵国栋、杨嵩龄、何正堂等日夜奔忙，手胼足胝，不遗余力，以是未至隆冬，厥工告竣，按此程度而说，均系彻底修筑。吾民再能通便水道常加保护，即为百世之功。总计全部工程需人工九千有奇，款项壹千壹佰余元，小麦壹拾柒石。似此伟大工程，利民善举，非有吾民群策群力，热心好意者昌克臻此。余素喜公益，不泯人善，兹着政府措洋七十五元，爱述梗概，觅工剂石，以作纪念云。①

由高朗亭撰写的这一碑序，字里行间中透露出作为一县之长对合水县公益事业的热衷与关心，以及对合水民众生活水平提高的殷殷期盼。另外，作为一项公益事业，在当时极其困难的条件下能有此建业，也从另一方面体现了高朗亭在署理合水县政期间的务实风格和倾心造福乡民的情怀。更为重要的是，在战时动员工作极其繁重的状态下，能够将战争与乡建结合起来，在更大程度上提升民众的生活水平，这也展现着边区县长应有的风貌。

事实上，陕甘宁边区县长作为边区干部队伍中的中坚力量，既是县级

---

① 合水县志编纂委员会编：《合水县志》下卷，甘肃文化出版社2007年版，第1824—1825页。

政权的行政领导，更是乡村建设的"群众领袖"。著名社会学家杨开道在论及农村领袖时指出："农村领袖的使命，可以说是比城市领袖尤为重大。"因为"农村人民知识比较幼稚，思想比较简单，假使没有领袖的指导，他们很不容易在这二十世纪的世界里面，和城市人民，和工商各界作生活的竞争"。① 同样，对于长期处于封闭隔绝状态下的乡村民众而言，如果没有边区县长的具体领导，所谓的乡村建设几乎无从谈起。也正是由于如此，在陕甘宁边区乡村建设的过程中，不少县长在实践中摸索，在乡村建设的过程中，开创了极富成效的乡建模式，从而为乡村建设作出了积极贡献。

---

① 杨开道：《农村领袖》，世界书局1930年印行，第26页。

第六章　边区县长的工作方式与社会生活

工作方式与生活方式，既是一个领导者工作面貌的具体表现，也是其精神面貌的客观标识。陕甘宁边区县长，经过长期的革命斗争与乡村生活，造就的是吃苦耐劳的工作方式和为人民服务的工作理念，炼就的是其艰苦奋斗的生活轨迹和与民众同甘共苦的生活作风。正所谓"只见公仆不见官"。边区县长们亲民之仆的工作形象，勤于治事的工作作风，融洽的社会交往，艰苦的日常生活，不仅在陕甘宁边区的乡村大舞台上，留下了深深的印记，而且也成为中共在战争年代的一个时代标杆和革命象征。

第一节　亲民治事——边区县长的工作方式

陕甘宁边区政府成立之初，林伯渠就明确指出，为了实现目前新的伟大的任务，"必须要求政府工作人员充分进行民主的工作方式与方法"。① 对于边区县长而言更是如此，这不仅体现在工作形象上，更体现在工作作风上。概而言之，任何时候都以平民化的亲民治事的工作方式来做"事"而非做"官"，是边区县长工作方式的基本样态。

一　平民化的形象

曾几何时，县长以"入则日坐堂皇，理刑钱之争讼；出则巡视阡陌，察风俗之美恶"② 之威严，演绎着赫赫堂皇的县官形象。陕甘宁边区的县长，则在革命与时代的双重助推之下，俨然以其平民化的形象演绎着革命时代的县长本色。

边区县长的平民化形象，首先体现在他们的外在特征上。长年累月的

---

① 林伯渠：《由苏维埃到民主共和制》，《解放》1937年5月31日第5期。
② 徐炳宪：《清代知县职掌之研究》，台湾私立东吴大学1974年版，第22页。

革命斗争与生产实践，致使岁月的痕迹留存在他们的外貌上，几乎与农民并无二致。延安模范县长刘秉温，"长着一副青年农民的躯体：高大而壮实。方大的脸庞经累年累月的风吹日晒涂上了一层黑红色彩。讲起话来，那乡人山野呼应般的嗓音，从宽厚的嘴巴内发出，在窑洞里嗡嗡作响。一九三五年土地革命时，他是延安县苏维埃主席，背着一个破旧的挎包跑遍了延安四周，领导着四乡农民打土豪分田地。抗日战争时期的大生产运动中，他又是延安县县长，跑遍延安四周的高山深沟，发动与组织全县人民达到了耕一余二的丰衣足食。在一九四三年的西北局高干会上，他得到了党和人民的褒奖，荣获'模范县长'的称号。"① 华池县长李丕福，"他的脸被塞外的风沙和烈日吹晒得同那些赶驴子的农民们一样粗黑，他脚上打着裹缠，头上挽着羊肚子手巾，穿着早晚御寒光板山羊皮褂子，完全是一副长年累月由塞外往内地驮运食盐的赶脚汉打扮"。② 一首陕北信天游在描述边区县长的形象时，如此唱道：

> 鸡娃子叫来狗娃子咬，
> 咱们的县长来村了，
> 羊肚子毛巾双梁梁鞋，
> 土蓝褂子腰间束一道。
> 前坡上说话后坡上笑，
> 这家子让坐那家子邀；
> 半山坡坡的老乡亲，
> 一排排窑洞全走到。
> 问罢吃住问生产，
> 看庄稼走遍了山卯卯。
> 大生产运动的好区长，
> 当年他变工互助闹的好。
> 拦羊的老张满山价破，
> 煮了双鸡蛋把"区长"找。
> 只听得平川传来掏地声，
> 咱们的县长干开了……③

---

① 《延安文史资料》第4辑，中国人民政治协商会议延安市文史资料研究委员会1988年编印，第24页。
② 忽培元：《群山》，中国青年出版社1996年版，第595页。
③ 蓝曼：《繁华集》，陕西人民出版社1980年版，第98—99页。

第六章　边区县长的工作方式与社会生活

边区县长在长期革命斗争中与群众相濡以沫的革命情怀，形成了他们在任何时候都以其平民化的姿态开展工作。县长的这种平民化的形象，致使有不少人几乎认不出他们是县长还是一般百姓。西北野战军某团侦察参谋胡浪涛在转战陕北期间，跟随一个老人来到一个山沟，走进半山上一个窑洞，炕上坐着两个人，几乎认不出他是我们的地方干部。老人介绍说："这是甘泉县的县委书记和县长。"①

边区县长的平民化形象，还体现在与老百姓之间的密切联系上。紧密联系群众，关心群众日常生活，是边区县长工作的基本工作方式。大到战备动员工作，小到老百姓的日常生活，乃至于如何喂猪这样的事情，都记在他们的心头。清涧县长黄静波就是如此。在他担任县长期间，不仅知道清涧县老百姓每一家喂几头猪，而且他也知道喂一头猪需要多少钱，甚至连如何喂猪这些老百姓关注的事情，在他心头都有详密的思考。西北局的高岗就此称赞他说，如果我们家家都喂一头猪，这样我们吃肉的问题就解决了。"有些人他光讲一个礼拜要吃十四次猪肉才好。但是他就不懂得喂猪的本领，就不喂猪。我打一个比方说，我们边区有十二万六千人，一个人一月就吃三斤小秤的猪肉，一年就要吃三十六斤肉，十个人就要吃三百六十斤肉，光我们机关部队一年就要吃五百万斤猪肉，还有老百姓也要几百万斤，一共算起来我们一年就要一千万斤猪肉。一年就需要很多的猪。如果我们老百姓妇女多搞一些灰菜，多喂一些诸，我们吃猪肉的问题就解决了。"② 刘秉温县长作为一名从群众中成长起来的模范县长，其最大特点就是紧紧地和民众结合在一起。他带领延安县的全体干部，经常深入群众中，了解他们的情绪和要求，尽力帮助群众克服生活生产中的困难，调动群众生产劳动的积极性，深受群众欢迎。更为重要的是，他从不摆县长的架子，见了群众总是主动热情地打招呼，询问他们有什么困难、要求以及对政府的意见等。他在下乡时得知有孤寡老人缺粮吃，就先打条子借，再让政府补给，村民们都说刘秉温是个好县长。1942年，洪水淹了川口村的庄稼，老百姓情绪低落。刘秉温立即组织动员了全县的劳动力，自带口粮、牲口，昼夜赶种荞麦，他和群众一连干了十几天，浑身泥土，两手老茧，眼睛熬红了，身体累瘦了，但荞麦补种上了。秋后荞麦大

---

① 兰州军区党史资料征集办公室编：《转战陕北》，陕西人民出版社1988年版，第202页。
② 《中共中央西北局文件汇集》（1944年），中央档案馆、陕西省档案馆1994年编印，第51页。

丰收，群众深情地说："多亏了咱们的好县长。"①

在陕甘宁边区，县长从不摆官架子，而是亲自到田间地头帮助农民种庄稼。庆阳县长苏耀亮亲自替乡村民众种棉花，在当时受到了人们的称赞。《解放日报》用诗化的语言以《县长替我种棉花》为题作了报道：

> 庆阳县苏县长，于今年春耕期间，曾亲赴乡村，具体领导亲手帮群众抓粪，播种锦花。
>
> 县长来到了乡下，没有坐轿子，也没有骑马，戴着他的一顶破草帽，用两条腿，爬过一个崾岘，翻过一架山，从一个乡村转到一个乡村，从这一家走到那一家。不是带着衙役抓差办案的大老爷，不是催粮派款的旧官吏，我们的县长，替我们谋划怎样把光景过得好，丰衣足食还要有钱花。像一个同母生的兄弟，坐在一个炕上谈家务事，他问谁家有几口人，几个能做活的，今年开几亩荒、种几亩熟地，每亩地上几驮粪，翻几次，哪块地里种的啥庄稼。他问每家有几头牛，几头驴子，多少羊，今年能下几只羊羔、多少牛犊和驴驹。还有，谁是做活顶勤苦的"把式"，谁是好吃懒做的"逛鬼"，谁家的日子过得好，有多少户生活困难没办法。那一天，县长来到我的家，他和我坐在炕上，吃着烟锅把话拉，他问了我的牲口，又问了我的庄稼，看见我的衣裳快烂了，便叫我种些棉花。"种棉花没有种子怎么办？""到区政府去领，他们会给你发。""人家说，源上的地种棉花不收，只长棵棵，不结疙瘩。""不是源地不收花，是因为不会技术，管理不得法。"县长笑眯眯地解决了我的难题，还答应亲自帮我种棉花。当天我从区上领回来棉籽，第二天，我和县长一起下地种棉花，他把袖子卷起来，两手搓粪拌花籽，一颗一颗往地沟里撒，今天他当县长，过去也是个拦羊娃。一早晨种完了二亩棉花，县长拍拍手上的土、擦擦脸上的汗蹲在地头抽袋烟，又把话拉："棉苗长出来，要好好务业，多锄几遍，多打杈……收了棉花，破棉袄就不用穿啦！"②

边区县长的这种平民化的形象，在民众心目中是从未有过的体验和感觉。这种没有任何隔阂的亲密关系，有时候甚至会让民众情不自禁地将他们当成自己的孩子。当年到边区访问的国际友人伊斯雷尔·爱泼斯坦，就

---

① 延安市文史资料委员会编：《延安文史资料》第 4 辑，1988 年编印，第 166 页。
② 《县长替我种棉花》，《解放日报》1943 年 6 月 6 日。

记下了县长和民众如此亲密并让其颇受触动的一幕:

> 我永远不会忘记我们在边区一个县看到的一位老农,这位老农捶拍着原来是他村里一个苦孩子的年轻县长的背说。"你看这家伙背了多少筐粪到我们地里?有谁以前看见过这样的官?从前,当官的闻的是他们姨太太的香水味,怎能闻这鲜大粪呢?"年轻县长希望不要用这样赤裸裸的语言同一位外国"贵宾"谈话,但老人对于什么是值得称道的有他自己的想法,因此不听劝告继续讲下去。在中国几千年的历史中,以前从来没有过这样的官员,也没有人见到过这样的情景。①

边区县长平民化的形象,也正是中共培养新民主主义干部的基本要求。正如林伯渠所说,今天要在中国实现新民主主义的政治,需要大批的干部,这些干部不是旧官僚机关内那种贪污腐化的寄生虫,而是充满了新鲜血液的人物,真正能担负起伟大任务的干部。这些干部是怎样的人呢?"他们是忠实于民族与人民的,始终为着民族与人民的利益而奋斗不懈,坚决地与敌人作殊死的斗争。他们与群众有密切的联系,是群众的一部分而不是特殊阶级,时刻关心群众的利益,深知群众的情感和需要。他们是有政治远见,能够克服困难的,不仅看到目前而且能照顾多数与全局,百折不挠地进行顽强的斗争。他们负责肯干,廉洁奉公,吃苦耐劳,勇于牺牲。更重要的,是要能够积极学习,力求进步,不断地提高自己,永远站在群众的前面,这就是新的政治所需要的新的干部。"② 因此,对于"当县长的,当县委书记的,要把自己先当做这个县的老百姓"。③ 这一点,既是边区县长的基本工作方式,也给了根据地的民众和中外观察家最直观的冲击。

二 民主化的作风

谢觉哉说:"越下层越要民主,下面的基础打得广大而且结实,民主政治的力量与成绩才能出人测度地发展起来。反之,下层没有民主,或虽有民主而没把它开展起来,法定起来,那上面尽管有些民主,也许是装样

---

① [美]伊斯雷尔·爱泼斯坦:《中国未完成的革命》,陈瑶华等译,新华出版社1987年版,第276页。
② 《林伯渠文集》,华艺出版社1996年版,第193页。
③ 《马文瑞文选》第1卷,陕西人民出版社1998年版,第98页。

骗人的，即使不是骗人，而没有设施，一下去就走了样，有民主也等于不民主。"① 反对官僚主义，践行民主作风，是边区政府自始至终都在强调的工作作风，也是边区县长最基本的工作方式。

边区县长的民主化作风，首先体现在动员工作上，就是摒弃那种强迫命令的摊派，采取说服宣传教育的方式。"彻底转变工作方式，是完成抗战动员工作的重要关键。坚决纠正偷懒的急性的动员方式。"② 只要有动员任务，就需召开民主会议协商解决。经常召开民主会议，广泛听取各界各阶层意见。米脂县县长马济棠为促进米脂县的各项事业，专门召开为期七天的民主会，邀请各界代表对县政府及干部提出批评意见，并认真研究改进。这一举措得到全县人民的拥护和信赖。基层干部也在这种方式的教育和影响下，政治觉悟迅速提高。他们积极大胆地开展工作，领导群众向土豪劣绅展开斗争。地主常金山以为自己的亲戚在共产党里当大官，区乡干部奈何不了他，四年抗交爱国公粮。乡长常银占坚持原则，进行说理斗争，促使他一次交清。岳家岔一位干部家属种"洋烟"，屡劝不铲，区长常维治绳之以法，使他很快接受禁烟命令。庙沟村的党支部书记吕能孝打死弟媳，政府依法判其死刑，群众一致反映："民主政府官清法严，不徇私情。"③ 延川县长辛兰亭在开展征粮动员工作时，强调在"继续作深入的宣传动员，并注意各阶级不同的宣传中心"的基础上，"征粮首先从干部着手，发动从县级到乡级的干部写信回家，保证自己家庭作一'出粮在先'的模范，并且主动发动群众尊〔遵〕章监督干部，对干部的赏罚要严明"。同时"要发动群众来议，轻的加，重的减，不求超过"。④

第二，县长的民主作风还体现在随时随地坚持群众路线和群众观点，向民众讨教学习。当年李维汉曾就此问题专门回答中外记者的提问。他指出：政府工作人员，自主席到乡长首先要向群众学习东西，先做学生，后做教师。另一方面，我们领导上要做一个什么决定时，都必须首先根据群众的需要及其意志，因为我们是老百姓的政府。根据人民的意志和要求决定下来，然后拿到老百姓中去执行。所谓群众观点，用另外一句话来说，就是从人民中来，再回到人民中去。至于老百姓向政府提意见，更是没有任何形式。老百姓有意见，随便什么时候、什么地方，口头、书面都可以

---

① 《谢觉哉文集》，人民出版社1989年版，第414页。
② 中央档案馆等编：《中共陕甘宁边区党委文件汇集》（1937—1939年）（内部资料），1994年，第66页。
③ 《米脂县志》，陕西人民出版社1993年版，第443页。
④ 《延川总结调查》，《解放日报》1941年12月13日。

提出来。政府纪律上有一条，如果老百姓要告县长，可以将状子交给县长转到边区政府来。不转的话，县长要受到严厉处罚。此外，老百姓还可越级控告。① 边区的基层干部，同样可以就县长的工作方式和作风开展批评。延安县某乡一个受训干部就说道：

> 想起以前做工作完全是被动的，上级叫做甚就做甚。一满（完全）没想到给上级提意见。漫说给县上，连给区上也没有。梦也没梦到这次训练叫我们批评上级。起初咱心里还这样估量：不能讲吧，这大概是上级看我们对革命忠实不忠实吧。咦，想不到看着看着有人讲了。上边很夸奖他们批评的精神，咱才慢慢解下上级是真心实意叫我们讲的。于是乎就把心里装了好久好久的话，不管对不对，都讲出来了。咱痛痛快快地说了一顿，心里可舒意的太哩（舒服得很的意思）！以后曹县长，王丕年同志（县委书记）都在会上批评自己的工作缺点，咱听了心里可是高兴，才解下革命队伍里的民主精神。有了这个民主，以后啥事情都好办了。②

第三，县长的民主作风也体现在与民众的平等关系上。边区县长不仅是政府的工作人员，也是积极从事生产实践的劳动工作者。他们和老百姓食宿在一起，劳作在一起。草鞋、背包、粗衣薄被，即便是边区经济有所改善，他们仍然是每天一斤四两小米，七分洋钱柴菜，每月二元或三元的津贴，还常常几个月不能按时发。县长也同样参加生产劳动，种粮、种菜、打柴、养鸡、养羊、织毛衣，以生产收入来减轻政府负担。正如边区政府主席林伯渠所说，如果说过去在战争中生活，一切不能不简单，而现在则和平环境物质较丰，然而我们工作人员没沾染一点旧习气，抱着"勤劳在先、享受在后"的一直奋斗到革命成功的信念。有些绅士们经过我们县长几次"说情婉拒"、"进贿峻拒"之后而感叹起来（如陇东）。有些劳动人民见我们生活太苦，说："你们为何不派点款，难道你们最低生活我们都不能负担？"（如绥德）。有些外来参观者，实地看见了这些情形，才恍然说："天下竟有这样的官！""至于官民接触全无隔阂，废除旧

---

① 中共陕西省委党史研究室编：《中外记者团和美军观察组在延安》，陕西人民出版社1995年版，第119页。
② 李普：《我们的民主传统——抗日时期解放区政治生活风貌》，新华出版社1980年版，第24页。

的一切形式，尤其剩［盛］事。"①

在这种民主化作风的影响下，陕甘宁边区出现了县长拾粪担粪这样亘古未有的事情。延长县县长焦生炳与民众一样参加生产劳动，在生产过程中他亲自参加拾粪担粪、翻地、锄草、收割。在麦收时，白天割了一天，晚上收工时还要挑着一担回去。老百姓不无感慨地说："自古以来没见过县长担粪，今天县长也担起粪来了，我们必须加倍生产才对。"② 延长县焦生炳县长拾粪之事，从国统区而来的一些记者几乎是闻所未闻，自然引起了一些考察延安的记者们的关注。赵超构就指出，焦生炳"也可以算是这边的名人之一。它是从土地革命时翻身出来的干部。现在赶着干生产运动。他亲自参加担粪、翻地、锄草、收割……县长是否应该担粪，这是值得我们应该考虑的问题。不过边区有这么一位县长，也是我们应该知道的"。③ 安塞县县长邵清华，为了帮助群众生产，自己去做一个乡的生产队长。同时还参加了一个秧歌队。冬天到蟠龙区乡下来演剧，群众们看到了她，到处哄传着说："县长给我们扭秧歌来了！"当年到访延安的刘白羽看到此情此景，由衷地说道：

> 在边区，大家是一样的，只有工作的区别，众人一条心，黄土变成金，大家都在用心思，让土地如何丰富的生产，人们从这上面得到无穷的富源。政府是为人民做事情的，不是什么高高在上的统治者。统治者是不会被农民热爱地抱着肩膀，更不会给一个农民去订生产计划，也不会自己去耕耘。我看这就可以当做测验民主的一个标准，为什么他们能够做到这个样子呢？因为，一句话归总：他们都是从群众中间来的，他们的目的就是为了解除群众的痛苦，他们由心里感觉到，群众的愉快便是自己的愉快。④

第四，县长的民主作风也体现在处理日常生活的琐事中。通过说服教育而不是强迫命令，不仅体现在战备动员方面，即便在日常生活中，边区县长也是遵循着这一原则。美国记者哈里森·福尔曼在访问边区时就记录

---

① 陕西省档案馆等编：《陕甘宁边区政府文件选编》第3辑，档案出版社1987年版，第173页。
② 陕西省档案馆等编：《陕甘宁边区政府文件选编》第8辑，档案出版社1988年版，第8页。
③ 赵超构：《延安一月》，上海书店1992年版，第50页。
④ 刘白羽：《延安生活》，现实出版社1946年版，第30页。

了清涧县县长黄静波在日常生活中的民主作风。一次，清涧县县长带我们到山顶上一个古庙里去看一个难以处置的孩子——佛教尼姑。他曾煞费苦心，想使她参加生产运动，告诉她，这不但是个人的事，而且也是公民的责任，每个人都须从事某种生产。虽然他想出种种理由，要说服她，改变她的意见，但她总是不肯听。

"你在这里做了一个坏榜样"。当我们站在一旁的时候，他跟她说。

她笑着不答。

"你比一个懒惰家伙好不了多少"。他继续说，努力想找寻她的弱点。后来，她说话了。"你要我做什么呢？"

"你可以嫁人，帮助男人生产呀！"

"可是谁会娶我？"她笑着。"可我是过了三十的人了"。

黄县长很快地抓住这个机会。"我帮你找一个丈夫。"

"不"，她摇摇头。"我是不嫁人的。我出家当尼姑，就为了不愿意嫁给小时候父母为我选定的那个男人。"

他皱着眉。"可是假定我们使你还俗呢？"

"你不用这么威吓我。"她回答说。"我们都知道共产党的新民主制度下面，各人有各人的自由，谁也不能勉强谁！"

听了这话，县长摆摆手，只好作罢。

"您瞧……"①

1941年延川县工作报告中同样有着体现。据延川县报告称，自边区推行民主的施政纲领以来，"不论大小干部，都是开口民主、闭口民主"，群众也逐渐了解民主的内涵，凡干部违反民主，遇事包办都要受到群众的反对。② 实际上也正是这种民主化的作风，才造就了诸如延安县县长刘秉温同志亲自组织垦庄变工队领导开荒；淳耀县长刘永培亲自安置移民创造白塬村，创立田云贵合作社，发展桃铸原妇纺；富县县长张育民亲自带领群众，教给他们植棉技术和打卡棉花方法等这些模范县长的形象。

---

① ［美］哈里森·福尔曼：《北行漫记》，陶岱译，新华出版社1988年版，第212—213页。
② 《延川县1941年工作报告及1942年工作计划》，陕西省档案馆藏，档案号：2—1—184。

三 实地化的领导

县长必须了解实际,改造实际,这是边区县长开展工作的前提。尽管"区乡是最了解实际的,然区乡干部,有的缺乏推想能力,有的知其然而不知其所以然。省级(如边区政府)政府是领导改造实际的,然常常懂得很多道理,却少躬亲实际的经验。只有县政府——县长,他是实际做的,时刻要深入区乡,又是时刻在想改造实际的,因为区乡干部要求他想办法——他能够想办法,因为他躬亲实际;他想的办法不会落空,因为马上就要在实际中考验"①。故此,县长只有躬亲实际实地化的领导,才能促进各项工作的顺利进行。

县长的实地化领导,首先体现在随时随地深入基层开展具体工作上。"好主意,好政策,不能凭空主观愿望和感想得来,更不可以盲目的抄袭外地的经验。好主意,好政策,要从调查研究中得来,要从实际情况的研究得来,不熟悉工作环境,不了解人民需要和下级情况,不周密的研究他们,就不能产生好政策,好主意,就一定要犯主观主义的错误。"② 这一点也正是边区县长始终遵循的基本工作方式。

清涧县县长黄静波作为第一位由民众直接选举产生的县长,经常披星戴月,步行到区、乡检查指导工作,走家串户了解群众的疾苦,为群众办实事。清涧县是穷困县,灾多匪多,人民群众生活困难。黄静波积极发动群众剿匪反霸,安定人心。为进一步搞好建设,他又带领大家搞好生产,短时间内解决了群众吃饭问题,为抗战作出了贡献。在安塞县,为能按时完成征粮任务,邵清华县长亲自下乡领导征粮工作。距离安塞县城100多里的七区,山路崎岖,大部分干部不愿去催粮。邵清华亲自步行下去与群众拉家常。当了解到这个区的干部力量弱,她就协助作工作,向群众宣传:党中央在我们这里,要打日本就需要粮食。在分配任务时,对有一定困难的农户减轻任务,对确有困难的农户,不仅不征公粮,政府还想法给予调剂。"群众心理亮堂了,争着交公粮"。③ 1942年,邵清华为积极响应边区开展的大生产运动,亲自带队一个区、一个区地动员宣传,帮助各区建立了春耕委员会,在全县发动变工运动,组织劳力为抗属、烈属代耕。尤其是她亲自抓的点——徐家沟,变工队互帮互助,男耕女织,就连

---

① 谢觉哉:《一得书》,人民出版社1994年版,第93页。
② 《李维汉选集》,人民出版社1987年版,第165页。
③ 《延安文史》第9辑,《延安岁月·上》,延安市政协文史与学习委员会2006年编,第337页。

一贯游手好闲的二流子也被带动投入了生产。全村生产搞得轰轰烈烈，人心齐，庄稼长得好，年底基本上做到耕一余一。徐家沟的经验很快在全县推广开来。

延川县县长辛兰亭为检查基层农村建厕积肥的情况，连夜到永胜区的土岗村实地调查。村民们被县长这种深入实际的工作作风深深感动，挑着油灯连夜动手建厕。辛兰亭挨家访问，得知分派给全村的建厕积肥任务一夜间就完成了，甚感欣慰。这件事在附近村庄传开后，许多人改变了传统观念，积极建厕积肥。由于措施得力，获得了很好的效果，1941年6月的《解放日报》专门发表专讯《延川春耕中新的创造》，表扬了延川县建厕积肥推动生产的经验和辛兰亭县长深入实际的工作作风。解放战争时期，为积极支援前线，赤水县县长王振喜亲自带领群众敲锣打鼓，抬猪送羊，到部队驻地慰问。极大地鼓舞了全体指战员。他们纷纷表示，"决不辜负人民希望，决不能让敌人在这里固守，一定要砸烂碉堡，清除匪军，用实际行动回答边区人民的关怀"①。

县长的实地化领导，也体现在随时随地深入基层，为群众排忧解难。陕甘宁边区各级政府有一最基本的原则，举凡在一些区域内得不到群众热忱拥护与反映的事实，政府要"立即考虑自己工作中是否发生错误与缺点，绝不把责任推到群众身上。经验告诉我们，群众对政府发生冷淡，总是由于当地政府的领导方面发生错误与缺点，或者是政府内有不为群众所信任的人存在，或者是政府不能代表人民的利益，不能解决人民中的困难，或者是政府对群众没有信心的说服精神，而采取强迫命令官僚主义的架子。"② 边区县长的实地化领导，正是坚持了这一原则。

新正县长郭存信，为尊重难民的风俗习惯，便于他们交往帮济，专门设立了三个移民点。陕南、平凉等地的回族难民集中安置在一区龙嘴子、孟家河两个回民乡；河南、山东、四川籍的难民多安置在同籍户居多的马栏区和二区刘家店；陕西籍的难民多安置在同籍老户居多的马栏区五乡。在这些地区建立难民新村，选拔难民中的积极分子担任村、乡长。同时热情接待和妥善安置难民。难民一到新正地区，政府和当地群众就立即帮助他们解决吃住问题。政府发给贷款和救济粮，群众也主动给借粮借物，使他们能够很快安居下来。为了充分调动移民的生产积极性，政府组织移民开展生产竞赛活动，评选和奖励生产积极分子。二区一乡土壕村移民何富

---

① 《旬邑文史资料》第2辑，旬邑县委员会文史资料研究委员会1989年编，第72页。
② 鲁芒：《陕甘宁边区的民众运动》，汉口大众出版社1938年版，第59页。

权一家五口人，1940年刚来时是个赤贫户，经过四年的辛勤劳动，到1942年共开荒地七十余亩，养马一匹，牛五头，各种农具基本齐全。1943年收获各种粮食三十二石五斗，扣除救国公粮和全年费用外，下余粮食足够全家吃一年半。当年秋后被新正县评为移民英雄。① 在清涧县城关镇，一个居民捡到了一枚手榴弹，不小心引爆了，被炸成重伤，县长黄静波得知消息后，立即赶到现场，安慰伤员，安排送伤员去县医院治疗。在场的群众激动地说："反动县长刮人民，民主县长为人民。"② 有段时间，九里山一带常有小股土匪活动，人们提心吊胆，夜间不敢行走。黄静波向驻防部队调了一个小分队，驻在石嘴驿区，直到把土匪清剿完。甘泉县长白世杰实地领导民众种棉花亦是如此。当边区政府倡导各地种植棉花时，因为甘泉县很久不种棉花了，群众有些畏难情绪。有人说"地气冷种不成"，"再不糟踏地了"。白士杰县长就自己种下了一筐棉花籽，经过一年勤劳耕作，秋后，他提着一筐一筐雪白的棉花回来了。这消息传开了，群众拦着他，看，摸，雪白的棉花软绵绵的，大家都问："你怎样务弄的，能长得这样好？""种了多少？摘了多少？""明年政府还发棉籽吗？"③ 这就是边区县长实地化领导的真实写照。

县长的实地化领导，还体现在时时处处的带头领导作用上。作为亲民治事的公仆，县长的带头引领作用，不仅会带动基层干部的工作作风，更能激发群众的热情。在大生产运动中，边区所有的县长都亲自参加劳动。盐池县县长孙璞不仅自己积极参加纺线，同时为动员群众纺线，决定干部家属首先学会纺线以影响全县。新宁县长刘永培为响应"自己动手，丰衣足食"的号召，亲自制订家庭生产计划。他家共有22口人，每年穿布20匹。计划种棉3亩，产棉45斤，购棉100斤，织布49.5匹，自用20匹，出售29.5匹。可赚54万元。规定纺棉3斤，交线2斤，织布1匹，奖线半斤。④ 华池县县长李培福，为了积极开荒，提出了上午劳动、下午办公的制度，规定从县长到一般办事人员，每人一把镢头上山劳动。同时他还要求自己的家人也开荒。他的叔父李湖还是全县率先种植棉花的人。解放战争时期，为积极动员参军，志丹县县长赵玉文、安塞县县长贺兴旺更是带头参军支前。关于贺兴旺带头参军的情景，当年的战地记者做了

---

① 《正宁县志》（上册），正宁县志编纂委员会1986年编，第441—442页。
② 李顺国编：《公仆的辉煌：黄静波省长开拓青海纪实》，人民出版社1995年版，第160—161页。
③ 刘白羽：《延安生活》，现实出版社1946年版，第30页。
④ 《中国共产党宁县大事记1920—2004》，中共宁县县委党史办2005年编，第47页。

记录。

> 贺兴旺县长说："我为什么要参军？和参军青年一样，为了安塞全县的人民、为了父母，去报仇雪恨。不收复延安，不解放大西北，不把全中国受苦受难的老百姓从蒋介石剥削压迫下解放出来，我决不回家。"接着，他对青年们表白，"现在我和大家一样参军，将来咱们生活在一起，行动在一起，战斗在一起，胜利后，我再和大家一起光荣回来，建设咱们的安塞县"①。

在贺兴旺县长的主动带领下，全县总人口仅有40000余人的安塞县，随即便有1000名安塞民兵参加了解放军。同时，形成了全县支前队员达39795人次、畜力43528头、上交军鞋13934双、蔬菜140000万斤、柴60万斤、各类肉31800斤、米6167.16石、麦1461.68石、畜料1430.546石、谷草533838斤的大好局面，还有12个乡的粮草未统计在内。正是由于他们的带头作用，大量青年走上前线。②

更值得一提的是，陕甘宁边区食盐是重要的财政收入，不少县长亲自赶着牲口参加到运盐队伍中。如延安县县长刘秉温、合水县县长高朗亭、华池县县长李培福就都亲自带头去三边参加运盐。忽培元先生以纪实的手法，描绘了当年华池县县长李培福亲自运盐时的情景。

> 几百头毛驴，驮着沉甸甸的盐包一字排开行进在蜿蜒起伏的山路上。正午的烈日下，扬起的黄尘，像雾气一样升起在半天空里。天气燥热，令人干渴难耐……为了超额完成任务，李丕（培）福要求华池县各区乡都成立运盐队，必须由乡长、区长带队，全县由他亲自带队。他的这支队伍，成为全地区最大的一支。他们披星戴月，运盐任务总是超额完成……此刻，李丕（培）福心情激动地站在山包上，望着浩浩荡荡的运盐队伍，心情格外激动。"边区的老百姓真不简单！"他用鼓励和感激的目光，迎送着每一个赶着驮子的人由自己身边走过去……每个人黑瘦苦焦的脸上都挂着汗珠，每个人的脚走起路来都有点瘸，身体有些摇晃。他知道，他们和自己一样，脚上的血泡早磨破了，却咬牙硬撑着。他觉得这些平时由于长期从事个体小生产

---

① 《延安游击队纪实》，政协延安市宝塔区委员会2008年编，第159页。
② 郝光斌主编：《民政30年·安塞卷》，中国社会出版社2008年版，第11页。

劳动难免显出狭隘的农民兄弟,当他们赶着自己饲养的毛驴子,走进运盐队的行列中,懂得了运盐与抗日战争和自身解放的伟大意义,他们就完全变成了另外一群人。他们就像那些参加了八路军的老百姓,突然之间变得大公无私而又充满了自我牺牲和勇于奉献的精神。他深深感到,眼前这些人们,当他们走在运盐的队伍中,他们就不再是普通的老百姓了,他们就是革命的战士,他们的武器,就是手中赶毛驴的鞭子……月儿树梢挂,出门照冤家哟。第二天,太阳将落山时,华池县运盐队披着火红的晚霞,风尘仆仆地进了合水西华池镇街。街上的人们,都用惊异和敬慕的眼光注视着这些面容焦黑而疲惫的人们。那些身材低矮的毛驴子的腰,个个被沉重的盐包压得凹了下来,盐包沉沉地垂着,几乎要磨着卵石铺的街道。这包里的白色的食盐,在人们的眼睛里,是同金银一样的贵重。有了这些东西,就如同有了白花花的银元,什么东西都不愁了……马文瑞亲自带人在盐库大门外迎接。他站在路边,同运盐队员挨个儿握手。当看到李丕(培)福时,两个人都很激动。马文瑞没想到,几个月不见,这个老李变得又黑又瘦,几乎认不出来。他不知道该说什么话,只想着,眼前这个李丕(培)福,真正是个好同志……①

边区县长这种实地化领导的工作方式和工作作风,犹如革命长河中间的一朵浪花,在那个峥嵘岁月里每天都在发生。一些西方学者认为:在延安的共产主义革命中,领导方式与领导风格,是中共取得惊人成就的重要原因。② 这样的认识是中肯的。在中共的干部队伍里,干部是从群众中来,又到群众中去的。他们既是群众的领袖,又是群众路线执行者。进一步讲,边区的干部是从群众中脱颖而出的,而不是从学校或行政机关培养出来的。真正好的干部是在领导群众的实际斗争中造就的,是在为民众谋发展、得实惠的基础上成就自己的。边区县长以平民化的形象、民主化的作风和实地化的领导意识,其根本指针就是为民众服务的。正是在服务民众的过程中形成的这种工作方式,最终造就了诸如纺织能手陈玉山(环县)、铁人县长刘永培(淳耀)、文化学习模范李积成(新宁)等一个又一个模范县长。艾青说:"在八年战争的时间里,我们已成长了无数新的

---

① 忽培元:《群山》,中国青年出版社1996年版,第595—600页。
② Carl E. Dorris, *Peasant Mobilization in North China and the Origins of Yenan Communism*, The China Quarterly, No. 68, 1976.

人物,他们的出身,在旧社会里显得很卑微,但由于他们受苦最深,对抗战最坚决,为人民服务的思想也最彻底,进步最快,都成了有力干部。"①可以说,是这个时代造就了这样的县长,同时也是这样的县长造就了这样的时代。

第二节 水乳交融——边区县长的社会交往

原国民党中央航空第八大队三十五中队机长刘善本在给其朋友和同事的信中说:"冷眼旁观,以我亲身所感觉到的,这里的人情是温暖的。"延安人情的温暖,"并不是偶然的,这里的人们,没有经济利害冲突"。②延安人情的温暖,也是当初水乳交融的社会关系的另一种证明。这种融洽的社会交往关系,在边区县长身上亦有着鲜明地体现。

一 与领袖的交往

边区县长与上级领袖的交往,一般都是以约见谈话、工作汇报、书信交流等方式进行的。其中约见谈话与工作汇报是边区县长与上级领导最为常见的交往形式,这种形式往往是基于一些重要事项和任务而进行的。

县长与毛泽东等领袖人物的交往,是他们备感激动的时刻。在他们看来,能受到毛泽东等领导人的接见与谈话,既是对他们工作成绩的肯定,也是他们个人的荣耀。延安县县长刘秉温与县委书记王丕年,作为工作在距离党中央与毛泽东最近的县级干部,他们与毛泽东的交往及其心理感受颇具有代表性。据延安县委书记王丕年回忆称:"延安是党中央所在地。全县的工作,从政治到经济,从生产到生活,毛主席都十分关心,亲自指点,常常使我们在迷途中找到方向。"③特别是在大生产运动中,延安县以其突出的业绩被评为陕甘宁边区的模范县,延安县县长刘秉温多次受到毛泽东的称赞。1943年,西北局派一名通讯员通知刘秉温县长和王丕年书记,要求"速到西北局来一趟,有事要谈"。二人旋即骑马上路。到西北局后方知毛主席要接见,二人特别激动。当初与毛泽东的交往活动,王丕年如是说:

---

① 艾青:《蝉之歌》,内蒙古人民出版社1998年版,第61页。
② 刘善本:《这里的人情是温暖的》,《解放日报》1946年6月1日。
③ 王丕年:《延水东流——王丕年同志革命回忆录》,黑龙江《晚霞》编辑部1997年编,第184页。

主席笑容可掬地走过来同我俩握手，客气地让座。主席身上穿的仍是那身灰色粗布衣裤，没有带秘书，只跟来一位警卫员。主席首先肯定了我们的工作，然后又询问了我县工作的一些具体情况，我们一一做以汇报，他一边听一边飞快地作着记录。谈话大约进行了半个多小时。临别时，主席语重心长地告诫我们有了成绩不要骄傲自满，要谦虚谨慎，克服官僚主义，要继续抓生产、发动群众、培养典型，我们牢牢记在心里，回到县里立即传达了主席的指示。①

与主席的这次谈话，王丕年与刘秉温一连多日"还沉浸在被毛主席接见的幸福之中"。应该说边区县长也同大多数人一样，对于领袖都怀有一种崇高的敬意，他们之间的交往往往带有一种激动和珍重之感。吴堡县县长王恩惠回忆称，作为一个普通的共产党员，"和许多德高望重的老革命家一起讨论决定党和国家命运的大事，心情十分激动"。②曾先后担任清涧县委书记和县长的黄静波说，他离开家乡闹革命的时候，只知道"朱毛"。他说："毛泽东我很崇拜。"1943年1月，中共中央西北局高干会议奖励在边区经济建设中作出突出成绩的22名干部，黄静波获毛泽东亲笔书写的"坚决执行党的路线"的奖状。对于这一殊荣，黄静波很珍惜，以后一直都精心收藏。近年有人采访黄静波老人时，仍发现当年这张"发黄的奖状挂在黄静波家最显眼的位置，对应着在主人心里的坐标，也在静静诉说一个遥远的历史"。③担任安定县（子长县）县长的李子厚，因各项成绩非常突出，被推选为陕甘宁边区特等劳动模范，毛泽东专门请这些劳模吃饭，并奖励李子厚25元（边币）和一块毛毯。后李子厚县长将此钱交给了食堂，请子长县的乡亲吃了顿饭，改善伙食。奖励的毛毯，在他到黑龙江搞土改时送给了一个贫苦农民。延安时期县级干部与毛泽东的交往，正如王丕年所说，当年毛泽东非常重视"在党内发扬民主，让人讲话，坚持'言者无罪，闻者足戒'原则"，故而"许多事情，使我终

---

① 王丕年：《延水东流——王丕年同志革命回忆录》，黑龙江《晚霞》编辑部1997年编，第201页。
② 中共中央党史研究室第一研究部编：《七大代表忆七大》上册，上海人民出版社2006年版，第134页。
③ 《黄静波——一辈子的革命者》，《大公报》2012年9月4日。

生难忘"。①

除约见谈话的交往形式之外，信函往来也是较常见的交往形式。大生产运动期间，延安县劳模杨步浩随慰问团访问南泥湾，途中获知毛泽东、朱德等中央领导人都有生产任务，要求为毛泽东代耕。杨步浩经过辛勤劳动获得了大丰收，拉着500斤粮食为毛泽东代交公粮。毛泽东高兴地接见了杨步浩。在交谈中，毛泽东询问他获得丰收的秘诀。杨步浩就把自己种麦不违农时的经验说了一遍。毛泽东聚精会神地听着，并当即坐到办公桌前，提笔给延安县县长写了一封信，提醒县长重视并推广杨步浩的经验。②

如果说边区县长与毛泽东等人的交往，往往还是一种仰视的心态，那么与边区政府领导人的交往，无论是频率还是交往方式，都要较前者更为经常。由此也形成了更为密切的交往关系。如边区县长与担任陕甘宁边区民政厅副厅长、主管干部工作近十年的唐洪澄之间，就有着甚为密切的交往关系。一些县长到延安开会，经常与他促膝谈心，"不论受表扬的同志，还是犯错误、受委屈的同志，都愿意到他那里去谈心，领会教诲"。③作为边区政府主席的林伯渠，也经常去相关县份调研开会，因此他与县长之间的交往就更频繁。在此过程中，自然会与县长形成密切联系。1942年9月初，林伯渠亲自到延安县政府所在地川口，和刘秉温县长交谈了六七个小时，详细地询问政府各项工作，并就联系实际进行思想革命、新老干部在学习中要相互帮助、工作和学习如何配合等问题，进行了具体的指导。因边区县长与林伯渠之间的交往甚多，关系自然要密切许多。

曾担任吴堡县县长的王恩惠回忆称，当时延安年轻人占绝大多数，像徐特立、董必武、林伯渠、吴玉章、谢觉哉这样的老人极少，所以大家都尊称他们为延安"五老"。林伯渠同志是陕甘宁边区政府主席，称他林老，既亲切，又体现了大家对他的尊敬。那时，很少听到有人陈他"林主席"。在吴堡县担任县长之前，王恩惠曾到林老住所交谈，据王恩惠回忆说，林老很亲切地让他坐下，问他："你认识字吗？能不能看《解放日报》？"他回答说："念过几年书，能读报纸。"接着，林老又谈及吴堡县的情况，他说："吴堡是个小县，是个比较艰苦的地方，不论县大县小，

---

① 王丕年：《延水东流——王丕年同志革命回忆录》，黑龙江《晚霞》编辑部1997年编，第177页。
② 惠金义：《毛主席和咱手拉手——记毛主席和劳动英雄杨步浩的深厚友谊》，《人民日报》1978年12月19日。
③ 马文瑞等：《深切怀念唐洪澄同志》，《革命英烈》1988年第6期。

都有那么多工作要做，都要做好。"林老说得比较慢，"他那双闪烁着智慧的眼睛，透过眼镜亲切地望着我，一股暖流流过了我的心房，就像一个要出门的游子在聆听长者的嘱咐一样"①。

担任富县县长的谢怀德也回忆说，在他与林老交往的过程中，即便讲错了话，做错了事，林老也从不单纯责备，更不用挖苦的言辞刺人，而是进行耐心说服，使人心服口服。所以跟林老在一起，思想融洽，敢讲真话、心里话。谢怀德说，1942年林伯渠到富县视察工作，他在肯定我们工作成绩的同时，也指出了我们县工作不如甘泉扎实，群众基础不够牢固的问题。但此事过去六年后，林老对谢怀德说，1942年我到富县检查工作，对你们的批评中有过头的话，不符合客观事实。富县地处边区南大门，胡宗南进攻延安时，在残酷的斗争中，富县干部和群众顽强不屈，做出了很大的成绩。事实证明，富县的工作基础、群众基础是好的。谢怀德说："林老的求实精神，至今仍深深留在我们的记忆中。"②

边区县长与林伯渠的交往，很多人一直都记忆犹新。邵清华担任安塞县长之时，林伯渠鼓励邵清华说："你做妇女工作时很有魄力，对搞好县长工作也应有勇气。中央领导同志很关心和支持你，你更要以实际行动努力工作。""过去你只是做妇女群众的工作，今后是一个县的'父母官'，男的女的各种人的工作都要做，这就要更广泛的联系群众，深入实际，多做调查研究。到了新的岗位上，在各方面都要严格要求自己，特别要注意和当地干部搞好团结，才能担负起党交给你的重任。"在林伯渠的关怀教育下的邵清华，不仅在实践斗争中得到锻炼，成长很快，"她至今还十分怀念和感激林老对自己的培养"③。

边区县长甚至常与林伯渠开玩笑。据田夫说，林伯渠的儿子相持（林用三）经常背着双手学爸爸走路，学得逼真极了。县长刘秉温、县委书记经常逗他玩，开玩笑叫他"小主席"。没想到把林老也逗乐了。然后，他严肃地说：这样不好，这种玩笑开不得，无形中会给幼小的心灵刻上超人一等的痕迹，有害相持的健康成长，你转告县里同志，别开这种玩笑。同时，把相持叫到身边教导说："以后别人叫你'小主席'，你不能接受。人家问你长大做什么，你说到基层锻炼去，当一个乡政府的文书。"果然小相持回到县里，就向人说："我爸爸说了，你们叫我小主席，

---

① 中共临义县委编：《怀念林伯渠同志》，湖南人民出版社1986年版，第216—217页。
② 同上书，第144—145页。
③ 《林伯渠传》编写组：《林伯渠传》，红旗出版社1986年版，第252页。

我不能接受。我长大了要当乡文书。"惹得大家哄堂大笑，同时都受到了教育。①

二　与直属关系的交往

边区县长作为一县行政首脑，与直属领导与下属人员之间，不仅因为工作上的直接联系形成了密切的工作关系，而且长期以来的合作共事，以及共同的革命理念与追求，同样形成了密切和谐的人际交往关系。

陕甘宁边区县长的直属上级领导是地委和专署，县长直接在地委和专署的领导下开展工作。故而县长与直属领导之间的交往不仅频繁，而且也在很大程度上影响着县长的工作方式。黄静波在担任清涧县县长期间，就与绥德地委书记习仲勋之间有着良好的合作与交往。黄静波说正是在这里耳闻目睹了习仲勋的许多优良作风和为人品德。习仲勋抓生产时亲自到农村、田头边了解情况边帮老乡干活，他经常在炕头和农民促膝谈心，问寒问暖了解群众需求，劳动模范刘玉厚就是他到绥德郝家桥村向当地农民请教生产时发现的，他帮助村里和刘玉厚总结经验，安排计划，并大力推广刘玉厚和郝家桥村的经验。正是"习仲勋的优良作风和工作方法对我和地区各县的领导都有很好的榜样作用"。在担任清涧县县长期间，与习仲勋一样，黄静波也在清涧县任家崄村树立了白德这一典型，并将白德的事迹编成秧歌剧《访白德》，在群众中产生了热烈反响，后应毛泽东邀请，参加生产经验座谈会，同时受到朱总司令嘉奖。②

在陕甘宁边区，很多县长文化水平较低，担任县长初期难免会有顾虑。在此情形之下，他们往往会求教于直属上级领导。上级领导的鼓励与支持，经常为他们顺利开展工作提振信心。红泉县刘大才被选为县革命委员会主席后，总觉得担子不轻，"黑夜躺在炕上，心里盘算过来盘算过去睡不着。咱刘家人老几辈子除了种地戳牛屁股，没出过识文断字的，更没当'官'理事的。你说要我预备当县主席，咱心里不安稳。这'主席'就是从前的'县长'嘛，老百姓的父母官呀，可不是闹着耍笑儿的。弄得不好，丢共产党的脸面不算，叫国民党笑话那可不得了。再说……咱如今还不在党……"就此，马文瑞鼓励说："老百姓举手选你，你就当，放心大胆地当。你精明能干，又有群众拥护，党随时都会给你撑腰。"③

---

① 中共临义县委编：《怀念林伯渠同志》，湖南人民出版社1986年版，第199页。
② 黄静波：《伟绩彪青史丹心天地鉴——深切怀念老领导习仲勋同志》，《大公报》2013年10月14日。
③ 忽培元：《一枝一叶总关情》，中国青年出版社2003年版，第174—75页。

当然，边区县长与直属领导在交往之中，也会产生一些分歧。据黄静波回忆说，在他担任清涧县县长期间，时任三五九旅旅长兼绥德警备区司令员的王震部下几个干部出差来到清涧县，晚上向老乡要盆子洗脚。老乡说，没有洗脚盆，只有和面盆。这些干部就拿起老乡的和面盆洗起脚来。老乡很气恼，反映到黄静波那里。黄听后很生气，批评了卫生处那几个干部。不料卫生处那个陈处长不服气，向王震告状，说清涧群众不给洗脚盆子，进而上纲上线地说清涧的拥军工作问题很大。王震听后很生气，在绥德专署召开的各县县长会议上，不问青红皂白地批评黄静波是干什么吃的，工作搞得一塌糊涂，老百姓连个洗脚盆都不给借，还谈什么拥军爱民？还是什么模范县？黄静波当场站起来申辩，王震越骂越凶，黄抬脚走出会场。王喊他，黄头也不回，两人为此闹得很僵。后来身为上级领导的王震为这件事多次做自我批评。对此，黄静波说王震这种"实事求是的思想、品德和作风，使我们这些年轻的干部受到了深刻的教育，是我们永远学习的楷模"。①

县长与县委书记作为县级干部中的主要负责人，他们的密切配合与融洽交往，更是开展各项工作的基础。"要和县委搞好关系，跟干部搞好团结，别的就好办了。"② 这是马明方在强晓初即将上任安定县苏维埃政府主席时特别对他强调的。在陕甘宁边区时期，县长与县委书记的关系是最重要"搭档"。

曾任延川县长的刘子谟说："我的搭档——延川县委书记高朗山，佳县人，曾是西北局团委书记，下放延川锻炼，朗山同志工作不错，和我配合很默契。"因关系融洽配合默契，几年来作出了很大成就。尤其在妇纺方面，"参加纺线和织布的妇女人数一年年增多，纺花的数量和织布的数量亦年年增加"。另外"粮食生产亦自给有余，救国公粮亦能如数上缴兵站"。③ 盐池县委书记贺旭东也回忆说：我们工作作风的第一个特点就是作风民主。我是县委书记，阎志遵是县长，肖佐仪是组织部长，贺平山是宣传部长，妇救会长是四方面军下来的一位四川籍的女同志，妇女干事叫王玉兰，我们从领导到一般工作同志之间关系相当好，平等相待，有什么话当面就讲，一块儿商量工作，决定下来，立即去办。领导和同志们工作积极，情绪高，干劲大，党布置的任务总是千方百计地完成，完不成任务

---

① 黄静波：《将军情深恩犹重——深切怀念王震将军》，《人民日报》2003年4月13日。
② 中共陕西省委党史研究室编：《马明方》（上），陕西人民出版社2001年版，第204页。
③ 龚金牛主编：《从延河畔到天山麓——刘子谟革命生涯》，新疆人民出版社2004年版，第19—20页。

自己觉得没法向组织交代。同志们心里都想着工作，想着推翻三座大山，驱逐日本侵略者出中国，别无二心，根本不存在独断专行或什么派性之类的不正之风。第二个特点，党政军民关系密切。那时，我们的一切行动要没有群众的大力支持，简直寸步难行。①

县长与部属之间同样有着和谐的人际交往关系。这种交往关系不仅体现在工作业务上，也体现在对部属的关怀上。特别是整风运动期间更是如此。

曾在延川县农贷办事处供职的黄达生就讲述了延川县县长辛兰亭与自己交往中的一段故事。黄达生说，当他一来到延川县，便受到辛兰亭县长热情的欢迎和接待。辛县长当时拉着我的手不放，连说："欢迎，欢迎，好了。"他亲自带领我们到准备好的银行农贷办事处的办公地址，直到晚上，他才离开。银行开业后，辛县长不时前来视察，给全行同志以极大鼓舞。特别是在1943年"五一"节后，银行开始实行查账、查库。不幸的是，这次查库，发现库存现金短缺了3003元。随即辛兰亭县长赶到银行来了解情况。辛县长指示：应马上向延安陕甘宁边区银行详细报告，并请总行派专人前来协助查账，弄清短款原因再作处理。但总行派来的会计师主观猜疑，我们之间发生了争吵，我只好如实去向辛县长汇报。辛县长平静地对我说："我们共产党人做事应该光明磊落。但你也应该冷静，不该与他争吵。这样吧，我们马上向陕甘宁边区银行领导如实地反映，等待妥善处理。你回去后要教育同志们安心工作，千万再不要出差错了。"遵照辛县长指示，我回来向大家作了动员，让大家安心工作。但没过三天，突然来了几个武装人员，进了银行门二话没说，就把我五花大绑。情急之下我立即要求面见辛县长。当辛县长了解到：前来的武装人员带来的是康生签署的逮捕证后，沉思了一下对我说："萧煌同志（我的原名），他们有党中央康生同志签发的逮捕证，你只好服从大局，随他们去延安。你一定要坚信党，要冷静，问题一定会实事求是地解决，组织绝对不会冤枉自己的同志。你去延安后，我们负责把所有账目，连同你的组织关系，安全地送到延安。这件事会弄清楚的。"辛县长这语重情深的一番话，体现了一个领导者对同志的信任和爱护之情，我的热泪禁不住夺眶而出，当时的情景至今令我难以忘怀。时隔几天后，事情搞清了。陕甘宁边区银行黄亚光行长在全行大会上宣布："延川县银行短款3000元一案，已将账目查清，短款原因系传票误记。由此证明该行行长萧煌（现名黄达生）同志对党

---

① 《盐池革命回忆录》第2辑，中共盐池县委党史研究室1988年编印，第53页。

的事业是忠实的,该银行不存在短款事实。"不久整风抢救运动也结束了。我曾把这次冤案澄清平反的经过,给辛兰亭县长写过一封信,同时感谢他对同志的爱护信任。①

担任吴堡县委宣传部长的黎智也讲述了他在整风时期与王恩惠县长的密切交往。1943年,康生在延安直接导演了一场所谓的"抢救运动",在青年知识分子中抓了不少"叛徒"、"特务"、"汉奸"、"托派"等所谓的坏分子。根据要求,吴堡县委于1943年7月召开动员会,开展"抢救运动",黎智当初的工作是组织全县干部进行学习。作为宣传部长的黎智并没有人云亦云。在县委会上,为使一些同志不被定为"特务",他抱着对这些同志政治生命负责的态度,敢讲真话,敢说实话,用这些同志在吴堡农村中的政治、工作表现来说服县委其他成员。黎智还多次摸黑来到王恩惠县长住的窑洞里,在微暗的烛光下,与王恩惠进行推心置腹的交谈,他谈到在鄂西艰苦斗争岁月中许多同志为革命出生入死的场景,谈在重庆南方局所接触到的不少有志青年追求真理的坎坷历程,以及对此次运动中的一些过"左"的做法的质疑。在王恩惠、黎智等人的据理力争下,县委一班人中对"抢救"的看法趋向一致,致使全县的"抢救运动"未出现扩大化问题。据2003年5月王恩惠老人的回忆:尽管运动来势凶猛,并有反特扩大化的倾向,甚至在全县采取了一些刑讯逼供的做法。②

实践证明,凡是县长与直属关系的交往融洽和谐的地方,也是工作开展的最为顺利、成绩也最突出的地方。正如强晓初所说,由于他得到马明方的鼓励和支持,在安定县任上时注意密切联系注重团结,在半年时间里安定县"竟然成了党政关系最好,工作最协调,大家最满意的县了"。③

三 与党外人士的交往

与党外人士的合作与交往,是联合各方面爱国力量,巩固抗日民族统一战线极为重要的政策与策略,也是边区县长开展县域社会统战工作的重要任务。故而与县域社会党外人士的合作与交往,也就构成了边区县长社会交往的重要一环。

究竟如何与党外人士交往合作,尽管中共曾明确提出要求开展"交朋友工作",但是在较长的一段时间里,"交朋友工作,还只是一种线索

---

① 袁文燕主编:《清风正气满人间——辛兰亭纪念文集》,新疆人民出版社2007年版,第28、30—31页。
② 易福才等编:《黎智纪念集》,武汉出版社2004年版,第56页。
③ 中共陕西省委党史研究室编:《马明方》(上),陕西人民出版社2001年版,第204页。

关系或'一面'之交,还没有做到真正的知己朋友或患难朋友"。① 为此,林伯渠指出:"政权工作者要学习政治家风度:大公无私,容纳万有,诚恳说服,这又是统一战线组织中所必具备的工作作风。"② 对于"当县长的同志,切不可大权在握,一切武断独断,要多找一些人商量,各科的事要经过各科去办,大胆地信任非党干部做各种工作"。特别是"对于中间分子士绅名流,尤为重要,过去我们同志对进步分子都团结不好,对他们更差了。我们同志的态度要谦和,要诚恳,要尊重其人格,尊重其意见;不要锋芒毕露,自以为是政治家,而要善于根据不同对象去进行政治解释工作。感情的联络也是必要的,因为这对政治上的接近是有帮助的"③。经过一段时间的摸索适应,边区县长与党外人士的合作与交往中,逐渐形成应有的工作作风,取得了明显的实效。

合水县长高朗亭,曾于1940年在陕甘宁边区政府县长联席会议上介绍了自己与党外人士交往合作的经验。他指出,县级政权建立初期,"有的人士对我政府不大相信"。针对这种情况,首先"应建立我们自己的威信,就是关于我们的设施,向群众宣传,政府不能说空话,言而必行,如说出而做不到是会降低威信的"。在处理案件时一定注意原则。他说,有一土匪案子,"坊上有一些人来讲情,送我们一千元,结果我们给了他个钉子回去;又一次仍然是那个人,个别又给我二百元,我便发了脾气,由此他们相信我们政府是不爱钱的。我们应以事实给予证明。最近政府的信仰是好的,在去年友方保安队与政府工作的人员也都回来了"。同时在统一战线工作中交朋友,"我们那里在开始时不大好,后来还有了相当的成绩。自七月份起到现在,回来有十多人的样子。我们在争取时用联名写信的办法,联络一些上层人士给他们写信,因他们是相信本地方人,如过去五区刘兴汉是当地人(在保安队),有的干部未经县政府便将其逮捕,并带有一支枪,后我们将其人枪带到县府,将枪打了借条,结果他又交出十几支出来"。④ 环县县长杨玉亭在给边府报告统一战线工作时也指出,对于党外人士,在政治上给予"大公无私的影响,并做出事实使他们看"。

---

① 中共延安市委统战部组编:《延安时期统一战线史料选编》,华文出版社2010年版,第323页。
② 《林伯渠文集》,华艺出版社1996年版,第211页。
③ 中共中央统一战线工作部:《邓小平论统一战线》,中央文献出版社1991年版,第10—11页。
④ 中共延安市委统战部组编:《延安时期统一战线史料选编》,华文出版社2010年版,第550—551页。

如果将友军的逃兵捕获，一律送给他们，"特别是罗儿区那时将他们的叛兵捕获了数名。枪数枝（支），当时送还他们，（并路过的友军给予适当的招待）及粮柴草等的供给，所以影响了友军对我们关系很好，经常来往信件，将我们宣传品及各报纸的论文，让他们来看"。①

绥德县是党外人士会集的地区。边区政府指示要将绥德警备区建成模范的统一战线政府。"这个模范的统一战线政府，必须在组织上、工作方针上、各种政策上、工作方法上都表示其模范。"其时兼任绥德县长的曹力如在开展工作期间，就和各方面的关系都处得很好，真正做到同舟共济、肝胆相照。特别是在"三三制"民主政权建设中，曹力如与党外人士的关系搞得非常融洽。当时绥德地区有许多知名人士，诸如霍祝三、王德安、李鼎铭、刘杰三、刘绍庭、乔松山、马新民、马阁城、张喆卿、张静斋、蔡幼轩、霍仲年、王绍武、艾秉卿、姬伯勋、霍静堂、霍子乐等都是社会各界有影响的头面人物。团结好他们，对于孤立顽固派，联合各方面爱国力量，巩固抗日民族统一战线极为重要。曹力如经常听取他们的意见，采纳他们的建议，发挥他们的作用，而且还和他们中的一些人成为好朋友。因绥德县在与党外人士交往与合作方面取得了显著成效，毛泽东说："绥德的统一战线工作做得好，要很好地总结，要加以宣传推广。"②

边区县长与党外人士的合作与交往，一个重要的原则就是尊重并听取他们的建议和意见。安塞县县长邵清华初到安塞，安塞的一些人士就有些议论："从来没有听说妇女能当县长，我们这里怎么来了个女县长？""一个女子，能把全县的工作管好吗？"这在县政府干部中还引起一些思想波动：这次来的不但都是女的，而且都是"洋包子"（在边区地方干部对外来干部的称呼），是不是我们这些"土包子"不行了？等着换班吧！有的虽然没有换班思想，但对女县长能够做好工作信心，采取了"等着瞧、看看再说"的旁观态度，工作不积极、不主动，不愿意接近。面对这些情况，邵清华并没有计较这些人的态度如何，而是"一切从工作出发，首先积极投入县政府的日常工作。在工作中主动地和地方干部接近，尊重他们，和他们商量共事，让他们通过自己的实际行动来了解我们，调动起工作积极性。同时分别找县里有影响的人士，以诚相见地和他们谈心，征求他们的意见，说明我们有些事还要向他们学习，希望和他们一道很好地

---

① 中共延安市委统战部组编：《延安时期统一战线史料选编》，华文出版社2010年版，第385页。
② 张秀山：《我的八十五年——从西北到东北》，中共党史出版社2007年版，第129页。

工作。这样做的结果很好，这些人士便推心置腹地把心里话讲了出来，还主动地告诉我们安塞县的历史情况，介绍县里干部的优缺点，要我们帮助这些干部克服缺点，也要注意发扬他们的长处。通过谈心，一些人士开始逐渐和我们接近起来"①。特别是对当地有较大声望的绅士白宜彩，县政府每次开会前，邵清华总是先征求他的意见，尊重他的意见。这样白宜彩"感到县长很看得起他，他这个议长不能白当，工作中也很出力，并且见人就宣传女县长待人和气，平易近人，很有能力"。② 一次，邵清华与安塞县的这位晚清秀才交谈时问："你是位老秀才，你看咱们县政府的三位女同志可以称得上秀才吗？"他说："我是个老朽了，不敢和她们相比。她们是真正的革命女秀才，我从心里佩服。"他还说："我听说县里一些干部和老乡，对她们的印象也都很好。"他说这些话时，态度诚恳认真。③

边区县长与党外人士的合作与交往，一方面是模范地执行了统一战线政策，另一方面也是通过切实的工作方式与作风在感染他们。归根结底，县长与党外人士的交往与合作，是一个工作方式与方法问题。通过交往与合作，以构建融洽和谐的工作环境，进而促进工作的顺利开展。与此同时，通过社会交往又可促进相互学习取长补短，发扬彼此的长处克服自己的弱点，以利于提升工作效率，不断开创新的工作局面。

综观陕甘宁边区县长的社会交往关系，无论是与领袖、直属关系还是与党外人士的交往，在战时这一特殊的政治环境下，共同的革命信念和民族利益，由此形成水乳交融的社会关系，时至今日依然是他们念念不忘的情感依托。每每提及那种融洽的社会交往关系，总是会将他们带到当年那激荡人心的革命岁月。正如王丕年所说："每当看到毛主席给我的亲笔题词，他老人家那熟悉的音容笑貌便如在眼前，仿佛他从来没有离开过我们，一直就在我身边。"④ 王丕年的感慨，也应该是当年所有受到毛泽东题词嘉奖的边区县长的共同感受。

---

① 《延安女大——纪念延安中国女子大学建校五十周年（1939—1989）》，纪念延安女大五十周年筹委会 1989 年编印，第 133 页。
② 路岩：《女县长邵清华同志在安塞工作的一些情况》，《陕西党史资料通讯》1983 年第 6 期。
③ 《延安女大——纪念延安中国女子大学建校五十周年（1939—1989）》，纪念延安女大五十周年筹委会 1989 年编印，第 136 页。
④ 王丕年：《延水东流——王丕年同志革命回忆录》，黑龙江《晚霞》编辑部 1997 年编，第 200 页。

第三节　谨身节用——边区县长的日常生活

"日常生活总是在个人的直接环境中发生并与之相关联。"① 边区县长的日常生活，同样体现着鲜明的政治社会环境，折射着浓郁的时代景观。特别是艰苦的战争环境和勤于治事的工作作风，更是沉淀着他们"谨身节用"的生活作风，进而成为中共在战争年代的时代标杆和革命象征。

一　供给制的生活待遇

陕甘宁边区公务人员的生活待遇，主要是实行供给制，实行俸以养廉原则，保障一切公务人员及其家属必需的物质生活及充分的文化娱乐生活。同时根据有关规定，享受一定的福利待遇。具体供给办法是：粮食由政府发给，伙食费由政府发少部分。

县长的生活待遇标准，在不同的时段和不同的地区略有差别。在抗战初期，主要是以自给为主，1936 年规定口粮由政府供给，其余自行解决。1937 年边区政府发放一些津贴，规定每人每月 3.9 元（粮食 2 元，菜金 0.9 元，津贴 1 元）。1939 年将津贴改按职务发给，按照《各机关供给标准》的规定，县长的津贴是 3.5 元。② 但是在各地却略有差别。如在陇东分区规定，县长每人每月 2.5 元，粮食每人每天 1 斤 4 两（16 两秤），菜金每人每天 0.4 元。③ 1941 年边区面临严峻的经济困难，地方干部除口粮外，其他一切费用全部靠生产自给。1942 年，陕甘宁边区的供给制进入了真正的制度化阶段，根据边区财政厅的规定，对干部生活待遇以统支为主，自给自足为辅，发一部分经费，供一部分实物，不足部分由各机关自给。具体标准是：津贴每月 1 元至 5 元。伙食每日 0.20 元。吃小灶者每日再加 0.10 元。粮食每人每日 1 斤 3 两。食盐每人每日 4 钱。被服每年每人单衣、衬衣各 1 套，帽子 1 顶，棉、单鞋各 1 双，毛巾 2 条。棉衣、大衣、被毯按人员 50% 逐年发给。④ 县级干部的办公杂费是 5 元，差旅路

---

① 阿格妮丝·赫勒：《日常生活》，黑龙江大学出版社 2010 年版，第 12 页。
② 参见杨奎松《从供给制到职务等级工资制——新中国建立前后党政人员收入分配制度的演变》，《历史研究》2007 年第 4 期。
③ 甘肃省地方史志编纂委员会编：《甘肃省志·人事志》，甘肃人民出版社 1992 年版，第 77 页。
④ 同上书，第 78 页。

费的标准,每人每日3元,含菜金在内,吃小灶饭的增加1元。不过所发路费必须是因公出外路程往返在80里以上、时间在一天以上的为限。①

1943年提高了津贴标准,将伙食等食物折价计发。具体标准是:津贴提高至15—50元。伙食,大灶每人每月肉3斤(发1斤,自供2斤)、菜30斤、盐5两、油15两、炭每日1斤4两。粮食,每人每天小米1斤3两。服装,每年每人单衣、衬衣各1套,棉衣补充面子,单鞋2双,棉鞋1双,毛巾2条至4条,被子、棉大衣各按人员的40%、25%补充。1944年按边区政府的要求调整了供给标准:津贴及保健费一般政府不发。伙食,大灶肉2斤、油15两、菜30斤、盐1斤、炭45斤(烧柴90斤)。服装,每年每人政府发单衣1套,其余自己解决。解放战争初期,边区县长的供给标准是:每人每天小米1.2斤,每月肉2斤,清油1.2斤,食盐1斤,蔬菜30斤,柴90斤,调料50元。小灶:每人每天小米1.3斤,每月肉4斤,清油1.5斤,食盐1斤,蔬菜30斤,柴120斤,调料100元,全年发单、棉衣各1套,被子按实有人数20%补充,毛巾2条,肥皂1条,单鞋2双,棉鞋1双,牙刷1把,其他生活用品由自己生产解决。1947年再次调整了供给标准:每人每天小米1斤,每月肉0.5—1斤,清油1斤,盐1斤,炭30斤,蔬菜30斤。每人每年单衣1套,棉衣1/2套,单帽1顶,毡帽1/2顶,交旧领新,被子不补充。②

县长的生活待遇,除供给制外还可享受一定的保健福利。1942年,西北局组织部提出了关于改进干部休养所的决定,规定县长可以进入干部休养所,但必须由各该机关主要负责同志签名介绍,经卫生处门诊部检查,由西北局组织及民政厅批准,方可入所休养。在此期间,要改善他们生活上物质的待遇,所需粮食要增到每人每天1.5斤(其中麦子占3/4),每人每天油5钱、豆腐2两、肉2两、菜1斤、调和4钱、盐6钱、炭0.5斤。同时规定要加强干部休养所的政治文化娱乐生活。"凡在所休养的干部,必须经常组织他们参加必要而可能的政治教育及文化学习(但决不可妨碍身体之休养),增加一定数量的报纸,确定其教育内容,并增设必要的文化娱乐工具(如象棋、扑克、地图等),使在所休养的干部在休养期间不仅在精神上可以得到安慰,而且在政治上亦有所进步,以提高

---

① 陕甘宁边区财政经济史编写组编:《抗日战争时期陕甘宁边区财政经济史料摘编》第8编,陕西人民出版社1981年版,第134页。
② 甘肃省地方史志编纂委员会编:《甘肃省志·人事志》,甘肃人民出版社1992年版,第79—80页。

其休养情绪。"①

　　1943 年，西北局保健委员会提出增加保健费的决定，其中规定县长每人每月 60 元至 100 元，猪肉每人每月 1 斤至 1.5 斤。1945 年，西北局保健委员会正式制定干部保健条例，条例规定县长如果体弱有病或在职休养者，经保健委员会批准可享受定期保健，全年发给 3 个月至 6 个月的保健费。对于工作五年以上的县长，若体弱有病的，由保委分会提出名单，经西北局及联防军保委会分别审查批准，可享受长期保健。保健费以大秤猪肉按照市价折合现款计算，特别保健费每人每月 5 斤，长期保健费 1 斤至 3 斤，定期保健费 1 斤至 2 斤，临时保健费 1 斤至 3 斤。对于住在机关里的，如无病灶设备，应根据财政厅所定标准，由本机关行政上帮助调剂。经过医生检查证明，行政上批难，吃大灶饭的，除应领伙食外，长期病员每人每天补助白面平秤 0.5 斤；临时急病员，得改发挂面、鸡蛋等食品。发放数量与时间，由各机关自行规定。对病员生活，保委会和行政上应经常注意帮助解决困难，并动员大家发扬友爱互助精神，按时进行慰问，使能安心修养早复健康。②

　　除此之外，陕甘宁边区政府还制定了政府家属待遇暂行办法。办法规定：凡政府各部门编整内之工作人员的妻子，其本人不参加工作各尽可能地动员回家，如有特殊情形不能回家者，一般方针是帮助其从事生产，尽量做到自给。凡家属在边区内有代耕或家庭富裕能自给者，无代耕，无接济，但有自给条件与自给能力者，要完全自给。对于那些不能回家的家属，不能自给须要补助者，在未达到自给的过渡期，按其具体情况决定补贴标准：家在边区，无代耕，且贫困，因病或带小孩导致不能生产自给者未参加过工作或参加过工作但不到二年的，每月补贴小米 5 升。参加过工作在二年以上的，每月小米 1 斗；家在边区外，无经济来源，因病或带小孩致不能生产自给者，未参加过工作，或参加过但不到 2 年的，每月补贴小米 1 斗；参加过工作在 2 年以上者的，每月小斗米 1 斗，边币 2 万元。如系长征来的家属每年可发棉花 2 斤。③

　　边区县长享受供给制生活待遇，是在长期革命战争条件下形成的较为

---

①　中央档案馆、陕西省档案馆编：《陕西革命历史文件汇集》（1942 年）（内部资料），1994 年刊印，第 157 页。

②　中央档案馆、陕西省档案馆编：《中共中央西北局文件汇集》（1945 年）（内部资料），1994 年刊印，第 3—5 页。

③　陕西省档案馆等编：《陕甘宁边区政府文件选编》第 10 辑，档案出版社 1991 年版，第 208 页。

特殊的生活待遇。这种生活分配体制尽管并不是绝对意义上的平均主义，但也绝非存在着较大的差距。据杨奎松先生研究指出：在抗战及国共内战期间，延安地区的供给制标准，大、中、小灶的差距，最多不过三四倍。而且物资供应越困难，这种差距也就越小。如1943年延安实行大生产运动，经济情况好转，因而大、小灶伙食标准差距拉得最大；1947年延安地区一度成为国共争夺的重要区域，因而大、小灶伙食标准差距也缩得最小。一些地区甚至一度取消了中小灶待遇，或吃小灶者改为吃中灶，以适应战争形势和供求关系的变动。但无论如何，即使是在差距最大的情况下，把中共中央最高级别干部可以享受的特别保健费算在其中，供给制下因干部级别所带来的物质生活方面的差距还是十分有限的。再加上供给制使"公家"与个人严密结合，确保了党的纪律和干部的相对廉洁。① 一些到访过延安的人士也注意到：供给制度有一个公家规定的标准，因此"各机关学校部队工作人员的生活，大体是标准化的，即有差异，距离也不会过远"。至于发生的差异只有三种情形，一种是供给标准上规定的差异；第二种是要看各机关的生产情形，生产努力的机关，除了按标准供给生活品之外，还有多余。这一部分多余的生产，就可以用在本机关人员的福利上，或者每人多吃几斤肉，或者每人多分到若干日用品；第三种情形就是要看个人生产的情形，个人生产除一部分归公外，另一部分是自己可以支配的，当然生产得多些，生活也可以比较好一些。综合起来讲，"边区政府所规定的供给标准，事实上只是一个标准。公家并不保证标准以上的生活"。故而"一般工作人员的生活享受，虽说有小小的差异，也只是量上的差，而不是质上的异。没有极端的苦与乐，这件事对于安定他们的工作精神自有很大的作用"。②

供给制尽管为边区县长提供了最基本的生活保障，但是在延安时期极其艰难的生活条件下，仅仅依靠供给制是很难满足县政机构的日常运转的，故而生产自给就成为保障日常生活的另一种重要形式。

二　物质生活的自给

战时陕甘宁边区生活之艰苦是不难想象的。延川县长刘子谟回忆说，陕北的生活是艰苦的，像我们这些地方工作人员，公家只管吃饭，其余的

---

① 杨奎松：《从供给制到职务等级工资制——新中国建立前后党政人员收入分配制度的演变》，《历史研究》2007年第4期。

② 赵超构：《延安一月》，上海书店1992年版，第77—78页。

什么也没有。那时穷得说起来实在可怜，连印钞的纸张都没有，都是用土布代替纸张印成钱用。①定边县委书记邓国忠也回忆称，当时每天吃粮都是小米、黄米干饭，吃菜都是土豆、白菜、萝卜，在机关一月吃不到几顿白面、肉食，生活非常艰苦。当时我们机关干部职工的生活也和红军战士一样，吃的粮食是靠政府按标准供应的，吃菜是靠政府发放的一点伙食费维持的，衣服也靠政府发，几年一套，甚至连衬衣也没有，衣服烂了，补丁加补丁。②鄜县县长也说，"县府有些日子一天只吃三顿稀饭"，甚至"有的将被子卖了"。③

在此情形之下，"自己动手，丰衣足食"就成了当时的基本口号。其时，陕甘宁边区政府提出了各机关制定自给生产计划的通知，要求各县按照全县脱离生产的工作人数、其伙食、津贴、办公费、路费、马匹等用费开支数，来制定自给计划与任务。其中对各机关及个人的自给数量确定了这样的标准：机关自给部分，要求九个月以上的菜蔬，每人每月肉大秤 2 斤，每人每月调和佐料 6 元，过年过节统共每人肉大秤 2 斤，发每人熟毛 2.5 斤，每人单鞋 1 双、衬衣 1 套、肥皂两条，每人每年文化娱乐费 50 元，修理补充费 120 元。对于个人自给部分，用公家发的熟毛打成毛衣 1 件，毛袜 2 双，手巾 2 条，牙刷 2 把，精盐 4 两，革鞋 1 双，袜子 2 双。④根据这一要求，边区各县积极投入到自给生产以满足日常生活需求的运动当中。

关于伙食问题，多数县份一般要求包括县长在内，每人种地 3 垧以上，打粮 1 石，有的县政府"是集体作生意赚利解决"。⑤在吴旗县，以王明远县长为领导的"自足会"，领导全县各级党政军开展生产劳动。县级单位在水泛台、金佛坪、刘河湾、乱石头等地办起了农场。据统计，1944 年吴旗县干部职工共种地 2383 亩，产粮 377.9 石，收菜 9 万公斤，养猪 77 头。⑥三边分区的盐池县，据盐池县委书记邓国忠回忆，当时县上除财政按规定拨少量办公、伙食费，还是要靠县上自己组织干部参加生

---

① 刘子谟：《要发扬艰苦奋斗的精神》，《支部生活》1991 年第 2 期。
② 马骥主编：《三边往事》，中共定边史志办公室 2006 年编印，第 160 页。
③ 中央档案馆等编：《中共中央西北局文件汇集》（1941 年）（内部资料），1994 年，第 368—369 页。
④ 中央档案馆等编：《陕甘宁边区政府文件选编》第 7 辑，档案出版社 1988 年版，第 7—8 页。
⑤ 中央档案馆等编：《中共中央西北局文件汇集》（1941 年）（内部资料），1994 年，第 369 页。
⑥ 吴旗县地方志编纂委员会编：《吴旗县志》，三秦出版社 2003 年版，第 587 页。

产劳动。县政府办了一个农场,各个单位都自己种菜、养猪解决吃菜问题。为了弥补经费不足,县上还自己办了一个商店。当时住的房子内盘上土炕,冬天烧点柴火暖炕过冬,甚至连柴火也是自己到野外背回的。出门下乡都是靠自己两条腿走路,不管是天寒地冻,还是烈日炎炎,均是如此。因为财政收入很少,经费非常困难,许多离家近的往往从家中要点衣服或弄点钱弥补不足。① 新宁县长刘永培是通过自给满足日常生活的典型。刘永培县长家中共有22口人,在当时极为艰苦的环境下,基本的穿衣吃饭都是较为困难的。刘县长积极响应"自己动手,丰衣足食"的号召,亲自为自己家庭制订了自种、自纺、自织的生产纺织计划。按照家人每年穿衣服所需20匹,他要求计划种棉3亩,产棉45斤,购棉100斤,织布49.5匹,自用20匹,出售29.5匹。可赚54万元。规定纺棉3斤,交线2斤,织布1匹,奖线半斤。1945年6月9日,《解放日报》以《新宁县刘县长家庭计划自种自纺自织,实行奖励办法,要做到穿布自给》为题进行了报道。②

县政办公费用问题,一般都是由公家商店赚利来解决。有的地方甚至是由县长自己亲自动手修建县政办公场所,解决县政府的日常办公需求。吴堡县长魏希文就是如此。魏希文初到吴堡上任时,吴堡县政府还在仁家湾,是借住老百姓的房子。不久,县政府搬迁到宋家川。但是宋家川在抗战时期被日军破坏很大,县政府没有一个适当的地方。魏希文县长着眼长远,亲自动手,领导县府人员和工人一起搬砖、抬瓦、扛石头、挑土、搞木料,建起了二十几孔崭新的窑洞,遂成为新的吴堡县政府。

边区县长日常生活自给,不仅可以满足自己的生活需求,而且县长亲自动手,又在很大程度上激励着周边的人员和广大民众,从而形成更大范围内的自给生产和生活需求。

就在陕甘宁边区第一届参议会上,就有不少参议员提议指出,为了度过抗战第二阶段的经济困难,准备应对敌人对边区的可能封锁,改善工作人员的生活,陕甘宁边区政府所属各机关工作人员,"大多数是年青力壮的、有艰苦奋斗传统的、有献身抗战事业之热诚的、有劳动经验的、并且是有组织的,因之,实行生产运动,做到生活上的自给自足,必能完成"。作为县长,必须即时动员,完成一切准备工作,以免失时;必须有

---

① 马骥主编:《三边往事》,中共定边史志办公室2006年编印,第160页。
② 马兴文主编:《中国共产党宁县大事记1920—2004》,中共宁县县委党史办2005年编印,第47页。

良好的组织工作，使每一个工作者都成为生产者，每一个生产者都发挥其全部力量；必须进行广泛的、深刻的政治动员，唤起与激励机关工作人员的生产热诚。保证"一年中八个月食粮自给"，蔬菜自给，冬衣自给。①与此同时，边区政府委员会也发出通知强调指出：虽然说机关、部队、学校都有其本身经常任务，不能用很多力量从事生产，但它的意义非常重大：一是打破"治于人者食人，治人者食于人"的老例。因工作的不同，不能不一部分取给于民，而不是照例应该坐食；二是从来不生产的机关、部队从事生产，使得广大人民都把生产看得隆重，懂得以生产支援抗战的道理；三是机关、部队、学校的人员是人民中进步的部分，因而在整个生产运动中，可能起领导与推动作用。最后，就是对财政上的弥补，工作人员生活的改善，帮助很大。②以此为目标，边区县长又将日常生活的自给和群众的生产自给联系起来。

环县县长陈玉山、曲子县县长逯月喜就是这方面的典型代表。为搞好曲子县的生活自给，逯月喜组织干部群众在开荒种田中进行劳动竞赛，比谁的毅力最强，一口气挖得地最多。作为县长的逯月喜曾创造了一口气连挖 100 镢头的最高纪录，群众都称他"铁县长"。环县在陈玉山县长的带领下，于 1943 年至 1944 年间种蓝 100 亩，打靛 200 斤，解决了机关干部和周围群众缺少染料的困难，也解决了自己的穿衣问题。与此同时，曲、环两县在 1940 年开始创办生产合作社，及至 1943 年，合作社贯彻民办方针，由单纯消费性转向综合性合作社，开始向多种经营发展。据史料载，1945 年曲子县联店入股资金 1000 余万元（边币）。其中经营布匹、棉花占 80%，文具纸张占 5%，一般用品及土产品占 10%，染坊占 3%，投资工厂占 2%。全年进货 15400 余万元（边币），销售 9600 余万元（边币），资金周转 9.6 次。全年纯利 4205 万元（边币），成为陇东和边区各商店之冠。县长陈玉山被称为"纺织能手"，被边区政府树为"模范县长"和"模范生产者"。

县长带领下的生产与生活自给，对广大干部群众的教育鼓舞极大，开荒种粮运动在曲子县和环县迅速展开。县党委和政府还制定了鼓励开荒的政策措施，对开荒耕畜和农具有困难的农户发放农业贷款；对缺少口粮和籽种的农户，借给口粮和籽种。据不完全统计，1942—1943 年，曲、环两县共发放农业贷款 60 余万元（边币），借给群众口粮和籽种 27 万余

---

① 陕甘宁边区财政经济编写组等编：《抗日战争时期陕甘宁边区财政经济史料摘编》第 8 编，陕西人民出版社 1981 年版，第 70 页。
② 陕西省档案馆等编：《陕甘宁边区政府文件选编》第 4 辑，档案出版社 1988 年版，第 1 页。

斤。针对劳动力紧缺的状况，环县安置移民 117 户，曲子县安置 118 户，还把社会上的"二流子"组织起来，教育他们改过自新，变成自食其力的劳动者。1943 年，环县收容 155 名男女"二流子"投入开荒生产的行列。从 1939 年到 1943 年，曲、环两县共开荒 578761 亩，增收粮食 578761 石。通过开荒种粮，大部分群众达到"耕一余二"，人民生活有了保障。干部职工的生活也有明显的改善。1943 年 8 月 12 日《解放日报》载："环县机关生产好，干部生活大改善"，干部"一日三餐，一顿米饭，两顿白面，每人每月吃猪肉二斤，清油一斤八两"。①

边区县长日常生活自给的做法，曾引起一些国外记者的"惊奇"。美国记者 G. 斯坦因就说：我在边区的第一次吃惊，是偶然听到一位县长说，他和他的僚属今年要完全不依靠纳税者的金钱，他们每个人要对公家捐输一千斤小米。斯坦因反问这位县长："你的意思是说，共产党区域的官吏不但不拿薪水，还要为了服务政府的光荣而付钱出来吗？""你愿意这样说也可以。这是我们的生产运动的结果之一。毛泽东同志要求党和政府的一切职员，卫戍部队的一切官员，一切教员学生，都自己动手，尽量生产自己所需要的一切东西，这是为了减轻老百姓的负担，同时为老百姓做生产的榜样。"……后来他发现，对于"不生产分子"的这一训令，确实执行到相当程度。②

三　日常生活中的县长

日常生活中的县长呈现着什么样的特征，现有的资料还不足以完全呈现当时的详情。不过从总体上来看，勤劳朴素、"百姓一般"的生活形象，应该是边区县长的最基本特征。有位记者到延安县政府采访刘秉温县长，去后看到县政府在一个先前是老百姓的大院里，有着几间平顶石窑。记者发现：

> 这里看不见堂皇的衙门，也看不见威风凛凛的大堂，也看不到什么县长的公案，也没有门禁森严的卫兵。这里有的是一个民选的政府，和一个艰苦耐劳的农民出身的民选县长。县长刘秉温同志，一张朴实的面孔，一身黑色制服，腰里系一根腰带。③

---

① 唐秀林主编：《环县史话》，甘肃文化出版社 2004 年版，第 198—199 页。
② [美] G. 斯坦因：《红色中国的挑战》，李凤鸣译，上海希望书店 1946 年版，第 42 页。
③ 《延安县政府访问记》，《新中华报》1939 年 4 月 10 日。

日常生活中的县长，基本上是以艰苦朴素、态度诚恳的形象以及与民众同甘共苦的生活作风而被人们所称道的。正如一位小学教员专门写了一首称颂魏县长的歌：

> 街坊人，看见了，无不称赞；
> 当县长，扛米包，从来稀罕；
> 如今的，县长们，百姓一般。①

"百姓一般"的县长，所凸显的既是日常生活中县长的形象，也是县长生活作风的日常图景。当有人去吴堡县长魏希文的办公室之后，发现"县长办公室是一孔石窑洞，里边的陈设很简单，有一个土坑，一张三斗桌子，一个小躺椅，两把硬小椅和几个方凳子"。② 一位记者眼中的魏希文县长，呈现出这样的生活图景，他"诚实、朴素、和气、谦虚，矮矮的个子，清秀的眉目，虽然年纪已三十八岁，头发已有的发了灰白，但从外表看来还是显得年轻"。魏县长的优点很多。比如"他很谦虚，学习也努力，时常和小学教师坐一起听讲历史，学习标点符号，生活上更和下级干部共甘苦，吃一样的饭，自己打水打饭，毫不表现一点特殊"。③ 这就是日常生活中的县长形象。

家庭生活中的县长是什么样的，目前尚缺乏详致的历史资料。1946年6月8日镇原县长王子厚女儿——正在上小学四年级的王珑，在延安《解放日报》上介绍了自己的家庭生活。从这篇文章中我们大致可以看到陕甘宁边区县长家庭生活的一般情形。小王珑这样描述道：

> 我家在里沟畔，住的三孔窑洞，是典人家的。全家有十口人……我的爸爸是镇原县长，一天很忙，又开会又看书，我妈妈在家生产，做针线，纺线子，每天能纺三、四两线，还带一个小孩子。我祖母年纪很大，她一天还做零活，做饭，纺线，做针线。我的父母对我很关心，我要用的东西，他们都给我买。爸爸对王琥（我妹妹）也很关心，常叫我帮助她学习。他这样关心我们，是为了什么？就是学好本事，将来为人民服务。我在学校很快乐，爱玩耍，回家就生产，有时

---

① 云风：《记魏县长》，《解放日报》1946年8月23日。
② 西安市文史资料委员会编：《西安文史资料》第17辑，陕西人民出版社1991年版，第363页。
③ 云风：《记魏县长》，《解放日报》1946年8月23日。

做饭、烧炕、抱弟弟。①

　　王珑以一个孩童视野对自己家庭生活的描述,我们可以强烈地感受到忙碌而温情的县长家庭的生活图景。多年后,王珑回忆其父时再次强调他"艰苦朴素、廉洁奉公的革命本色"。她说,生活中的"父亲和边区人民有着深厚的感情,对那里的每一座山、每一道沟、每一个村庄,都非常熟悉,不论大人、小孩他都能合得来,大家亲切地叫他'老尚'(为便于工作有时化名舅家的姓)。父亲对战士们非常爱护,谁有困难,他就主动地帮助解决"。在家庭生活中,王子厚县长对子女要求很严格,据王珑后来说,当时"父亲没有什么薪水,就叫我们自己动手,解决吃穿,而且还要支持前线。我们全家人就开荒种地、纺线织布、做军鞋。我们做的军鞋又多又结实,时常受到政府的表扬"。解放战争时期,我们"每次转移,父亲都再三叮咛我们:'如果你们被敌人抓去,要坚强,宁死不屈,宁可断头,不可变节'。"②

　　从王珑对自己家庭生活的介绍,我们显然也能发现,边区县长长期以来形成的亲民之仆的形象和艰苦朴素的作风,在很大程度上熏陶和感染着家庭中的每一位成员。小王珑从小就感受着父亲"为人民服务"的工作态度,由此才有"学好本事,将来为人民服务"的志向。这种耳濡目染的榜样效应不仅体现在王子厚县长的家庭生活中,也体现在魏希文县长的家庭之中。魏希文作为吴堡县县长,只要获悉群众有困难,他都尽量想办法亲自动手帮忙解决。这种工作作风对于自己家庭成员也有着榜样示范作用。据报载,魏希文县长的妻子,在其产后哺乳期间,获知一个名叫宋牛宽的人,家中妻子生了小孩,但是宋牛宽是当地的一个二流子,家里几乎"烧无吃尽",妻子又没奶喂养。魏县长妻子每天跑到宋牛宽家中,给小孩喂两顿奶,一直喂了一个月,救活了这个没奶的孩子。吴堡老百姓获知此事之后,都感动地说:"现在社会一满不一样,县长老婆还给人家摘奶啦!"③

　　县长的业余生活,根据现有资料来看,主要是以参加文体活动和阅报读书为主。战时陕甘宁边区虽然局势紧张,生活艰苦,但在当时不只是广大的战士、工人、学生参加体育锻炼,一些党的领导人和干部群众也经常

---

① 王珑:《我的家庭》,《解放日报》1946年6月8日。
② 王珑:《革命的一生——回忆父亲王子厚》,罗骁主编:《难忘的岁月——镇原纪事》,庆阳历史人物研究编纂委员会2003年内部编印,第412—414页。
③ 《吴堡县长夫人救活没奶娃娃》,《解放日报》1947年2月3日。

参加体育活动。边区县长较为经常的活动就是参加群众性的体育竞赛活动。延安每年一次的骡马大会，就是一些县长经常参加的活动。1943年11月21日，延安举办的骡马大会就是一场盛况空前的群众体育活动，盐池县县长阎志遵就参加了这次竞赛活动，并且最终获得了冠军的殊荣。据报道，当初出入会场者约6000多人。赛马场上布置起跑点，一时欢呼声鼓掌声大作。赛马中，真是马赛速度，人赛技能，有的跳越障碍，有的橙里藏身，犹如上阵杀敌一样威风。数千双眼睛从起跑点到终点的来往转着，先是走马作巧转的竞走，接着是奔马作六转的疾驰，在此初步竞赛完后，优胜的马匹即作最后决赛。在最后决赛中，盐池县长阎志遵骑着高岗同志的红马，两转均走在前头，他技术熟练，稳健自如，而该马奔驰如飞，起落平稳，三转过后，仍然一马当先，最终获得冠军。① 除参加体育活动外，还有一些县长在群众体育活动中参加评判工作。如1944年7月21—23日在甘泉全县学生举行的检阅运动大会上，甘泉县长亲自参加评判，进行了国语、算术、常识、体操、音乐及卫生比赛。

读书阅报写通讯，是边区县长业余生活中的另一项重要内容。1942年，中共中央西北局发出通知，要求各级党政负责人把为《解放日报》撰写文章"当作自己经常的重要业务之一"。② 于是撰写通讯报道的文章也就成为边区县长日常生活中的重要内容。根据陇东分区的统计，在1943年前5个月，陇东分区所辖6县共采写新闻稿件38篇，其中曲子县县长赵耀先、合水县县长王仕俊各写稿5篇。1948年5月，《陇东报》和《群众日报》记者组收到的82篇通讯员来稿中，有30篇是由各县党政领导干部采写的，占全分区通讯员来稿总数的36.5%。另据史料记载，新宁、新正县的各级党政领导干部，亦为恢复、发展新闻通讯工作付出了辛勤努力。新宁县委书记、县长罗金才等人，从1948年10月到1949年3月共为《关中报》和《群众日报》采写稿件85篇。③

陕甘宁边区县长的业余生活中多半是和工作紧密相联的。在当时艰难困苦的复杂局面下是很难有充裕的时间去真正享受生活的。但是从另一方面，边区县长所关心和关注的又何尝不是日常生活。在战时的陕甘宁边区，包括农民的耕耘、播种、收获五谷，士兵的操枪、布阵、冲锋杀敌，

---

① 《昨日延安市骡马大会游人倍增，各项营业均称旺盛》，《解放日报》1943年11月22日。
② 中国社会科学院新闻研究所编：《中国共产党新闻工作文件汇编》上卷，新华出版社1980年版，第133页。
③ 甘肃省庆阳地区志编纂委员会编：《庆阳地区志》第3卷，兰州大学出版社1998年版，第1081—1082页。

领导人的总结经验、分析情况、决定政策,就是各自不同的日常生活。"人世间天上掉下来的奇迹是没有的,奇迹就发生在日常生活里;正像没有天生的英雄,真的英雄多是生长在平凡的群众当中。群众是力量底源泉,脱离群众的领袖,是不值半文的匹夫;日常生活是伟大事业的基础,高远的理想,若禁不住日常生活的考验,都将是一场虚幻。"① 吴伯箫的这一阐释,当是边区县长日常生活的最好注脚。

---

① 《吴伯箫文集》(上卷),人民教育出版社1993年版,第495页。

第七章　边区县政与县长的多维审视

战时的中国，无疑是处在一个大时代。这个大时代既是中华民族"要求从半殖民地状态中解放出来的时代"，也是"我们民族的光荣时代"。① 处于大时代的中国，是需要"千百万坚决抗战到底的干部，去发动，组织，团结全民族到抗战的各个战线上来"。故此，"大时代"的干部问题就是战时中国"一个最中心问题了"。② 陕甘宁边区的县长，既体现着大时代背景下的客观要求，又是这个大时代担当历史重任的重要干部群体。大时代造就了边区县长，同时边区县长也造就了这样的时代。然而，时代的潮流尽管浩浩荡荡，曾经的传统却藕断丝连。个中历史因缘依然值得进一步总结审视。

第一节　比较审视——以国共两党县长为中心

县长作为国共两党在抗战这一大时代背景下产生的地方干部群体，无论是群体结构还是历史定位，都有着鲜明的时代特征，也都承载着国共两党的殷殷期许。但是二者之间的区别也是显而易见的。不同的制度形态和运行机制，由此所呈现的国共两党县长，不仅有着形同实异的历史面相，而且他们的职责权限与精神世界也是大异其趣。

一　国共县长的群体概观

国共两党尽管在抗战时期先后颁行过各自的制度章程，但其县级行政长官皆以县长指称。国民党县长作为县之最高行政长官，"为地方自治之

---

① 金则仁：《告大时代的青年》，上海杂志公司1938年版，第7页。
② 小潇：《大时代的干部问题》，上海杂志公司1938年版，第4页。

枢纽"。① 特别是《县各级组织纲要》，明确规定"县为法人"。② 这一规定明确阐明了"县为国家之基本组织"的历史定位。因县长在地方自治中的重要性，国民党对县长的署受和任用资格等条件都有明确细致的规定。同样，中共革命根据地亦在强调县政的重要性。所谓"县政府是边区各级政权的枢纽"、"县政府为代表全县抗日人民之抗日民主政府，为实行地方自治之领导机关"③ 等规制，其历史定位与国民党的县政制度并无二致。

尽管国共两党的县长有其形似的地方，然而在各自制度框架内产生的县长，所凸显的群体特征却大异其趣、相差甚远。

国共两党县长的差异，首先体现在年龄和社会结构方面。根据国民政府的相关规程，县长的年龄要求须在30岁以上，只有符合这样的年龄，经县长检定委员会检定合格后并施以一定的训练，毕业后分班轮委试署，试署期满成绩优良者予以实授。而中共在普遍建立抗日民主政权的地区，规定凡年满18岁、赞成抗日民主的中国人，不分阶级党派、职业、性别、民族、宗教信仰、财产和文化程度，都有被选举为县长的资格。县长经由县参议会选举产生后，呈报上级政府正式加以委任。从县长任用资格方面的规制可以看出，国共两党县长的年龄结构有着明显的不同。从总体上来看，国民党县长的年龄要远大于革命根据地县长的年龄（见表7—1）。

表7—1　　边区县长与国民党陕西省部分县长年龄情况统计表④

陕甘宁边区县长		国民党陕西省县长		
县别	任职年龄	年份	年龄段	人数
华池县长	25	民国三十三年	30—35岁	18
延长县长	26		36—40岁	41
安塞县长	24		41—45岁	14
鄜县县长	29		46—50岁	8

---

① 谢守恒：《县政建设》，神州国光社1931年版，第17页。
② 行政院县政计划委员会编：《新县制法规汇编》第1辑，正中书局1941年版，第1页。
③ 《山东省战时县区乡村各级政府组织条例》，山东省档案馆、山东社会科学院历史研究所合编：《山东革命历史档案资料选编》第6辑，山东人民出版社1982年版，第26页。
④ 根据相关地区县志以及《陕政四年辑略》（陕西省政府秘书处编译室民国三十七年编）整理而成。

续表

陕甘宁边区县长		国民党陕西省县长		
县别	任职年龄	年份	年龄段	人数
延安县长	25	民国三十四年	30—35 岁	24
清涧县长	21	^	36—40 岁	27
吴堡县长	30	^	41—45 岁	4
盐池县长	25	^	46—50 岁	5
盐池县长	27	民国三十五年	30—35 岁	22
靖边县长	24	^	36—40 岁	33
神府县长	30	^	41—45 岁	23
注：边区县长几无超过40岁者		^	46—50 岁	6

很明显，陕甘宁边区县长的年龄段大都集中在 20—30 岁，而国民党县长年龄多集中在 35—46 岁。关于国民党县长的年龄结构，一些学者认为其"结构是比较理想的"。① 但是对于处在战争旋涡中的县长而言则并非如此。有人就指出："现在抗战开始，当县长的年龄还是规定在 40 岁以上，可是 50 岁以上的也有。这种年龄很不适应抗战形势的要求，日本人一来就都夹着尾巴跑了。"② 而边区县长尽管年龄偏小，但是他们一般在青少年时期就参加革命，投入了家乡的革命斗争中。因此尽管年龄较小，却有着较为丰富的革命斗争经验，大多数人被选为县长时，其年龄都处在 20—30 岁。

关于县长的教育文化背景，前已述及，边区县长的文化水平普遍较低。但是战时国民党县长，其教育背景和文化水平从总体上来看，却远高于中共革命根据地县长的文化水准（见图 7—1）。根据对国民党江西省县长的统计，体现出如下实态。

从江西县长的教育背景显然可以看出，接受新式教育特别是高等教育的县长已成为主流。特别是具有军警学校背景的县长人数所占比例最多。这种现象不独江西省存在，在其他地区亦是如此。如战时湖北、湖南两

---

① 王奇生：《民国时期县长的群体构成与人事嬗递——以 1927 年至 1949 年长江流域省份为中心》，《历史研究》1999 年第 2 期。
② 山西省政协文史资料研究委员会编：《山西文史资料》第 15 辑，山西人民出版社 1981 年版，第 192 页。

省，具有军校背景的县长就分别占到37.9%和36%。① 之所以具有这种现象，是由于抗战爆发后，全国不少地区多沦为战区之县，为适应军事之需要，战区各县县政府组织纲要规定以"富有军事学识及县政经验之干员充任为原则"。② 这样的规定也被认为是"战区县长别具其资格之规定。"③

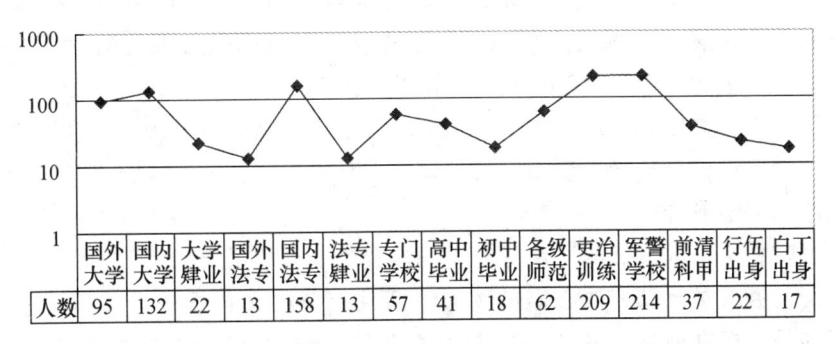

项目	国外大学	国内大学	大学肄业	国外法专	国内法专	法专肄业	专门学校	高中毕业	初中毕业	各级师范	吏治训练	军警学校	前清科甲	行伍出身	白丁出身
人数	95	132	22	13	158	13	57	41	18	62	209	214	37	22	17

图7—1　国民党江西省县长教育文化背景统计表④

国共两党县长的籍贯问题，同样有着明显的差异。按照国民政府的相关章程，除特殊情形之外，"县长应回避本籍之县与本县毗邻之县"。⑤ 但根据陕西省县长籍贯的具体情况发现，在93位县长当中，由本省籍人担任县长的人数达45人，占据总人数的48.4%，几乎接近一半。⑥ 一些学者的研究已经指出，国民政府时期不仅省级回避制度已荡然无存，县籍回避制度也由于与战争环境并未完全执行。⑦ 但是即便如此，这种回避制度多少还是在遵循着。而革命根据地县长，前章已有论述，几乎不存在籍贯回避的问题。

当然，国共两党县长群体最明显的差异，当属他们的生活待遇之别。正如毛泽东所说："延安县有两个县长，一个是月饷二块钱，一个是月饷一百八十块钱，拿二块钱的是共产党员，拿一百八十块钱的是反共专

---

① 参见王奇生《民国时期县长的群体构成与人事嬗递——以1927年至1949年长江流域省份为中心》，《历史研究》1999年第2期。
② 焦如桥编：《县政资料汇编》（下），中央政治学校研究部1939年编印，第865页。
③ 李德培：《江西县长之分析研究》，《地方建设》1941年第4—5期合刊。
④ 同上。
⑤ 《剿匪区内县长任用限制暂行办法》，《安徽省政府公报》1934年第489期。
⑥ 《陕政四年辑略》，陕西省政府秘书处编译室民国1948年编印，第3页。
⑦ 参见王奇生《民国时期县长的群体构成与人事嬗递——以1927年至1949年长江流域省份为中心》，《历史研究》1999年第2期。

家。"① 这一论述，凸显了国共两党县长生活待遇的差异。除此之外，国共两党县长生活待遇来源也有着明显的差异。战时国民党县长之俸给，系按照"县等之高低，以定薪额之支配标准"。抗战初期，县长薪俸以县别分等，一等县长最高官俸为430元，最低为340元；二等县长最高官俸为400元，最低为320元；三等县长最高官俸为380元，最低为300元。② 1944年行政院提出改善县政人员待遇办法：县长薪俸按照文官官等官俸表办理，少于规定者依法调整；生活补助及食米或代金，比照省级公务员标准发给，并按省级战时生活补助办理；依法考绩可予晋级加薪者，应按期办理；试行县长养廉金制，由省政府按月发给。县长考核合格者应给予相应的奖励或升任。③

陕甘宁边区县长的薪俸待遇，同样实行"俸以养廉原则"，以"保障一切公务人员及其家属必需的物质生活及充分的文化娱乐生活"。④ 所不同的是，根据地县长的"俸以养廉原则"，是通过供给与自给来实现的。供给制只是保证最低的生活需求，通过生产自给则是边区县长重要的生活来源。一些到访延安的人士发现"这种生活品的供给，并不是全都由边区政府发给的。有的机关，几乎全靠本机关人员生产者自给，有的机关，自给一部分，另由边区政府供给一部分……所以每一工作人员的生产，可以分为两部分，一部分为本机关生产，一部分为自己生产。"⑤ 通过生产自给，边区县长不仅克服了生活困难，而且也在很大程度上克服了县级财政入不敷出、捉襟见肘的尴尬境地。

战时国共两党县长的群体特征，尽管二者之间有诸多的形似之处，而且县级官员也都是两党所依赖的重要地方行政官员，但是由于不同的制度形态和运行机制，由此凸显出国共两党县长的群体特征不仅形同实异，乃至大异其趣。实际上还不仅如此，作为国共两党所依赖的重要地方官员，他们的地位与权责，同样存在着显著的差异。

二 县长的定位与职责比较

县长是"亲民治事之官"，无论是国民党还是共产党，都承继着这一历史定位，都在理论和制度上作出了明确的定位和说明。但是同样的历史

---

① 中共中央文献研究室编：《毛泽东文集》第2卷，人民出版社1993年版，第193页。
② 李德培：《现行县长任用制度述评》，《东方杂志》第38卷第22号，1941年11月15日。
③ 《改善县政人员待遇，试行县长养廉金制》，《中央日报》1944年3月8日。
④ 《陕甘宁边区施政纲领》，《新中华报》1941年5月1日。
⑤ 赵超构：《延安一月》，上海书店1992年版，第77页。

定位，却体现出不同的历史景观。个中现象同样值得认真比较，仔细甄别。

作为国民党县政实施的主要承担着，县长在国民党要人的言论阐释和制度建构中，都有很高的认可度。蒋介石指出，县长"比省政府主席，国民政府主席，都重要"。"政治上最重要的问题，还是在于县长"。县长的地位，"亦应积极提高也"。① 与此同时，国民党在制度和法律上对县长的地位也给予了明确的规定："人民之生计、治安、知识、道德、健康等事，均视县长之优劣为进退，故谋人民之幸福，当首重县政之实施。"② 中共对于县长的重要地位，同样有着明确地认知。"县长很重要，宁可使党部工作受点损失，也要把大批好干部去当县长"。③ "县长是亲民的官，也是真能做事的官"。所以"县长不仅是行政成绩的实施者，且应是各种具体政治规律的创造者"。④

很显然，无论是国民党还是共产党，对于县长的历史定位与认知都是非常明确的，也是寄予很高的期望的。但是具体到县长的职责范畴，却由于国共两党的着眼点不同而体现出明显的差异。

战时国民党县长的职责范围，蒋介石曾提出："教养卫管，可以说就是县政的四大要务。一县的政事，无论是如何繁杂，概括讲起来，总出不了教民养民卫民三件大事。"⑤ 所谓"管、教、养、卫"，也即是管理训练、常识训练、生产训练和国防训练。但是实际上"县长一人主持全县政事，所有政务之设施、员役之督察、积弊之廓清，均丛集于一身"。再加之"兼理司法之县长，集司法、行政于一身，即全县人民生命财产，系于县长个人之后"。⑥ 县长政务的繁杂可见一斑。已有的研究指出，国民党对县长职责范畴的规定巨细靡遗，其中民政31大项，财政28大项，建设48大项，教育17大项，卫生27大项，司法21大项，林林总总计172大项。每一大项中，又分许多小项，如民政类31大项中，细分160小项。"若对比国民政府所颁的《县长须知》，不过是小巫而已。"⑦ 实际上还不仅如此，战时县长还身兼几十种其他职务。据时人统计，四川县长

---

① 焦如桥编：《县政资料汇编》上册，中央政治学校1939年编，第48、49页。
② 《中华民国法规大全》，商务印书馆1936年版，第559页。
③ 《中共党史参考资料》第17册，中国人民解放军政治学院党史教研室编印，第263页。
④ 谢觉哉：《一得书》，人民出版社1994年版，第90—91页。
⑤ 《总统蒋公思想言论总集》卷14，中国国民党中央党史委员会1984年编，第151页。
⑥ 《中华民国法规大全》，商务印书馆1936年版，第559页。
⑦ 王奇生：《民国时期县长的群体构成与人事嬗递——以1927年至1949年长江流域省份为中心》，《历史研究》1999年第2期。

的兼职数可达28种，湖南有24种，浙江有19种。而在江西统计的67县中，其兼职总数达到1358个，平均到各县，每个县长的兼职数有20余种。从统计情况来看，江西县长的兼职多为中央与省所赋予，其中一般性质的兼职有13种，军事性质的兼职为数最多，有29种，民政性质的兼职数有20种，教育性质的兼职数有13种，建设性质的兼职数有7种，财政性质的兼职数有3种，司法性质的兼职数有2种，其他兼职数为3种。由于兼职过多，"县长本人记忆为难，询以兼职名称，多不能尽数说出，或竟瞠目以对"。①

战时国民党县长的兼职"可说是登峰造极了。一个人的精神体力有限，仅仅是批阅每日公文，已经是无余暇了，何况件件政令，都应该执行的，更无法使臻于完美"。纷繁复杂的职责难以应对，县长所努力的"只有尽其能力之所及，谨慎从事，力求推行顺利；其敷衍从事的只有陷于颓废之一途，怀'有日和尚撞一钟'的念头"。②县长的施政成效势必会大打折扣。如在战时成立的国民党湖北通城县七任县长中，只有第一任县长潘自坚具有"儒者风度"，在发展纳雍教育，为纳雍县的乡、保办学师资奠定了基础，在任县长期间尚能做到谦恭下人，倾听各方面的建议，处事小心，因而在七个县长中表现"较好"。但后"因被人控告而免去职务"。第二任县长李文经，虽"有一定文化，善书法，但在执政中独断专行，一味蛮干"。第三任县长邓介人，因喜爱体育，除在其任职期间修筑约五千多平方米的大操场，在县城开了一次全县性的以篮球为主的运动会，对纳雍体育事业的发展起到了一定的推动作用之外，其余毫无建树。相反，其在任期间官僚派头十足，性格粗暴，私利严重，安插亲信在重要岗位上大肆殃民，"甚为广大人民群众所愤恨"。第四任县长何荫微，在任纳雍县长半年期间，同样"无所作为"。第五任县长刘佛师，在任期内也是"无所作为"。③

与此相反的是，陕甘宁边区县长尽管也处于战时艰难的政治环境，其职责范畴同样纷繁复杂，但是实际施政效果却与国民党县长形成了强烈反差。这里需要追寻的是，为何国共两党都曾给予县长较高的历史定位，也都寄予了殷切期望，但是实际施政效果却大相径庭。个中原因学界论者早已做过详致考察，但是国共两党县长工作职责的着力点的不同，无疑是一

---

① 李德培：《江西县长之分析研究》，《地方建设》1941年第4—5期合刊。
② 《战时县政问题研究》，广东省政府秘书处1940年编印，第6—7页。
③ 《纳雍文史资料》第2辑，政协纳雍县委员会文史资料研究委员会1989年编印，第104—106页。

个重要原因。

国民党战时县长的职责尽管繁杂，但是鉴于战时财源枯竭、通货膨胀日益严峻的形势，为了筹措巨额的军费和维持统治机构正常运转，就需要动员广大农村的人力、物力来挽救濒于衰落的经济。如果说战时国民党所颁行的新县制，是在法律上和制度上做出了依靠后方农民来提供战时财源的保障，那么县长职责的重心也就变为如何从农村中汲取物质资源，于是名目繁多的摊派现象就出现了。有人统计，在安徽省临泉县就有15种摊派，霍邱县有13种，亳县和六安县各有11种，宿松县有11种。其余各县，自三、五至八、九种不等。[①] 一些学者研究指出，1942年湖北省制订的县长考绩表中，粮政（征实、征购）和役政（兵役、工役）成为县长考核的重点。而且战时及战后湖北、江西和四川三省县长受奖和惩戒的原因，民政、财政和军事三足鼎立，合占县长受奖惩原因的80%以上。[②] 由于财政和军事集中在田赋粮政和兵役夫役上，致使民众抱怨国民党县长干的是"非要钱（派工钱，抽捐）即要命（征兵征工）"[③]的工作。难怪有县长称自己是政府伸出的两只扒手——"替上级扒人、扒粮"。[④] 而作为县级政府本应关注的教育和建设却并未有足够的重视，甚至被排到国民党县长职责的边缘地位。

而陕甘宁边区县长工作职责的重心，恰恰是将乡村社会的改造与建设结合起来。从陕甘宁边区干部的任免条例可以看到，举凡"能关心群众利益，积极负责，廉洁奉公"的即给予奖励，而对于"危害群众利益以及贪污、腐化、营私、舞弊"的则不得任用为政府干部。[⑤] 另外，从县长所开展的乡村建设实践，我们可以很明显地窥探出根据地县长的职责重心所在。根据地乡村建设的一个重要特征就是全方位的建设。它不仅体现在生产力方面的建设，而且也是生产关系方面的建设。边区县长所开展的乡村建设，就是在彻底打破乡村农民的羁绊的基础上，将广泛的社会动员寓于抗战建国这一大的背景之下，将社会动员与乡村改造紧密连接起来。正是由于根据地县长将职责重心放到了乡村社会，通过积极开展乡村社会的

---

① 延安时事问题研究会编：《抗战中的中国政治》，上海人民出版社1961年版，第37页。
② 王奇生：《民国时期县长的群体构成与人事嬗递——以1927年至1949年长江流域省份为中心》，《历史研究》1999年第2期。
③ 《战时县政问题研究》，广东省政府秘书处1940年编印，第44页。
④ 转引自王奇生《民国时期县长的群体构成与人事嬗递——以1927年至1949年长江流域省份为中心》，《历史研究》1999年第2期。
⑤ 《陕甘宁边区各级政府干部任免暂行条例》，《解放日报》1943年5月16日。

各项事业，才推动了乡村民众的社会观念与思想意识的变迁，进而也奠定了乡村民众最终支持中共革命的根本基础。

三 县长精神特质的比较

有人对国共两党县长的精神面貌有过这样的描述："国民党的县长，身穿毛料中山服，脚穿锃亮的皮鞋。见了慰劳团的人，点头哈腰，毕恭毕敬，诚惶诚恐，一副奴才见主人的模样。共产党的县长，年龄只有二十上下，他身穿灰色粗布服，一双陕北式布鞋。见人不卑不亢，热情而有适度，一副精明、朴实的样子。"面对这个场景不由感慨道："这就是国共两党的一个缩影呵！"①

平心而论，战时国民党对于县长精神世界的砥砺，不可谓不重视。江西省政府要求"公务人员应有努力前进之精神，与浓厚之兴趣，乃由爱国之至诚所发。公务人员精神之精华也"。"凡公务人员，应重礼义廉耻，发挥其民族固有之德性，砥砺现身为国之精神。"②除此之外，国民党对县长特别强调要有一种"干"的精神。正所谓"县长的好坏，全凭一个干字"。③非常时期的县行政组织，应以"干"的精神为基础。④蒋介石也强调县长"要做到决而必行，行而必成，就非有一种大公无我，牺牲到底，至死不变的大无畏的革命精神不可"。⑤

然而实际情况是，多数国民党县政人员不仅较少践行革命精神，甚至连"革命"两个字"出之于下级行政人员之口的很少，好像革命是党的专业，一提到革命，大家脑中，马上浮起一个激烈、可怕的印象！大家不谈革命，不研究革命，渐渐离开革命，甚至和革命背道而驰"。⑥国民党县长革命精神的缺乏，实际上也在很大程度上影响着他们的积极进取精神。有人考察浙江县政后发现，一些县长由于缺乏锐意进取的精神，"一遇困难意气消沉，自甘颓放，或因循泄沓，怠荒职务，或纵情声色狗马，追求物质享乐，甚或恣意舞弊营私，寻求个人生活之出路……县长案牍劳神，人事鞅掌，每日例行公事，已穷尽因应，更无余力增进个人智识之修

---

① 李辉：《监狱阴影下的人生》，湖南文艺出版社1989年版，第108页。
② 《汗血月刊》社编：《新县政研究》，汗血书店1935年版，第335—336页。
③ 《汗血月刊》社编：《新县政研究》，第299—300页。
④ 胡鸣龙：《非常时期之县政》，上海中华书局1937年版，第8页。
⑤ 《抗战建国与发扬革命精神：冯副委员长在中央党部纪念周讲词》，《湖北省政府公报》1938年第359期。
⑥ 梅壮宇：《革命的行政干部》，《湖北省地力行政干部训练团团刊》1941年第6期。

养"①。李汉魂也回忆说，浙江省县级干部"似乎患有先天的胆怯症"，他们"精神萎靡，工作缺少兴趣，意志动摇不定"。② 就连蒋介石也慨然叹道："我们奋斗的精神，确是一天不如一天，从中央到地方，无论党务、政治、军事、经济各种事业，都没有新的精神，缺乏新的生力，这一点就是绝大的危险，值得我们惊心怵目。"③ 由于缺乏进取精神，"具有无为而治观念的恐怕不在少数，县长一有了这种思想，则一切思想都没有办法进行"，于是"不求有功但求无过"也就成为他们的不二选择了。④

相反，根据地县长呈现的却是另一番风情。战时华北敌后，一位女记者到山西五寨县政府访问吕尊周县长，去后发现县政府"没有过去那种衙门的森严可怕的气氛，也没有作威作福专门欺压老百姓的卫兵；有的只是受过训练的待人和气而有礼貌的游击警察队员。而在县长办公室内，除了办公桌、椅、两张长板凳和一个书架之外，一无所有。吕县长没有官老爷的臭架子。当你同他谈话时，会感觉到是在同自己的父亲谈话一般的自然而亲切"。⑤ 根据地县长所体现的精神状态，不仅是工作方式与生活方式的外在表现，而且也是其精神世界的客观标识。这种精神世界的形成，是通过中共强大的革命理想与革命道德教育塑造而成的。

毛泽东说："中国共产党是在一个几万万人的大民族中领导伟大革命斗争的党，没有多数才德兼备的领导干部，是不能完成其历史任务的。"而"共产党的干部政策，应是以能否坚决地执行党的路线，服从党的纪律，和群众有密切的联系，有独立的工作能力，积极肯干，不谋私利为标准"。⑥ 中共对干部的精神世界塑造，特别强调他们的革命道德与品格。所谓"德才并重，以德为主"，就是中共选拔干部的基本标准。中共在对干部的精神世界进行塑造时，特别强调他们的革命道德与品格。"干部的品质是否纯洁，和干部的工作是否分配恰当，这对于保障党的路线之执行，具有决定的意义"。⑦ 可以说革命道德是构成边区县长精神世界的核心。所谓的干部"就是对人民群众的事业有无限的忠心，与人民群众要

---

① 《汗血月刊》社编：《新县政研究》，第345页。
② 朱振声编：《李汉魂将军日记》（上集，第1册），香港联艺印刷有限公司1975年版，第241页。
③ 《中华民国史史料长编》（初稿），1941年编印，第33页。
④ 《汗血月刊》社编：《新县政研究》，第288页。
⑤ 黄薇：《回到抗战中的祖国》，新华出版社1987年版，第85页。
⑥ 《毛泽东选集》第2卷，人民出版社1991年版，第530、527页。
⑦ 中央文献研究室等编：《建党以来重要文献选编》第17册，中央文献出版社2011年版，第433页。

有密切的联系，在复杂的环境中要善于识别方向，不怕负责的决定问题，在对敌人的斗争中以及在党内的原则斗争中，要有高度的纪律性和马克思列宁主义、毛泽东思想的锻炼。"① 1943 年 5 月颁布的《陕甘宁边区政务人员公约》中，对此作了明确地解释说明（见表 7—2）：

表 7—2　　　　　　　　《陕甘宁边区政务人员公约》②

条目	内容	解释说明
4	积极负责，发扬创造精神	这是我们的工作精神。要忠实于自己的职责，勇敢任事，切实负责，有自动性，有创造性，有计划性。不避难就易，不避重就轻。不要指定做才做，不指定就不做
5	公正廉洁，奉公守法	这是我们的政务人员应有的品格，要在品行道德上成为模范，为民表率。要知法守法，不滥用职权，不假公济私，不要私情，不贪污，不受贿，不赌博，不腐化，不堕落
6	互规互助，正人正己，贯彻三三制精神	这是我们内部团结的原则。要本着施政纲领与民主集中制的总则，发扬批评与自我批评，劝善规过，切磋琢磨，互相帮助，善于人同，不存成见，不意气用事，不一意孤行，不一味迁就，不互相包庇，不同流合污
7	爱护群众，密切联系群众	群众是我们的依靠。要善于联系群众，要了解群众情绪，关心群众需要，倾听群众批评。不侵犯群众丝毫利益，不贪占群众一点便宜。要站在群众之中，不要站在群众之上

这种革命道德与品格塑造而成的革命精神，造就的是县长吃苦耐劳的工作方式和为人民服务的工作理念，底垫的是其艰苦奋斗的生活轨迹和与民众同甘共苦的生活作风。正所谓"只见公仆不见官"，亲民之仆的工作形象，勤于治事的工作作风，成为中共在战争年代的一个时代标杆和革命象征。

除此之外，根据地县长还彰显着鲜明的创新精神。"新民主主义的政权工作，须要创造。县长是创造的重要一环。"故此，"应该养成县长善于在复杂环境中独立决定工作办法，不怕负责任，而不要变成命令上写了的就做，没写的就不做的呆人。县长提出新的和不同的意见要慎重考虑，

---

① 《北平大众日报》社编：《党员干部教材》，吉林人民出版社 1949 年版，第 16 页。
② 甘肃省社会科学院历史研究室编：《陕甘宁革命根据地史料选辑》第 1 辑，甘肃人民出版社 1981 年版，第 315—316 页。

或即采用，或使试办，而不可因其不同或说得不充分就任意抹杀"。① 创造精神构成了根据地县长重要的精神品质。黄炎培在参观延安之后指出："中共朋友最可宝贵的精神，倒是不断地要好，不断地求进步，这种精神充分发挥出来，前途希望是无限的。至于方针定后，他们执行比较切实有效，就因为组织力强，人人受过训练的缘故。"② 黄炎培参观延安后的感悟，从另一方面说明，中共革命根据地创新精神确实是占有重要位置的。

第二节 历史审视——县政与县长的时代考量

"伟大的大时代，伟大的战争，正在给伟大的民族以伟大的改造，这在民族战争中涌现出的千百万优秀的干部身上反映出来。"③ 换言之，正是这样的伟大时代造就了边区县长；也正是这样的县长造就了这样的时代。然而，时代的潮流尽管浩浩荡荡，曾经的传统却依然藕断丝连。在边区县长中，我们也能寻觅到传统的踪影。

一 边区县长的历史地位

谢觉哉在论述县长的历史地位时，有过这样的评论。他说，在中国政权结构体系中，区长乡长尽管更接近民众，但是其范围和权力较小，而省长厅长"总其大成虽有余，深入实际常不足"。所以向来"循吏"、"能吏"都是县长。著名的有创制成绩的政治家，大都是"起家州县"。后来的成就，大多由做州县时累积而来。所以称职的县长，做省长厅长也会称职。而做省长厅长过得去的人，"不一定能做得了县长"。县长是真正意义上的亲民治事之"官"，也是"真能做事的官"。④ 由此反观陕甘宁边区的县长，其历史地位和作用自是不言而喻。

（一）县长是领导实际的"指挥员"和躬亲实际的"战斗员"

战时陕甘宁边区，"要做的事情是太多了。在战争中建立一个新的国家，决不是一件容易事，事事样样都需要人做，而且所需要的是能够把他的学识、经验灵活地运用于当时当地的具体情况的人"。⑤ 县长首先要

---

① 谢觉哉：《一得书》，人民出版社1994年版，第94页。
② 《国民参政会资料》，四川人民出版社1984年版，第499页。
③ 小潇：《大时代的干部问题》，上海杂志公司1938年版，第10页。
④ 谢觉哉：《一得书》，人民出版社1994年版，第90页。
⑤ 《为什么在职干部教育摆在第一位》，《解放日报》1942年3月16日。

"打开脑筋，多想问题"①，担承"指挥员"的角色，要承接上级各项政策与命令，在熟悉和把握这些政策的基础上，结合基层社会的具体实际予以执行。上级政策能否顺利执行，很大程度上取决于县长的领导和指挥。如果领导有方、指挥得法，工作就能快速有序地开展起来。中共一再强调干部学习的主要缘由，就是希望县长能够把他的学识、经验灵活地运用于当时当地的具体情况，以便更好地开展工作，进而成为一个合格的"指挥员"。毛泽东说："学习是我们注重的工作，特别是干部同志，学习的需要更加迫切，如果不学习，就不能领导工作，不能改善与建设大党。"②这一论述，既是对干部学习重要性的强调，也是使干部能够成为一个合格"指挥员"的基本要求。这也从另一方面表明，县长首要的是领导和指挥，也就是说在陕甘宁边区，县长在政务方面的事情要多于具体事务。与此同时，作为领导实际的指挥员，县长还肩负着培养基层干部的重任。"一个人跑腿忙，不如领导一些人跑腿，一个人能干，不如帮助一些人都能干，这是领导的一个方面。"③ 这也正是作为"指挥员"的县长必须要做的工作。

作为开展具体工作的边区县长，还是躬亲实际的"战斗员"。不"深知稼穑之艰难"，不"请问下民"，就不会有适合民情、得到人民积极拥护的情形；即便是"有聪明才力的人，不躬亲实际，坐在窑洞里想，绝不会造成出而合辙的车"。正是从这个意义上，谢觉哉认为根据地"县长是躬亲实际的战斗员"。在他看来，许多实际事件摆在县长面前，要求他去做，而许多实际事件的做法，不都是上级预先指示或可以临时去请示的，而是要靠县长亲自去想去做的。"县长不仅是行政成绩的实施者，且应是各种具体政治规律的创造者。"退一步讲，即便有些县长"想"的能力，不及上级的人员强，但如果没有县长"了解情况"的反映，没有县长初步的想及想出的办法，"上级领导人员绝不会想出好东西来"。上级领导人员固然应该自己动手收集材料和经验，自己开头想办法，"但主要还是靠经过县长"。这是因为区乡干部，有的缺乏推想能力，"有的知其然而不知其所以然"。而边区政府是领导改造实际的，尽管"懂得很多道理，却少躬亲实际的经验"。只有县长，"他是实际做的，时刻要深入区乡，又是时刻在想改造实际的，因为区乡干部要求他想办法——他能够想

---

① 滨海区党委、军区政治部编：《论领导方法》，山东新华书店1949年版，第48页。
② 中共中央文献研究室编：《毛泽东文集》第2卷，人民出版社1993年版，第179页。
③ 《谢觉哉文集》，人民出版社1989年版，第493页。

办法,因为他躬亲实际;他想的办法不会落空,因为马上就要在实际中考验"。①再加上边区县长多自群众中来,在群众的斗争实践中生长,富于实际经验,在实际工作中往往能够创造性地开展工作。也就是说,县长不仅仅是一个简单的战斗员,而且也"是一个较复杂的指挥员",是"有充分的时间想问题"的指挥员。②

(二) 县长的实际工作经验是中共制定政策方针的重要依据

西北局高干会议强调,"如果县长、县委书记、区长、区委书记平时在工作中注意到各种问题,诸如农村中怎样增加粮食,发展纺织,怎样养牛、养羊,怎样植棉、植树,干部情况怎样,群众有什么满意和不满意的地方,过一个时期大家应谈一下,改进自己的工作,这样就会很有帮助。"特别是"担负实际工作的同志,从日常工作中日积月累的调查研究为主,才更有补益"。③中共强调地方干部累积经验的领导方法,在边区县长中有充分的体现。"在边区各县同志中,我们已经看见另一种好的作风,是值得大家学习的。他们是了解情况,联系群众,实事求是,积极负责,不怕困难,他们真正替人民打主意,创造出许多动员群众发展生产的好办法。例如:延安同志在今年开荒、移民、动员二流子参加生产中的模范例子,靖边同志在修水利,发展牲畜中的模范例子,清涧同志在发展纺织业中的模范例子,南区合作社发展的模范例子,陇东同志在运盐问题上的模范例子。"④ 特别是延川县长辛兰亭植棉经验、延安县长刘秉温在解决开荒、难民和二流子等问题上的鲜活经验,更是成为毛泽东构思和撰写《经济问题与财政问题》一文的重要素材。

延川县长辛兰亭,极富创造性地开创了在陕北延川种棉花的经验,成为当初《解放日报》上大量报道的一个典型,为陕甘宁边区种植棉花提供了鲜活的经验,同时也为中共制定方针政策提供了重要依据。1942年12月,毛泽东在中共中央西北局高干会议期间,亲自组织收集经济和财政方面的历史和现状的材料,为会议撰写的题为《经济问题与财政问题》的长篇书面报告中,就用了相当篇幅介绍了延川县长辛兰亭领导下种植棉花的事例。毛泽东说:"植棉不但恢复了革命前的最盛时期,而且发展了,例如延川的永坪、永胜、禹居等区,从前是不种棉的,现在均种起来

---

① 谢觉哉:《一得书》,人民出版社1994年版,第90—92页。
② 同上书,第97页。
③ 滨海区党委、军区政治部编:《论领导方法》,山东新华书店1949年版,第40—41页。
④ 西北五省区编纂领导小组等编:《陕甘宁边区抗日民主根据地·历史文献卷·下》,中共党史资料出版社1990年版,第312页。

了。因为种棉比种粮利大，一亩棉花收入七百元以上，粮食则只值二百余元，是三与一之比……这个成绩是很大的。"同时"牲畜的发展也很快，例如……延川东阳区三乡张家河，在土地革命前只有羊五群（那里没有牧场，每群只能有三五十头），现有十三群……"①

同样是在《经济问题与财政问题》一文中，为了使边区各级干部"对于这一个密切联系群众、认真解决群众困难的极重要问题上获得一个明确的观点"，毛泽东专门全文揭载由延安县长刘秉温和县委书记王丕年撰写的"关于如何解决开荒问题"、"如何解决难民问题"与"如何解决二流子问题"的文章。毛泽东说："我们引了延安县党政领导同志们的这个报告，不是偶然的。延安县同志们的精神完全是布尔什维克的精神。他们的态度是积极的，在他们的思想中、行动中，没有丝毫消极态度。他们完全不怕困难，他们像生龙活虎一般能够征服一切困难……这种精神，对于那些一遇困难就唉声叹气，就缩手缩脚的人们，对于那些办事不认真，得过且过，敷衍了事的人们，真是一个天上，一个地下！在这种精神下，延安同志们没有一件事不是实事求是的。他们对于他们所领导的延安全县人民群众的情绪、要求及各种具体情况是充分了解的，他们完全和群众打成一片，他们有很好的调查研究工作，因而他们就学会了马克思主义的领导群众的艺术，他们完全没有主观主义、宗派主义和党八股。"最后毛泽东提出："希望这些同志的模范经验，能够很快地推广到一切区乡县里去。"②

《经济问题与财政问题》一文，是毛泽东在广泛调查研究的基础上形成的一篇重要著述。其不少经济政策和观点直接来源于边区县长的鲜活经验，这些鲜活的经验经由毛泽东概括总结，"解决了摸索几年的众说纷云（纭）的许多财经问题上的原则问题，实际问题。他明确的指出了边区经济与财政的大道，提高了全体人民的信心。他真正能使我们克服困难，渡过难关去争取抗战胜利。他不仅解决了边区的经济问题财政问题，并且给各个抗日根据地和全国都提供了解决问题辉煌的模范的例子"。③

（三）县长是基层社会变动的促推者

陕甘宁边区成立之前，一些先进分子在绥德这个民众集中的地方宣传革命思想之时，却发现"村镇每有群众聚集之处，见学生来讲演，便渐

---

① 《毛泽东选集》，东北书店1948年版，第753—754页。
② 同上书，第767—768页。
③ 西北五省区编纂领导小组等编：《陕甘宁边区抗日民主根据地·文献卷·下》，中共党史资料出版社1990年版，第308页。

渐解散",结果"除每年有数的大会外,每周同学讲演,几乎招不到二三十人的听讲。并非讲者招不起人的注意,这实在因为人少的原因"。①

从上述现象不难看出民众对政治所持有的社会心态和价值认知。那么民众的心态最终又是怎么转变的呢?张闻天对此有一段精辟的论述,他指出:"共产党是中国革命的唯一领导者,这只是说只有共产党能够成为中国革命的领导者,并不是说共产党是天生的领导者,因此群众必须服从他的领导。要使中国共产党成为中国革命的领导者,还需要共产党的正确的政治领导与艰苦的群众工作。群众愿意接受共产党的领导,只是因为共产党真能代表他们的利益,真是他们自己的领袖。"② 实际上只要梳理相关文献资料,就会发现民众之所以最终服从共产党的领导,县长作为与普通民众最接近的干部,无疑是起着重要的作用。民众态度的改观,在很大程度上就是因为边区县长的行事风格而逐渐转变的。

当县级政府作为根据地的一级政权组织,成为由民众通过选举产生的民主政府的时候,过去那种老百姓怕"官"怕"老爷"的心态就被一扫而光,代之而起的是真正能走进民众心里的新型县长形象。特别是他们的执政理念和行事风格,更是在冲刷着民众的既有认知。当焦生炳县长白天割了一天,晚上收工时还要挑着一担粪回去时,民众就会感慨地说:"自古以来没见过县长担粪,今天县长也担起粪来了,我们必须加倍生产才对。"当靖边县召开劳动英雄大会时,面对亲自颁奖的靖边县县长,一位农民说:"受苦人,县长亲自颁奖,场面又这么大,从古以来,也没有这回事!现在劳动英雄实在顶秀才了!"③ 当年仅25岁的邵清华能担任安塞县县长,更是使长期闭塞的安塞县受到了极大的震动,尤其使得当地妇女大开眼界。从邵清华身上体现出来的爽快、泼辣、能干的性格特点,极大地影响带动了当地妇女群众。邵清华从外地请来纺织能手,不仅使本地妇女学会了纺线、织布,而且很快在全县推广开来,涌现出不少新鲜事,有的是婆媳一块儿学,有的是姑嫂互相教,使群众的穿衣问题基本上得到解决。更为重要的是,民众与政府之间的疏离感,在很大程度上也是在县长执政风格的影响之下被彻底抛弃的。当"我们的好县长"、"我们的政府"几乎成为民众的口头禅,这种语言是只有在彻底地抛弃了官僚主义的作风之后,使人们真正认识到县长是作为"公仆"而不是"老爷"这一事实

---

① 《陕西革命历史文件汇集》(1925—1936年),中央档案馆、陕西档案馆1991编印,第16页。
② 《中共中央文件选集》第10册,中共中央党校出版社1991年版,第240页。
③ 苏奋:《一句话打动农民的心》,《解放日报》1943年5月25日。

之后，才会形成的认识。淳耀县长刘永培因为在任期间创造白源村，创立田云贵合作社，发展挑铸原妇纺等，在他调动工作时，老百姓都拉着他，不许他走。①

县长在基层社会留下的深刻印象，一方面促使人们竞相选举好县长，另一方面也成为基层民众争相效仿的榜样。每当选举县长时，选举"我们的好县长"就成为他们生活中的一件大事。即便是长期以来不被重视的农村妇女在参加选举的时候，"都像出门做客一样梳头洗脸，穿上新衣服，绥德延家岔村的女选民，和男子一样争着提候选人。关中马栏市许多老年妇女冒着大雨，骑着毛驴，从几十里路赶来投票"。② 华池县一位名叫郝四的农民，对自己的儿子这样说道："你知道咱家是怎么从革命中翻身起来的吗？乡上的人，李县长，他们谁个不清楚咱家的过去。拴娃，你也应该记得呀……好好地念书吧，长大了要学李县长他们那样……"③ 陕甘宁边区县长以一种从未有过的姿态，展现着他们的新形象，凸显着他们的执政理念和价值取向。正是这种从未有过的行事风格，重塑了中国农民既有的思维和认知，成为他们从原来的政治冷淡变为热心参与政治的重要因素。对于普通民众来说，县长的执政理念和行事风格，就是一种象征和符号，民众就是从承载于县长身上的象征和符号中最终转变他们的态度的。

（四）县长是中共革命胜利的一支重要力量

中共从入陕之初所面临的困境到逐渐发展壮大，以至在解放战争时期以摧枯拉朽之势取得了最后的胜利，其中固然有众多的因素，但是边区县长发挥的重要作用不可忽视。

陕甘宁边区时期，具有决定意义的就是乡村经济建设。在当时的条件下，所有的供应和物资主要来源于乡村。可以说乡村经济能否得到发展，很大程度上直接关系着根据地建设的成败，也关系到根据地的命运和前途。边区县长深入基层，通过开荒种地、兴办水利和发展副业、修筑道路便利运输、发展商业贸易、实行变工互助和创办合作社，民众的生活得到了极大的改善，根据地日益巩固并不断发展壮大。1943年西北局奖励的三个生产单位和二十二位生产英雄中，延安县政府、延安南区合作社和不少县长赫然在列。其中延安县委县府的业绩为：从1938年至1942年共安

---

① 《李鼎铭文集·纪念·传略》，中共中央党校出版社1991年版，第26页。
② 《陕甘宁边区的普选运动》，《解放日报》1945年12月29日。
③ 杨正发主编：《华池红色通讯》，甘肃人民出版社2007年版，第87页。

置难民 38000 人；积极组织开荒，组织劳动力（如扎工、变工、集体工、强迫二流子生产等）；五年来开荒 34 万余亩，超过原有熟地数；领导了南区合作社及其他各区合作社，全县合作社扩大股金数占全边区合作社之半；1937 年有羊 80 头，现有羊 6 万头，1941 年首先运盐，前一年 8000 驮运盐任务亦能较早完成；机关生产办法好，有成绩。清涧县长黄静波，在 1940 年至 1942 年开荒 6946 垧，组织二流子生产有成绩；1941 年至 1942 年全县植棉四千垧，收净花 84000 斤，恢复了全县纺织，除人民自用外，可出口小布七万丈；恢复了蚕丝业，1942 年收茧二万斤，植桑三万株；杆果树、牧畜、合作社亦有发展。① 华池县县长李培福，以身作则扛着一把镢头，农忙季节上午劳动，下午办公。在 1939 年到 1940 年全县区开荒增加耕地 12.26 万亩，实现了"耕三余一"至"耕一余一"。1938 年交公粮 720 石，1941 年 3963 石，1942 年 5900 石，对革命的贡献逐年增加。1941 年边区政府下达华池县政府征兵 300 名，征粮任务 1000 石，李培福为了尽快完成任务，连夜从延安出发，6 天的路程只用了两天半就赶回县上，紧急动员，仅用 7 天时间就完成了这两项任务。② 与此同时，诸如举办工商业、发展文化教育、扫盲、大搞卫生以及生产建设等，"每次工作最先完成"，被称作"对革命事业忠诚、埋头苦干的精神、切实朴素的作风、积极性高，责任心强，凡上级给的任务都不打折扣的执行"。③

解放战争时期，边区县长一方面加紧生产备战，另一方面又积极投身到军事斗争中。在此过程中，县长亲自指导地方武装建设和民兵、自卫军组织，不少县长亲自担任游击大队队长。据陇东专署县长联席会上通报，镇原、庆阳、华池、环县、曲子等五县的统计，共有 2 万名基干民兵与普通自卫军进行了整训与训练，有效地提高了战斗力，壮大了人民武装。据不完全统计，到 1947 年底，陇东分区及新正、新宁两县共有 8 个游击大队（或独立营），41 个游击队，共 3900 人，另有民兵、自卫军队员 5521 人。④ 随着解放战争的深入发展，这些地方武装不少被升编为陇东分区的几个正规团队。与此同时，边区县长还积极开展战勤服务工作，发动群众制作军鞋、组织担架运输、保障军需供给等繁重任务。在延川县，仅

---

① 马骥主编：《陕甘宁边区三边分区史料选编》上，政协定边县委员会 2007 年编，第 202—203 页。
② 《毛泽东为华池县县长李培福题词始末》，《陇东报》2007 年 7 月 10 日。
③ 《华池干部积极肯干，每次工作最先完成》，《解放日报》1943 年 8 月 5 日。
④ 刘凤阁主编：《庆阳人民与解放战争》，中共庆阳地委党史资料征集办公室 1990 年编，第 16 页。

1946年延川妇女就制作了1.2万双军鞋支援前线。据1947年11月19日《延川县政府战勤动员工作报告》记载，从4月到11月，动员广大妇女做军鞋7次，共制作军鞋2.12万双，其中6月份动员5次，共做1.77万双；供给主力部队1.92万双，供给地方武装2050双。1948年全县妇女做军鞋1.51万双，1949年6000双。此外，1946年冬为迎接主力部队来延川休整，延川县县长曾两次各动员1000名妇女，利用石磨加工麦面，每次服务1天，两次累计2000个工日。1947年3月25日，西北野战军部分主力部队转战来到延川县禹居和永坪一带休整。期间两次各动员1500名延川妇女，利用石磨、石碾加工炒面，为部队行军作战准备干粮，每次服务1天，两次累计3000个工日。同年春，两次组织200名妇女给新兵和解放军某部缝制被子，每次服务1天，共计400个工日。同年，两次各动员500名妇女给转战在延川的解放军某部官兵缝补军衣，每次服务1天，累计1000个工日。① 由此足见边区县长为巩固和壮大革命根据地，实现中共革命最后胜利所作出的突出贡献。

这里需要讨论的是，何以边区县长能在如此艰苦的条件下，在中共革命的历史进程中留下如此光辉的业绩。延安《解放日报》社论对此曾有过阐释。社论指出，他们之所以成功，"主要不是客观条件特殊有利，而是因为他们身上有一种精神。这种精神就是，他们能认清经济建设工作的重要性，根据当时当地和自身的具体特点，一切经过群众，一切为了群众，并且以艰苦卓绝的精神来领导生产建设"。具体来讲，就是因为这些干部能够认清"当时边区的工作中心是经济建设，积极领导群众和机关部队的生产事业，发展了经济，保障了供给，改善了民生"；他们"不保守，不空谈，有调查研究、实事求是的精神，因而具有创造精神。这是领导工作中唯物主义的思想方法和工作作风"；"他们能深入群众，依靠群众的力量，毫无官僚主义的习气"，与"坐在机关写计划、发指示，不发动群众、不教育干部、不研究具体方法、不检查、不总结的官僚主义作风截然相反"；"他们艰苦卓绝，对党、对事业抱有无限的忠心，在执行政策上坚决，在个人生活上切实朴素，在工作中以身作则，不夸不骄，在群众中威信很高"。②

---

① 《延川县政府战勤动员工作报告》，延川县档案馆藏；另见《延川县民政志》有关章节。
② 《向领导经济建设受奖同志学习》，《解放日报》1943年2月3日。

二 边区县政的历史局限

陕甘宁边区的县政制度，是在战时历史条件下建构形成的，由此产生的县长群体，不可避免地带有战时的烙印和特点，甚至在有些时候也表现出较为明显的传统印记。

按照陕甘宁边区县政设计的基本理念，县长是经参议员通过民主选举产生的。但是陕甘宁边区的县政民主，在很大程度上只是作为动员民众的手段，民众所注重的也只是目的的合理性，道义的正当性，容易忽视过程的规则性和程序的严密性。在选举县长时，所谓道德意义上的"好人"，往往是民众的选举标准。这种所谓的"好人"，就是生产劳动好，凡事能起模范作用，又敢于与邪门歪道斗争的人。"群众不管你什么原则不原则，他们只讲实惠，只要你为群众办好事，他们就拥护。'老好人'不为群众办事，是不受欢迎的。这就是结论。"① 这种对"好人"的拥护，多少体现出乡土社会中的传统印记。正如一些学者所说，这种"突出正直、勤劳、廉洁的品格，抨击的则是抽大烟的、二流子懒汉，以及各种道德败坏的行为"，基本上已经看不出时代的界限，即使在清代这样的行为也同样会受到人们的称赞。② 与此同时，县级参议员作为民主政治的践行者，也并没有形成制度化和程序化的制度建构，所谓的民主在很大程度上沦为一种形式。正如张闻天在神府县调查时所指出的那样："政府对群众，切身问题关心的很差。群众有很多话还不敢说，不肯说。因此对民主的兴趣不大。过去改造还是形式的。"对于乡代表会议，尽管基本上是代表群众利益，但是"完全代表还不一定。即使好的法令，也还要需要群众自己推动去实行。公民大会代表全体人民利益还只是理想，是奋斗目标，实际一下子还做不到"。③ 再加上参议员几乎都在开荒种粮、应对灾荒和动员识字的各种运动中奔波，并没有充足的时间开展日常的民主管理，不少地区很少能按时召开参议会，"参议会'只闻其名，不见其会'。民众忘记了他们还有代表机关。政府也似乎忘记了有事要问问它的主人——民意机关"。④ 这样，原本是"兼议会与直接民权之长"的参议会组织优势，由于"与农民目前还无关痛痒"，结果成为"成年不开一次会的空名机

---

① 《延泽民文集》第 8 卷，黑龙江人民出版社 2000 年版，第 33—34 页。
② 张鸣：《乡村社会权力和文化结构的变迁》，广西人民出版社 2001 年版，第 187—188 页。
③ 张培森主编：《张闻天年谱》（下），中共党史出版社 2000 年版，第 671、687 页。
④ 《谢觉哉文集》，人民出版社 1989 年版，第 358 页。

构"。①

边区县长的重要职责是健全基层政权,但为了满足战争和革命的动员需要,他们对经常工作制度的建立却重视不够。"当某种任务一到乡,所有的干部便全体集中力量去突击限期完成",这样就会"'东抓一把,西抓一把',结果把经常工作丢开了,文化主任因动员驴子没有督促学校开学,锄奸主任常去收集公债。当谣言四起时,找不到自己的组员;或者因工作'抓'完,必得松弛一下,各部门当突击工作时,本身工作哪里顾得,于是有些干部干脆说:'有事大家干,没事回家园',日常工作便放弃了"。②庆环分区某乡召开议员大会就出现这一幕,村长报告:"'今天开会,讨论两大任务:两个新兵,12石公粮,请发表意见。'群众听了,莫明其妙。结果还是新兵由指派,公粮由摊派。'大家有意见没有?''没有,村长讲的都对!'会就这样结束了。"还有些乡,"人民怕乡长特别是自卫军连长,因为乡长、自卫连长,动辄押人,而专员、县长却很好讲话。'阎王易见,小鬼难见'。有些乡,根本没有代表"。③甚至有些乡经常可以看到一些基层政府工作人员打骂群众的现象。谢觉哉在边区参议会上指出,基层的一些干部"不论土地问题,婚姻问题,税务问题,负担问题,文教、卫生、生产、商业……等问题,不是都圆满,都有条理。工作经验不是都总结得好,官僚制的残余,强迫命令、打人骂人、乱没收,徇私情、违反法令等现象还在许多人中间存在"。④特别是一些基层干部面对一些非党士绅议员时,不仅鄙弃与非党议员合作的"必要形式",甚至会采取"冷讽热嘲"采用"斗他一斗"的办法。⑤

"民主政治,选举第一",是陕甘宁边区制度建构始终强调的重点。但是正如安东尼·奥罗斯指出:"公民参与政治的形式首先是选举,但是单凭选举的整体情况并非就能充分地衡量公民动员他们自己来支持或反对那些执政者的能力。常常还有更为重要的衡量公民政治参与的方法。"⑥这也就是说,民主政治的建构并非仅仅局限于选举。按照安东尼·奥罗斯的观点,还有更为重要的衡量公民政治参与的方法,即"公民组织和政

---

① 《健全乡级政权结构》,《解放日报》1942年4月29日。
② 同上。
③ 《谢觉哉文集》,人民出版社1989年版,第343页。
④ 同上书,第625页。
⑤ 中共延安地委统战部编:《抗日战争时期陕甘宁边区统一战线和三三制》,陕西人民出版社1989年版,第407页。
⑥ [美]安东尼·奥罗斯:《政治社会学——主体政治的社会剖析》,张华青、孙嘉明译,上海人民出版社1989年版,第282页。

治社团"。如果以此来反观陕甘宁边区的县政建构,在当初显然并没有从民主的日常管理中做进一步的延伸。即并没有在制度上为普通民众"提供一个明确的范围,来组成自治单位并表达意见,而只是予以沟通渠道及向下的控制运动"。① 陕甘宁边区的县政民主,一定意义上可以说本身就体现着一种动员机制,也就是通过参议员将广大农民带入由党所领导的组织中,让农民在地方政治中代替传统精英来扮演真实的角色,以此来建构沟通的渠道,实现与普通民众交换想法。

林伯渠对边区民主有过深刻地省察。他说:"边区民主不是没有缺点,相反,缺点还相当大。主要是民主的质量虽然高,民主的制度却未正规化。比如各级参议会并没有按照法定如期开会和改选,边区参议会与县级参议会的常驻议员虽然选定了,但没有常驻办公,有些乡,议员名册都已失去,虽然事实上由边区直到县干部会议、活动分子会议、村民大会还是很多,然因为正规的民主制未健全,民主实质也没有正规的附丽,形式与内容发生矛盾。因而个别不民主的现象——如强迫命令、少数人包办、形式主义、官僚主义也就相继发生。"② 毋庸讳言,林伯渠所描述的这些现象,在一些县长身上确实存在。

曾任绥德县推事的刘汉鼎回忆,在一次政务会议上,他就曾为一个案件同县长发生争执:"有一个人,为了同一个女人通奸,弄得倾家荡产。后来这个女人翻脸不认人,说男的强奸了她。县长要定成强奸罪,我不同意,会议决定判处男人一年半徒刑,我再次声明,县长说非判一年半不可。"这位县长自己把案件的性质定错了,还不听推事的正确意见,固执己见,训斥司法人员闹独立性。③ 在向下级布置任务时,有县长常常看看报纸,"就不给下级发指示了,只简单的通知他们,研究那一篇文章"。④ 在对干部开展整风时,有县长更是武断定论:"统战部的干部全体是特务!"⑤ 这种"长官意志"的后果是造成上下之间关系紧张,"由于上下关系存在着不密切、隔阂、甚至脱节的现象,地方政权中各行其是的无纪

---

① [美]王国斌:《转变的中国——历史变迁与欧洲经验的局限》,李伯重、连玲玲译,江苏人民出版社1998年版,第231页。
② 陕西省档案馆等编:《陕甘宁边区政府文件选编》第3辑,档案出版社1986—1991年版,第176页。
③ 杨永华、方克勤:《陕甘宁边区法制史稿(诉讼狱政篇)》,法律出版社1987年版,第19页。
④ 丁玲:《我们需要杂文》,《解放日报》1945年5月17日。
⑤ 《中共中央西北局文件汇集》(内部资料),1944年,第416页。

律状态和经验主义就必然存在着"。①

领导机关和干部的主要任务是掌握贯彻政策执行、积累和总结经验。但是有些县长即便对财政税收这一极重要的问题，竟也认为"税局只收一半税就可以了，不要太认真"。② 这种"缺乏政策观点，工作疲蹋（塌），责任心不够"的认识，一如林伯渠所说，"也几乎是普遍存在的问题"。③ 甘泉县长惠居良亦是如此。因该县长工作疲塌，不负责任，尽管在此前即曾记大过一次，事后却仍无进步，对敌斗争消极，附和群众落后意见，认为"游击队不要打敌人，免得惹祸"，"破路不顶事，今天破了明天又修起"等，未按照上级指示布置反清剿斗争，致使公家物资、游击队遭受严重损失，干部家属未及转移，结果干部投敌与被俘甚多。④

如果说在中共的话语体系中，不接近民众、不了解情形、做事敷衍、缓慢行事等都叫作官僚主义，那么上述县长身上显然也有明显的官僚主义作风。而与官僚主义伴随而行的享乐主义与贪腐之风，同样在一些县长身上也有所体现。

马文瑞就曾指出，有一个县长拿公家钱自己做买卖，而且做的是特货买卖。三边的一个县委书记抽大烟抽上瘾了。有个县委书记走的时候有另一个县委书记给他送特货。⑤ 盐池县县长曹建勋在破获赌博案后，将罚款79元大洋据为己有，"一文也没有登记"。在另一宗赌博案中，又将200元罚款仅登记120元。⑥ 甘泉县县长路思温，其妻在甘泉生产社只工作三个月，未经组织同意而脱离生产，但路县长却给她妻小每月预算保育费。按保育条例，妇女未经组织同意脱离生产工作，不批发保育费，而路县长却把选举费支用去220元。⑦

如果说上述现象还只是局部的，那么发生在陇东分区的环县事变，则集中地反映了当时县级干部在工作中的一些重大失误和局限。

1940年年初，国民党坏县保安大队副、惯匪赵思忠（绰号赵老五），在国民党环县县长刘谦的支持之下，制造了一起震惊边区的重大事变。在

---

① 《林伯渠文集》，华艺出版社1996年版，第566页。
② 《陕甘宁革命根据地工商税收史料选编》第7册，陕西人民出版社1987年版，第179页。
③ 《林伯渠文集》，华艺出版社1996年版，第567页。
④ 陕西省档案馆等编：《陕甘宁边区政府文件选编》第11辑，档案出版社1991年版，第226—227页。
⑤ 《马文瑞文选》第1卷，陕西人民出版社1998年版，第47页。
⑥ 《反对贪污行为——盐池曹县长撤职》，《新中华报》1938年2月10日。
⑦ 陕西省档案馆等编：《陕甘宁边区政府文件选编》第5辑，档案出版社1988年版，第39—40页。

环县所辖的 6 个区 39 个乡中，竟然出现了 5 个区、25 个乡，包括村干部和扩起的新兵在内一共约八九百人左右的叛乱。更令人难以置信的是，在这次事变中竟包括"党员二百九十人"，而且"领导叛变的十分之八是党员"。① 亲往陇东调查此事的谢觉哉尖锐地指出，这些年来我们的工作"松懈到相当严重，已发生了极不良的结果。患了病，要医；就须诊断病状与病根。然后可以对证（症）下药。"② 究竟"病症"何在，谢觉哉给出了如下数条"病因"：

一是"领导同志了解与把握大的政治方针不够"。环县之所以发生如此严重的政变，"就是不能切实的把握住党的政治总方针，把它运用到一切具体事件上去。违反了原则，或者不知道，或者以为事件小，不要紧。逐渐发展下去，普遍下去，（甚）至于闯下了祸，还不知道"。二是"对边区党的任务的认识不够"。既然边区是模范的根据地，"我们就应该拿我们的工作模范、人员模范、政治宣传向他那边冲。可是陇东党对这点注意很差，不是进攻而是退守，退守到枪杆子所及的范围。枪杆以外的哨冲不去管了"。能攻而后能守，"不去攻，因此守也是马马虎虎。反动派反攻起我们来了，'点线工作'，横行直冲，群众信仰日益减低，这是不认识任务的重要所发生的危险"。三是"官僚主义工作的方式与实质"。如果说不接近民众，不了解情形，做事敷衍、拖拉、粉饰太平等等叫作官僚主义，那么"陇东工作就不仅不接近民众，而且与民众对立；不仅不了解情形，而且有民众聚而谋我还不知道；强迫命令、拉人罚款、贪污腐化现象随处发现。"四是"不了解党是怎样领导群众，经过群众去实现自己的主张"。党应该什么都管，什么都要研究，"但却不是什么都由党去做"。然而"有些同志实行时就忘记了"。五是"宣传教育工作差"。环县许多党员叛变，"党员领导叛变，平时的教育可想而知"。积极方面，"不注意传达与讨论党的路线"，消极方面，"对党员的错误和不正确倾向不肯批评，互相包庇，以致缺点日益滋长，甚至走到蜕变失节"。③ 一些县级干部疏于了解基层社会的一般情形，甚至群众已与土匪连在一起聚众谋变也毫不知情。环县事变之因尽管复杂，但是县长杨玉亭"和县府干部

---

① 中央档案馆等编：《中共陕甘宁边区党委文件汇集》（1940—1941 年）（内部资料），1994 年，第 434 页。
② 同上书，第 437、434 页。
③ 同上书，第 434—443 页。

关系不好。因此，工作成为形式的"。①

环县政府事变之后向边府呈报的总结报告中，非但未就事变进行彻底分析，而是仅就三个月的经济建设和民政工作作了说明。边区政府随即对其作了严厉批评并指出：

> 该县目前之中心工作，应是怎样继续深入的揭发过去工作中的错误，怎样纠正官僚主义的倾向，怎样转变工作方式，怎样争取人民多肃清土匪等，本府曾一再详细指示在卷（案）。但该报告中对于如何执行、所收成效如何等，竟只字未提，而只是规律的、一般的"财政""民政"……官样文章。此种舍大就小，放弃中心任务，应速予纠正，特加注意为要。

边区政府也明确指出，关于"事变中叛变之干部，究竟是多少量什么人？争取回来多少？应一一具表详呈"。这充分表现了该县在"工作中之不深入，不具体现象，应即纠正"。②尽管边区政府一再要求在"全盘工作上有彻底的检查，有彻底的纠正"，然而环县政府在召开总结会议时，"恰恰没有好好检查环县事变以后，经过你们工作，已经有了什么转变，还有什么没有转变或又新发生了什么问题"。③甚至提出"我们只是站在自卫立场上去进行工作，人家顽固土匪暗中只向我们打进，我们亦可化装去在友方地区破坏一次"的主张。④针对这些情况，边区政府随即指出："没有在政治上得出事变之经验教训结论，因之也就没有转变该县工作[的]具体办法。"而且"该县事变结果，至今尚未统计清楚"。鉴于这种情况，边区政府明确指出"该县现有干部应来次清查，坏的应调走"。⑤

随后陇东分委对事变的分析进行深刻总结，指出在事变的前夕，"区、县的领导上均有官僚主义及政治上麻痹思想，敌特进行大量的秘密活动，甚至把我方乡长、区自卫军副营长都活动通了，领导上仍置若罔

---

① 陕西省档案馆等编：《陕甘宁边区政府文件选编》第 2 辑，档案出版社 1987 年版，第 336 页。
② 同上书，第 348—349 页。
③ 中共延安市委统战部组编：《延安时期统一战线史料选编》，华文出版社 2010 年版，第 520 页。
④ 陕西省档案馆等编：《陕甘宁边区政府文件选编》第 2 辑，档案出版社 1987 年版，第 338 页。
⑤ 同上书，第 326 页。

闻"。1939年底与1940年初秋征公粮和扩兵时，对两大任务提出的"提早完成，大量超过"等口号，扩兵工作的数量在个别地区几乎超过应扩数的一倍，部分地区超过了三分之一以上，引起了民众的强烈不满。在扩兵的方式上，布置是"宣传鼓动，成分纯洁"，但在执行中却用老鹰抓小鸡的办法。如耿区把扩充的队员扣在窑内，队员的父亲来要看望，我们的负责同志不但不让看，反说"你家有三个儿子要哭三次，有五个儿子要哭五次"等。① 在此基础上，李卓然进一步强调指出，尽管目前大体上正确的结论也有了，但是"我们县区级的领导干部在事变前几乎全不知道，事变发生时表示惊惶失措。由以上这许多事实，联系起来而形成环县事变，决不是偶然的事情，没有主观上的错误，事变是不会如此实现的"②。

  按照中共对干部的基本要求，领导机关和干部的主要任务在于掌握政策、贯彻政策之执行、积累和总结经验等。但是实际上政策不统一、政令不统一、制度不统一的现象始终存在着。据林伯渠说，县级干部最严重最突出的是政策法令不能贯彻下去，下面的情况又不能及时反映上来。下级政府对上级政府的决定和指示重视不够，许多县对边区政府指示不讨论，甚至于不去看，执行也不认真。

  如绥德、子长在生产救灾工作方面，对救灾工作的漠视，发生饿肿人、饿死人等严重情况，县上不了解也不及时向上级反映，绥德县政府几个月都未给边区政府打报告。表现在战勤负担方面，即便战争已有一年多了，但绝大部分地区未能根据战勤动员办法执行，也没有制订出适合当地情形、比较合理易行的办法，很多地区还是干部摊派，强迫执行。表现在土改工作方面，各地实际情况反映很差，只片面反映了土改不彻底但非全面的材料，在纠偏中又不迅速贯彻。表现在许多具体工作上，如禁止赌博，禁止缠足，提倡卫生，破除迷信，政府命令不能生效。战士归队，"许多县份未能贯彻执行"。一些县级政权干部的任用，不向上级呈报，或应经上级批准者，也不例行手续，擅自处理。妨碍"了解与培养干部，正确地执行干部政策"。还有些县份工作制度未建立经常的检查制度，奖惩制度亦不严明，乡村政权民主作风和制度的缺乏，造成在负担问题上未能达到公平合理，使得群众不满。体现在思想与工作作风方面，一些县长"缺乏政策观点，工作疲蹋（塌），责任心不够"。同时"注重学习差，缺乏总结工作的能力，对下层干部的教育更差，动员工作的命令多、任务

---

① 《关于1940年环县自卫军叛变事》，庆阳市档案馆藏，档案号：1093。
② 卓然：《论环县事变的教训》，《环县志》，甘肃人民出版社1993年版，第511页。

繁、时间短,更加促成了下边的强迫命令"。

边区政权机关原本是按照民主集中制原则组织起来的。但在实际运行中,政策不统一、政令不统一、制度不统一,以致下级无所适从的现象,也是一个严重的局限。与此同时,县长疏于对基层干部的管理、使用与培养,又使得基层干部成为民众反映最为强烈的干部群体。这种现象甚至到解放战争后期,依然是边区政府一再强调的重点。1948年7月,林伯渠在西北局地委书记联系会议上仍然指出:"强迫命令是乡村政权中最普遍的现象。他们不倾听群众意见,不和群众商量办事,不把群众意见集中起来加以研究,解决问题。来了事情,几个人开个'暗部会',不通过群众就办。"与此同时,"耍私情,自私自利,办事不公道,也是相当普遍的现象"。他们"因与家庭经济密切联系,因为亲戚朋友、熟人等私人关系,在处理负担问题上、解决纠纷问题上,就经常耍私情,偏三向四、引起群众不满"。之所以产生这些现象,就县级领导而言就是缺乏"思想领导","缺乏政策观点,工作疲踢(塌),责任心不够","自己学习和对下级干部教育不够"。①

综合边区县长在工作中的历史局限,县长在具体事务性工作中可以得心应手、游刃有余,但是在涉及较为复杂的政务性工作时,却或多或少的存在着不尽如意的地方,以至于在基层社会中总会发生一些与中共革命理念相背离的现象。如果我们不是过多的拘泥于革命的激荡与喧嚣,而是认真检视散落在革命进程中的历史尘埃,就不难发现:绚烂多姿的革命画卷背后,也或隐或现着乡土中国的历史残留。特别是在经济文化极端落后、社会生态异常复杂的乡土社会开展革命,必然会呈现出革命与乡土规则之间融合、矛盾乃至相互冲突的复杂关系。一方面,革命的开展需要契合乡土社会特定的习惯准则与行为方式;另一方面,乡土社会的固有准则和行为习惯,又会使某些革命政策和措施产生强力反弹,甚至会给革命者造成难以忍受的诸多窒碍。因为这种独特的社会生态环境不仅塑造着乡村民众的行事风格,同时也影响着中共革命的参与者和领导者。

三 边区县政实践的历史启示

需要说明的是,尽管陕甘宁边区的县政与县长存在着一些历史局限,但历史发展的整体进程却清晰地表明,在中共革命的历史进程中,一大批极具革命理想、富于实干精神和献身精神的地方干部群体,在时局变动的

---

① 《林伯渠文集》,华艺出版社1996年版,第565—568页。

大背景下，承担着革命与建设的重要角色，将中共的政策措施付诸实际，成为中共革命在基层社会的组织者和推动者。回观历史，从陕甘宁边区县政与县长的历史视野中，一些重要经验依然值得我们仔细挖掘、认真汲取。

（一）在陕甘宁边区，本地干部担任县长发挥了重要作用

由本地干部担任县长，一方面是由于根据地干部人才缺乏，另一方面也是因为中共的干部政策中，十分注意在斗争中培养本地干部。在中共看来，只有本地干部大批地成长并且提拔起来了，根据地才能巩固，党才能在根据地生根。加之本地干部不仅熟悉当地的风土人情，而且与当地民众血肉相连。一些生于斯长于斯的地方干部，自然就会得到选拔任用。这样本地干部可以更好地发挥其独特的作用，开展革命斗争与经济建设。值得注意的是，关于当下的县政改革，已有学者提出县政改革首先从"异地为官"开始的结论，认为县乡"异地为官"制度在实践中并没有达到应有的作用，反而存在许多弊端。具体表现为："县乡异地为官使得民主选举的成效大打折扣"；"县乡异地为官容易造成官员的无序流动"；"县乡异地为官制并不能有效扼制腐败，县级领导腐败仍然是重灾区"；"增加了县乡官场的紧张和冲突"；"县乡异地为官使'走班干部'成为时尚，增加了行政成本"。① 这些论述值得我们仔细思考。

（二）边区县长年轻化的态势适应了客观需要

已有的资料表明，绝大多数地方干部在担任县长时，其年龄都在20—30岁，30岁以上的县长很少。陕甘宁边区县级干部呈现年轻化的特点，一方面是年轻人本身较年龄大者有较为强烈的革命意愿，但另一方面，在战时艰苦复杂的环境下，年富力强的干部能将更大更多的精力投入革命与建设上。历史已经证明，这些年轻县长在抗日战争和解放战争时期，为革命根据地的发展壮大乃至中共革命的最后胜利作出了突出贡献。而国民党县长，我们通过考察发现其年龄大多集中在35—46岁。这样的年龄结构，往往会失去革命热情和奋斗精神。而年龄较小的国民党县长，情况就稍好一些。如担任国民党镇原县长的邹介民，当时年仅26岁，"他到镇原县，经常微服简从，下乡了解民情，还大力提倡植树造林，发展教育事业，并采取措施遏制豪绅势力，主持公道"。② 担任中共镇原县

---

① 于建嵘：《县政改革请自改变"异地为官"始》，《南方日报》2009年4月23日。
② 罗骁主编：《难忘的岁月——镇原纪事》，庆阳历史人物研究编纂委员会2003年编印，第484页。

委书记的任质彬也回忆称:"国民党镇原县长邹介民当县长好几年,他年轻能干。他很有一套,也很有基础,对下面能够控制得起来。"① 通过比对,个中情形自然明了。

(三) 民选县长顺应了革命与时代的双重诉求

中共领导下的革命,既是一场民主革命,也是一场时代革命。从世界历史进程观之,任何一场现代革命无一不是以民主为基本诉求的。陕甘宁边区的"民选县长"也是如此。尽管当时的民主选举存在一些局限,但通过直接选举形式产生的县长,无疑是成功的。这也是中共一直在舆论宣传中强调的重点内容。1938年7月,毛泽东在与世界学联代表团的谈话中就明确提出:"边区是一个什么性质的地方呢?一句话说完,是一个民主的抗日根据地。"还有,"也是最重要的,就是边区各级政府都是由人民投票选举的"。② 当年陈嘉庚到访延安后发现"县长概是民选,正式集大多数民众公举,非同有名乏实私弊"。③ 陈嘉庚正是从"县长民选"这一切入点,通过访问考察,由此才得出了"共产党必胜"这一认知的。事实上,实行"县长民选"几乎在中共成立前后就是一个重要口号。早在1920年,青年毛泽东就提出"我们主张组织完全的乡自治,完全的县自治,和完全的省自治,乡长民选,县长民选,省长民选"④。1925年3月,蔡和森也提出要想解决军阀的宰割与战祸,唯一的出路是"民选省长、县长以至市长"。⑤ 无论是中共早期的思想主张还是陕甘宁边区的具体实践,"县长民选"的理论主张和成功实践,当是陕甘宁边区县政留给我们的重要启示。

(四) 县参议会在边区县政的运行中起了至为重要的作用

县参议员依靠参议会、"一揽子会"、"群英会"、"党外民主人士座谈会"等形式,积极参政议政传递基层民众呼声,主动建言献策开展各项建设。据1946年陇东分区的统计,由县参议员所提意见共有87347件,仅曲子县天子区900多户人家,提意见的就有378户,占总户数的40%,

---

① 罗骁主编:《难忘的岁月——镇原纪事》,庆阳历史人物研究编纂委员会2003年编印,第100页。
② 中共中央文献研究室编:《毛泽东文集》第2卷,人民出版社1993年版,第129—130页。
③ 陈嘉庚:《南桥回忆录》,新加坡怡和轩1946年版,第159页。
④ 中共一大会址纪念馆编:《中共一大代表早期文稿选编》(下),上海人民出版社2011年版,第908页。
⑤ 《蔡和森文集》,人民出版社1980年版,第715页。

共提意见 377 件，重复的意见尚未计内。① 更为重要的是，陕甘宁边区县级参议员完全是通过直接、平等、普遍和无记名的方式投票选举产生的。故而民众对选举参议员极为重视，只要召开参议会，民众都会敲锣打鼓地庆祝游行，以各种不同形式慰问参议员。绥德县选举县参议员时，有人专门作诗表达他们的心情。延长县在选举参议员时，群众不仅热烈庆祝，吹音乐、送旗匾，还给大会送酒食。每有县参议员到边区政府参加会议时，民众更是贴标语、喊口号，表明大家对参议员的希望。在参议员行程中，沿途居民都会送茶水、留吃饭，让出窑洞留宿，招扶马匹。足见通过普选的参议员在民众心目中的分量。回顾曾经的历史，反思当前的现实，在找寻县政改革的突破口方面，比对当年的县级参议员与当前县级人大代表，从中总结可资借鉴的经验，当是我们考虑的重点。

（五）县长工作场域始终是在基层，要在基层"照镜子"

在陕甘宁边区的县政工作中，县长始终是战斗员和指挥员的角色，县长躬亲实际、总结调查，与群众打成一片，是最基本的要求。县长要时刻深入区乡，因为他躬亲实际；他想的办法不会落空，马上就要在实际中考验。在陕甘宁边区，县长不仅要学会群众话语，懂得群众生活，还要从群众中吸收新的知识。谢觉哉说，县长首先"把自己群众化一下，然后再拿自己知道的和从群众学来的去化群众"。只有和民众打成一片，"才能领导与提高民众，使政治能飞跃地上进"。② 县长工作为的是群众，县长工作的成效如何，最终要在基层检验。基层民众就是一面镜子，领导正确与否、好与坏，"就要在农村和农民中照；他们要兴的利兴了，要除的弊除了，这就是领导的好；要不然，那怕你表面说得怎么好，也是领导得不好"。只有县长经常有计划的下乡，"到乡上去照，才能照见那里还有些灰尘，才能赶快把它洗掉，也只有到乡上去挖，才能发现问题的关键在哪里，马上解决它。这样，下情了解了，领导的正确性了解了，工作检查了，问题就解决了，并且由此取得了经验，作为领导和推动全局的根据"。这种办法也被称作"医治今天我们政府领导人员的毛病的良方"。③

由此反观当前的县政工作，"普通老百姓见个县官有多难"已然成为一个深切诘问。据报道，在一些政府机关，"门将"把关，"衙门"难进，

---

① 中共庆阳地委党史资料征集办公室编：《陕甘宁边区时期陇东民主政权建设》，甘肃人民出版社 1990 年版，第 421 页。
② 谢觉哉：《一得书》，人民出版社 1994 年版，第 92—94 页。
③ 甘肃省社会科学院历史研究室编：《陕甘宁革命根据地史料选辑》第 3 辑，甘肃人民出版社 1983 年版，第 106—107 页。

已是很普遍的现象。"不随便放进任何一个可能给领导添麻烦的人",成了门卫在工作中默守的一条"通则",甚至有门卫担心一旦放进了"刁民",自己的饭碗将无法保住。而有些县级领导不但电话保密,甚至连名字都成为"国家机密"。① 曾几何时,边区县长以其平民化的形象、实地化的领导、民主化的作风,成为中共在革命根据地践行群众路线的符号与象征。如果说当年中共要求领导干部在基层"照镜子",并将此当作是医治政府领导人员毛病的"良方",那么这一"良方"或许对于当前县政改革的思路也会有所裨益。

(六) 县长在变革基层社会过程中是一支重要助推力量

美国著名学者巴林顿·摩尔在讨论农民与革命的议题时指出:

> 现代化进程以失败的农民革命为起点,在20世纪,它却经由成功的农民革命而进入高潮。那种认为农民只是历史客体,是一种社会生存形态,是历史变化的被动承受者,而与历史变革的动力无缘的观点,已经站不住脚了。对于上述论点,历史的讽刺是耐人寻味的。在现时代,农民一如革命中坚分子,成了革命的代表,随着中坚分子大获全胜,他们也作为卓有影响的演员而步入历史舞台。然而,他们的革命作用在不同国家有所不同。在中国和俄国,农民发挥了决定性的作用。②

摩尔一方面指出了农民在中国革命中的重要作用,另一方面也明确指出,农民之所以成为中国革命的决定性力量,是"他们建立了一个革命联盟,使农民起义有了内聚力、方向和领导"。③ 这里所谓的"内聚力",在陕甘宁边区县长的众多事迹之中不难找寻到其中的根据。正如一些西方学者所说:如果没有地方精英的领导,即便农民再贫穷困苦,也不见得会起来革命。④ 在边区县长身上体现而出的"内聚力",可谓激发民众实现认同的重要媒介。也就是说,在民众眼中,县长就是中共各项制度政策和革命理念的重要信息源。在这些闻所未闻但却真实的信息源中,民众最终

---

① 《"县官难见"背后是作风问题》,《光明日报》2013年2月28日。
② [美] 巴林顿·摩尔:《民主与专制的社会起源》,拓夫等译,华夏出版社1987年版,第368页。
③ 同上书,第277页。
④ R. Keith Schoppa, *Contours of Revolutionary Change in a Chinese County*, 1900 – 1950, *The Journal of Asian Studies* 51, No. 4, 1992.

形成了自己的价值判断。

　　回观历史，放眼当下，"县"作为有数千年历史的行政区划单位和政治社会空间，因其在国家与社会中所扮演的重要角色，成为被人们极为重视的一个关键领域。所谓"郡县治，天下安"这一古训，时至今日依然是人们论述县政问题的关键词。当前，有关县政改革问题已成为政学各界都在讨论的重要话题。回顾当年中共在陕甘宁边区的县政实践，对于当前的县政改革依然具有较高的历史价值，能提供有效的经验和启示。

结　语

　　20世纪90年代以来，"县政改革"逐渐成为学界强有力的呼声。这一方面是缘于基层治理问题渐成人们关注的热点话题，另一方面则是由于县政本身所出现的问题以及人们对县政改革必要性和紧迫性的认知。

　　"县政改革"成为学术界关注的热点话题，首先是一些专注于基层治理的学者学术视角的转换。有学者通过对乡镇改革和乡村治理的理论反思和调研考察，认为随着市场化、现代化的发展，应建立"县政、乡派、村治"的治理结构，即县具有更多的治理自主性，乡是县政府的派出机构，专事政务和指导村民自治，村民委员会从事村民自治工作。① 也就是说，乡镇改革与乡村治理不应仅仅局限在乡镇层面，而应定位于县政的系统改革。这样的认识在随后不久，也被越来越多的学者所提及。有学者就提出："乡镇政府目前面临的问题，不是'乡镇'问题，而是'政府'问题。如果非要说是乡镇自身的问题，也只能说，是政府问题在乡镇层面的体现。从这个意义上说，乡镇政府之命运，紧紧地系于中国的政府改革。"② 更有学者径直指出，"目前乡政改革的关节点愈来愈集中于县政，县政改革已经成为乡镇改革的关键"③。学界的这些思考，奠定了县政改革呼声的理论基点。

　　"县政改革"的必要性和紧迫性，则是推动这一呼声的现实基础。随着改革的不断深入和社会结构的深刻变化，县域社会出现了一些引人注目的矛盾与危机。县域社会公平正义得不到实现，失当的利益分配机制造成基层民众无法共享经济发展成果，致使民众对县域政权的疏离感越来越强，信任危机加速上升。与此同时，县域政治生态与权力运行的异化也成为一个突出的问题。县级官员的群体性腐败、县域社会黑恶势力的蔓延、

---

① 徐勇：《县政、乡派、村治：乡村治理的结构性转换》，《江苏社会科学》2002年第2期。
② 赵树凯：《乡镇政府之命运》，《中国农村改革》2006年第7期。
③ 覃道明：《乡镇改革的关键在于县政改革》，《中国党政干部论坛》2008年第11期。

县级政府对县域社会生态的过度掠夺,特别是县级官员将县级政府权力异化为个人政绩和升迁的工具,使得原本是"官"与"民"直接接触的基层政权,最终演变为官民矛盾的交会点,县域社会的群体性事件正在呈日益上升的态势。诸如重庆开县、陕西府谷、广东惠州、贵州瓮安、江西铜鼓、云南孟连等县域发生的多起群体性事件,无论是事件爆发的强度还是规模,都是前所未有的。一些群体事件动辄上万人,发生在湖北石首的群体性事件,一度达到4万人。这些群体性事件,凸显出县级政权面临着严重的信任危机。由此也警醒人们:县级政权的治理模式亟待改革。

县政究竟如何改革?近年来不少学者从各个层面提出了县政改革的路径。有人提出应从县域经济发展的角度入手,以"强县扩权"、"省直管县"为基础开展县政改革;有人从政府职能转变和县政运行机制的角度提出改革思路;也有人从县级财政入手提出了改革的建议和办法。不过从总体上来看,县政改革应该是一个综合性、系统性的工程。县级政权作为基点政治,归根结底应该以服务县域民众为根本旨归。以此为基础,当前的县政改革应重点考虑以下几个层面。

(一) 为县域民众负责——回归县政作为基点政权的制度理念

回观陕甘宁边区县政制度的设计理念,为基层民众负责,开展基层社会的各项建设,是边区县政的一个重要基点。"问题在区乡,责任在上级",县长为基层政府与民众负责,这是陕甘宁边区时期县政制度设计的基本理念和一贯共识。

在当前的基层政权结构体系中,尽管乡镇是最低层级的基层政权,但是由于乡镇并不具备独立的司法机构和决策体制,也并不具备独立的财政系统,因此乡镇实际上并不具备完整的政府功能。县级政权作为国家与社会的交接层面,依然是国家在基层社会的全面代表。但是当前的县政制度体系,县级政府权力从制度设计上来看,其象征意义却大于现实层面的实际意义。县级政府的权力尽管来自县人民代表大会,由县人民代表选举,但是县长的选举仍需要上级政府的备案或批准。正如一些学者所指出的:县级政府权力的双重来源,导致县长"对上负责远超过对下负责"。[①] 因县级政府权力来源的不同进路而形成的政府权力的双重来源,往往会造成县长责任目标并不明确,对基层事务缺乏全面的负责与管理。结果基层民众在寻求政府的权益表达和利益诉求时,县级官员推诿拖沓成为一种常见的为政现象。另一方面,当地方政府在侵犯基层民众权益之时,却缺乏相

[①] 于建嵘:《底层立场》,上海三联书店2011年版,第219页。

应的机构对其进行制衡，从而引发了政府与基层社会的矛盾与冲突。当前的县政改革，需要认真考虑将县政回归到基点政治的制度理念，县长为县域民众负责应作为一个最基本的要求，唯有如此，才能明确县级政府的责任和目标。

（二）擢提本地干部——实现县政干部"就地为官"

陕甘宁边区时期的县政干部，几乎全部由本地人担任县长。本地干部担任县长，不仅县长熟悉本地的情形，民众对县长也有相当的了解。这样对县长的选举，也有着极强的针对性。

当前，异地为官是任用县长的基本规章。县长异地为官，虽是为了摆脱本地干部盘根错节的复杂关系，有利于党风廉政建设，但是在实际执行过程中并没有达到既定的效果。据一些学者研究指出，县级政权的异地为官制度，在选举的成效上往往会大打折扣。"选举和监督一个家在外地的官员，要比选举和监督本地的官员花费更多的成本。县长异地为官制度的存在，客观上使民主选举的优势不能充分发挥。"县长异地为官，在上任之初，"由于人生地疏，忙于建立各种关系，熟悉民情，无法展开正常的工作"，上任两年后，要"向上面汇报政绩，准备调动，也无法展开正常的工作，结果整个在任期间根本就没做几件实事"。县长异地为官，也"增加了县乡官场的紧张和冲突"。[①] 应该说，这样的认识是切中肯綮的。县长异地为官，但其他事务型干部却多半是本地干部担任，县长很容易与本地干部在工作中出现共处上的矛盾与冲突。在县政事务的决策中，如果出现了不一致甚至相互矛盾的情形，更容易出现县长与本地干部和群众关系的紧张局面。县长异地为官，原本是为遏制腐败，但是近年来县级领导干部特别是一把手的腐败，却呈现出一发或多发的态势。这就表明县长异地为官并不能有效扼制腐败。此中缘由其实也不难理解。随着经济社会的高速发展，交通工具的便利和通信技术的发达，已在相当程度上消解着异地为官的制度藩篱，很难起到制约腐败的作用。相反，在一些地方甚至出现了利益交换的腐败行为。一些县级领导通过相互交换各自包庇对象，更是结成了盘根错节的复杂关系网络，严重损害了县长异地为官的原初目的，政治社会风气因此进一步恶化。当前，县级领导腐败仍然是重灾区，这样的严酷事实一再表明，擢提本地干部，加强县级领导干部的地域认同和身份认同，应该是当前县政改革需要考虑的重要内容。

---

① 于建嵘：《县政改革请自改变"异地为官"始》，《南方日报》2009年4月23日。

（三）县长下乡——实现工作场域的制度化转变

陕甘宁边区时期，县长以其平民化的形象和实地化的领导实践，谨遵"从群众中来，到群众中去"的群众路线，始终将自己的工作场域放在基层，在基层"照镜子"。这样不仅拉近了县长与民众之间的距离，而且也实现了民众对政府的认同感与归属感。

放眼当下，所谓"县官难见"却成为一个不该变热的热点，更遑论是主动下乡面见群众了。据媒体报道，一些记者在赴湖南、山西、山东等七省调查与县领导的见面难度，结果调查发现，多数地方群众和县领导见个面，并不是一件容易的事。县级领导干部密切联系群众原本就是其应有之责。然而实际情况却令人匪夷所思，在县域范围内，民众有事找人，不仅打不着照面，甚至连"门"都找不到。实际上，近年来县域社会出现的官民矛盾和群体性事件，在很大程度上与官民之间的隔阂相关。由于一些县级官员的职业意识和行为方式，难以满足县域民众在公共服务方面的要求，不少县级政府官员不深入基层，不了解民众的基本诉求，对民意信息缺乏深入的了解，很少顾及民生方面的要求，加上许多政府层面的举措并非建立在与民众共识的基础之上，导致加重"官民矛盾"，进而出现大规模的群体性事件。县级干部带头改进作风，深入基层调查研究，深入基层社会了解民情民意，完善直接联系和服务群众制度，以亲民务实的态度，及时协调和解决基层民众各方面各层次的利益诉求，不仅应成为县级干部的一种工作方式，更应成为一种制度化、经常化的工作机制。这样的做法，不仅有利于百姓、有利于县域社会，而且也给政府自身塑造良好的形象带来了很好的契机。也唯有如此，难进的"衙门"才不至于自毁公信，亲民的"县官"才会赢得一方百姓的信任与拥护。①

（四）县域自治——县政改革的根本出路

越是到紧急关键时刻，越是要注重基层自治，这是陕甘宁边区县政实践的一个重要经验。抗战爆发初期，中共就揭橥地方自治之旗帜，拉开根据地抗战序幕。解放战争开始后，边区政府再次强调：此时是比以往任何时候都需要开展地方自治。《新华日报》专门发表社论强调"立即实行地方自治，根绝国内纠纷"。②

无论是陕甘宁边区县政自治的历史经验，还是当前国内外学者对县政改革的思考，县域自治共同构成了人们认识县政的一个经验窗口和理性认

---

① 《"县官难见"背后是作风问题》，《光明日报》2013年2月28日。
② 《立即实行地方自治，根绝国内纠纷》，《新华日报》1945年11月20日。

知,也是当下需要认真思考的一个重大课题。当前,举凡关注中国命运和前途的国内外观察家,大抵有着这样的看法。美国学者李侃如即指出:"使政治体制更有效地回应正在发展的社会的另一种方式,是允许选举制度逐渐扩展。"在中国现行体制中,"绝大多数直接影响大部分公民的决策是在市级及市级以下做出的。因此,选举扩展到这一级意味着在党紧紧控制国家战略意义的同时,可以允许意义重大的政治参与"。① 在国内,以于建嵘为代表的学者也认为:"县政改革的方向是民主自治。"② 实际上,近代以来一些思想家关于地方自治的阐述,无一不聚焦于县域自治。孙中山强调地方自治以"县"为单元,从"县"开始,到战时国民党的"新县制",县域自治是构成地方自治的重要基础。聚焦于当前的县域自治,应该归还县级政权应有的行政权力,让县域自治名副其实。县级政府的领导干部,应是在当地有相当威望的本地人士,通过县域民众的选举授权获得权力,承担起为县域民众服务的刚性政治责任,使县级政府及县政领导的利益与县域民众的利益及国家全局利益基本一致。唯有如此,县级政府才能确立其应有的公信力,县级政府才有可能最终成为既对县域民众负责,又对上级政府负责的地方政府。

  回观历史,鉴往知今。无论是五四时期青年毛泽东呼吁的"县长民选",还是陕甘宁边区县域自治的历史实践,抑或是陈嘉庚通过"县长民选"的视角对延安政治的认知,都在昭示着一个历史与现实共同演绎的时代性话题:作为基点政治的县级政权,终究是一个距离民众最近,也是能为民众切身感知的一个政治单元。缺少民众直接参与的县域政治,犹若镜中花、水中月,看上去美丽动人,实则却是虚幻之景。构建民众切实参与的县政机制,仍需我们做出更大更实际的思考与努力。

---

① [美]李侃如:《治理中国:从革命到改革》,胡国成、赵梅译,中国社会科学出版社2010年版,第341页。
② 于建嵘:《底层立场》,上海三联书店2011年版,第214、220页。

参考文献

一 档案文献及汇编史料

1. 陕西省档案馆馆藏档案、陕西省绥德县档案馆馆藏档案、甘肃庆阳档案馆馆藏档案。
2. 陕西省档案馆、陕西省社会科学院编：《陕甘宁边区政府文件选编》（1—14辑），档案出版社1986—1991年版。
3. 甘肃省社会科学院历史研究室编：《陕甘宁革命根据地史料选辑》（1—5辑），甘肃人民出版社1981—1986年版。
4. 陕甘宁边区财政经济编写组、陕西省档案馆编：《抗日战争时期陕甘宁边区财政经济史料摘编》（1—9编），陕西人民出版社1981年版。
5. 西北五省区编纂领导小组、中央档案馆编：《陕甘宁边区抗日民主根据地·文献卷》（上、下），中共党史资料出版社1990年版。
6. 西北五省区编纂领导小组、中央档案馆编：《陕甘宁边区抗日民主根据地·回忆录卷》，中共党史资料出版社1990年版。
7. 陕西省档案馆编：《陕甘宁边区政府大事记》，档案出版社1991年版。
8. 中央档案馆、陕西省档案馆编：《陕西革命历史文件汇集》（内部资料），1991—1994年刊印。
9. 中央档案馆、陕西省档案馆编：《中共中央西北局文件汇集》（内部资料），1994年刊印。
10. 中央档案馆、陕西省档案馆编：《中共陕甘宁边区党委文件汇集》（内部资料），1994年刊印。
11. 中国科学院历史研究所第三所编：《陕甘宁边区参议会文献汇辑》，科学出版社1958年版。
12. 陕甘宁边区政权建设编辑组编：《陕甘宁边区参议会（资料选辑）》，中共中央党校科研办公室1985年编印。
13. 《陕甘宁边区教育资料·社会教育部分》（上、下册），教育科学出版社 1981 年版。

14. 《陕甘宁边区教育资料·教育方针政策部分》，教育科学出版社 1981 年版。

15. 陕西省妇联编：《陕甘宁边区妇女运动文献资料选编》（内部资料），陕西省妇联 1985 年编印。

16. 贾瑞梅、郭林主编：《陕甘宁边区民族宗教史料选编》，陕西人民出版社 1991 年版。

17. 延安地区民政局编：《陕甘宁边区民政工作资料选编》，陕西人民出版社 1992 年版。

18. 《陕甘宁边区重要政策法令汇编》，陕甘宁边区政府秘书处 1949 年编印。

19. 中共延安市委统战部组编：《延安时期统一战线史料选编》，华文出版社 2010 年版。

20. 中央档案馆编：《中共中央文件选集》（1、3、10、11、16 册），中共中央党校出版社 1989—1991 年版。

21. 中共中央文献研究室等编：《建党以来重要文献选编》（15、17、19、21 册），中央文献出版社 2011 年版。

22. 中央档案馆编：《中国共产党抗日文件选编》，中国档案出版社 1995 年版。

23. 《第一次国内革命战争时期的农民运动资料》，人民出版社 1983 年版。

24. 《甘肃革命文化史料选集》，甘肃文化出版社 2000 年版。

25. 中共陕西省委党史资料征集研究委员会等编：《神府革命根据地》，陕西人民出版社 1990 年版。

26. 中共陕西省委党史资料征集研究委员会编：《大革命时期的陕西地区农民运动》，陕西人民出版社 1986 年版。

27. 韩延龙、常兆儒编：《中国新民主主义革命时期根据地法制文献选编》（1—4 卷），中国社会科学出版社 1981 年版。

28. 中共延安地委统战部、中共中央统战部研究所编：《抗日战争时期陕甘宁边区统一战线和三三制》，陕西人民出版社 1989 年版。

29. 《延安民主模式研究》课题组编：《延安民主模式研究资料选编》，西北大学出版社 2004 年版。

30. 《陇东革命根据地的形成》，中共庆阳地委党史资料征集办公室 1990 年编印。

31. 中共河南省委党史研究室编：《鄂豫皖革命根据地史》，安徽人民出版社1998年版。
32. 厦门大学法律系福建省档案馆选编：《中华苏维埃共和国法律文件选编》，江西人民出版社1984年版。
33. 江西省档案馆、中共江西省委党校党史教研室编：《中央革命根据地史料选编》（下），江西人民出版社1982年版。
34. 《江西革命历史文件汇集》（1933—1934年），中央档案馆、江西省档案馆1992年编印。
35. 《湘赣革命根据地》上册，中共党史资料出版社1991年版。
36. 《闽浙皖赣革命根据地》，中共党史出版社1991年版。
37. 中共庆阳地委党史资料征集办公室编：《陕甘宁边区时期陇东民主政权建设》，甘肃人民出版社1990年版。
38. 兰州军区党史资料征集办公室编：《转战陕北》，陕西人民出版社1988年版。
39. 《中华民国法规大全》，商务印书馆1936年版。
40. 焦如桥编：《县政资料汇编》，中央政治学校1939年编。
41. 徐秀丽编：《中国近代乡村自治法规选编》，中华书局2004年版。

二 地方史志及文史资料

42. 陕西省地方志编纂委员会编：《陕西省志·人口志》，三秦出版社1986年版。
43. 甘肃省地方史志编纂委员会编：《甘肃省志·人事志》，甘肃人民出版社1992年版。
44. 甘肃省地方史志编纂委员会、甘肃省志教育志编纂委员会编：《甘肃省志·教育志》，甘肃人民出版社1991年版。
45. 延安地方志编纂委员会编：《延安地区志》，西安出版社2000年版。
46. 延安市中级人民法院、审判志编纂委员会编：《延安地区审判志》，陕西人民出版社2002年版。
47. 《米脂县志》，陕西人民出版社1993年版。
48. 《榆林人物志》，陕西人民出版社2007年版。
49. 《绥德县志》，三秦出版社2003年版。
50. 《蒲城县军事志》，三秦出版社2008年版。
51. 《延川县志》，陕西人民出版社1999年版。
52. 《子长县志》，陕西人民出版社1993年版。

53. 《延安市志》，陕西人民出版社1994年版。
54. 《子洲县志》，陕西人民教育出版社1993年版。
55. 《富县志》，陕西人民出版社1994年版。
56. 《定边县志》，方志出版社2003年版。
57. 《吴旗县志》，三秦出版社2003年版。
58. 《清涧县志》，陕西人民出版社2001年版。
59. 《延长县志》，陕西人民出版社1991年版。
60. 《靖边县志》，陕西人民出版社1993年版。
61. 光绪《靖边县志稿》。
62. 《甘泉县军事志》，三秦出版社2009年版。
63. 《富县军事志》，三秦出版社2008年版。
64. 《延安市人民代表大会志》，陕西人民出版社2002年版。
65. 《庆阳县志》，甘肃人民出版社1993年版。
66. 《华池县志》，甘肃人民出版社2003年版。
67. 《正宁县志》（上），正宁县志编纂委员会1986年内部编印。
68. 《盐池县志》，宁夏人民出版社1986年版。
69. 《甘肃文史资料选辑》第12辑，甘肃人民出版社1982年版。
70. 《延安文史资料》，延安市文史资料委员会编。
71. 《正宁文史资料选辑》，政协正宁县委员会编。
72. 《合水文史资料》，甘肃省合水县委员会文史学习委员会编。
73. 《定边文史资料》，定边县文史资料研究委员会编。
74. 《子洲文史资料》，政协子洲县文史资料委员会编。
75. 《延安文史资料》，政协延安市委员会文史资料委员会编。
76. 《华池县文史资料选辑》，甘肃省华池县政协文史资料委员会编。
77. 《榆林文史》，中国人民政治协商会议陕西省榆林市文史资料委员会编。
78. 《淳化文史资料》第9辑，政协淳化文史资料委员会编。
79. 《三边往事》，中共定边史志办公室2006年编。
80. 《陕甘宁边区三边分区资料选编》（上、下），中国人民政治协商会议定边县委员会2007年编。
81. 《盐池纪事》，政协盐池文史资料编委会选编。
82. 《庆阳地区中共党史大事记》，中共庆阳地委党史资料征集办公室1990年编。
83. 《陇东革命史料选辑》，中共庆阳地委党史资料征集办公室1985

年编。

84. 郑继隆主编：《中国共产党镇原县大事记》，宁夏人民出版社2007年版。
85. 马兴文主编：《中国共产党宁县大事记1920—2004》，中共宁县县委党史办2005年编印。
86. 胡镜明编：《红色盐池》，宁夏人民出版社2006年版。
87. 赵富考主编：《爷台山反击战》，陕西人民出版社1989年版。
88. 《中国共产党领导的陕甘边区（陇东部分）》，中共庆阳地委党史资料征集办公室1986年编印。
89. 中共绥德县委组织部编：《中国共产党陕西省绥德县组织史资料》第1卷，陕西人民出版社1998年版。

三 文（选）集、年谱、回忆录

90. 《毛泽东选集》（1—4卷），人民出版社1991年版。
91. 《毛泽东文集》（第1、2、3卷），人民出版社1993—1996年版。
92. 《毛泽东思想年编》，中央文献出版社2011年版。
93. 《毛泽东农村调查文集》，人民出版社1982年版。
94. 《董必武选集》，人民出版社1985年版。
95. 《任弼时选集》，人民出版社1987年版。
96. 中共中央文献研究室编：《陈云论党的建设》，中央文献出版社1995年版。
97. 《张闻天晋陕调查文集》，中共党史出版社1994年版。
98. 《林伯渠文集》，华艺出版社1996年版。
99. 《谢觉哉文集》，人民出版社1989年版。
100. 谢觉哉：《一得书》，人民出版社1994年版。
101. 《谢觉哉日记》，人民出版社1984年版。
102. 李维汉：《回忆与研究》，中共党史资料出版社1986年版。
103. 《李鼎铭文集·纪念·传略》，中共中央党校出版社1991年版。
104. 《吴伯箫文集》（上卷），人民教育出版社1993年版。
105. 《李卓然文集》，湖南人民出版社2000年版。
106. 丁玲：《延安集》，人民文学出版社1954年版。
107. 《海瑞集》（下），海南出版社2003年版。
108. 《梁漱溟全集》（第1、2、5卷），山东人民出版社2005年版。
109. 蓝曼：《繁华集》，陕西人民出版社1980年版。
110. 张国焘：《我的回忆》第3册，东方出版社1998年版。

111. 丁雪松口述：《中国第一位女大使丁雪松回忆录》，江苏人民出版社 2000 年版。
112. 王丕年：《延水东流——王丕年同志革命回忆录》，黑龙江《晚霞》编辑部 1997 年编。
113. 袁文燕主编：《清风正气满人间——辛兰亭纪念文集》，新疆人民出版社 2007 年版。
114. 龚金牛主编：《从延河畔到天山麓——刘子谟革命生涯》，新疆人民出版社 2004 年版。
115. 《李志民回忆录》，解放军出版社 1993 年版。
116. 《李一氓回忆录》，人民出版社 2001 年版。
117. 《康克清回忆录》，解放军出版社 1993 年版。
118. 《莫文骅回忆录》，解放军出版社 1996 年版。
119. 朱开铨：《六十六年之革命生涯》，江西人民出版社 1993 年版。
120. 金城：《延安交际处回忆录》，中国青年出版社 1986 年版。
121. 张秀山：《我的八十五年——从西北到东北》，中共党史出版社 2007 年版。
122. 《盐池革命回忆录》，中共盐池县委党史研究室 1988 年编印。
123. 苟元海、席光辉、白明高主编：《巴山人民的怀念》，四川大学出版社 1992 年版。
124. 中共临义县委编：《怀念林伯渠同志》，湖南人民出版社 1986 年版。
125. 中共中央党史研究室第一研究部编：《七大代表忆七大》（上），上海人民出版社 2006 年版。

四　研究著述

126. 马扎儿：《中国农村经济研究》，神州国光社 1930 年版。
127. 汗血月刊社编：《新县政研究》，汗血书店 1935 年版。
128. 鲁芒：《陕甘宁边区的民众运动》，汉口大众出版社 1938 年版。
129. 《医药卫生的模范》，陕甘宁边区政府办公厅 1944 年编印。
130. 刘白羽：《延安生活》，现实出版社 1946 年版。
131. 《陕甘宁边区的劳动英雄》，大众书店 1946 年印行。
132. 赵超构：《延安一月》，上海书店 1992 年版。
133. 宋金寿、李忠全：《陕甘宁边区政权建设史》，陕西人民出版社 1990 年版。
134. 卢希谦、李忠全：《陕甘宁边区医药卫生史稿》，陕西人民出版社 1994

年版。

135. 杨永华:《陕甘宁边区法制史稿（宪法、政权组织法篇）》,陕西人民出版社 1992 年版。
136. 魏光奇:《官治与自治——20 世纪上半期的中国县制》,商务印书馆 2004 年版。
137. 于建嵘:《岳村政治：转型期中国乡村政治结构变迁》,商务印书馆 2001 年版。
138. 王奇生:《革命与反革命：社会文化视野下的民国政治》,社会科学文献出版社 2010 年版。
139. 王先明:《变动时代的乡绅——乡绅与乡村社会结构变迁》,人民出版社 2009 年版。
140. 费孝通:《乡土中国》,上海人民出版社 2006 年版。
141. 郑起东:《转型期的华北农村社会》,上海书店 2004 年版。
142. 程方:《中国县政概论》,商务印书馆 1939 年版。
143. 周振鹤:《中国文化通志·地方行政制度志》,上海人民出版社 1998 年版。
144. 柏桦:《明清州县官群体》,天津人民出版社 2003 年版。
145. 何朝晖:《明代县政研究》,北京大学出版社 2004 年版。
146. 钱实甫:《北洋政府时期的政治制度》,中华书局 1984 年版。
147. 杨奎松:《中间地带的革命——国际大背景下看中共成功之道》,山西人民出版社 2010 年版。
148. 何友良:《苏区制度、社会和民众研究》,社会科学文献出版社 2012 年版。
149. 孔昭恺:《旧大公报坐科记》,中国文史出版社 1991 年版。
150. 苏平、徐玉珍编:《延安之路》,中国妇女出版社 1991 年版。
151. 曹世玉总编:《绥德文库·纪实文学卷》,中国文史出版社 2004 年版。
152. 郑大华:《民国乡村建设运动》,社会科学文献出版社 2000 年版。
153. 甘肃教育资料编辑委员会编:《陇东老区教育史》,甘肃教育出版社 1988 年版。
154. 李之钦:《李之钦论教育》,兰州大学出版社 1989 年版。
155. 于建嵘:《底层立场》,上海三联书店 2011 年版。
156. 黄宗智:《华北的小农经济与社会变迁》,中华书局 1986 年版。
157. 张仲礼:《中国绅士研究》,上海人民出版社 2008 年版。
158. 瞿同祖:《清代地方政府》,法律出版社 2003 年版。

159. 邹谠：《二十世纪中国政治》，牛津大学出版社1994年版。
160. ［美］杜赞奇：《文化、权力与国家——1900—1942年的华北农村》，王福明译，江苏人民出版社2003年版。
161. ［美］王国斌：《转变的中国——历史变迁与欧洲经验的局限》，李伯重、连玲玲译，江苏人民出版社1998年版。
162. ［美］马克·赛尔登：《革命中的中国：延安道路》，魏晓明、冯崇义译，社会科学文献出版社2002年版。
163. ［美］费正清主编：《剑桥中国晚清史》，中国社会科学出版社1994年版。
164. ［美］约瑟夫·W.埃谢里克编著：《在中国失掉的机会——美国前驻华外交官约翰·S.谢伟思第二次世界大战时期的报告》，赵仲强译，国际文化出版公司1989年版。
165. 中共陕西省委党史研究室编：《中外记者团和美军观察组在延安》，陕西人民出版社1995年版。
166. ［美］福尔曼：《来自红色中国的报告》，熊建华译，济南出版社2006年版。
167. ［美］伊斯雷尔·爱泼斯坦：《中国未完成的革命》，陈瑶华等译，新华出版社1987年版。
168. ［美］哈里森·福尔曼：《北行漫记》，陶岱译，新华出版社1988年版。
169. ［美］道格拉斯·C.诺斯：《制度、制度变迁与经济绩效》，刘守英译，上海三联书店1994年版。
170. ［美］李侃如：《治理中国：从革命到改革》，胡国成、赵梅译，中国社会科学出版社2010年版。
171. ［英］迈克尔·曼：《社会权力的来源》第1卷，刘北成等译，上海人民出版社2002年版。
172. ［美］詹姆斯·C.斯科特：《农民的道义经济学——东南亚的反叛与生存》，程立显等译，译林出版社2001年版。
173. ［法］托克维尔：《论美国的民主》，黄果良译，商务印书馆1988年版。
174. ［美］乔·萨托利：《民主新论》，冯克利、阎克文译，东方出版社1998年版。
175. ［美］安东尼·奥罗斯：《政治社会学——主体政治的社会剖析》，张华青、孙嘉明译，上海人民出版社1989年版。

176. Tony Saich and Hans Vande Ven, *New Perspectives on the Chinese Communist Revolution*, Armonk, NY: M. E. Sharpe, 1995.

177. Pauline Keating. Two Revolutions, *Village reconstruction and the cooperative movement in northern Shaanxi, 1934 – 1945*, Stanford University Press, 1997.

五　研究论文（集）

178. 林尚立：《革命与乡村——中国的逻辑》，《中共党史研究》2008 年第 1 期。

179. 李金铮：《向"新革命史"转型：中共革命史研究方法的反思与突破》，《中共党史研究》2010 年第 1 期。

180. 黄一兵：《中共驻共产国际代表团与中国抗日战争》，《中共党史研究》2005 年第 5 期。

181. 朴尚洙：《20 世纪三四十年代中共在陕甘宁边区与哥老会关系论析》，《近代史研究》2005 年第 4 期。

182. 王奇生：《民国时期县长的群体构成与人事嬗递——以 1927 年至 1949 年长江流域省份为中心》，《历史研究》1999 年第 2 期。

183. 杨奎松：《从供给制到职务等级工资制——新中国建立前后党政人员收入分配制度的演变》，《历史研究》2007 年第 4 期。

184. 贺跃夫：《晚清县以下行政官署与乡村社会控制》，《中山大学学报》1995 年第 4 期。

185. 吴吉远：《试论清代吏役的作用和地位》，《清史研究》1993 年第 3 期。

186. 魏光奇：《晚清州县官任职制度的紊乱——透视中国传统政治的深层矛盾》，《河北学刊》2008 年第 2 期。

187. 褚松燕：《论制度的有效性——人们何以遵守规则》，《天津社会科学》2010 年第 4 期。

188. Carl E. Dorris. Peasant Mobilization in North China and the Origins of Yenan Communism, The China Quarterly (1976).

189. R. Keith Schoppa, Contours of Revolutionary Change in a Chinese County, 1900 – 1950, The Journal of Asian Studies 51, No. 4 (1992).

190. 周积明、宋德金编：《中国社会史论》上卷，湖北教育出版社 2000 年版。

191. 冯崇义、古德曼编：《华北抗日根据地与社会生态》，当代中国出版社 1998 年版。
192. 南开大学历史系编：《中外学者论抗日根据地——南开大学第二届抗日根据地国际学术讨论会》，档案出版社 1993 年版。

六　主要报刊杂志

193.《解放日报》（延安）
194.《新中华报》
195.《红色中华》
196.《新华日报》
197.《共产党人》
198.《解放周刊》
199.《申报》
200.《中央日报》
201.《人民日报》
202.《光明日报》
203.《中共党史研究》
204.《近代史研究》
205.《历史研究》
206.《抗日战争研究》
207.《榆林党史资料通讯》
208.《陕西党史通讯》
209.《吴旗县党史资料丛刊》
210.《江西党史资料》

后 记

正文搁笔后，想倾吐一些心灵鸡汤式的文字，算是对本书完稿时的一些交代吧。

还在10年前攻读硕士学位之时，笔者即对陕甘宁边区县长这一问题给予关注，也曾在当时的学术领域内作过一篇小文。后投递陕西某高校学报，尽管获得主编的青睐，但是却告知要缴纳版面费方可刊登。尽管初品学术研究的甜头，但是辛苦的付出还要付费刊登，多少感觉有些别扭。毕业论文选题时也曾想以陕甘宁边区县长为题，怎奈因资料的囿限，当时未能展开。工作以后，我并未放弃这一论题，而是一直在搜寻爬梳相关资料。经过几年的搜集，资料有了相当的积累，研究思路也逐渐清晰，内容框架也渐趋丰满。于是便开始了本书的具体写作过程。期间的历程真可谓痛并快乐着。

能够有一个好的选题且自己愿意为此全力付出，对一个青年学人而言，应是一件快乐的事情。为了能使这一快乐有其实质性的意义，我几乎利用了所有能够利用的时间。日出而作、日落不息是最基本的生活状态。从早上背着电脑出门到晚上图书馆关门后离开，期间很少有过吃中饭的时间。"无声的世界"亦是这段时间里的常态，最高纪录是在四天之内没有开口讲过一句话（因很长一段时间里与家人分隔两地，没有家长里短的日常交流）。如此状态，尽管多少显得有些"另类"，但是能够为此提出合理解释的是：探究学问注定是和孤寂相伴而生。无论如何，心中还是默默企盼，在今后的学术道路上希望能有家人的陪伴而不再孤单。如果从这一层面上来讲，我依然愿意在孤寂的状态中继续开拓我的学问人生。借用一句话描述：我选择我快乐！

时间穿梭到2012年年末，经过数年的整理与研究，终于形成了30多万字、篇幅不算太大也不至于太小的书稿。若与当年攻读硕士学位时的计划相比，毕竟是有了较大的飞跃。2013年年初，适逢国家社科基金后期资助项目申报之时，冒昧与中国社会科学出版社李炳青编辑联系，拙稿获得出版社认可,并愿意以出版社名义推荐申报。2013年7月,本书获得国家社科基金后期资助项目立项资助。以此为契机,从10年前的初步构思,中经数年打磨终于出版面世。

  本书能够出版,实在不是一个人在"战斗",笔者无须就此客套。出生于偏远农村,有着不少"第一次"的经历。本书的萌芽始于就读硕士期间,其时,因一次师生聚会至深夜,但畅谈仍浓,第一次与业师王建军教授同卧一床,共话学术与人生,在我的学术生涯中能有此一幕,今日提及依然备感温馨;毕业后第一次跨省来津工作,单位同人的诸多关怀让我备感人情的温暖;工作以来,单位领导见我用功甚勤,第一次在图书馆为我申请了一间读书小屋,本书就是在这间小屋完成;在天津,第一次拜遇王先明先生,在完成博士学业的同时,也进一步提升了我的学术素养和研究视野,由此才使本书得以不断完善。虽然学业完成,但隔三差五总乐意去与先生交谈学术,畅聊人生。先生的谈吐与鼓励催人上进,师母的种种关心亦令人感怀不已。曾记得小女出生后,师母手捧一件漂亮童服递我手中的情景,依然历历在目、难以铭忘。平生能与先生缔结师生之缘,并受到师母无微不至的关怀,实乃幸事!已至耄耋之年的魏宏运先生,欣然同意为本书作序。这种提携后学的精神着实令人感动,也是我辈学习的楷模。我与李炳青编审素昧平生,第一次与她联系,即初步达成意向并愿意推荐本书,最终始获资助出版。

  作为普通高校中的"青椒"一族,实在不愿意奢谈家人。多年来家人的付出怎一个"难"字了得。种种原因无法照料家庭生活,所有事务只能由家中妻小独自承担。要说惭愧实在矫情,默念辛苦难于言表。唯独沉浸在学问之中,在文字史料中聊以自慰,在探究学问中充实生活。

  尽管本书下了些许工夫,但是总觉力有不逮,仍有不少问题尚待厘清,甚或可能存有误讹之处,期待学界方家不吝赐教,以期在切磋交流中实现新的改进与提升。

杨 东